L'économie de plantation aux Antilles françaises

XVIIIe siècle

5-7, rue de l'École-Polytechnique ; 75005 Paris

http://www.editions-harmattan.fr/

ISBN : 978-2-343-22509-8
EAN : 9782343225098

Christian Schnakenbourg

L'économie de plantation aux Antilles françaises

XVIIIe siècle

L'Harmattan

DU MEME AUTEUR

Aux éditions L'Harmattan :

Histoire de l'industrie sucrière en Guadeloupe aux XIXe et XXe siècles

Tome I. *La crise du système esclavagiste (1835-1847)*, 1980

Tome II. *La transition post-esclavagiste (1848-1883)*, 2007

Tome III. *Fluctuations et dépendance (1884-1946)*, 2008

Tome IV. *Les "Vingt glorieuses" de la sucrerie guadeloupéenne (1946-1965)*, 2015

Tome V. *Les « Vingt calamiteuses » et la fin de l'économie de plantation (1966-2000)*, 2016.

La Compagnie sucrière de la Pointe-à-Pitre (E. Souques & Cie). Histoire de l'usine Darboussier de 1867 à 1907, 1997

Histoire de l'industrie sucrière en Picardie (1810-2006), 2010

Aux Editions Jasor (Pointe-à-Pitre)

Beauport (1732-1990). Une grande aventure industrielle en Guadeloupe, 2013.

Par la Société d'histoire de la Guadeloupe

Crise sucrière et misère populaire en Guadeloupe au début du XXe siècle. Le rapport du conseiller Salinière sur la grève de la canne de février 1910, 2019.

Ce livre est dédié à la mémoire de
Célestine Monduc (1806-1854)
plus ancienne ascendante connue de mon épouse,
libérée des chaînes de l'esclavage
le 27 mai 1848

AVANT-PROPOS

Retour à mes premières amours. Après un demi-siècle de pérégrinations à travers l'histoire des Antilles dans le temps (des XVIIe au XXe siècles) et dans l'espace (de l'Inde à la Guadeloupe), je termine ma carrière de chercheur par le XVIIIe, avec lequel je l'avais commencée. J'ai voulu utiliser les milliers de pages, photocopies notes, lectures, réflexions… accumulées pendant tout ce temps, en me disant, comme ma grand-mère avec ses vieilles robes : « On ne sait jamais, ça peut toujours servir ».

Ce livre est une synthèse de l'existant dans son domaine au moment de sa rédaction. Son contenu est très largement fonction des résultats antérieurs de la recherche, un peu la mienne et beaucoup celle des autres. On ne devra donc pas s'étonner si certaines questions pourtant déjà largement étudiées par ailleurs font ici l'objet de développements plus nourris que pour d'autres, aussi importantes, voire même davantage, mais sur lesquelles je ne disposais que de relativement peu d'informations. Il en va de même pour ce qui concerne le périmètre de mon propos. Je me suis limité strictement à la problématique de l'habitation en tant qu'unité de production, délaissant ainsi les multiples autres aspects de sa réalité historique et sociétale, qui sont autant de sujets différents. Je n'ignore pas que chaque spécialiste de l'histoire et de la société antillaises trouvera que je n'ai pas porté suffisamment attention à ses préoccupations et beaucoup trop à celle des autres. Je plaide coupable pour les manques, erreurs et omission, mais j'espère qu'on voudra bien me juger sur l'ensemble.

Je tiens enfin à remercier l'Equipe de recherche AIHP-GEODE et son directeur, Benoît Bérard, pour leur contribution à la publication, ainsi qu'Emilie, Eric, Hélène et Thiery, dont le soutien constant a beaucoup contribué à la réalisation de mon projet.

INTRODUCTION

L'ECONOMIE DE PLANTATION

Les Antilles font partie de ce que l'on appelle « l'aire des plantations », qui s'étend dans la zone intertropicale du continent américain, depuis le Nord-Est du Brésil jusqu'au Sud des Etats-Unis, mais dont on trouve des exemples plus ou moins comparables dans d'autres régions du monde, dans les îles de la périphérie africaine (Réunion, Maurice, São Tomé, Canaries) ou en Asie (Ceylan, Assam, certaines îles de l'Indonésie à l'époque coloniale). A l'intérieur de cette aire, l'expansion du capitalisme marchand européen à l'époque moderne a donné naissance à un système socio-économique original : la *plantation*.

Dans son sens premier, la plantation est une unité foncière de grandes dimensions spécialisée dans la mono- ou l'oligoculture de produits agricoles destinés à l'exportation. Et l'*économie de plantation* peut être définie comme celle d'un territoire dans lequel le secteur des plantations constitue le principal, et le plus souvent le seul, secteur d'activité susceptible de dégager un *surplus* économique négociable. Pratiquement tout le reste de l'économie locale lui est subordonné et ne joue qu'un rôle complémentaire dans son fonctionnement.

Sous sa forme originelle et que l'on pourrait qualifier de « classique », l'économie de plantation est étroitement liée à l'esclavage et à la colonisation. Son histoire débute au XIIIe siècle à Chypre sous domination normande puis vénitienne, avec des esclaves blancs capturés dans les Balkans et le sud de la Russie, puis bascule dans le monde atlantique et l'esclavage nègre à Madère à la fin du XVe siècle, et passe ensuite dans la Caraïbe, via le relais brésilien, vers 1650, quand les Européens s'installent dans la région. Elle y demeure inchangée jusqu'aux Abolitions, deux siècles plus tard. La disparition de l'esclavage, les indépendances américaines, l'industrialisation de la production sucrière, et tous les changements survenus dans les économies européenne et mondiale transforment profondément le fonctionnement de l'économie de plantation, mais ne modifient pas sensiblement ses caractéristiques structurelles et le système se prolonge en fait jusqu'au milieu du XXe siècle[1].

L'économie de plantation est l'une des formes des relations entre « Centre » et « Périphérie » de l'économie mondiale dans le cadre du capitalisme marchand. Elle est tout d'abord capitaliste par son intégration dans le marché mondial pour lequel elle produit à grande échelle (compte-tenu des conditions techniques du moment) des denrées à forte valorisation ; capitaliste, elle l'est d'autre part par les capitaux importants et la main-d'œuvre abondante et dépendante quelle exige. L'économie de plantation est en second lieu « périphérique », non seulement par sa localisation géographique, non seulement aussi parce que les produits dans lesquels elle est spécialisée ne peuvent être obtenus au Centre, mais surtout parce qu'elle repose sur un type de rapports sociaux de production qui n'ont pas d'équivalent dans les pays du Centre. On est en présence d'un système qui est à la fois capitaliste et esclavagiste (au moins pendant la plus grande partie de son existence).

La Caraïbe en général, et les Antilles françaises en particulier, du milieu du XVIIe siècle au début du XXe constituent la forme la plus achevée, nous n'osons dire « parfaite », de l'économie coloniale de plantation, notamment parce que le caractère insulaire, et souvent micro-insulaire, donc le manque d'espace qui en résulte, y accentue violemment les traits et les tares du système et accélère brutalement ses évolutions. C'est l'économie « pure » de plantation, dont les caractéristiques structurelles se déclinent en quatre adjectifs[2].

Elle est *dépendante* envers une métropole, par l'intermédiaire quasi-exclusif de laquelle se fait le branchement sur l'économie mondiale.

---

1. Ph. Curtin, *The rise and the fall of the plantation complex*, Cambridge, 1998, 222 p. ; J. H. Galloway, *The sugar cane industry. An historical geography from its origins to 1914*, Cambridge, 1989, 266 p. ; P. Dockès, « Le paradigme sucrier (XIe - XIXe siècle) », dans F. Célimène et A. Legris, *L'économie de l'esclavage colonial. Enquête et bilan du XVIIe au XIXe siècle*, Paris, 2002, p. 102-126.
2. L. Best, « Un modèle d'économie pure de plantation », *Cahiers du CERAG*, n° 24, 1971, p. 1-76, trad. fse d'un article publié en 1968 dans la revue *Social and Economic Studies* de l'Université des West Indies ; Ch. Schnakenbourg, « Contribution à une réflexion théorique sur l'histoire de l'économie de plantation aux Antilles », *Analyse - Epistémologie - Histoire. Cahiers du Centre A. E. H* (Université de Lyon II), n° 14-15, 1978, p. 167-188 ; A. P. Blérald, « Le fonctionnement de la plantation esclavagiste martiniquaise du XVIIIe siècle », dans G. Marion (dir.), *Mélanges en hommage à Bernard Vonglis*, Paris, 2000, p. 65-84.

C'est de la métropole que proviennent les financements, c'est elle qui constitue théoriquement l'unique débouché de la production des plantations, c'est elle qui leur fournit la très grande majorité des intrants matériels nécessaires à leur activité, c'est, enfin et surtout, depuis elle que sont organisés les flux de main-d'œuvre contrainte sans laquelle le système ne pourrait fonctionner, traite négrière jusqu'au milieu du XIXe siècle, immigration réglementée ensuite. De cette dépendance découle tout le reste.

Elle est *extravertie*, entièrement tournée vers l'extérieur. Le système ne peut être rentable que si toutes les structures institutionnelles, productives et sociales sont orientées systématiquement vers le seul objectif d'obtention au coût le plus bas possible de produits bruts fortement demandés par le marché métropolitain et européen. Il n'y a pas de place ici pour d'autres activités que celles des plantations ; la seule concurrence possible est interne, entre productions toutes également tournées vers l'exportation. Les autres activités locales sont strictement bornées à ce qui est nécessaire au fonctionnement du système : secteur commercial d'import-export, petites fabrications locales d'intrants qu'il serait trop coûteux de faire venir de l'extérieur (poteries, briqueteries, fours à chaux ...). La production alimentaire elle-même est limitée, parce qu'il est moins coûteux d'importer de quoi nourrir les esclaves que de détourner une partie d'entre eux pour produire des vivres.

C'est une économie *désarticulée*. En dehors du secteur des plantations et ses annexes, il n'y a rien. Mais ce secteur est lui-même inarticulé ; il n'est constitué que par la simple juxtaposition d'unités mono- ou oligoproductrices de grandes dimensions, n'ayant pratiquement aucunes relations marchandes entre elles. On ne saurait imaginer ici l'existence d'habitations spécialisées dans la production à grande échelle de vivres vendus à celles spécialisées elles-mêmes dans les denrées d'exportation. Ce système n'offre en lui-même aucune possibilité d'accumulation locale du capital dans une perspective de développement.

Conséquence enfin, en même temps que condition de tout ce qui précède : l'économie de plantation est extraordinairement *violente*. Sa spécialisation extravertie ne peut être obtenue que par la force. Violence la plus extrême envers les hommes, bien sûr et avant tout, pour les forcer, par des pratiques barbares, à faire, et à ne faire que, ce qu'exige le système. Mais la nature également est violentée (épuisement des sols, déforestation), et l'on pourrait même parler de violence institutionnelle envers la plantation elle-même en évoquant l'orientation forcée vers la métropole des flux commerciaux qu'elle génère. La violence est le ciment de l'économie antillaise de plantation ; c'est elle qui lui donne sa cohérence.

*
* *

Depuis la publication de l'article pionnier précité de Lloyd Best, l'expression a connu un grand succès et s'est durablement installée dans l'historiographie antillaise. Limité tout d'abord à la société issue d'elle, le concept de plantation dépasse désormais le seul champ de l'économie pour s'étendre à des domaines apparemment fort éloignés d'elle, mais qui n'en demeurent pas moins des produits du système et des rapports de violence qu'il génère. On est passé *des* plantations à *la* plantation. On observe à cet égard que les principaux points d'application du concept ont évolué au fur et à mesure que se modifiait et se manifestait avec une force croissante la demande de connaissance historique de la société antillaise. L'explosion quantitative, qualitative et thématique de la production scientifique depuis la décennie 1970[3] s'est accompagnée d'un déplacement progressif des thèmes et des périodes de prédilection de la recherche. « La manière de concevoir l'histoire, note Danielle Bégot, est fonction du moment où elle s'écrit, qui conditionne ses préoccupations. L'histoire antillaise et guyanaise n'échappe pas plus que les autres à cette historicité »[4]. Nous dirions même volontiers : moins encore que les autres, compte tenu de l'extraordinaire évolution que connaissent la société, l'économie et la vie politique aux Antilles à partir de la décennie 1960. En une vingtaine d'années, l'historiographie de la Guadeloupe et de la Martinique, tournée jusqu'alors essentiellement vers l'*économie* de plantation aux XVIIe et XVIIIe siècles, et dans laquelle l'esclave n'intervenait que comme facteur de la production, bascule complètement en même temps que l'environnement politique dans lequel elle s'inscrit et les attentes du lectorat auquel elle s'adresse. Ainsi, le glissement de l'histoire économique vers les XIXe et XXe siècles reflète aussi, outre l'attrait de la nouveauté pour des périodes sur lesquelles

---

3. Dont le bilan très complet a été établi en 2011 par la véritable « bible » que constitue l'énorme *Guide de la recherche en histoire antillaise et guyanaise. Guadeloupe, Martinique, Saint-Domingue, Guyane, XVIIe - XXIe siècle*, 973 p. en 2 vol., sous la direction de D. Bégot, publié par les éditions du CTHS.
4. Tout ce qui suit est directement inspiré de l'introduction de D. Bégot, en guise de présentation générale du *Guide* précité, p. 15-37 (« D'une histoire entièrement à part à une histoire à part entière »).

on ne savait pas grand-chose, la crise gravissime que connait alors l'industrie sucrière dans les deux îles et qui suscite le besoin de comprendre et d'en savoir davantage sur son passé. Plus significatif encore : la montée de la revendication identitaire, poussée parfois jusqu'à celle de l'indépendance, explique l'engouement public extraordinaire pour l'étude de l'esclavage, surtout des résistances qu'il suscite, considérées comme un élément structurant de la personnalité antillaise (*le Nègre marron*). Puis, dans les années 1990, l'attention des chercheurs a commencé à se porter également sur des aspects plus « pointus » et plus difficiles à appréhender que la vie quotidienne au travail et la souffrance immédiate des esclaves, comme la mémoire, les racines, le rapport à l'Afrique, la culture, ou, dernières modes du moment, le genre et la race. Tant et si bien que la plantation en tant que système économique a fini par « disparaître des radars »[5], si ce n'est comme un élément constitutif parmi d'autres d'une « machine » globale et totalisante ; les dernières grandes fresques publiées depuis le début de notre siècle sur la plantation esclavagiste sont tout à fait représentatives de cette tendance : les aspects purement économiques n'y sont pas négligés, mais ramenés à un facteur parmi d'autres[6].

*

* *

Ce sont précisément ces aspects qui font l'objet de ce livre. Nous voulons ici remettre l'économie au centre de la « machine ». Les progrès de la recherche permettent d'élargir et de renouveler d'anciennes

5. Au moins pour ce qui concerne la plantation « classique » de l'époque esclavagiste. Les deux derniers travaux d'ensemble sur la période sont ceux de Ch. Louis-Joseph, *L'esclave, le maître et le marchand. L'économie du sucre aux Antilles françaises (1730-1848)*, thèse de Sc. Economiques, Univ. Grenoble II, 1982, 465 p. en 2 vol. dact. ; et R. L. Stein, *The French sugar business in the Eighteenth century*, Londres, Bâton Rouge, 1988, 185 p. Puis plus rien d'essentiel jusqu'au gros article, en forme de bilan d'une vie de recherche, de P. Pluchon, « L'économie d'habitation à Saint-Domingue », *Revue d'Hist. Maritime*, n° 1, 1997, p. 199-241.

6. J. P. Sainton (dir.), *Histoire et civilisation de la Caraïbe (Guadeloupe, Martinique, Petites Antilles)*, t. I, *Le temps des genèses, des origines à 1685*, Paris, 2004, 414 p. ; t. II, *Le temps des matrices : économie et cadres sociaux du long XVIIIe siècle*, Paris, 2012, 394 p. ; t. III annoncé sur les dynamiques sociales, politiques et culturelles des sociétés antillaises, qui devrait s'étendre jusqu'en 1804 ; F. Régent, *La France et ses esclaves, de la colonisation aux abolitions (1620-1848)*, Paris, 2007, 310 p. ; T. Burnard and J. Garrigus, *The plantation machine. Atlantic capitalism in French Saint-Domingue and British Jamaica*, Philadelphie, 2016, 350 p. ; C. Oudin-Bastide, *Travail, capitalisme et société esclavagiste. Guadeloupe, Martinique (XVIIe – XIXe siècle)*, Paris, 2005, 348 p.

problématiques (la mise en œuvre du travail servile, la rentabilité du système esclavagiste), d'en faire apparaitre de nouvelles (la classe des planteurs, les cultures « secondaires », en particulier le café), ou d'approfondir les domaines insuffisamment étudiés (le commerce et la navigation intra-caraïbe et, plus largement, interaméricains)... S'agissant d'autre part de Saint-Domingue, on assiste depuis le début du siècle à un retour des grandes monographies d'habitations, un genre inauguré dans les années 1940 et 1950 par Gabriel Debien et tombé en disgrâce ensuite pendant une bonne trentaine d'années. Au total, beaucoup de travaux, y compris de l'auteur de ces lignes, qui paraissaient définitifs il y a trente ou quarante ans, sont aujourd'hui frappés d'obsolescence et doivent être réécrits entièrement.

On sait que l'insularisme constitue le grand problème et le grand défaut de la recherche en histoire, et en sciences humaines en général, sur la Caraïbe. Pendant longtemps, et trop souvent aujourd'hui encore, chacun reste enfermé dans « son » île ou, au mieux, son groupe d'îles, sans trop s'interroger sur celles d'à côté, ressemblances et différences : Guadeloupe et Martinique sont étudiées séparément, aussi éloignées scientifiquement qu'elles sont proches géographiquement ; quant aux travaux sur Saint-Domingue, ils ignorent (méprisent ?) superbement les Petites Antilles. Rares sont les recherches conçues dans une perspective pan-caraïbe et comparatiste[7]. Il y a une bonne part d'autocritique dans ce qui précède. Parce qu'il nous a parfois, et à juste titre, été reproché d'être trop « guadeloupéo-guadeloupéen », nous voudrions en quelque sorte nous « racheter » ici en présentant une synthèse de l'histoire économique des différentes îles qui furent françaises à un moment ou un autre du XVIIIe siècle, toutes ensemble et chacune pour sa part. Nous nous inspirons de ce qu'ont réussi Richard Sheridan pour les Antilles anglaises[8] et Manuel Moreno Fraginals pour Cuba[9], dont la lecture nous a incité à entreprendre ce projet.

7. Le modèle absolu ici est la vénérable mais insurpassable étude de R. Pares, *War and trade in the West Indies, 1739-1763* (Oxford, 1936), rééd. Londres, 1963, 631 p., même si elle ne concerne pas directement l'histoire économique. Parmi les publications récentes, celles de Sainton et Burnard-Garrigus, citées note précédente, annoncent clairement une nouvelle orientation de la recherche dans cette direction.

8. R. B. Sheridan, *Sugar and slavery. An economic history of the British West Indies, 1623-1775*, Baltimore, 1974, 529 p.

9. M.M. Fraginals, *El ingenio. Complejo económico social cubano del azúcar*, t. I, La Havane, 1978, 350 p.

ANTILLES ET ECONOMIE FRANÇAISE[10]

• Un moteur de la croissance

Avec la hausse lente des prix agricoles et l'accroissement démographique, l'expansion du commerce extérieur constitue l'une des principales « locomotives » de la croissance de l'économie française au XVIIIe siècle. La part des exportations dans le PIB passerait, selon les évaluations de Paul Bairoch, d'environ 8 % vers 1720 à 12 % vers 1750 et autour des 10 % à la veille de la Révolution.

Mais le commerce colonial constitue lui-même la locomotive de la croissance du commerce extérieur. La part du premier dans le second ne cesse d'augmenter en longue période sur l'ensemble du XVIIIe siècle. Pour les Antilles et la traite négrière, importations plus exportations représentent 7,4 % du commerce total de la France en 1716, 23,1 % en 1754, 28,8 % en 1772 et 24,8 % en 1787. Entre la Régence et la Révolution, le PIB de le France est multiplié par 2,5, le commerce extérieur total par cinq et le commerce colonial par dix. Et il faudrait ajouter le commerce au-delà du Cap, qui augmente fortement après 1784. Celui-ci pris en considération, la part de l'ensemble du commerce ultramarin ne représente alors pas loin de 30 % des échanges extérieurs totaux de la France en 1787.

En volumes, la croissance est plus fabuleuse encore. De 1765 à 1788, les importations de sucre augmentent de plus de moitié, celles de café sont multipliées par quatre, celles de coton doublent ; la régression de l'indigo et la stagnation du cacao ne modifient pas sensiblement la conclusion d'ensemble[11]. Pour le total, le taux annuel moyen de croissance de 2,8 % est supérieur à celui de pratiquement toutes les activités industrielles et agricoles métropolitaines sur la même période, exception faite des charbonnages et des cotonnades (mais il est vrai que l'essor de cette dernière branche est lui-même une conséquence de l'expansion du commerce colonial).

Pourtant, l'interprétation de ces chiffres a fait débat. Pour Ernest Labrousse, repris sur ce point par Jean Tarrade et, plus récemment par Olivier Grenouilleau[12], l'économie coloniale et le grand commerce maritime sont largement déconnectés de ceux du royaume.

---

10. Braudel-Labrousse, *Histoire économique et sociale de la France*, t. II, *1660-1789*, Paris, 1970, 779 p. ; P. Butel, *L'économie française au XVIIIe siècle*, Paris, 1993, 317 p.
11. Tableau publié par J. Tarrade, *Le commerce colonial de la France à la fin de l'Ancien Régime. L'évolution du régime de « l'Exclusif » de 1763 à 1789*, Paris, 1972, t. I, p. 34.
12. O. Grenouilleau, *Fortunes de mer, sirènes coloniales, XVIIe – XXe siècles*, Paris, 2019, 239 p.

L'économie métropolitaine, encore à dominante essentiellement agricole, ne subit aucun effet d'entraînement de la croissance du commerce colonial en dehors des grands ports. Telle n'est pas, au contraire, la conclusion d'auteurs comme Pierre Léon, Paul Butel[13] et surtout Louis Bergeron, pour qui, « contrairement à une vue simpliste, l'économie maritime n'était pas celle d'une périphérie exceptionnellement active et brillante, qui se serait opposée à une économie artisanale et paysanne d'une France « profonde » repliée sur elle-même et évoluant à un rythme beaucoup plus lent. Entre le commerce des façades (maritimes) ouvertes sur le monde et l'activité de tout l'intérieur du royaume, les liens étaient multiples et vitaux ». Ces liens peuvent être appréhendés à la fois par l'amont et par l'aval de la filière commerciale.

• L'influence du commerce colonial sur l'amont du système productif

Elle se fait sentir d'un triple point de vue.

En premier lieu, la participation des villes de l'intérieur du royaume au financement des armements. Bien sûr, ce financement est essentiellement d'origine locale, par des capitaux rassemblés dans les ports eux-mêmes, mais, dans bien des cas, ces capitaux dits « locaux » sont en fait originaires de la province dans laquelle est situé le port. C'est, par exemple, toute la Bretagne qui participe aux armements de Nantes ou de St-Malo. D'autre part, après 1763 et surtout après 1783, une part croissante de ce financement provient de centres commerciaux et manufacturiers souvent très éloignés des ports. On pense d'abord à Paris et Lyon, certes, mais aussi Sedan dans l'armement havrais (les Poupart de Neuflize), Amiens dans l'armement rouennais, Orléans, Tours, Angers, Saumur, etc, dans l'armement nantais, Orléans encore, Grenoble, Dijon dans l'armement marseillais, toutes les villes moyennes du Sud-Ouest, jusqu'à Limoges, dans l'armement bordelais. On voit même en 1786, un groupe de négociants de Chaumont en Bassigny, dans l'actuelle Haute Marne, réunir au moins 150.000 L pour se lancer dans le commerce de l'Inde par le port d'Ostende[14]. En contrepartie, naturellement, de ces bénéfices prove-

13. « Succès et déclin du commerce colonial français de la Révolution à la Restauration », *Revue Economique*, vol. XL, 1989 (n° spécial « Révolution de 1789, guerres et croissance économique »), p. 1079-1096.

14. L. Dillemann, « Des Bassignots dans le commerce de l'Inde au XVIIIe siècle. La maison Michaux et Cie (1786-1793) », *Revue fse d'Hist. d'O-M*, n° 217, 1972, p. 551-577.

nant de ces prises d'intérêt dans l'armement ruissellent des revenus additionnels dans les régions et les villes concernées, qui contribuent à y soutenir l'activité.

En second lieu, les constructions navales, qui sont en pleine expansion dans la seconde moitié du XVIIIe siècle ; le tonnage annuel moyen construit en France passe de 40.000 tx en 1763-65 à 60.000 en 1783-85. Il y faut non seulement du bois, mais aussi tous les éléments du gréement. Elles fournissent de l'activité à des centaines de chantiers, corderies, fabriques de voile, tonnelleries, etc.

Enfin et surtout, toute la production des marchandises entrant dans les cargaisons coloniales. Les Antilles représentent le tiers environ des exportations des vins de Bordeaux à la fin de l'Ancien Régime ; elles constituent le principal débouché des minoteries des centres de la Moyenne Garonne (Nérac, Moissac, Montauban ...) et pour les céréaliculteurs de leurs environs, au point que la conjoncture de l'activité agricoles et minotière de cette région est très largement indépendante de celle du marché métropolitain des grains et se trouve essentiellement commandée par les fluctuations de la demande et des cours aux Antilles ainsi que par les conditions de la navigation sur l'Atlantique. Il en va de même pour ce qui concerne l'industrie textile de l'arrière-pays des ports. Celle des cotonnades de la Basse-Seine et de la région nantaise travaille essentiellement pour les exportations coloniales, notamment pour la traite négrière. *Idem* pour la production artisanale domestique de toiles du Maine et de l'Anjou, autour de Cholet, Laval et Mayenne, qui emploie des dizaines de milliers d'artisans à domicile pour répondre à la demande du port de Nantes, et qui sera pratiquement ruinée par l'interruption du commerce colonial en 1793. Tout ceci, naturellement, sans oublier toutes les activités « industrielles » produisant les biens de consommation les plus divers dans les ports mêmes, et qui sont tournées presque uniquement vers l'avitaillement et l'exportation. Enfin, ce ne sont pas seulement les manufactures des ports et de leurs arrière-pays qui profitent de cette demande, mais aussi celles de régions et de villes fort éloignées, comme Sedan, Reims ou Saint-Quentin, voire même, plus loin encore, Roanne ou Saint-Etienne.

• L'influence du commerce colonial vers l'aval

Les colonies fournissent leurs matières premières à plusieurs branches de l'industrie métropolitaine, dont les deux plus importantes sont les cotonnades et le raffinage du sucre brut. A la veille de la Révolution, on compte une soixantaine de centres cotonniers en

France, contre moins d'une dizaine un siècle plus tôt ; pour la moitié environ, le coton brut vient des Antilles, qui constituent de très loin la principale source d'approvisionnement des manufacturiers de tout le tiers septentrional du royaume (Basse-Seine, Picardie, Flandres, Champagne)[15]. Quant aux raffineries de sucre, leur nombre passe de trente à plus de cent entre Colbert et la Révolution ; on compte alors plus de 25 centres de raffinage, dont les principaux se situent à Bordeaux, Nantes et Marseille, mais surtout à Orléans, le plus important de tous (25 raffineries). Plus largement, toute la vie économique du val de Loire est irriguée par les activités de transport, de transformation et de distribution des « denrées » coloniales par le port de Nantes[16].

• La réexportation des « denrées » coloniales

Grâce essentiellement à Saint-Domingue, la France constitue le premier fournisseur de l'Europe en produits tropicaux, dont elle est de très loin le principal centre de redistribution sur le continent[17]. Elle n'a pas de concurrent sur le marché du sucre et inonde celui du café[18]. Les réexportations de « denrées » coloniales constituent un élément majeur et moteur du commerce français au XVIIIe siècle. En 1787, elles représentent plus du quart des exportations totales du royaume (140/544 ML) ; c'est un argument de plus en faveur de la théorie du « ruissellement » des bénéfices de la colonisation des Antilles sur l'économie métropolitaine.

*

* *

L'objet de ce livre est l' « *habitation* », terme correct en langue française[19] pour désigner la structure entrepreneuriale de base de la production de « denrées » aux Antilles jusqu'au milieu du XIXe siècle.

15. *Infra*, chap. 6, et tableau n° 26, pour des développements plus approfondis.
16. M. Villeret, *Le goût de l'or blanc. Transformation et diffusion du sucre dans la vallée ligérienne au XVIIIe siècle*, thèse d'Histoire, Nantes, 2015, 687 p. en 2 vol. Voir également « La Loire et le commerce atlantique, XVIIe - XIXe siècles, *Cahier des Anneaux de la Mémoire*, n° 16, 2015, 236 p.
17. J. Tarrade, *Commerce colonial*, op. cit., t. II, p. 749-757 ; M. Martin et M. Villeret (dir.), *La diffusion des produits ultramarins en Europe au XVIIIe siècle*, Rennes, Tours, 2017, 168 p.
18. Pour des développements particuliers sur les réexportations par produits, voir *infra*, chap. 5 (sucre) et 6 (autres).
19. Le terme de « *plantation* » employé dans le même sens est un anglicisme.

Avec son frère siamois, l'esclavage, elle constitue à la fois le cœur et le pilier de l'économie et de la société coloniales. Pour essayer de couvrir le plus largement possible les différents aspects du sujet, nous avons articulé nos développements en quatre thèmes complémentaires. Après avoir, en premier lieu, présenté les différentes îles dans lesquelles s'est développé le système, nous consacrerons la seconde partie à l'organisation, au fonctionnement et à la production des habitations, puis une troisième à leur main-d'œuvre servile, et nous terminerons enfin par la crise qui les mine dans les dernières années de l'Ancien Régime et contribue finalement à précipiter l'effondrement du système.

PREMIÈRE PARTIE

LES ÎLES

Les Antilles françaises se composent de deux îles ou groupes d'îles distantes de 1.200 km à vol d'oiseau : le tiers occidental de l'île d'Hispaniola, ou partie française de Saint-Domingue, qui forme le gouvernement général des Iles-sous-le-Vent, et diverses îles en nombre variable, dont Guadeloupe et Martinique sont les deux principales, dans les Petites Antilles, dénommées également Iles-du-Vent. Elles constituent de très loin la première zone américaine et mondiale pour la production de « denrées » agricoles tropicales à destination de l'Europe (*tableau 1*). A la veille de la Révolution française, avec seulement 12 % de la superficie totale de la Caraïbe insulaire, elles possèdent 60 % des esclaves, fournissent plus de la moitié des exportations en valeur, produisent 45 % du sucre de la région et 90 % du café. Dans tous les domaines, les performances des Antilles britannique leur sont inférieures. C'est à Saint-Domingue qu'elles doivent cette position hégémonique ; la Grande Ile représente une part croissante du potentiel économique colonial de la France, de l'ordre des deux tiers au lendemain de la guerre de Sept Ans et des trois quarts à la fin de la monarchie. Les Iles-du-Vent viennent loin derrière.

Tableau n° 1
POTENTIELS ÉCONOMIQUES COMPARÉS DANS LA CARAÏBE A LA FIN DES ANNÉES 1780

	Superficie Km²	Population totale	Esclaves	Importations en Europe de sucre en provenant	Valeur des exportations pour la métropole MLT
Saint-Domingue	# 24.000	> 455.000 (a)	> 405.000 (a)	71.00	129
Iles-du-Vent	3.800	225.000	201.000	22.000	39
TOTAL ANTILLES FRANCAISES	*27.800*	*# 700.000*	*# 650.000*	*# 90.000*	*168*
Jamaïque	11.400	217.000	195.000	59.000	45
Autres îles anglaises		200.000	185.000	33.000	54
Cuba	110.900	81.000	30.000	13.000	45
Porto Rico	8.900	26.000	6.000		7,5
Santo Domingo	# 52.000	10.400 (b)	31.000 (b)		1,5
Antilles hollandaises		18.000	12.000		70
Antilles danoises		# 15.000	# 10.000		?
TOTAL CARAÏBE	# 220.000	1.341.000	1.075.000	# 200.000	# 400

Source : Rapport fait par les chambres de commerce à Necker dans le cadre de la préparation des Etats Généraux et reproduits par Avalle ; ces données se rapportent en principe à 1787. Pour le sucre, voir tableau n° 20, chap. 5. Etat détaillé des importations européennes de café, chap. 6, tableau n° 24.

(a) Les chiffres donnés par le document sont très minorés et probablement incomplets ; nous avons repris ceux du recensement.

(b) Les chiffres donnés par le document sont manifestement erronés ; nous avons repris ceux de Moreau de Jonès.

CHAPITRE 1

SAINT-DOMINGUE, « PERLE DES ANTILLES »

L'expression est consacrée ; elle caractérise exactement la plus « parfaite » des réussites coloniales du XVIIIe siècle. A la veille de la Révolution, Saint-Domingue constitue de très loin la première économie de plantation de la Caraïbe, représentant le tiers du potentiel économique total de la région, et les trois quarts de celui de l'ensemble des Antilles françaises. Mais cette perle est tachée du sang de la foule immense des acteurs/victimes de cette réussite barbare. Nous présenterons d'abord sa géographie et son économie, puis nous retracerons les différentes phases de son évolution.

1. L'ENVIRONNEMENT NATUREL ET GEOPOLITIQUE

• **Bref aperçu de la géographie haïtienne[20]**

La colonie française de Saint-Domingue, aujourd'hui République d'Haïti, occupe le tiers occidental de l'île d'Hispaniola et s'étend sur environ 24.000 km², soit légèrement moins que la Bretagne[21] ; les deux autres tiers, formant l'actuelle République Dominicaine, sont sous souveraineté espagnole.

Hispaniola est extrêmement montagneuse, avec un point culminant, le Pico Duarte, à 3.175 m. L'île se situe à la bordure septentrionale de la plaque tectonique caraïbe, qui se confronte là à la plaque nord-américaine dans deux glissements en sens opposés, provoquant périodiquement de grands décrochements qui génèrent à leur tour de

20. P. Moral, *Le paysan haïtien. Etude sur la vie rurale en Haïti*, Paris, 1961, p. 73-122 ; H. Blume, *The Caribbean islands*, Londres, 1974, p. 225-254.
21. La superficie de l'actuelle République d'Haïti est de 27.750 km². Mais toutes la région du Plateau central, autour de la ville de Hinche, soit environ 3.500 km², a été annexée sur la République Dominicaine voisine en 1844

grands séismes. Il n'y a pas de phénomène volcanique en Haïti, mais la terre tremble continuellement. Moreau de Saint-Méry[22] nous révèle l'existence d'au moins douze grandes secousses telluriques pendant la période coloniale, dont la plus grave, celle de 1770, détruit complètement Port-au Prince. Aucune, toutefois, ne semble pouvoir être comparée à la catastrophe de 2010 et ses 200.000 morts.

On se demande parfois comment la Saint-Domingue coloniale a pu produire autant qu'elle le fit dans les conditions agronomiques de l'époque, tant son relief est tourmenté et peu favorable à l'installation de grandes plantations. Il s'articule en grands massifs orientés nord-ouest/sud-est, séparés par des fossés d'effondrement dans lesquels coulent les principaux cours d'eau du pays (*Voir carte n° 1*). Au nord, le massif du même nom, que prolonge la presqu'île du Nord-Ouest jusqu'au Môle Saint-Nicolas ; au centre, les Montagnes noires et la chaîne des Matheux, que sépare la vallée de l'Artibonite ; puis, après la dépression et la plaine du Cul-de-Sac, viennent les deux puissants massifs de la Selle et de la Hotte, qui se succèdent pour former la longue langue montagneuse de la partie du Sud. Chacun de ces grands ensembles est lui-même haché en une multitude de petites unités enchevêtrées plus ou moins abruptes, séparées par des rivières. Un tel relief rend les communications par voie terrestre extrêmement longues et compliquées. Jusqu'en 1750, il faut emprunter le territoire espagnol pour se rendre du Cap Français à Port-au-Prince ; on ouvre alors un chemin permettant de rester dans la partie française, qui ne peut toutefois être parcouru qu'à cheval ; c'est seulement en 1788 qu'est achevée une route carrossable.

22. M. L. E. Moreau de Saint-Méry, *Description ... de la partie française de l'isle de Saint-Domingue*, Philadelphie, 1797, 3 vol. Nous utilisons ici l'édition 1958 de la Société de l'histoire des colonies françaises, par Bl. Maurel et E. Taillemite ; pour des raisons de simplification de nos références, nous citons MSM, suivi des numéros du volume et de la page.

Carte n° 1
GEOGRAPHIE PHYSIQUE DE SAINT-DOMINGUE

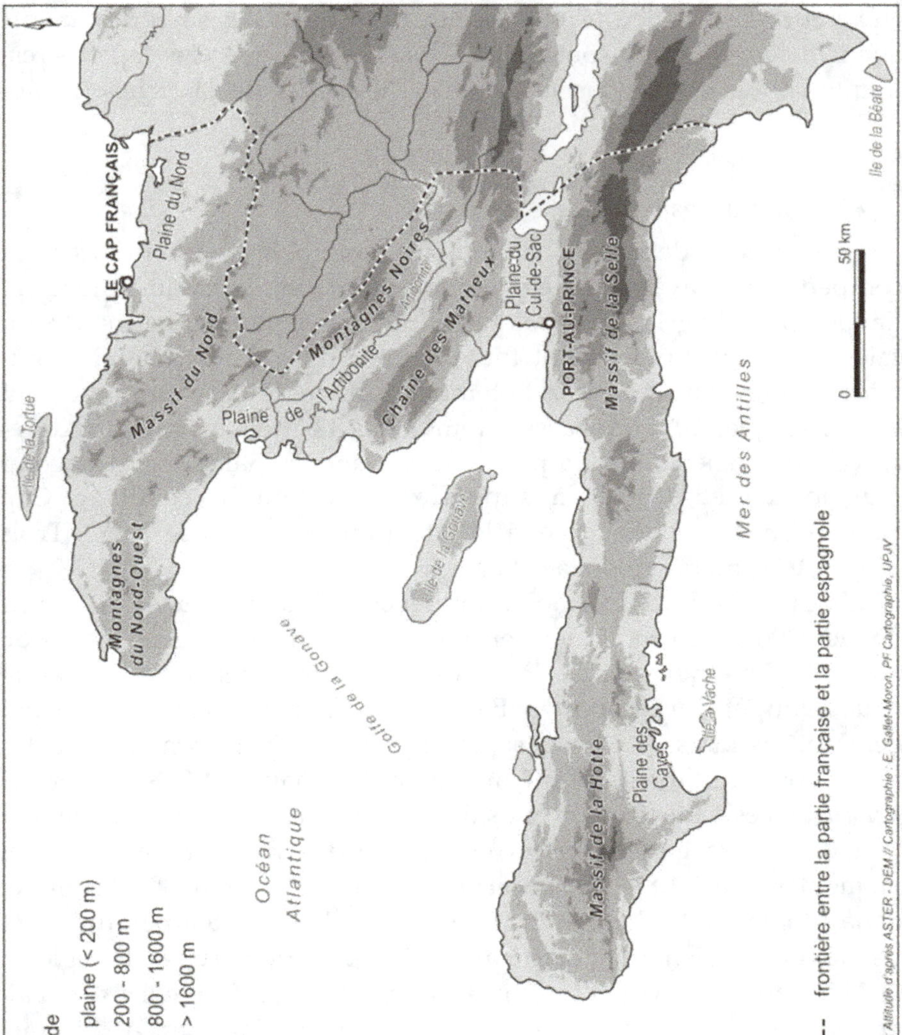

Au total, 30 % de la superficie actuelle d'Haïti dépassent 500 m d'altitude et 15 % les 1.000 m, limite au-delà de laquelle il devient difficile et peu rentable de développer de grandes cultures d'exportation sur une large échelle[23]. A l'inverse, les plaines sont rares, s'étendant

23. En 1766, les pères Carmes décrivent ainsi les problèmes auxquels se heurte l'exploitation de leur sucrerie de Dos-d'Ane, située à 400 m d'altitude sur les pentes

sur 17 % seulement du pays (4.800 km2), à peine la superficie d'un département français moyen, mais elles sont extrêmement bien mises en valeur ; c'est le lieu privilégié d'établissement des sucreries, tandis que le café et l'indigo sont renvoyés sur les mornes. Ces espaces restreints concentrent, nous le verrons, l'essentiel de la richesse coloniale.

• Le climat des Antilles[24]

Le handicap de reliefs par toujours favorables est heureusement compensé par l'avantage de conditions climatiques pratiquement optimales pour l'agriculture coloniale. Situées dans la zone intertropicale, les Antilles bénéficient toute l'année d'un climat chaud et humide. Au niveau de la mer, la température ne descend pratiquement jamais sous les 20° et dépasse rarement les 32. Mais il existe des différences régionales qui font, par exemple, que la chaleur est beaucoup plus lourde et difficile à supporter à Port-au-Prince qu'au Cap Haïtien ou, en Guadeloupe, à Pointe-à-Pitre qu'à Basse-Terre. Trois paramètres interviennent à cet égard.

L'altitude, tout d'abord. Son influence rafraichissante se fait sentir dès les 300 à 400 m ; il fait, en moyenne annuelle, deux degrés de moins à Pétionville qu'à Port-au-Prince, ou trois à Saint-Claude (Guadeloupe) par rapport à Basse-Terre. Il peut même faire froid pendant les mois de l'hiver septentrional, particulièrement dans les montagnes de l'intérieur d'Haïti, quand le pays est atteint par les « *nortes* », ces vents froids venus d'Amérique du Nord, et qui peuvent faire descendre le thermomètre en dessous des dix degrés à 1.500 m et même des huit à 1.800. A la Martinique, on a enregistré 8° au sommet de la Montagne Pelée (1.397 m). En second lieu, les températures dépendent de l'orientation cardinale, qui oppose deux types de régions. 1) Celles tournées vers l'est, dites « au vent », parce qu'elles sont baignées en permanence par le flux des alizés soufflant de l'Atlantique. Situées au pied d'un massif montagneux faisant écran, elles reçoivent

---

du massif de la Soufrière, en Guadeloupe : « Ce bien a passé entre les mains de différents propriétaires qui en ont été rebutés par les difficultés de son exploitation. En effet, elle est à 4.000 pas de son embarcadère, pénible, montueuse, incultivable en certains endroits qui sont inaccessibles …, funeste aux Nègres nouveaux, qui ne peuvent supporter le froid et l'humidité qui règnent en cet endroit » (ANOM, C7A 26, 24 mars 1766). Une telle description pourrait tout aussi bien s'appliquer à de nombreux cantons de Saint-Domingue.

24. Tout ce qui suit concerne aussi, naturellement, l'ensemble de la Caraïbe insulaire. Nous n'y reviendrons donc pas dans notre chapitre suivant sur les Isles-du-Vent.

d'abondantes précipitations favorables aux cultures ayant besoin d'eau (canne, café, cacao) ; ainsi les côtes septentrionales d'Haïti, la côte atlantique et la dépression centrale de la Martinique, l'est et le nord de la Basse-Terre, en Guadeloupe. 2) Les régions dites « sous-le-vent », situées à l'ouest des massifs montagneux, moins ventées et moins arrosées, où ne peuvent être pratiquées que des cultures nécessitant peu d'eau, comme le coton (Plaine de l'Artibonite en Haïti, Côte-sous-le-Vent en Guadeloupe, majeure partie de Marie-Galante). Enfin, le niveau des précipitations apportées par ces mêmes vents affecte également les températures ; il est fonction principalement du relief et de l'altitude. Il tombe 8 à 9 m d'eau par an sur la Soufrière de la Guadeloupe ou la Montagne Pelée, mais moins de 1,50 m sur les zones les plus plates de l'archipel guadeloupéen ; en deçà de cette limite plus aucune culture d'exportation n'est possible sur une grande échelle.

Ces trois éléments se combinent entre eux pour donner une multitude de micro-climats très localisés ; il peut très bien tomber des trombes d'eau « froide » sur un endroit, pendant qu'à deux ou trois km de là règnent un soleil radieux et une chaleur accablante. Il existe en outre un rythme saisonnier relativement marqué, qui distingue le « carême », peu arrosé, s'étendant approximativement sur le premier semestre de l'année, de l' « hivernage », où les précipitations sont très abondantes, qui correspond aux six mois suivants. Mais c'est là une périodisation très générale ; certains hivernages peuvent parfaitement ne pas recevoir une seule goutte d'eau, et inversement certains carêmes être complètement noyés sous la pluie. Ce climat antillais, si souvent célébré pour sa douceur, se montre parfois d'une grande violence, comme le prouve la survenue périodique, généralement en septembre-octobre, de cyclones, ces tempêtes monstrueuses dont les vents tourbillonnants, dépassant parfois les 200 km/h, sèment ruine et désolation sur leur passage. Parmi les pires attestés historiquement, ceux de 1765 et 1772 à Saint-Domingue, 1776 en Guadeloupe et surtout 1780 à la Martinique, qui aurait fait 7.000 morts. Plus près de nous, ceux de 1928 (1.400 morts) et 1989 (« Hugo ») en Guadeloupe, de 1979 (« David ») à la Martinique, ou de 2017 (« Irma ») à Saint-Martin, ont laissé un souvenir traumatisant dans la mémoire collective.

• **Saint-Domingue / Santo Domingo : Français et Espagnols à Hispaniola**

L'ouest d'Hispaniola n'a jamais été véritablement occupé, et encore moins colonisé, par les Espagnols après leur établissement dans l'île, en 1493. A la fin du XVIe siècle, ils abandonnent complètement la région pour se replier sur le sud-est, autour de la ville de Santo Domingo[25]. A partir de 1640, les Français installés sur l'île voisine de la Tortue commencent à s'infiltrer sur la côte septentrionale (Port-Margot, plaine du Cap, Limonade), puis, après 1660, s'installent autour du Cul-de-Sac (Gonaïves, Léogane), avant d'atteindre le sud de l'île une dizaine d'années plus tard (Jacmel) (*Voir carte n°* 2). En 1665, Saint-Domingue devient officiellement colonie française, mais les Espagnols ne reconnaissent pas cette situation, procédant périodiquement à des descentes, dont les deux plus destructrices (1691 et 1695) ravagent tous les établissements de la côte septentrionale. L'Espagne n'accepte la souveraineté française qu'en 1697, par le traité de Ryswick[26]. Mais comme les limites entre les deux parties ne sont pas fixées strictement, il s'en suit, pendant toute la première moitié du XVIIIe siècle, une succession d'incidents, chacun essayant d'empiéter sur les terres de l'autre. Finalement, les deux métropoles s'accordent en 1776 pour procéder à une délimitation stricte de la frontière par le biais d'une commission mixte qui plante 221 pyramides sur le terrain ; le « traité des limites » est signé l'année suivante[27].

Cette frontière n'est pas seulement politique, mais avant tout civilisationnelle. Tout oppose les deux parties de l'île. D'un côté, une colonie sucrière nègre soumise à une exploitation forcenée, entièrement tournée vers l'exportation, de l'autre un pays sous-peuplé, essentiel-

---

25. P. Chaunu, *Séville et l'Atlantique, 1504-1650*, Paris, 1979, t. VIII (1), p. 517-539.
26. A proprement parler, il ne s'agit pas d'une reconnaissance formelle, le traité de Ryswick ne contenant rien à cet égard, mais d'une acceptation de fait de la présence française dans l'ouest d'Hispaniola ; voir sur ce point, F. Blancpain, « Les droits de la France sur la colonie de Saint-Domingue et le traité de Ryswick », *Outre-Mers. Revue d'histoire*, t. 95, n° 354-355, 2007, p. 305-329.
27. Dans sa *Description de la partie espagnole de l'île de Saint-Domingue*, Philadelphie, 1796, t. I, p. I-XXII, Moreau de Saint-Méry donne une liste de 21 incidents, généralement sans gravité, entre 1698 et 1771 ; puis, aux p. XXIII-XLII, le texte du traité et une description précise du tracé de la frontière. Une longue étude historique et cartographique récente sur la question dans J. L. Glénisson, « La question des limites des colonies française et espagnole de Saint-Domingue et la carte de la frontière (1776) », *Le monde des cartes. Revue du Comité français de cartographie*, n° 187, 2006.

lement blanc et mulâtre[28], dans lequel on n'a jamais véritablement développé les cultures d'exportation (22 sucreries pour la consommation locale en 1789), qui n'a pratiquement pas de relations commerciales avec sa métropole. Mais ces relations ne sont pas beaucoup plus développées entre les deux Saint-Domingue ; elles consistent presque uniquement en l'expédition de grands convois de bœufs provenant des savanes d'élevage (*hattes*) de la partie espagnole et destinés à la partie française, qui sont payés en marchandises de France (toiles, vins, farines)[29].

La frontière offre également un moyen d'échapper à une répression. Ainsi pendant la guerre de Sept Ans, les interlopes de la Nouvelle-Angleterre peuvent-ils poursuivre leurs opérations de contrebande avec Saint-Domingue, malgré les croisières de la *Royal Navy*, par l'intermédiaire du bourg espagnol de Monte Christi, voisin de Fort Dauphin[30]. Ce sont surtout les Nègres marrons qui bénéficient de la partition de l'île. Ceux qui passent « à l'Espagnol » sont rarement ramenés en partie française, mais accueillis au contraire à bras ouverts en hommes libres pour la main-d'œuvre potentielle qu'ils représentent ; en 1751, on compterait à Santo Domingo 3.000 anciens esclaves évadés venus de l'autre côté de la frontière. Dans le sud-est de la colonie, de part et d'autre de la rivière des Anses-à-Pitres (ou Padernales), qui marque la limite entre les deux parties, un maquis irréductible de Nègres marrons joue pendant tout le siècle à « saute-frontière » entre les massifs de la Béate (côté français) et du Bahoruco (côté espagnol) pour échapper à la « chasse » qui leur est faite par l'une ou l'autre des deux administrations coloniales quand elle devient un peu trop pressante. Plusieurs opérations franco-espagnoles conjointes sont organisées à partir de 1777 pour les réduire, mais en vain[31]. Rappelons en outre que Toussaint Louverture lui-même se mettra temporairement à l'abri en partie espagnole en 1793.

---

28. En 1789, Saint-Domingue : 40.000 Blancs, 28.000 Libres, 450.000 esclaves (= 87 %), densité de la population = 21 h/km² ; Santo-Domingo : 35.000 Blancs, 38.000 Libres, 30.000 esclaves (= 29 %), d = 2 h/km².
29. J. Tarrade, « Le commerce entre les Antilles françaises et les possessions espagnoles d'Amérique à la fin du XVIIIe siècle », dans P. Butel (dir), *Commerce et plantations dans la Caraïbe, XVIII et XIXe siècles*, Bordeaux, 1992, p. 27-43.
30. E. Schnakenbourg, « Substitution aux échanges des temps de paix ou modalité de l'interlope. Le commerce neutre et les colonies françaises des Antilles pendant la guerre de Sept Ans », dans E. Schnakenbourg (dir.), *Neutres et neutralité dans l'espace atlantique durant le long XVIIIe siècle (1700-1820)*, Paris, 2015, p. 85-106.
31. MSM, II, 1131-1136.

2. LES GRANDES RÉGIONS ÉCONOMIQUES[32]

Nous suivrons ici la division administrative tripartite de la colonie, Nord, Ouest et Sud *(cartes 2 à 4).*

• Partie du Nord

Elle s'étend sur environ 5.800 km, soit 24 % de la superficie totale de la partie française, et compte 205.000 habitants, dont 180.000 esclaves, formant 38 % de la population dans les deux cas. C'est la région de la colonie le plus anciennement et le plus rapidement mise en valeur. La première sucrerie y est construite dès 1698, puis la croissance régionale est extrêmement forte pendant tout le demi-siècle suivant. Le nombre de ses sucreries passe de 77 en 1713 à un maximum de 306 en 1751, représentant alors 57 % du total colonial, puis il diminue lentement jusqu'à la Révolution (288 en 1789), mais la partie du Nord demeure toujours la plus riche et la mieux mise en valeur de Saint-Domingue[33] ; avec 36 % seulement des sucreries, elle fournit 75 % des exportations de sucre blanc.

Tableau n° 2
GEOGRAPHIE ECONOMIQUE DE SAINT-DOMINGUE A LA VEILLE DE LA REVOLUTION

Potentiels régionaux en 1789

	POPULATION		NOMBRE D'HABITATIONS				
	Totale	Esclaves (a)	Sucreries en blanc	Sucreries en brut	Caféteries	Cotonneries	Indigoteries
Nord	205.000	180.000	258	30	2.009	66	443
Ouest	204.500	178.000	134	180	811	541	1.804
Sud	130.500	114.000	48	143	297	182	903
TOTAL	540.000	472.000	440	353	3.117	789	3.150

Source : Moreau de Saint-Méry

(a) Chiffres corrigés par MSM. Confirmation par l'*Etat des finances* de Proisy, qui estime à 480.000 le nombre réel d'esclaves de la colonie, au lieu des 434.000 du recensement sur la base des déclarations des habitants.

32. MSM, *passim* ; Barbé de Marbois, *Etat des finances de Saint-Domingue ... depuis le 1er janvier ... jusqu'au 31 décembre* (1788), Paris, 1790, 48 p. + 13 p.
Nota : les superficies en km² portées ici pour les trois parties administratives de la colonie résultent de la conversion de celles en lieues carrées données par MSM
33. « La culture est poussée plus loin au Nord et l'art de fabriquer le sucre y a fait des progrès qu'on n'égale point encore dans le reste de la colonie » ; MSM, I, 120.

Répartition régionale des exportations en 1788

Ports de la partie du	Sucre blanc	Sucre brut	Café	Coton	Indigo
Nord (a)	529.475	39.819	335.187	409	2.586
Ouest (b)	125.524	68.371	221.862	45.615	5.532
Sud (c)	47.278	207.585	124.463	16.837	1.182
TOTAL	702.277	931.776	681.512	62.861	9.300

(a) Le Cap, Fort-Dauphin, Port-de-Paix

(b) Port-au-Prince, Le Môle, Saint-Marc, Léogane

(c) Petit-Goave, Jérémie, Tiburon, Les Cayes, Saint-Louis, Jacmel

Source : Barbé de Marbois

En « quintaux » de 100 lb = 48,9 kg.

Les exportations comptabilisées ici sont uniquement celles, « licites », à destination de la métropole ; ces « denrées » ne pouvaient pas être exportées légalement à l'étranger.

Carte n° 2
DIVISIONS ADMINISTRATIVES DE SAINT-DOMINGUE

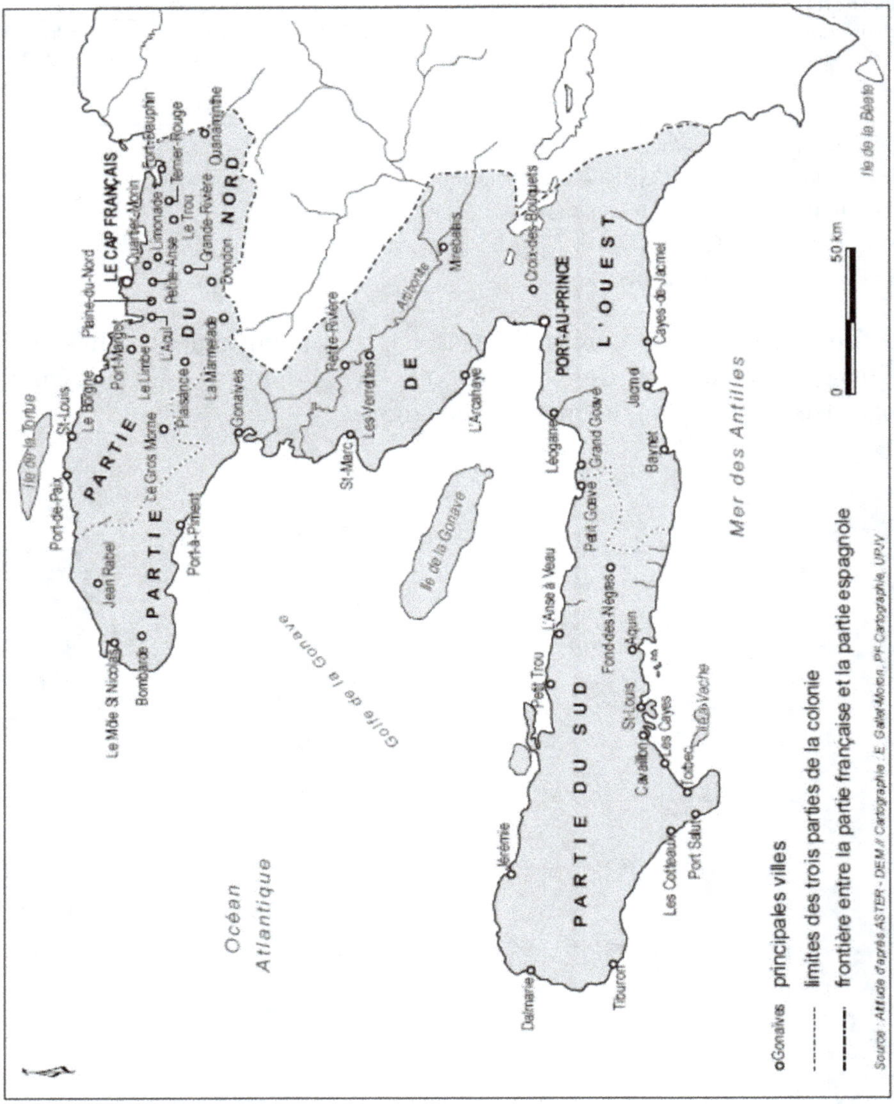

Carte n° 3
REPARTITION DES EXPORTATIONS DE SAINT-DOMINGUE EN 1788

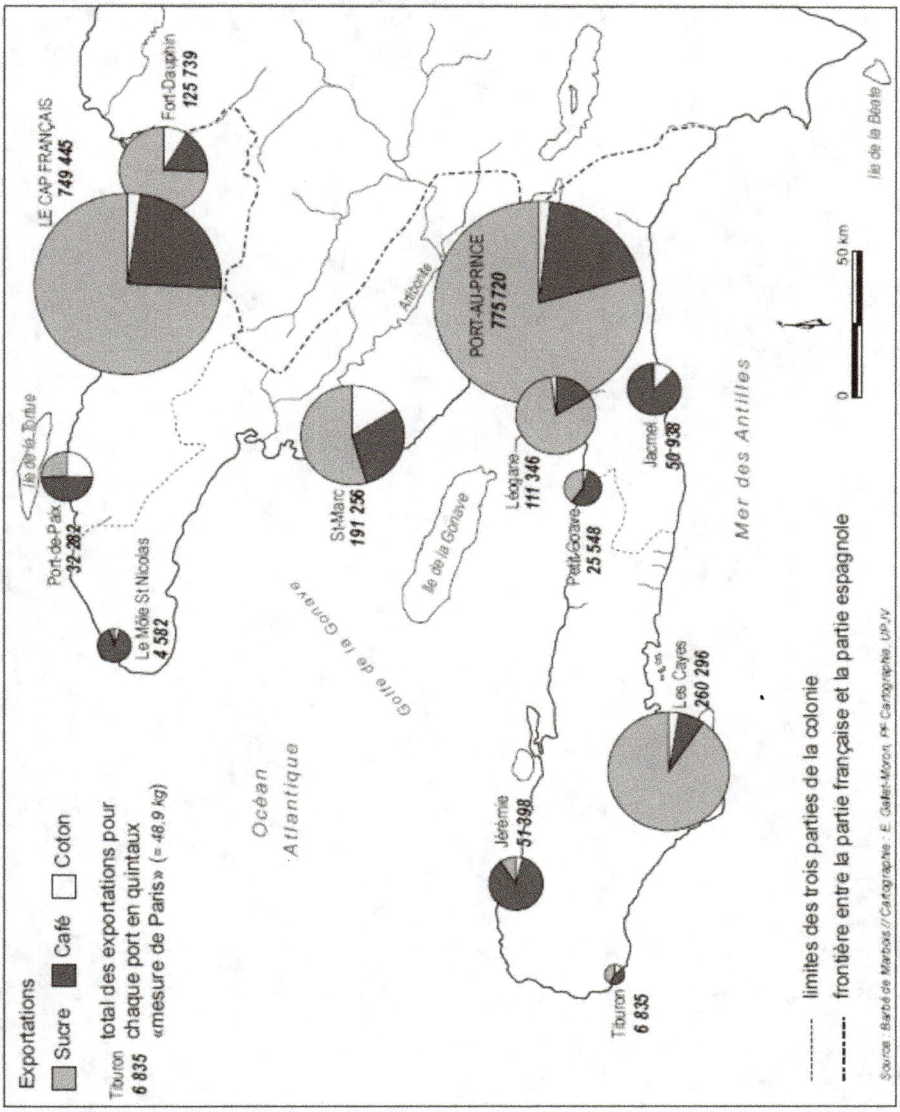

Source : Barbé de Marbois

Carte n° 4
LES GRANDES ZONES DE CULTURE DE SAINT-DOMINGUE

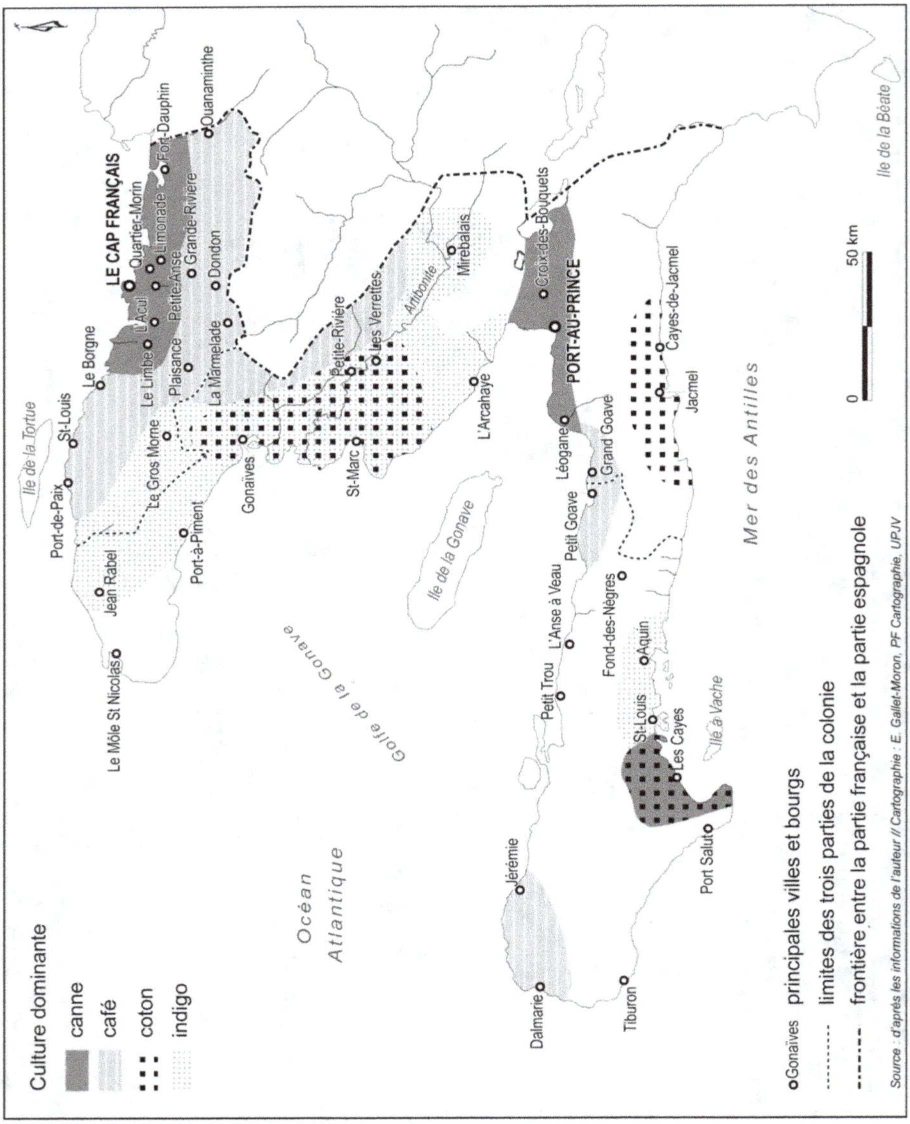

Le cœur économique de la région consiste en une vaste zone plate entrecoupée de mornes peu élevés, appelée Plaine du Nord, qui s'étend à partir de la frontière espagnole sur une soixantaine de Km de long et une trentaine de large le long de la mer. La production bénéficie ici de conditions extrêmement favorables ; les précipitations abondantes apportées, par les alizés qui soufflent en permanence depuis le nord-est, donnent naissance à de nombreuses rivières dont les alluvions forment le terroir le plus fertile de la colonie, et la proximité du port du Cap Français (aujourd'hui Haïtien) facilite considérablement les approvisionnements et les débouchés des habitations. Sans surprise, la plaine du Nord accueille donc certaines des plus grosses habitations de Saint-Domingue, s'étendant fréquemment sur plus de 300 ha et/ou employant autant d'esclaves, en particulier l'énorme domaine Galliffet, à Petite-Anse, qui réunit trois sucreries, deux caféteries, 1.420 ha et 1.441 esclaves en 1791. Ce sont également les plus avancées techniquement : 89 % des sucreries de la partie du Nord produisent du sucre blanc, contre 55 % seulement dans l'ensemble de la colonie. C'est là, et plus particulièrement au Cap et dans la plaine qui l'entoure, que le mythe nostalgique de la « perle des Antilles » prend son origine géographique.

A l'arrière de la plaine du Nord, le massif du Nord dessine un arc de cercle montagneux s'étendant de Port-de-Paix à Vallière, qui peut dépasser les 1.000 m dans ses parties les plus élevées. C'est ici le domaine du café, qui bénéficie également de l'abondance des précipitations et de la proximité du port du Cap. Son expansion est relativement tardive, avec une forte accélération dans les années 1770, quand la « folie du café » s'empare des Antilles. La partie du Nord en est de très loin la première région productrice de Saint-Domingue, avec 64 % des caféteries et 49 % des exportations en 1788-89.

Après la plaine du Nord, la ville et le port du Cap, alors Français et depuis Haïtien, constituent l'autre grand atout de la partie septentrionale de Saint-Domingue. C'est de très loin la première ville de la colonie. Les recensements lui attribuent une population de 4.464 habitants en 1770 et 12.151 en 1788, mais Moreau de Saint-Méry, qui connait parfaitement la région, a « des renseignements qui (l') autorisent à (en) compter » 15.000 (3.600 Blancs, 1.400 affranchis et 10.000 esclaves), outre la garnison (1.000 hommes) et une population flottante de plus de 3.000 matelots en escale dans le port. C'est une très belle ville, pourvue de fontaines, que ses habitants n'hésitent pas à qualifier de « Paris des Antilles ». Luxe suprême, les rues du centre sont pavées et beaucoup de maisons sont en pierre, dont quelques-unes bâties « avec de la pierre de taille apportée de France » ; à lui seul, ce dernier détail donne une idée de sa richesse[34].

Le Cap cumule le triple avantage d'être : 1) au centre de la région la mieux cultivée et la plus riche de la colonie ; 2) située au vent de

34. MSM, I, 294-531 ; D. Geggus, « The major port towns of Saint-Domingue in the later Eighteenth Century », dans F. W. Knight and P. Liss, *Atlantic port cities. Economy, culture and society in the Atlantic world*, Knoxville, 1991, p. 87-116.

l'île d'Hispaniola et baignée pratiquement toute l'année par les alizés soufflant du nord-est, qui conduisent directement sur elle les navires venus de France ; et 3) pourvue d'un excellent port, au fond d'une baie bien abritée, des tempêtes comme des attaques anglaises. Les navires marchands venus d'Europe, qui ne peuvent entrer dans le port lui-même en raison des hauts-fonds et des bancs de sable, mouillent entre 300 et 500 m du rivage dans la rade, qui peut en accueillir jusqu'à 170 en même temps ; allèges et petites barques font la liaison avec la terre. Ce port est constitué par un ensemble de « calles », sorte de ruelles conduisant vers la mer et prolongées par un ponton construit sur pilotis. Il est pourvu de grues pour les déchargements, dont la plus ancienne date de 1699 ; elles sont au nombre de cinq à la veille de la Révolution. Un quai, courant tout le long de la ville et gagné sur la mer par des remblais, permet d'entreposer pour un court laps de temps les marchandises débarquées avant d'être prises en charge par leurs destinataires. Commencée en 1739, sa construction traîne interminablement et n'est achevée qu'en 1781. Diverses améliorations sont encore apportées au port du Cap dans la dernière décennie de l'Ancien Régime, en particulier l'établissement d'une fontaine pour les aiguades, en 1781, ainsi que, deux ans plus tard, un grand carénage pouvant recevoir trois navires marchands, ou un navire marchand et un vaisseau de guerre ; on envisage en outre de créer un bassin, mais le projet n'a pas le temps d'aboutir.

Le port du Cap est de très loin le premier de Saint-Domingue. En 1788-89, les droits de douane qui y sont perçus représentent 34 % du total colonial, contre 25 % à Port-au-Prince, et les droits d'amirauté la moitié au moins, deux fois plus qu'au chef-lieu[35]. Les états de commerce de la colonie avec la France ne nous sont malheureusement pas parvenus, et nous ne connaissons la répartition des navires venus d'Europe que pour la seule année 1767 ; sur un total de 374, 195 (= 52 %) sont arrivés au Cap, contre 106 seulement (28 %) à Port-au-Prince et Léogane[36]. Aux exportations, le Cap expédie 31 % du vo-

35. Ce sont tous les droits, dont les deux plus importants sont les congés et ancrage, perçus sur la navigation au profit de l'Amiral de France (alors le duc de Penthièvre, cousin éloigné de Louis XVI) dans tous les ports de la métropole et des colonies. Ils se montent à 50.000 LT au Cap et 22.000 à Port-au-Prince ; Ch. Schnakenbourg, *L'Amirauté de France à l'époque de la monarchie administrative (1669-1792)*, thèse Droit, Paris II, 1975, t. 1, p. 152.

36. Selon l'état dressé en 1767 par l'Assemblée des conseils supérieurs de Saint-Domingue pour déterminer les « facultés contributives » de la colonie ; reproduit par Hilliard d'Auberteuil, *Considérations sur l'état présent de la colonie française de Saint-Domingue*, Paris, 1776, t. I, p. 67. Pas de chiffres postérieurs.

lume total des « denrées » envoyées en France en 1788, dont 62 % du sucre blanc et 43 % du café[37] ; il est probable que sa part dans les valeurs est très supérieure (sans doute autour de la moitié), en raison de la très forte valorisation de ces deux productions. Le Cap est également le premier port de la colonie pour le commerce étranger autorisé après 1784[38], dont il assure 52 % du total (importations + exportations). En définitive, cette ville est bien la capitale économique de Saint-Domingue.

• **Partie de l'Ouest**

Elle s'étend sur 9.800 km² environ (41 % de la superficie coloniale) et compte 204.000 habitants, dont 178.000 esclaves (38 % du total domingois dans les deux cas). Bien qu'occupée et colonisée en plusieurs points au même moment que la partie du Nord, à la fin du XVIIe siècle, sa mise en valeur s'effectue plus lentement, avec 55 sucreries seulement en 1713 et 158 en 1750. Elle rattrape quantitativement son retard, grâce à l'irrigation de ses plaines dans les dernières décennies de l'Ancien Régime (314 sucreries en 1789), mais non qualitativement dans la mesure où l'essentiel de sa production consiste en sucre brut. La partie de l'Ouest est également la première région productrice de coton de Saint-Domingue, avec 68 % des habitations de la colonie en cultivant et 72 % des exportations.

L'activité agricole dans la partie de l'Ouest est affectée par le manque de précipitations. Toute la région est bordée sur son flanc oriental par une succession de montagnes qui font obstacle aux alizés et ne laissent passer que moins d'un mètre de pluie par an (*carte n° 1*). De grands travaux d'irrigation destinés à canaliser l'Artibonite, dont les débordements sont parfois redoutables, et à procurer un « arrosement » aux zones les plus sèches sont entrepris à partir des années 1740[39]. Ils permettent des progrès spectaculaires de la mise en valeur des périmètres concernés, mais tous ceux susceptibles d'être irrigués sont encore loin de l'être en 1789 ; « sécheresses dévorantes et inondations dévastatrices » continuent de se faire sentir, écrit Moreau de Saint-Méry.

---

37. Barbé de Marbois, *Etat des finances*, op. cit.
38. En vertu de l'arrêt du Conseil du 30 août 1784, sur lequel nous reviendrons. Il n'est possible que dans les trois ports « d'entrepôt » du Cap, Port-au-Prince et les Cayes. *Infra*, chap. 5.
39. *Infra*, chap. 3.

La sécheresse et le relief limitent les zones cultivables aux trois plaines relativement peu étendues, de l'Artibonite, la plus vaste de Saint-Domingue (1.700 km²), de l'Arcahaye et du Cul-de-Sac, en arrière de Port-au-Prince, que prolonge la petite plaine littorale de Léogane pour former un ensemble de 825 km². Comme elles ont bénéficié de l'irrigation, les paroisses correspondantes concentrent l'essentiel de l'activité régionale, avec une double spécialisation forte en fonction des conditions locales. L'Artibonite constitue le cœur du pays cotonnier domingois (44 % de la superficie totale), parce qu'on ne peut guère y faire autre chose ; cette production nourrit l'activité du port de Saint-Marc, le second plus important de la partie de l'Ouest, par où passent 47 % des exportations de coton de la colonie en 1788. Au fond du Cul-de-Sac, la plaine du même nom, reçoit un peu plus d'eau, mais c'est surtout l'irrigation qui y a permis le développement de la culture de la canne ; de très grosses sucreries y sont installées, comme Saint-James (728 ha, 520 esclaves) ou Santo (2.145 ha, 545 esclaves). Selon Moreau de Saint-Méry (II, 969), c'est ici, dans la paroisse de la Croix des Bouquets, que se trouverait l'habitation la plus étendue de la colonie (Brancas-Cereste), avec 3.000 carreaux de terre (3.900 ha). Cette plaine est si riche et si fertile qu'il semblerait, nous dit toujours Moreau de Saint-Méry, que toute l'aristocratie métropolitaine y a fait l'acquisition de plantations[40]. Le reste de la partie de l'Ouest est encore très peu mis en valeur, à l'exception de la région de Jacmel (coton) et de la paroisse de Jean-Rabel où se situe l'énorme sucrerie Foäche (1.170 ha, 512 esclaves)[41].

Bien que capitale de la colonie à partir de 1749, date à laquelle elle succède à Léogane, Port-au-Prince ne peut en aucune façon rivaliser avec le Cap, malgré tous les efforts des administrateurs pour l'embellir, surtout à l'occasion de la reconstruction qui suit le tremblement de terre de 1770[42]. Cette ville, note cruellement Moreau de Saint-Méry, offre « un aspect dans lequel rien n'éveille l'idée d'une grande cité » ; on a même dit autrefois qu'elle « avait l'air d'un *camp des Tartares* » (C'est lui qui souligne). Elle est plus petite (895 maisons

40. Voir la carte reproduite par P. Cheney, *Cul-de-Sac. Patrimony, capitalism and slavery in French Saint-Domingue*, Chicago, London, 2017, p. 55 : comtes de Noailles et d'Argout, marquis de la Ferronay , de Caradeux, de Rocheblanche et Vaudreuil, sans oublier tous ceux comme Fleuriau, auxquels la possession d'une grande habitation permettra d'accéder à la noblesse.

41. Mais Jean-Rabel se situe sur la côte nord et bien davantage dans l'orbite commerciale du Cap, où la maison havraise Stanislas Foäche possède une filiale, que dans celle de Port-au-Prince. Voir carte 2, *supra*.

42. MSM, II, 973-1085.

contre 1.361 au Cap) et deux fois moins peuplée, avec 6.200 habitants permanents seulement (1.800 Blancs, 400 Libres et 4.000 esclaves) contre 15.000, outre 1.000 hommes en garnison et une population flottante de 2.200 matelots en escale. Son port lui-même ne jouit pas des mêmes avantages. Situé sous le vent, au fond du Cul-de-Sac, il n'est atteint qu'après une navigation plus longue, il est petit et d'un accès difficile (« une espèce de flaque d'eau environnées d'ilets », écrit Moreau de Saint-Méry), menacé de comblement par les alluvions provenant des montagnes environnantes, et sa rade ne peut contenir que 70 navires marchands, plus de deux fois moins que celle du Cap. Mais sa position centrale et la richesse de son arrière-pays assurent néanmoins à Port-au-Prince une grande activité maritime et commerciale, loin toutefois derrière sa rivale du Nord. Aux entrées, elle reçoit 28 % des navires venus de France en 1767 contre 52 % au Cap. A l'exportation, elle fait jeu égal avec le Cap pour le café (146.000 et 145.000 « quintaux » respectivement) et occupe la première place pour le sucre toutes qualités confondues (614.000 « Qx » contre 453.000), mais c'est davantage une apparence statistique que l'indice d'une réelle supériorité[43] ; en valeurs, Port-au-Prince se situe probablement autour de 30 % du commerce total de Saint-Domingue, à une quinzaine de points au moins du Cap. Et il en va de même pour le commerce étranger autorisé après 1784 (25 % contre 52).

• **Partie du Sud**

Elle s'étend sur 8.400 km², soit 35 % de la superficie de Saint-Domingue, et compte 130.000 habitants, dont 114.000 esclaves (24 % pour les deux). Elle est la partie dont le démarrage est le plus tardif. En 1713, elle ne compte encore que 3.700 habitants, dont 2.900 esclaves, et 6 sucreries. Il faut attendre le début de la décennie 1740 pour que les premiers colons s'installent dans les deux paroisses les plus éloignées de Jérémie et Tiburon.

Il est vrai que cette région n'est pas spécialement favorisée par la nature. La partie du Sud consiste presque uniquement en une longue péninsule formée par les deux massifs de la Selle et de la Hotte, qui, en beaucoup d'endroits, tombent directement dans la mer. Les zones

43. La différence entre les deux volumes s'explique par le fait que PAP exporte surtout du sucre brut (536.000 « Qx » contre 78.000 de blanc), alors que c'est exactement l'inverse pour le Cap (15.000 « Qx » en brut, 438.000 en blanc). Or, il faut produire un tiers de sucre brut en plus pour obtenir la même quantité de blanc. Pour ce qui concerne les valeurs, nous ne connaissons malheureusement pas les chiffres, mais le Cap occupe la première place, en raison d'une meilleure valorisation du sucre blanc.

cultivables sont rares et peu étendues. La seule qui puisse être véritablement comparée à ses homologues de la partie de l'Ouest est la plaine des Cayes (360 km^2), rendue particulièrement productive par de grands travaux d'irrigation conduits pendant toute la seconde moitié du XVIIIe siècle ; aussi n'est-il pas surprenant qu'en 1789 elle concentre 64 % des sucreries de la partie du Sud et fournisse 92 % de ses exportations de sucre. Le bourg des Cayes est d'ailleurs le seul de la région qui puisse être qualifiée de ville, avec 4.500 habitants (dont 1.200 Blancs et 3.000 esclaves).

La seconde raison du retard de la partie du Sud tient au fait qu'elle a été longtemps négligée et abandonnée à elle-même. Jusqu'à la guerre de Sept Ans, elle est presque totalement ignorée par le commerce métropolitain ; elle ne reçoit ses premiers navires de France qu'à partir de 1730 et son premier négrier qu'en 1765. En fait, c'est uniquement au commerce interlope avec la Jamaïque voisine qu'elle doit alors sa croissance. Mais celle-ci demeure très faible ; en 1751, elle ne possède encore que 97 sucreries, moitié moins que la partie de l'Ouest. La situation s'améliore et la mise en valeur s'accélère dans les dernières décennies de l'Ancien Régime, grâce notamment aux travaux d'irrigation effectués dans la plaine de Cayes, ainsi qu'à l'octroi aux armateurs français, en 1786, d'une prime de 200 LT pour chaque esclave introduit dans la région. La partie du Sud devient attractive et sa croissance est la plus forte de Saint-Domingue jusqu'en 1789, où elle atteint 191 sucreries, tandis que le port des Cayes, admis en 1784 au statut d'entrepôt pour le commerce étranger autorisé, devient le troisième de la colonie, avec 11 % du total des « denrées » exportées pour France en 1788. Le symbole même de cette attractivité réside dans l'installation, à partir de 1768, du fermier général Laborde, qui fait l'acquisition de 1.291 « carreaux » (1.678 ha) des meilleures terres de la plaine, sur lesquelles il exploite trois énormes sucreries et plus de 1.300 esclaves ; c'est l'une des plus grosses fortunes des Antilles. Mais, globalement, le retard du Sud demeure. Ses sucreries sont plus petites[44] et moins perfectionnées[45], et ses exportations ne représentent que 22 % du total colonial pour le sucre brut et 26 % pour le coton, qui constituent pourtant ses deux points forts.

---

44. En 1780-89, les sucreries du Sud possèdent en moyenne 113 escales seulement, contre 182 et 177 pour celles du Nord et de l'Ouest respectivement ; D. Geggus, « Sugar and coffee cultivation in Saint-Domingue and the shapping of the slave labour force », dans I. Berlin and Ph. Morgan, *Cultivation and culture. Labour and the shaping of slave life in the American*, Charlotteville, London, 1993, p. 77-98.
45. En 1789, le tiers seulement des sucreries de la région fabriquent en blanc, une proportion deux fois moindre que dans le reste de la colonie.

3. CROISSANCE ET « PROSPÉRITÉ »[46]

Les guillemets s'imposent ici. Cette prospérité de Saint-Domingue, si souvent célébrée alors et depuis, est avant tout fille d'un système *monstrueux*. Mais il demeure que l'économie domingoise connaît, au-delà des fluctuations courtes rythmées principalement par les guerres, une croissance continue en longue période, dont les deux moteurs principaux sont, d'une part l'élargissement du marché européen des « denrées » coloniales d'origine tropicale, et d'autre part et surtout l'essor de la traite négrière. C'est d'elle que dépend en dernière instance la conjoncture des économies antillaises. Sur le long terme, il suffit d'observer les *tableau 3* et *graphique 1* qui suivent. A court terme, le moindre ralentissement, et *a fortiori* l'interruption, de la traite négrière suffisent pour provoquer une syncope de l'économie de plantation[47]. Inversement une forte et brutale accélération des déportations fait immédiatement bondir tous les indices ; on le verra dans le cas de la Guadeloupe entre 1759 et 1763, on le voit ici pour ce qui concerne Saint-Domingue dans les toutes dernières années de l'Ancien Régime.

Tableau n° 3
LA CROISSANCE DE SAINT-DOMINGUE AU XVIIIe SIECLE

	Population		Nombre de		Superficie, équivalents ha	
	Totale	Esclaves	Sucreries	Indigoteries	Café	Coton
1700		9.082	10			
1720	51.467	42.760	181	1.766		
1732	98.896	85.272	502	2.755		188
1739	120.018	100.297	450	3.445	483	151
1753	183.272	164.869	556	2.923	8.084	7.826
1764		206.539 (a)				
1767			544			
1778	289.488	262.970	717	2.433	59.247 (c)	9.345 (c))
1780	282.776	251.806	664			
1789	455.064 (d)	405.428 (d)	793	3.151		36.454 (d)

46. Ch. Frostin, *Histoire de l'autonomisme colon de la partie française de Saint-Domingue aux XVIIe et XVIIIe siècles*, thèse de Lettres, Univ. Paris I, 1972, 800 p. en 2 vol. dact. ; P. Pluchon *Economie d'habitation*, art. cit. ; Burnard-Garrigus, *Plantation machine*, op. cit.

47. ANOM, C9 A6, fol. 150-151, gouverneur Galliffet à Pontchartrain, 2 octobre 1702 : depuis qu'on a interdit l'introduction d'esclaves étrangers, « il y aurait plus de trente sucreries qui n'y sont pas et plus de cinquante de celles qui y sont qui, faute de Nègres, ne peuvent achever leurs établissements ni moudre les cannes qu'ils ont plantées ».

	Exportations, « quintaux » de 48,9 K				Nombre d'esclaves
	Sucre	Coton	Café	Indigo	introduits
1701					515
1720	224.000			12.000	4.005
1732					4.479
1739					10.851
1753	676.570	13.396		16.904	12.516
1764	1.087.044	23.808	137.993	22.364	13.584
1777	1.144.135	35.814	430.618	23.647	22.056
1784	1.423.974	47.568	528.851	15.465	25.741
1789	1.634.042 (b)	70.042	768.352	7.586	44.572 (b)

N'ont été retenus ici que les points tournants et autres années significatives.

Pas de données disponibles entre 1739 et 1753 ni entre 1755 et 1764.

Sources : population et habitations : recensements dans G1-509 ; chiffres reproduits par Ch. Schnakenbourg

Exportations : P. Pluchon ; sauf 1753 : Hilliard d'Auberteuil.

Introduction d'esclaves : *Transatlantic slave trade database,* Emory University, Atlanta (http://www.slavevoyages.org)

Notes :

(a) 1763

(b) 1790

(c) 1775

(d) 1788

Graphique n° 1
EVOLUTION DU NOMBRE D'ESCLAVES ET DE SUCRERIES A SAINT-DOMINGUE

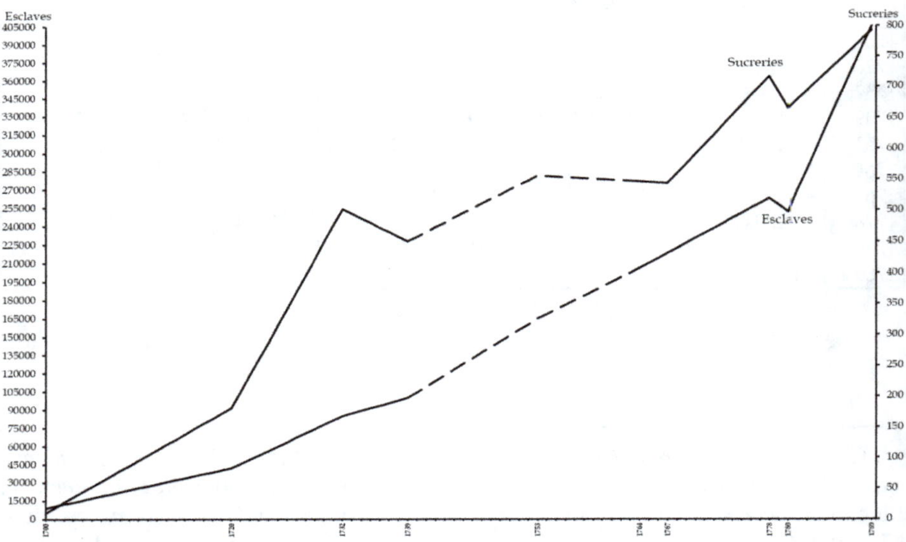

La croissance de l'économie domingoise au XVIIIe siècle se divise en trois phases[48].

• Le démarrage (1697 - 1720)

Le traité de Ryswick, en consacrant la souveraineté française sur l'ouest d'Hispaniola, marque le véritable départ de la mise en valeur de Saint-Domingue. Les premières sucreries sont établies immédiatement ; dès 1698, on reçoit du sucre domingois à La Rochelle. Mais la croissance est encore très lente, en raison de la guerre de Succession d'Espagne (1701-1713) et, déjà, du manque d'esclaves. Jusqu'en 1713, la traite négrière française est réservée à des compagnies à monopole qui sont incapables de fournir aux planteurs toute la main-d'œuvre qu'ils réclament[49] ; en outre, l'essentiel des armements négriers se dirige alors prioritairement vers la Martinique, et Saint-Domingue doit recourir à l'interlope avec la Jamaïque pour se procurer des esclaves. L'expansion reprend dès le retour à la paix et se poursuit ensuite jusqu'à un premier palier en 1732. Elle bénéficie alors de l'ouverture de la traite négrière aux particuliers en 1713 ; Saint-Domingue reçoit un total de 783 esclaves seulement entre 1701 et 1705, puis le nombre d'arrivées bondit à 17.144 de 1716 à 1720 (3.428 par an) et se stabilise ensuite à une moyenne annuelle de 3.103 jusqu'en 1735[50]. Autre facteur favorable : la disponibilité en terres cultivables dans les zones de plaines les plus propres à la canne. Entre 1699 et 1705 sont créées plusieurs grosses sucreries qui demeureront parmi les plus importantes de Saint-Domingue pendant tout le XVIIIe siècle : ainsi dans la plaine du Nord, Charrier à Quartier-Morin, Bréda au Haut-du-Cap, et naturellement Galliffet à Petite-Anse ; à

48. Pour ne plus y revenir par la suite, tous les chiffres relatifs à Saint-Domingue proviennent, sauf indication contraire, de Ch. Schnakenbourg, « Statistiques économiques haïtiennes à l'époque coloniale (1681-1789), *Outre-Mers, Revue d'histoire*, t. 99, 2011, n° 372-373, p. 145-155.
NOTA : cet article comporte malheureusement beaucoup de fautes d'impression et de numérotation des notes pour lesquelles nous dégageons notre responsabilité, le texte imprimé ne nous ayant pas été soumis pour relecture avant impression.
49. Compagnie royale du Sénégal, Cap Vert et Côtes d'Afrique (1696), Compagnie de Saint-Domingue (1698), Compagnie de l'Assiente (1701).
50. Pour ne plus y revenir par la suite, tous les chiffres du nombre d'esclaves débarqués dans les Antilles françaises (y compris la Guyane) proviennent de la *Transatlantic slave trade database*, citée sous tableau n° 3. *Nota* : ce ne sont que des estimations, basées sur des extrapolations à partir de chiffres connus. Dans un souci d'homogénéité, nous utilisons cette série pour tout le XVIIIe siècle, bien qu'elle soit parfois légèrement divergente par rapport aux chiffres de R. Stein et J. Tarrade (pour la période 1763-1788). Dans tous les cas, il ne s'agit ici que de la traite légale.

Léogane et au Cul-de-Sac Grandhomme[51] et Galbaud du Fort[52]. Globalement, c'est la partie du Nord qui est la principale bénéficiaire de cette phase de croissance ; elle réunit 56 % des sucreries domingoises en 1713 (77/138) et 58 % en 1732 (291/502).

• Expansion et affirmation de la suprématie domingoise (1740-1755)

Après un bref ralentissement dans les années 1730, l'expansion reprend, mais elle est très vite arrêtée par guerre de Succession d'Autriche (1744-1748). Les difficultés des liaisons avec la France et surtout l'arrêt complet de la traite négrière légale[53] provoquent une récession dont nous ne pouvons malheureusement apprécier l'ampleur faute de statistiques disponibles pour cette période. Il semble toutefois que ses effets soient atténués par la politique permissive du gouverneur Larnage, qui autorise le commerce étranger ou ferme les yeux sur l'interlope avec la Jamaïque.

Au retour de la paix, la traite négrière « s'envole[54] » et de nouveaux records du nombre d'esclaves et de sucreries sont établis à la veille de la guerre de Sept Ans. L'industrie sucrière se renforce avec le développement de la production de sucre blanc, qui nécessite des habitations plus grandes, mieux équipées et disposant de davantage d'esclaves ; le nombre de sucreries en produisant passe de 18 sur 339 (= 5 %) en 1739 à 255 sur 599 (= 42 %) en 1754. La croissance bénéficie également de la réalisation d'une série de grands travaux d'infrastructure (ouverture de routes, début de l'irrigation des plaines de la partie de l'Ouest, premiers travaux d'amélioration du port du Cap), ainsi que de l'élargissement de la place du sucre des îles françaises sur le marché européen continental, en raison notamment du ralentissement de la production des Antilles britanniques. Au début des années 1750, elles sont pratiquement rattrapées par leurs homologues françaises[55], et l'Angleterre, jusqu'alors maitresse du marché

---

51. G. Debien, « Aux débuts d'une grande plantation de Saint-Domingue (1685-1714) », extrait de la *Revue de la Porte Océane*, Le Havre, 1953, 31 p.
52. G. Debien, *Une plantation de Saint-Domingue : la sucrerie Galbaud du Fort (1690-1802)*, Le Caire, 1941, 136 p.
53. D'après les estimations de la *Transatlantic slave trade database* de l'Université d'Emory, le nombre d'esclaves déportés vers Saint-Domingue passe en moyenne annuelle de 13.974 de 1740 à 1743 à zéro en 1745 et 610 par an en 1746 et 1747.
54. 2.346 introductions en 1748, 15.232 en 1755.
55. En unités métriques, les exportations cumulées de l'ensemble des îles françaises en 1720 se montent à 21.000 tonnes, contre 35.000 pour les *British West Indies* ; en 1753, 57.000 et 59.000 respectivement.

continental, perd sa suprématie au profit de la France[56]. Enfin, le dernier facteur de cette forte croissance du milieu du siècle réside dans le développement des cultures « secondaires » (indigo, coton et café) qui permet la mise en valeur de zones peu favorables à la canne parce que morneuses, trop sèches ou éloignées de la mer ; il constitue un facteur nouveau de consolidation de l'économie domingoise.

Tout ce qui précède explique l'attraction croissante qu'exerce Saint-Domingue sur le commerce de France et pourquoi la Grande Ile supplante progressivement la Martinique[57] comme principale destination des armements pour les Antilles. A Bordeaux, au début du XVIIIe siècle, 4 à 5 navires par an pour la première, 12 à 15 pour la seconde ; de 1749 à 1755, 49 % des départs se font pour Saint-Domingue et 58 % des retours en proviennent. Plus significative encore est l'évolution de la répartition des déportations négrières entre les deux îles. Bien qu'elle continue de recevoir un nombre croissant d'esclaves pendant encore une quinzaine d'années, la Martinique est déjà dépassée par Saint-Domingue dès la décennie 1720 ; entre les deux guerres de Succession d'Autriche et de Sept Ans, les armateurs commencent à l'abandonner, dans une tendance qui ne cessera de s'accentuer jusqu'à la Révolution.

Tableau n° 4
SAINT-DOMINGUE ET ILES-DU-VENT

Le basculement sur la Grande Ile au milieu du XVIIIe siècle

	NOMBRE D'ESCLAVES		NOMBRE DE SUCRERIES		EXPORTATIONS DE SUCRE		INTRODUCTION D'ESCLAVES	
	St-D	I-du-V	St-D	I-du-V	St-D	I-du-V	St-D	I-du-V
1700	30,0	70,0	3,8	96,2				
1701 - 05 (a)							15,5	84,5
1719 ou 1720	44,8	55,2	26,3	73,7				
1722					51,3	48,7		
1721 - 26 (a)							58,3	41,7
1753	59,8	40,2	44,5	55,5	58,8	41,2		
1751 - 55 (a)							80,0	20,0

En %. Iles-du-Vent : Archipel guadeloupéen + Martinique ; en raison du manque de données, il n'est pas possible d'inclure les autres îles pour toutes les années et/ou rubriques retenues. (a) Moyenne annuelle. Le *tableau 4* permet de mieux apprécier la chronologie et l'ampleur de ce basculement.

56. *Infra*, chap. 5.
57. La Guadeloupe et les autres îles des Petites Antilles sont alors presque entièrement négligées par les négociants métropolitains.

• **L'apogée (1764 - 1789)**

Sauf pendant la brève interruption de la guerre d'Amérique, la croissance ne cesse de s'accélérer pendant toute cette période, pour s'achever sur un bond formidable dans les toutes dernières années de l'Ancien Régime (*Tableau 3 et graphique 1*). C'est à la fois « l'âge d'or » des anciens planteurs ruinés nostalgiques de la Restauration et l'un des pires moments de l'histoire de l'esclavage dans les Amériques.

Tout ici repose sur l'essor extraordinaire de la traite négrière. Le nombre annuel moyen d'esclaves déportés vers les Antilles françaises passe de 16.273 entre 1764 et 1770 à 34.750 de 1786 à 1790, avec un maximum de 45.370 pour cette dernière année. Avec plus de 90 % des captifs débarqués, Saint-Domingue est de très loin la grande bénéficiaire de cette activité accrue des armateurs français. Cette exacerbation de la traite se traduit évidemment par un bond de la population servile, même si, compte tenu de l'énorme surmortalité qui la frappe, elle ne fait « que » doubler entre 1764 et 1788, alors que le nombre de déportés triple dans le même temps.

Nous manquons malheureusement de statistiques sur la répartition des esclaves entre les différentes productions, mais il n'est pas douteux que le café soit le principal bénéficiaire de cette suractivité des négriers. De 1764 à 1789, le volume total cumulé des « denrées » exportées de Saint-Domingue s'accroît de 77 %, celui du sucre de 50 %, mais celui du café de 456 %. Les caféiers occupent tout l'espace favorable laissé libre par les sucreries. La superficie qui leur est consacrée passe de 13.000 ha en 1754 à 59.000 en 1778 (pas de données intermédiaires) ; après une brève chute pendant la guerre d'Amérique, elle s'envole au retour de la paix pour dépasser probablement les 100.000 ha en 1788[58], représentant alors largement plus de la moitié de la surface totale des cultures d'exportation. En s'étendant, ils remplacent sur les mornes les indigotiers qui y prospéraient jusqu'alors ou les repoussent vers des zones moins favorables ; c'est l'une des principales causes du déclin de la production d'indigo, qui a constitué pendant longtemps la seconde grande « denrée » d'exportation de Saint-Domingue. Ajoutons, à côté du café, une autre grande culture d'exportation dont la forte croissance participe également au « boum » de l'économie domingoise, le coton, dont la superficie et les exportations bondissent à partir des années 1770, en liaison avec le

58. Le chiffre donné par Barbé de Marbois est de 337.200 « carreaux » (438.000 ha), mais il est manifestement excessif ; cet accroissement statistique de la superficie cultivée (+ 3.300 % depuis 1780) n'est pas cohérent avec ceux du nombre de caféteries (+ 31 %) et des exportations (+ 58 % depuis 1777).

développement extrêmement rapide de l'industrie des cotonnades en France.

Par contre, la production sucrière ne redémarre que lentement après le traité de Paris. Les exportations tournent autour du million de « quintaux » par campagne jusqu'à la guerre d'Amérique puis n'augmentent que faiblement dans les dernières années de l'Ancien Régime. Globalement, l'industrie sucrière ne reçoit pas suffisamment d'esclaves. Elle bénéficie néanmoins de l'achèvement des travaux d'irrigation de l'Arcahaye et de la plaine du Cul-de-sac, qui font de la partie de l'Ouest la première région sucrière de la colonie (197 sucreries en 1767, 324 en 1789), pendant que celle du Nord, dont le potentiel sucrier était déjà entièrement exploité avant même la guerre de Sept Ans, ne progresse pratiquement plus (263 sucreries en 1767, 288 en 1789). Sur l'ensemble de la période, c'est la partie du Sud, dont le commerce de France découvre enfin les potentialités, qui connaît la plus forte croissance, mais, évidemment, parce qu'elle partait de plus bas[59]. La croissance s'accompagne d'une amélioration qualitative de la production, le nombre et la proportion de sucreries faisant du sucre blanc ne cessant de s'élever jusqu'à devenir majoritaire à la fin de la période[60].

• Une « perle » tachée de sang

A la veille de la Révolution, la partie française de Saint-Domingue est de très loin la plus peuplée, la mieux cultivée et la plus riche de toutes les colonies européennes de la Caraïbe. Elle possède 40 % des esclaves, fournit 32 % des exportations totales, 35 % de celles de sucre et plus de 90 % de celles de café[61]. La principale des îles anglaises, la Jamaïque, avec laquelle on la compare souvent, pèse la moitié à peine du potentiel domingois et ses exportations de sucre sont plus d'un quart inférieures. Saint-Domingue est qualifiée alors de « perle des Antilles », non seulement pour sa richesse, l'étendue de ses cultures et l'importance de son commerce, mais aussi pour la beauté de la ville du Cap, qui rassemble 12 % de la population blanche de la colonie, ainsi que pour la qualité de sa vie mondaine (on y suit attentivement la mode de Paris) et intellectuelle. Une imprimerie existe à partir de 1765, ainsi qu'un théâtre public (où est pratiquée la ségrégation), dans

59. De 1767 à 1789, le nombre de ses sucreries augmente de 461 % (de 34 à 191), contre 33 % pour le total cumulé des deux autres régions.

60. Pour l'ensemble de la colonie, 245 = 45 % en 1767, 431 = 54 % en 1789.

61. *Tableau n° 1*, supra.

lequel sont données plus de 3.000 représentations lyriques ou théâtrales entre 1764 et 1790 ; outre les grands classiques (Corneille, Racine, Molière ...), beaucoup de pièces (très) légères, mais aussi certaines parmi les plus subversives de Beaumarchais. En 1784 est créé le Cercle des Philadelphes, devenu cinq ans plus tard Société royale des sciences et arts du Cap Français, qui réunit l'élite blanche admiratrice des Lumières sans que ses membres aient conscience de la contradiction dans une colonie à esclaves.

Tout ce qui précède ne saurait toutefois dissimuler les faiblesses et les contradictions de cette économie coloniale esclavagiste : les esclaves de plus en plus « remuants », la montée de l'endettement des planteurs, l'insuffisance chronique du commerce de France, la baisse de la productivité du travail servile ..., tous problèmes sur lesquels nous reviendrons plus en détail et qui, naturellement, ne concernent pas que Saint-Domingue mais ici revêtent une gravité exceptionnelle, entraînant les planteurs dans une sorte de fuite en avant pour les surmonter. La montée de l'autonomisme colon en est la traduction sur le plan politique. Mais surtout, à force de s'extasier sur les records d'exportations sans cesse améliorés, les contemporains, comme parfois, hélas ! Certains historiens, finissent par oublier ce que représente cet « âge d'or ». Ph. Girard[62] fait observer que tous ces chiffres ont pour origine commune l'*Etat des finances*, publié en 1790 par le dernier intendant de Saint-Domingue, Barbé de Marbois (ni le moment, ni la fonction ne sont neutres), et suivent ensuite le même cheminement éditorial idéologique à travers des auteurs anciens colons ruinés, comme Page[63] ou Barré de Saint-Venant[64], ou liés au milieu colon (Moreau de Saint-Méry), qui publient alors que le désastre s'abat sur la Saint-Domingue coloniale. En évoquant l'ancien « âge d'or » des dernières années de l'Ancien Régime, ils font avant tout œuvre de propagande en faveur du rétablissement de l'ordre « normal » des choses dans un pays à esclaves. En réalité, la « perle » est couverte de sang.

On s'en aperçoit en comparant la productivité du travail servile à Saint-Domingue et dans les autres îles de la Caraïbe (*Tableau n° 5*). Bien sûr, ces chiffres sont approximatifs et ne tiennent pas compte des

---

62. Ph. Girard, « Saint-Domingue était-elle une colonie sucrière rentable ? », communication présentée à l'ACH, 2015. La question est reprise dans son *Toussaint Laventure. A revolutionary life*, NY, Basic Books, 2016, p. 86-89.
63. P. F. Page, *Traité d'économie politique et du commerce des colonies*, 1801, 356 p.
64. J. Barré de Saint-Venant, *Des colonies sous la zone torride, et particulièrement de celle de Saint-Domingue*, Paris, 1802, 552 p.

multiples fraudes ; d'autres sources pourraient donner des résultats légèrement différents, mais qui aboutiraient finalement à la même conclusion : quel que soit l'indicateur retenu, la quantité de « denrées » produite par le travail d'un esclave, en même temps que le revenu qu'il génère, sont toujours supérieurs à Saint-Domingue. Ce tableau confirme de façon chiffrée ce que beaucoup de voyageurs ayant visité la région dans la seconde moitié du XVIIIe siècle ont perçu de façon plus ou moins visuelle et empirique : que le sort des esclaves domingois est le pire de toute la Caraïbe ; dans une économie non mécanisée comme celle-ci, plus la productivité est élevée et plus grande est la violence employée pour parvenir au résultat. C'est à ce prix que l'on peut jouer Beaumarchais au théâtre du Cap.

Tableau n° 5
PRODUCTIVITE COMPAREE DU TRAVAIL SERVILE EN 1787

	Saint-Domingue	Iles-du-Vent (a)	Jamaïque
Valeurs			
Exportations pour la métropole, 1.000 LT	129.00	34.500	45.000
Nombre d'esclaves (b)	360.000 (b)	177.500	195.000
Exportation par esclaves, LT	358	194	230
Volumes			
Exportations pour la métropole, tonnes (c)	100.900	393.000	38.500
Nombre d'esclaves (b)	360.000 (b)	177.500	195.000
Exportation par esclaves, kg	280	221	197

Source : Barbé de Marbois, repris par Avalle.

(a) Martinique et Guadeloupe regroupées, en raison du rôle des commissionnaires de Saint-Pierre, par lesquels transite une part importante des exportations guadeloupéennes.

(b) Le nombre donné par le document est très minoré et manifestement inexact ; nous avons repris celui du recensement de 1786 (1787 n. d.).

(c) Toutes « denrées » confondues, détail n. d. Les chiffres sont en livres-poids, de 0,49 kg pour les Antilles françaises et 0,45 pour les *West Indies*. Pour faciliter les comparaisons, nous les avons convertis en tonnes métriques.

CHAPITRE 2

LES ÎLES-DU-VENT[65]

Dénommées également Petites Antilles, en raison de leurs tailles, les Iles-du-Vent, après avoir constitué le cœur même de l'entreprise coloniale française dans la Caraïbe au XVIIe siècle, voient leur poids relatif diminuer lentement au cours du siècle suivant au profit de Saint-Domingue. A la veille de la Révolution, elles ne représentent plus que le quart environ du potentiel économique total de l'ensemble des Antilles françaises[66]. Après une présentation générale d'ensemble, nous examinerons la situation particulière de chacune d'elles.

1. L'ARC ANTILLAIS

• « Peu de terre, beaucoup d'eau »

L'expression est de Pierre Chaunu. Elle traduit parfaitement l'impression que donnent ces îles vues d'avion ou sur une carte : des oasis au milieu d'un désert liquide.

---

65. J. P. Sainton, *Histoire et civilisation*, op. cit, t. 2 et 3 ; Ch. Schnakenbourg, « Statistiques pour l'histoire de l'économie de plantation en Guadeloupe et en Martinique (1635-1835), *Bull. Sté d'hist. Gpe*, n° 31, 1977, 121 p. *Nota* : une fois pour toutes, et sauf indication contraire, tous les chiffres cités ci-après proviennent de cette publication.
66. Voir *supra*, tableau n° 1.

Carte n° 5
LES PETITES ANTILLES AU XVIIIe SIECLE

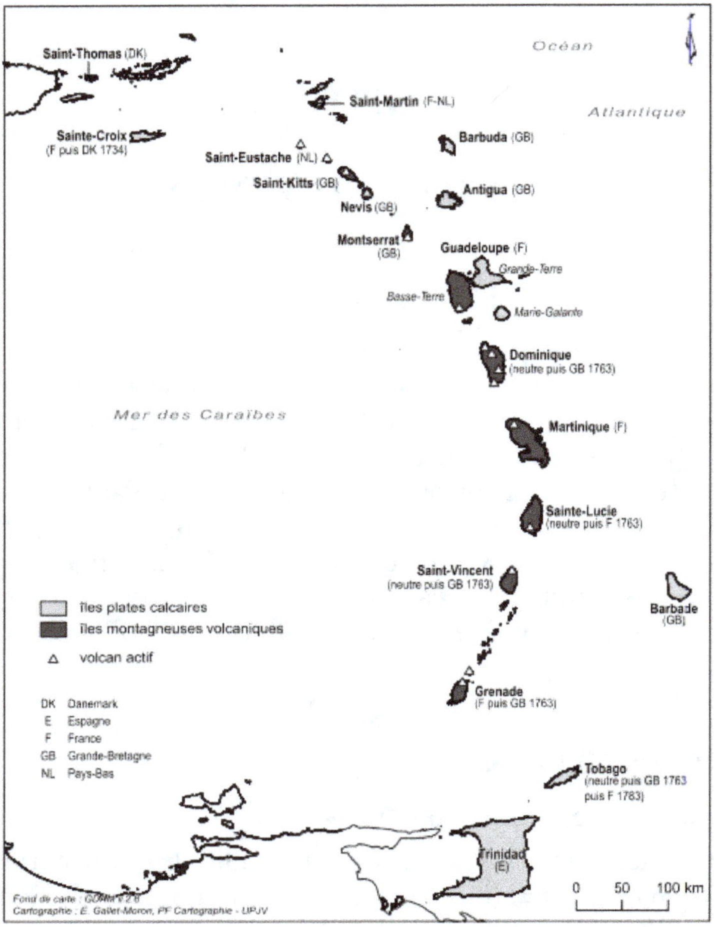

Composé d'une quarantaine d'îles habitées et de plusieurs milliers d'îlots et de rochers vides de présence humaine permanente, l'archipel des Petites Antilles, ou arc antillais en raison de la large courbe qu'il dessine, s'étend sur environ 1.000 km entre Saint-Thomas, au nord, et Trinidad, au sud (*voir carte n° 5*). La Guadeloupe et la Martinique se situent approximativement en son milieu, séparées par la Dominique ; la distance entre elles est de 200 km. Les deux autres îles françaises de Saint-Martin et Saint Barthélemy sont au nord de l'archipel, à 250 km de la Guadeloupe. Toutes ces îles sont extrêmement petites. Trinidad, la plus grande, s'étend sur à peine 4.800 km^2, même pas la superficie d'un département métropolitain moyen, et la Martinique, qui vient en seconde position, sur 1.100. Dans ses limites administratives actuelles, la Guadeloupe compte 1.700 km^2, mais c'est parce qu'elle est elle-même un archipel. Dans leur totalité, les Petites Antilles réunissent tout juste 12.200 km^2, soit 5,4 % seulement de l'ensemble des territoires insulaires de la Caraïbe[67].

L'arc antillais constitue la limite orientale de la plaque tectonique caraïbe, sous laquelle glisse la plaque américaine à une vitesse de 2 cm par an. Ceci explique que toutes les îles composant sa partie interne, de la Grenade à Saint-Kitts, en passant par la Basse-Terre, soient d'origine volcanique, donc montagneuses ; le point culminant, la Soufrière de la Guadeloupe, se situe à 1.467 m d'altitude. Légèrement en avant vers l'est se trouve un second chapelet d'îles plates calcaires qui forment l'arc externe des Petites Antilles ; il s'étire de Tobago aux Iles Vierges, en passant par Barbade, Marie-Galante, la Grande-Terre et Antigue. Toute cette région est le siège d'une intense activité volcanique. Douze volcans sont en activité permanente dans l'arc antillais, et dix éruptions ont affecté directement la population au cours des deux derniers siècles (victimes, évacuation, perturbations graves de l'activité ...). Les deux plus meurtrières, survenues quasi simultanément les 6 et 8 mai 1902, ont fait respectivement 1.600 et 28.000 morts à Saint-Vincent et à la Martinique (Montagne Pelée) ; la plus récente, celle 1995 à Montserrat, a rendu inhabitable la moitié de l'île. En outre, l'arc antillais est secoué périodiquement par de grands séismes ; on en dénombre une quinzaine de magnitude 7 ou plus depuis le XVIe siècle, dont les deux plus graves se situent en 1838 à la Martinique et 1843 en Guadeloupe (5.000 morts).

• La rivalité franco-anglaise dans les Petites Antilles

Tant par sa position géographique au centre de la Méditerranée américaine que pour ses productions « exotiques », la Caraïbe constitue l'un des principaux enjeux des relations entre puissances européennes aux XVIIe et XVIIIe siècles[68]. Les Petites Antilles constituent le point central d'affrontement dans les rivalités coloniales entre la France et l'Angleterre. De cet affrontement résulte de continuelles fluctuations géopolitiques dans la composition du domaine français dans la région.

Jusqu'aux années 1690, ce domaine est extrêmement dispersé sur pratiquement toute la longueur de l'arc antillais (*Voir carte n° 5*) ; en allant du nord vers le sud, il comprend successivement Sainte-Croix, où les

---

67. Bahamas non comprises.
68. P. BUTEL, *Histoire de l'Atlantique de l'Antiquité à nos jours*, Paris, 1987, 595 p. ; C. Buchet, *La lutte pour l'espace caraïbe et la façade atlantique de l'Amérique centrale et du sud (1672-1763)*, Paris, 1991, 2 vol.

Français s'installent en 1650, la moitié de Saint-Martin, partagée en 1648 entre Français et Hollandais, Saint-Barthélémy (1648 également), la moitié de Saint-Christophe, occupé simultanément et partagée dès 1625 entre Français et Anglais, Guadeloupe et Martinique (toutes deux en 1635), Marie-Galante (1648) et la Grenade (1650). Les Anglais, pour leur part, n'occupent que l'autre moitié de Saint-Christophe, quelques petites îles comprises entre celle-ci et la Guadeloupe, et, complètement excentrée vers le sud-est de l'arc antillais, Barbade.

Au tournant du siècle se produit la première grande modification de la géopolitique des Petites Antilles ; Français et Anglais procèdent à un recentrage de leurs possessions respectives. En 1696, la France évacue Sainte-Croix, isolée, très peu mise en valeur et indéfendable[69] ; puis, six ans plus tard, ses colons sont définitivement expulsés de Saint-Christophe, très disputée avec les Anglais depuis le début de leur installation commune sur l'île, et cette cession est confirmée par le traité d'Utrecht (1713). A l'exception de la Barbade, le domaine anglais dans les Petites Antilles forme désormais un bloc compact au nord de la Guadeloupe, tandis que, sauf Saint-Martin et Saint-Barthélemy, sans doute négligées en raison de leur insignifiance, celui de la France s'est resserré autour de son principal bastion, la Martinique, ce qui va lui donner une considérable supériorité stratégique au cours du demi-siècle suivant.

Jusqu'à la guerre de Sept Ans, en effet, tensions et frictions sont permanentes entre Français et Anglais au sujet des « îles neutres »[70]. Cette expression définit le statut international de quatre territoires : Dominique et Saint-Vincent d'une part, laissées en 1660 aux Caraïbes survivants du génocide, et Sainte-Lucie et Tobago de l'autre, sur lesquelles Versailles et Londres émettent des prétentions contradictoires qui empêchent leur occupation pérenne et leur mise en valeur. Mais, solidement appuyés sur leur bastion martiniquais au cœur de l'arc antillais, les Français ont l'avantage ; depuis la Martinique et la Guadeloupe, de petits groupes de colons s'installent progressivement à la Dominique et à Sainte-Lucie. A partir de 1740, les deux îles sont intégrées de fait dans le périmètre militaire et économique français des Petites Antilles, une situation contre laquelle les Anglais, trop éloignés pour pouvoir réagir efficacement, ne peuvent que protester en vain.

---

69. Elle sera vendue au Danemark en 1734.

70. E. Schnakenbourg, « Le contentieux franco-anglais des îles neutres dans la première moitié du XVIIIe siècle », *Outre-Mers. Revue d'histoire*, t. 101, 2013, n° 380-381, p. 206-231.

C'est à l'occasion de la guerre de Sept Ans (1756-1763) que se produit le second grand tournant géopolitique de l'histoire des Petites Antilles. Maîtresse des mers, la Grande-Bretagne occupe successivement la Guadeloupe en 1759, puis la Dominique en 1761, et enfin, l'année suivante, toutes les îles du sud de l'arc caraïbe, Martinique, Sainte-Lucie, Saint-Vincent, Grenade et Tobago. Pourtant, au moment des négociations du traité de Paris (1763), Choiseul, qui conduit les discussions du côté français, manœuvre si habilement qu'il parvient non seulement à récupérer la Martinique et la Guadeloupe, que les Anglais auraient pourtant bien voulu garder, mais en outre à se faire attribuer Sainte-Lucie. En contrepartie, il est vrai, l'Angleterre s'empare des trois îles neutres de la Dominique, fort opportunément située entre les deux principales îles françaises, Saint-Vincent et Tobago, ainsi que de la Grenade, qui, isolée au bout de l'arc antillais et fort peu mise en valeur, n'avait pour la France qu'un très médiocre intérêt stratégique et économique ; sans oublier, naturellement, le Canada, qui n'en avait pas beaucoup plus vu de Versailles.

Il se produit donc un nouveau resserrement du domaine français des Iles-du-Vent autour de la Martinique. Celui-ci présente, certes, une plus grande cohérence géographique et économique, surtout compte tenu de la très forte croissance de la Guadeloupe pendant la période d'administration britannique, de 1759 à 1763, mais il devient en même temps plus fragile stratégiquement, dans la mesure où il est désormais entouré et entrelardé de colonies anglaises qui constituent une menace permanente ; on le verra bien pendant la période révolutionnaire et impériale. Jusqu'en 1789, toutefois, il ne subit que des modifications marginales. Pendant la guerre d'Indépendance américaine, les Français reconquièrent la Grenade et occupent Tobago, mais, à la paix, ils doivent rendre la première pour ne conserver que la seconde, un choix surprenant si l'on considère son isolement géographique et sa faiblesse économique. Enfin, en 1784, la France cède Saint-Barthélemy à la Suède, en échange d'un droit d'entrepôt dans le port de Göteborg[71]. A la veille de la Révolution, le domaine colonial français aux Iles-du-Vent s'étend encore sur cinq îles ou groupes d'îles. La Guadeloupe et la Martinique, qui réunissent encore le quart environ du potentiel économique français total dans la Caraïbe (*Tableau n° 1*), sont les seules réellement importantes vues de Versailles. Les autres ne comptent pas : Sainte-Lucie n'est qu'une annexe de la Martinique et ne fait pratiquement aucun com-

71. Elle redeviendra française en 1878.

merce direct avec la France, Tobago est sans intérêt et Saint-Martin négligée.

2. LA MARTINIQUE[72]

Avec 1.100 km^2, 87.000 habitants, dont 72.000 esclaves, et 324 sucreries en 1789, la Martinique n'est ni la plus grande, ni la plus peuplée, ni la mieux mise en valeur des Petites Antilles, mais elle constitue néanmoins le cœur et le pilier (le « *poto mitan* ») de la présence coloniale française dans la région, d'un double point de vue administratif et commercial. Siège du gouvernement général des Isles françaises de l'Amérique de 1664 à 1714, puis des Isles-du-Vent, en même temps que point pratiquement unique de concentration du commerce métropolitain dans l'arc caraïbe jusqu'en 1759, elle conserve sa suprématie dans les échanges et dans les esprits même après que, en 1763, la Guadeloupe ait été érigée en gouvernement autonome et la dépasse désormais pour le volume de sa production de « denrées » d'exportation. Le vocabulaire du temps reflète bien ce décalage entre les deux îles ; dans les ports de France, on compare « Ces Messieurs de la Martinique » aux « Bonnes gens de la Guadeloupe ».

• Les productions

Elles sont présentées, ainsi que leur répartition régionale, dans *carte n° 6* et le *tableau n° 6*.

L'industrie sucrière est de très loin la principale activité. A la veille de la Révolution, la canne occupe 65 % de l'espace consacré aux cultures d'exportation, 45 % des esclaves « attachés aux cultures », et le sucre entre pour 50 % dans la valeur des exportations pour France. On trouve de la canne et des sucreries dans tous les quartiers de la Martinique, mais les conditions n'y sont pas partout également favorables. La canne est une culture de plaine, or les plaines sont rares dans l'île, représentant à peine 10 % de sa superficie totale, et la seule qui mérite véritablement ce nom, celle de Lamentin, s'étend sur 70 km^2 seulement. Comme production dominante régionalement, l'industrie sucrière ne peut donc se développer que sur un espace relativement restreint, coincé entre les massifs de la Pelée et des Pitons du Carbet, au nord, et le quart méridional de l'île, où la pluviométrie est insuffisante.

---

72. E. Revert, *La Martinique. Etude géographique*, Paris, 1949, 559 p. ; M. Hardy, *Le monde du café à la Martinique, du début du XVIII*[e] *siècle aux années 1860*, thèse d'Histoire, UAG, 2014, 551 p. en 2 vol. dact.

Carte n° 6
REPARTITION DES CULTURES D'EXPORTATION DE LA MARTINIQUE EN 1789

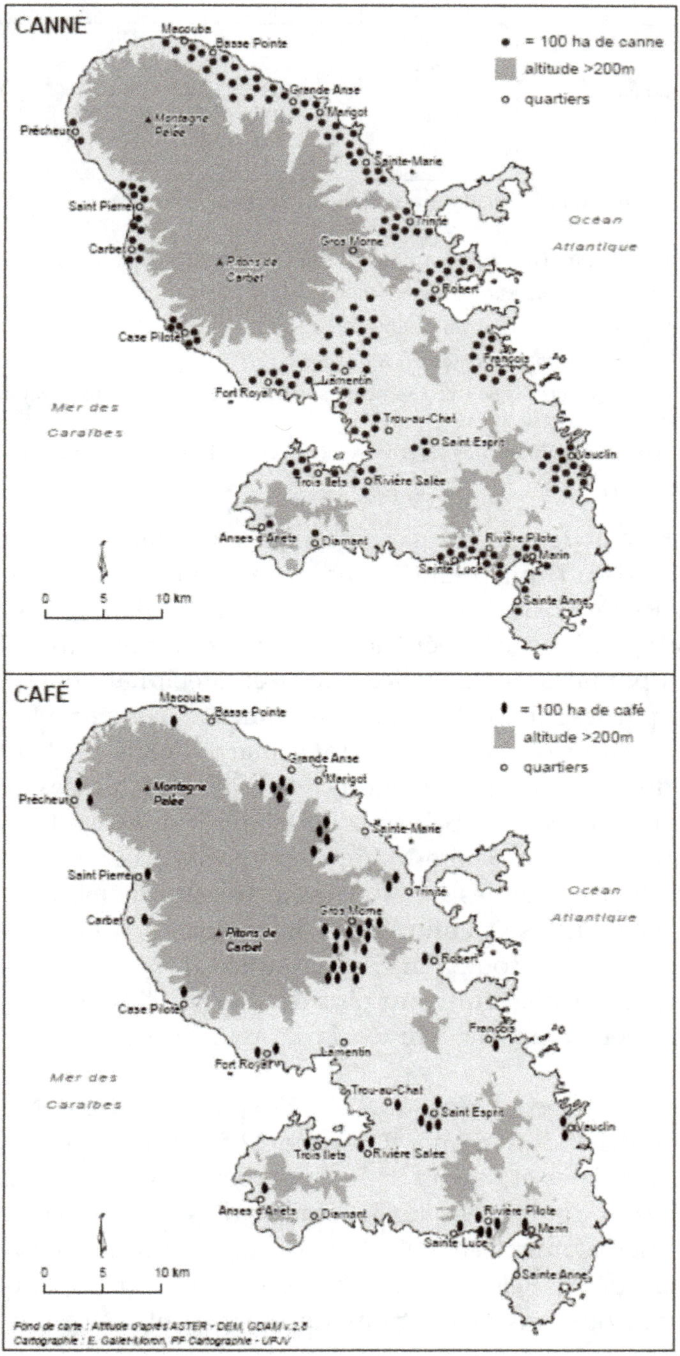

Tableau n° 6
REPARTITION DES CULTURES D'EXPORTATION DE LA MARTINIQUE EN 1789

Régions	Canne	Café	Cacao	Coton
Atlantique Nord (a)	4.867	1.305	446	94
Centre (b)	4.572	2.837	195	288
Atlantique Sud (c)	4.974	1.051	444	847
Sud (d)	1.348	440	17	668
Côte Caraïbe (e)	2.045	522	105	118
TOTAL	17.806	6.155	1.207	2.015

(a) Macouba, Basse-Pointe, Grande-Anse, Marigot (Lorrain), Sainte-Marie, Trinité (incl. Tartane).

(b) Fort-Royal, Lamentin, Trou-au-Chat (Ducos), Saint-Esprit, Rivière-Salée, Gros-Morne

(c) Robert, François, Vauclin, Marin, Rivière-Pilote

(d) Trois-Ilets, Anses d'Arlet, Diamant, Sainte-Luce, Sainte-Anne.

(e) Case-Pilote, Carbet, Saint-Pierre (Fort + Mouillage), Prêcheur.

Source : ANOM, G1-470bis, n° 66, recensement ; superficies dans le recensement en « carrés », convertis ici en ha sur la base de 1 carré = 1,3 ha.

Nota : chiffres corrigés ; comme tous les recensements, celui-ci comporte de nombreuses erreurs d'addition.

Le principal de son implantation se situe dans une vaste zone orientée nord-sud qui prend la Martinique en écharpe entre Basse-Pointe et Rivière-Salée, avec une excroissance vers le sud-est de la côte atlantique. La canne bénéficie ici de conditions naturelles pratiquement optimales, terres volcaniques et précipitations abondantes apportées par les alizés ; la plaine de Lamentin constitue la première zone de sa culture avec 13 % du total martiniquais. Ailleurs, elle se limite à des terrains peu étendus : soit petites plaines alluviales, comme celles de Rivière-Salée ou de la côte nord atlantique (Basse-Pointe, Grande-Anse, Sainte-Marie) ; soit partie basse des vallées débouchant sur les grandes baies du sud de cette même côte (Robert, François, Vauclin) ; soit enfin zones de mornes peu élevés comme à Trinité, Trou-au Chat ou Saint-Esprit. Au total, sur les 26 quartiers de la Martinique, les cinq cultivant plus de 1.000 ha de canne (Lamentin, Vauclin, Robert, François, Sainte-Marie) réunissent 40 % de la superficie totale.

Le café est la seconde production d'exportation de la Martinique. A la fin de l'Ancien Régime, il occupe 22 % de la superficie en cultures commerciales et fournit 37 % des exportations en valeur pour la métropole (pas de données sur le nombre d'esclaves). Les cultures se situent principalement entre 200 et 500 m d'altitude, sur les pentes des massifs de la Pelée et des Pitons (Grande-Anse, Sainte-Marie, Gros-Morne) ou dans des régions de mornes au centre de l'île (Lamentin, Saint-Esprit) ; les cinq quartiers précités, cultivant chacun plus de 400 ha, concentrent 54 % des caféiers de la colonie.

Les deux dernières cultures commerciales jouent un rôle plus limité dans l'économie martiniquaise. Celle du coton se concentre dans les zones les plus sèches du sud de l'île ; il fournit 9 % des exportations. Quant au cacao, après avoir connu un développement fantastique suivi d'un effondrement spectaculaire dans les années 1720[73], il n'est plus désormais qu'une production marginale (2 % des exportations).

Enfin, la côte caraïbe est très peu mise en valeur. Les cultures sont extrêmement limitées, l'espace manque, les montagnes tombent directement dans la mer, et la pluviométrie est insuffisante, car la Pelée et les Pitons font obstacle aux alizés. Seule la canne est un peu développée autour de Saint-Pierre, sur les premières pentes douces du volcan, parce que les planteurs bénéficient de la proximité du port pour leurs débouchés et approvisionnements.

• Saint-Pierre

Saint-Pierre est à la fois le cœur et le poumon de l'économie martiniquaise du XVIIIe siècle[74]. C'est là que débarquent, en 1635, les premiers colons, qui font du lieu leur capitale jusqu'en 1692. Le siège du gouvernement est alors transféré à Fort-Royal, mais l'intendant, chef de l'administration civile et donc, à ce titre, responsable de tout ce qui concerne les affaires commerciales, demeure à Saint-Pierre jusqu'à la Révolution. Saint-Pierre est le port le plus important des Iles-du-Vent et le second des Antilles françaises après le Cap ; malgré les inconvénients du site (une simple rade foraine), tout le commerce des Petites Antilles avec la métropole est polarisé sur lui jusqu'en 1758, et encore la majeure partie après 1763, y compris celui de la Guadeloupe. En 1788, Saint-Pierre reçoit 73 % des navires arrivés de France dans les ports des deux îles et 67 % des importations en valeur ; il expédie 62 % du sucre et 64 % du café, bien que les productions locales soient inférieures à celles de l'île-« sœur », et même 59 % du coton alors que la Martinique n'en produit que peu. L'activité du port favorise le développement et l'embellissement urbains au point qu'en 1748, le gouverneur de la Martinique, avec un certain optimisme, qualifie Saint-Pierre de « Paris des Isles ». C'est la ville la plus peuplée des Antilles

73. *Infra*, chap. 6.
74. L. Chauleau, « Saint-Pierre au XVIIIe siècle », *Compte-rendu des travaux du colloque de Saint-Pierre* (1973), UAG, 1975, p. 23-33.

françaises ; en 1789, les deux quartiers du Fort et du Mouillage rassemblent 17.312 habitants (2.586 Blancs, 1.641 Libres, 12.815 esclaves), soit environ 2.000 de plus que le Cap.

• Rapide grandeur et lente décadence

La conjoncture longue de l'économie martiniquaise au XVIIIe siècle se divise en deux phases fortement contrastées : vive expansion jusqu'au début des années 1740, stagnation puis déclin ensuite (*Tableau n° 7* et *graphique* 2).

Tableau n° 7
L'ECONOMIE MARTINIQUAISE, 1671-1789

	Population		Nombre de Sucreries	Superficies (ha)				Nombre d'esclaves débarqués (a)
	Totale	Esclaves		Canne	Café	Coton	Cacao	
1671	10.918	6.582	111					
1692	19.613	12.856	207					
1700	21.579	14.566	183					1.243
1719	45.582	35.472	338			37	2.616	419
1727	55.516	40.403	413		62	916	11.661	2.037
1742	83.969	66.205	456		3.200	4.500	571	1.766
1751	79.442	65.905	370		5.712	1.326	539	5.944
1764	81.880	68.395	301	14.423	4.852	2.587	1.122	960
1778	87.000	72.000	257	13.507	10.376	2.472	2.145	825
1784	81.651	68.598	305	16.121	5.149	2.628	1.773	929
1789	86.892 (b)	71.438 (b)	324	17.806	6.155	2.015	1.207	590

Sources : Population et production : ANOM, Série G1, recensements ; chiffres reproduits par Ch. Schnakenbourg.

Esclaves débarqués : *Transatlantic slave trade database.*

Superficies de cannes de 1764 à 1789 et de cultures secondaires en 1789, données en carrés et converties sur la base de 1 carré = 1,3 ha. Les superficies en cultures secondaires jusqu'en 1784 sont données en nombre de pieds. Nous les avons converties sur les bases proposées par G. Lasserre, soit 1.500 pieds par ha pour les cotonniers et cacaoyers et 1.600 pour les caféiers.

Notes :

(a) Traite française légale

(b) 1788

Graphique n° 2
EVOLUTION DU NOMBRE D'ESCLAVES ET DE SUCRERIES A LA MARTINIQUE

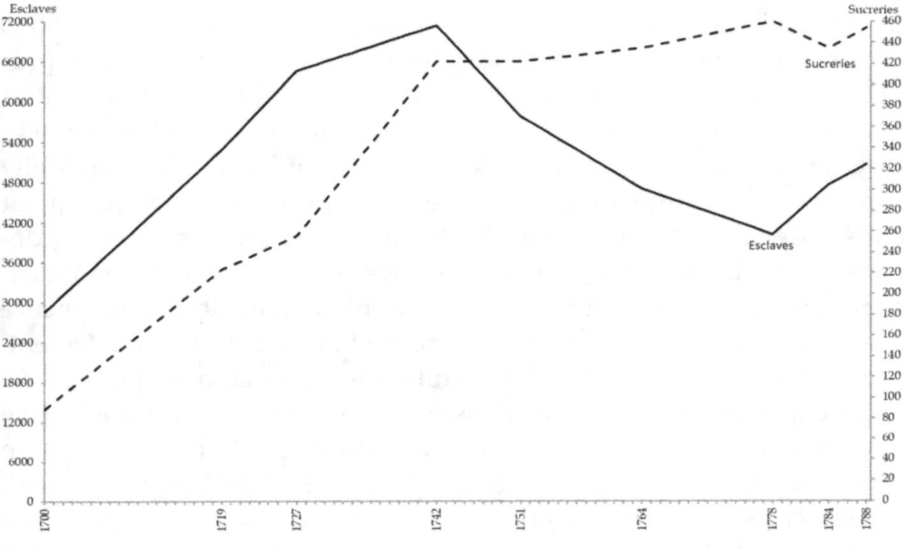

1. L'expansion démarre dès le milieu du XVIIe siècle. Alors siège du gouvernement général des Isles françaises de l'Amérique, la Martinique, en grande partie pour cette raison, attire à elle la presque totalité du commerce de France aux Antilles, d'autant plus qu'elle est alors sans concurrentes ; la Guadeloupe se débat au milieu des difficultés et Saint-Domingue n'est encore qu'une virtualité. La mise en valeur de la Martinique est facilitée en outre par la disponibilité en terres aisément accessibles. Depuis ce qu'il est convenu d'appeler « l'expulsion » des Caraïbes (en réalité leur extermination), en 1658, la totalité de l'espace est ouvert à la colonisation ; dès 1671, pratiquement toutes les zones côtières et les plaines littorales sont occupées par des habitations.

Après le « trou » de la décennie 1690, creusé provisoirement par les difficultés du marché du sucre et les effets de la guerre de la Ligue d'Augsbourg (1688-1697) sur les relations avec la métropole, l'activité repart vivement à la hausse pour plus de trois décennies de croissance ininterrompue. De 1709-10 à 1741-42, le nombre d'esclaves est multiplié par 2,9 et celui des sucreries par 1,9, et le volume des exportations sucrières par 3,1. Il n'y a pas que le sucre. Les décennies 1710 et 1720 sont celles d'un surgissement extraordinaire de la culture du cacao, mais qui prend brutalement fin entre 1727 et 1730 sur une série de catastrophes. Elle ne reprend que tardivement et faiblement à la fin de l'Ancien Régime. C'est le café qui le remplace, mais sa progression demeure encore relativement lente jusqu'à la guerre de Sept Ans.

Cette grande poussée de l'économie martiniquaise au cours des trois premières décennies du siècle est la conséquence des conditions extrêmement favorables dont elle bénéficie sur le marché des produits tropicaux des deux côtés de l'Atlantique. S'agissant tout d'abord de son pouvoir d'influence sur ce marché, la Martinique a, certes, perdu son quasi-monopole du milieu du XVIIe siècle, mais elle conserve encore une large prééminence. Saint-Domingue, quoiqu'en croissance rapide, n'a pas encore rattrapé le retard résultant du démarrage tardif de sa mise en valeur, même s'il est vrai que ce retard se réduit rapidement. Aux Iles-du-Vent, ni la Guadeloupe, ni, encore moins, la Grenade ne sont en mesure de la concurrencer réellement. D'autre part, les difficultés des Antilles anglaises et la diminution de leurs exportations de sucre laissent à celui des îles françaises une place accrue sur le marché continental européen, dont la Martinique profite alors pleinement. Tout ce qui précède explique, naturellement, qu'elle constitue toujours la première destination du commerce de France aux Antilles, et surtout le principal point d'aboutissement de la traite négrière jusqu'en 1730. S'il y a eu un « âge d'or » pour les planteurs martiniquais au XVIIIe siècle, c'est bien alors qu'il se situe.

2. La décennie suivante voit, en effet, se produire le *basculement dans le déclin*. Il y a malheureusement un hiatus dans les statistiques entre 1742 et 1751, mais tout semble indiquer que la croissance s'arrête au cours et à l'occasion de la guerre de Succession d'Autriche (1744-1748). Jusqu'à son déclenchement, la Martinique parvient encore à résister tant bien que mal à la pression de Saint-Domingue, en raison de l'ancienneté et de l'organisation (commissionnaires de Saint-Pierre) de ses relations avec la France, mais, après 1740, la Grande Ile s'impose définitivement comme la première et la plus profitable, que ce soit pour le commerce direct ou la traite négrière ; « un torrent entraîne tous les négociants à Saint-Domingue », se lamentent les administrateurs de la Martinique en 1741 (*Tableau 4, chap. 1*).

C'est au cours des années 1750 que commence la glissade, que viennent rapidement accentuer les effets de la guerre de Sept Ans. Malgré le recours aux neutres (Hollandais et Danois), la quasi interruption de la navigation française sur l'Atlantique fait s'effondrer les exportations. Puis vient la conquête de l'île par les Anglais, en 1762, et son occupation pendant quinze mois. A la différence de la Guadeloupe, où ils sont alors lourdement engagés et dont ils favorisent au maximum le développement, les négociants britanniques s'intéressent peu à la Martinique[75], sans doute parce qu'ils n'ont pas les moyens de soutenir les deux îles en même temps. Après le traité de Paris et au cours des vingt années suivantes, l'arrêt presque total de la traite négrière française vers les Petites Antilles accentue encore la tendance au déclin. La population, surtout la population servile, stagne en longue période, le nombre de sucreries diminue, le commerce d'exportation ne parvient pas à retrouver ses niveaux de l'avant-guerre[76]. Le seul facteur nouveau de croissance est le « boum » du café dans les années 1760 et 1770, mais il retombe rapidement en raison de la surproduction (*chap. 6*).

C'est seulement dans les dernières années de l'Ancien Régime que semble se produire une certaine reprise de l'industrie sucrière, mais elle est entravée par l'invasion des fourmis qui ravagent les cultures et par la succession de deux cyclones particulièrement destructeurs, en 1780 et 1788 (7.000 et 400 victimes respectivement). Plus que la production de ses plantations, c'est surtout Saint-Pierre qui constitue le point fort de l'économie martiniquaise.

3. LA GUADELOUPE[77]

• Un archipel

La colonie de la Guadeloupe est un archipel de six îles ou groupes d'îles, qui s'étend en 1789 sur 1.780 km². Les deux principales, la Basse-Terre[78], montagneuse et volcanique (Soufrière, 1.467 m), et la Grande-Terre, plate et calcaire, sont séparées par un étroit chenal marin de quelques dizaines de mètres et forment un ensemble unique de 1.430 km², qu'il est convenu d'appeler le « continent » guadeloupéen. A proximité se situent les « dépendances », dont la plus étendue, Ma-

75. Nombre annuel moyen d'esclaves introduits pendant l'occupation britannique : 4.164 en Guadeloupe de 1759 à 1763 ; 1.358 à la Martinique en 1762 et 1763.

76. Valeur annuelle moyenne des exportations, en millions de LC : 24,5 en 1749-55, 15,0 en 1765-68, 18,2 en 1784-88. Ces chiffres incluent la réexportation des « denrées » venues de Guadeloupe.

77. G. Lasserre, *La Guadeloupe. Etude géographique*, Bordeaux, 1961, 1.135 p. en 2 vol. ; L. R. Abénon, *La Guadeloupe de 1671 à 1759. Etude politique, économique et sociale*, Paris, 1987, 2 vol. ; A. Perotin-Dumon, *La ville aux îles, la ville dans l'île. Basse-Terre et Pointe-à-Pitre, Guadeloupe, 1650-1820*, Paris, 2000, 990 p. ; Ch. Schnakenbourg, *Les sucreries de la Guadeloupe dans la seconde moitié du XVIIIe siècle (1760-1790)*, thèse de Sc. Economiques, Univ. Paris II, 1973, 310 p. dact.

78. La Basse-Terre est également dénommée « Guadeloupe proprement dite ». Pour éviter toute confusion, G. Lasserre a proposé de la désigner par « Guadeloupe », entre guillemets ; Guadeloupe sans guillemets renvoie à l'Archipel.

rie-Galante (150 km^2), de mêmes structure et relief que la Grande-Terre, forme jusqu'en 1759 une colonie séparée rattachée directement au gouvernement général des Isles-du-Vent, à la Martinique. Enfin, quatre très petites unités, Terre-de-Haut et Terre-de-Bas des Saintes, la Désirade et les îles de la Petite-Terre, complètent le territoire guadeloupéen.

La Guadeloupe est la plus peuplée des îles de l'arc caraïbe. En 1790, l'Archipel compte 107.000 habitants, dont 90.000 esclaves ; le « continent » réunit 95.000 habitants, parmi lesquels 80.000 esclaves, et Marie-Galante 11.500 et 9.500 respectivement.

La multiplicité des reliefs et des climats fonde l'existence de grandes spécialisations régionales à travers tout l'archipel guadeloupéen (*Tableau 8 et carte 7*).

Comme dans toute la Caraïbe, la canne et le sucre constituent de très loin le principal secteur d'activité. En 1789-90, la canne occupe 56 % des superficies consacrées aux cultures d'exportation, elle emploie 47 % des esclaves sur les habitations, et le sucre représente 52 % de la valeur des exportations pour France. Cette production se concentre sur deux grandes régions.

La plus importante se situe au nord et à l'est de la Grande-Terre, sur une longue succession de plateaux calcaires reliant pratiquement sans interruption Anse-Bertrand à Saint-François, et réunissant 49 % des sucreries et 55 % de la superficie de canne. Celle-ci y bénéficie de conditions de relief et de sol parfaitement adaptées à sa culture. Le seul inconvénient est l'insuffisance des pluies, en raison d'une altitude trop faible pour arrêter complètement les précipitations venant de l'Atlantique ; il en résulte périodiquement de terribles sécheresses, qui font périr les plantations, les bestiaux et parfois même les esclaves, comme en 1771-72.

Les quartiers situés au vent de la Basse-Terre, de Capesterre à Sainte-Rose, forment la seconde grande zone sucrière de la Guadeloupe, avec le quart environ du potentiel total. Le massif montagneux central s'abaisse progressivement pour laisser la place à une vaste plaine triangulaire qui, dans sa partie la plus large, s'étend jusqu'à sept à huit km du rivage. Les conditions y sont optimales, offrant à la canne un sol extrêmement fertile, d'origine volcanique ou alluviale, et des pluies abondantes. Cette région bénéficie en outre de la proximité du port de Pointe-à-Pitre, dont la création, au début des années 1760, donne une impulsion décisive au développement de ses plantations.

Tableau n° 8
REPARTITION GEOGRAPHIQUE DE L'ACTIVITE DANS L'ARCHIPEL GUADELOUPEEN EN 1790

	Nbre de sucreries	Superficies de (ha)		
		Canne	Café	Coton
Sud Basse-Terre (a)	40	1.520	1.131	248
Régions au Vent (b)	99	5.871	721	86
Côte-sous-le-Vent (c)	9	442	1.503	439
Total « Guadeloupe »	*148*	7.833	*3.355*	*773*
Ouest Grande-Terre (d)	24	1.551	1.982	2.140
Nord GT (e)	90	6.723	34	595
Est GT (f)	89	5.736	1.477	2.848
Total Grande-Terre	*203*	*14.010*	*3.493*	*5.583*
Marie-Galante	16	840	1.459	2.330
Les Saintes	0	0	0	209
La Désirade	0	0	0	470
TOTAL ARCHIPEL	367	22.683	8.307	9.365

(a) Basse-Terre (Ville + Saint-François), Le Parc (St-Claude), Baillif, Vieux-Fort, Trois-Rivières

(b) Capesterre, Goyave, Petit-Bourg, Baie-Mahault, Lamentin, Sainte-Rose.

(c) Deshaies, Pointe-Noire, Bouillante, Vieux-Habitants

(d) Abymes, Gosier, Morne-à-l'Eau.

(e) Port-Louis, Petit-Canal, Anse-Bertrand.

(f) Sainte-Anne, Saint-François, Moule

Source : ANOM, G1-497, n° 51 ; superficies en « carrés » de 0,95 ha (# 1 ha, compte-tenu de l'imprécision des recensements).

Nota : chiffres corrigés.

Carte n° 7
REPARTITION DES CULTURES D'EXPORTATION DANS L'ARCHIPEL GUADELOUPEEN EN 1790

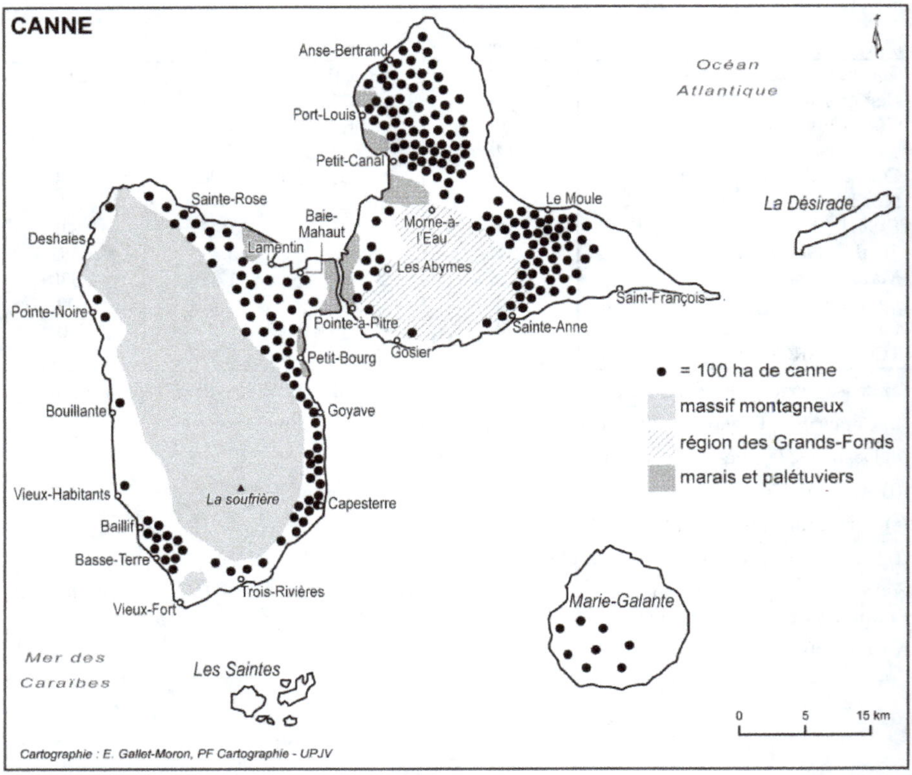

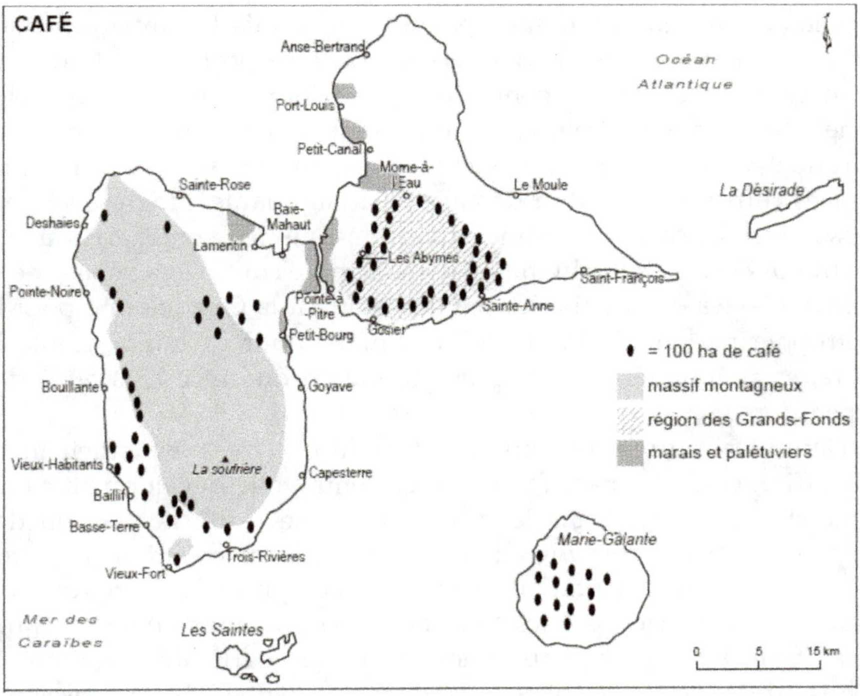

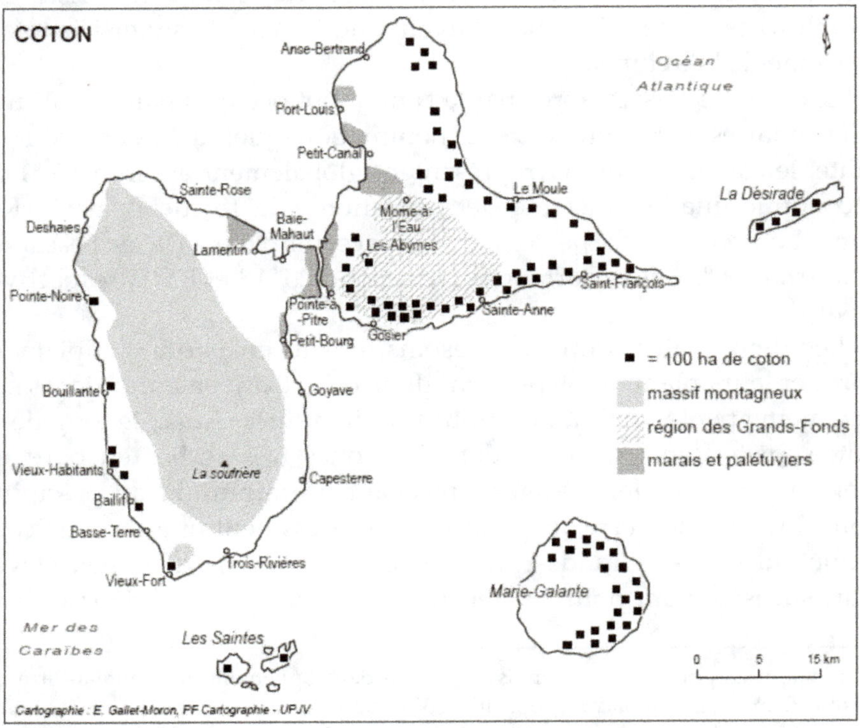

D'après G. Lasserre

Retenu un peu par hasard par les négociants britanniques pour leurs opérations après la conquête de 1759, ce port présente de tels avantages, au centre du « continent » guadeloupéen et des principales zones de production sucrière, qu'il devient rapidement le premier port de l'Archipel, malgré un site marécageux et malsain et un chenal d'accès difficile, encombré de cayes[79]. Il supplante progressivement Basse-Terre et sa rade foraine ouverte à tous les vents, excentrée à l'extrémité sud de l'île du même nom. Dans les dernières années de la monarchie, les deux tiers des navires quittant la Guadeloupe pour la métropole partent de Pointe-à-Pitre, mais, pour ce qui concerne le sucre, sa prépondérance est plus grande encore avec 75 à 80 % des expéditions.

Dans les autres régions de l'Archipel, c'est essentiellement l'insuffisance de l'espace favorable qui entrave le développement de l'industrie sucrière. Dans le sud de la Basse-Terre, l'extension des cannaies se heurte très vite aux pentes de la Soufrière ; dans la plaine des Abymes, les plantations sont coincées entre la mangrove du Grand Cul-de-Sac et les mornes des Grands-Fonds ; enfin, l'insuffisance des précipitations sur la majeure partie de l'île, limite la culture de la canne au tiers occidental de Marie-Galante. Prises ensembles, ces trois régions ne cultivent que 17 % de la superficie totale de canne de l'Archipel.

Les espaces laissés libres par la canne sont occupés par les cultures « secondaires ». Malgré cette dénomination quelque peu dévalorisante, le café et le coton[80] représentent globalement environ 45 % de l'économie guadeloupéenne de plantation à la fin de l'Ancien Régime. Le premier occupe 20 % de l'espace, emploie 34 % des esclaves et fournit 39 % des exportations ; le second 23, 18 et 8,5 % respectivement.

Les deux cultures ont des besoins en eau en partie complémentaires et leurs plantations peuvent donc être relativement proches sur une même pente, mais à des altitudes différentes. Ainsi, le long de la Côte-sous-le-Vent : le coton dans les zones très sèches en bord de mer, le café dans les « étages » recevant un minimum de précipitations. En Grande-Terre, les deux cultures dessinent une sorte de couronne autour des Grands-Fonds : le café sur les mornes, peu élevés mais suffisamment pour arrêter une partie des précipitations venues

79. Sur tout ce qui concerne la naissance et le développement de Pointe-à-Pitre, A. Perotin-Dumon, *La ville aux îles*, op. cit., p. 381-400.

80. Le cacao n'est pratiquement pas cultivé en Guadeloupe (178 ha en 1790) et l'indigo disparaît après 1730.

de l'Atlantique, le coton sur les côtes sèches de Gosier et Sainte-Anne, que prolongent les zones situées à l'extrême est de Moule et Saint-François, qui sont plus sèches encore. Au total, les six quartiers de l'ouest et de l'est de la Grande-Terre concentrent 41 % des caféiers et 53 % des cotonniers de tout l'Archipel.

C'est dans les dépendances que les cultures « secondaires » jouent le rôle le plus important dans l'économie locale. Dans le nord de Marie-Galante, à la Désirade et aux Saintes, la sécheresse est telle que le coton y constitue la seule production commerciale.

• Les irrégularités de la conjoncture

Le moment principal de l'histoire économique de la Guadeloupe au XVIIIe siècle est la période d'administration britannique, de 1759 à 1763, autour de laquelle s'articule toute l'évolution de la conjoncture longue. Celle-ci se divise en quatre grandes phases (*Tableau 9* et *graphique 3*).

1. Les difficiles débuts de la mise en valeur (1654-1713)

Les débuts de l'économie de plantation dans la seconde moitié du XVIIe siècle sont particulièrement laborieux. La production de sucre démarre en 1654, mais la croissance des années 1660 et les 122 sucreries de 1671 n'étaient que des feux de paille. Les trois décennies suivantes sont celles d'une quasi-stagnation, qui se transforme en récession dans les dernières années du siècle. Cette évolution contraste fortement avec la poursuite de l'expansion que connaît au même moment l'économie martiniquaise. La Guadeloupe souffre déjà de sa situation administrative subordonnée et de l'insuffisance de liaisons commerciales directes avec la France qui en résulte. Autre conséquence : elle est très mal défendue, les gouverneurs généraux préférant conserver leurs forces pour défendre le chef-lieu martiniquais. Il s'en suit que pendant près d'un quart de siècle (guerres de la Ligue d'Augsbourg, 1688-1697, puis de Succession d'Espagne, 1701-1713), l'Archipel est continuellement exposé à la menace anglaise. Marie-Galante est ravagée en 1689 et 1691 et doit être évacuée ; en cette même année, une nouvelle attaque anglaise sur le sud de la Basse-Terre se traduit par la destruction de tous les bourgs et l'enlèvement de plusieurs milliers d'esclaves. Jusqu'au début du XVIIIe siècle, la colonisation se limite au tiers méridional de la Guadeloupe proprement dite et à quelques noyaux épars autour du Petit Cul-de-Sac et sur la côte sud de la Grande-Terre. Tout le reste de l'Archipel, trop exposé aux descentes anglaises, est pratiquement désert.

Tableau n° 9
L'ECONOMIE GUADELOUPEENNE, 1671 - 1790

	Population		Nombre de sucreries	Superficie (ha)			Nombre d'esclaves débarqués (a)
	Totale	Esclaves		Canne	Café	Coton	
1671	8.762	4.971	122				
1687	9.405	5.347	102				
1699	10.918	6.316	71				Aucun
1719	24.492	17.207	169			# 1.300 (b)	Aucun
1735	41.076	31.221	346		535	3.448	104
1753	55.681	45.415	352		1.135	8.043	238
1763			446				
1765	88.145	75.575		21.474 (c)	3.675 (c)	8.104 (c)	1.298
1777	98.150	84.100	388	26.088	11.750	7.983	258
1784	100.849	85.291	400	26.750	6.780	6.174	488
1790	107.226	90.139	367	22.683	8.307	9.365	418

Sources :

Population et production : ANOM, G1-497, recensements ; chiffres corrigés.

Esclaves débarqués : *Transatlantic slave trade database.*

Superficies de canne et de cultures secondaires en 1784 et 1790, données en carrés de 0,95 ha (# 1 ha compte-tenu de l'imprécision des recensements). Les superficies en cultures secondaires jusqu'en 1777 sont données en nombre de pieds. Nous les avons converties sur les bases proposées par G. Lasserre, soit 1.500 pieds par ha pour les cotonniers et 1.600 pour les caféiers.

Notes : (a) Traite française légale. (b) Chiffre de 972 ha pour Basse-Terre + Grande-Terre seulement ; nous l'augmentons par approximation d'un tiers pour tenir compte de Marie-Galante. (c) 1767

Graphique n° 3
EVOLUTION DU NOMBRE D'ESCLAVES ET DE SUCRERIES DANS L'ARCHIPEL GUADELOUPEEN

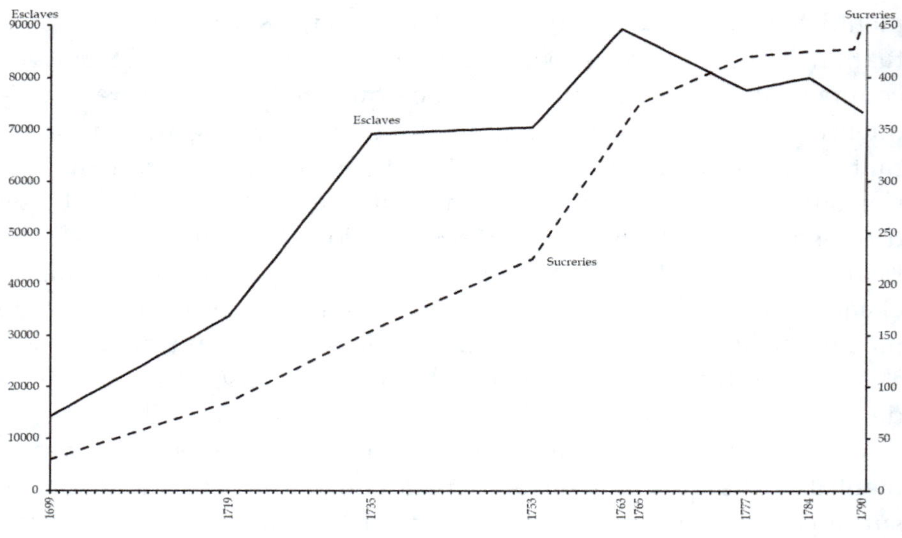

2. *Le démarrage de la croissance et ses limites (1713-1755)*

C'est avec le retour de la paix (1713) que l'économie guadeloupéenne démarre réellement. La colonisation remonte le long de la Côte-au-Vent et vers la Grande-Terre, portée par la disponibilité en terres cultivables et la possibilité pour les nouveaux arrivants d'obtenir de grandes concessions pour y établir des sucreries. La croissance est très rapide ; jusqu'en 1735, le nombre d'esclaves et de sucreries est multiplié par trois. C'est la Grande-Terre qui est le siège principal de cette expansion ; en 1732, elle est entièrement concédée, à l'exception des « terres morneuses et de peu de valeurs » des Grands-Fonds, avant de devenir quelques années plus tard la première région sucrière de l'Archipel[81].

A partir du milieu des années 1730, et jusqu'à la guerre de Sept Ans, la croissance change de contenu. Avec l'essor de la culture du coton et l'apparition du café, les cultures « secondaires » deviennent un nouveau moteur de l'économie guadeloupéenne, au point d'employer la moitié des esclaves au début des années 1750. Inversement, le mouvement de création des sucreries s'arrête, leur nombre demeure stable autour des 350 jusqu'en 1755. Il semble que le modèle sur lequel reposait jusqu'alors la croissance sucrière ait atteint ses limites. La Guadeloupe est presque totalement négligée par le commerce de France, qui se concentre sur la Martinique et, de plus en plus, sur Saint-Domingue. De 1720 à 1755, elle ne reçoit, en moyenne annuelle, que huit navires en direct de la métropole et 54 esclaves seulement de traite négrière française légale, contre 145 et 2.631 en Martinique. Pour acheter et vendre légalement, il faudrait que les planteurs passent par l'intermédiaire de Saint-Pierre, ce qu'ils ne font évidemment pas, préférant recourir à l'interlope, principalement avec les Hollandais de Saint-Eustache, une liaison dangereuse et coûteuse qui n'offre qu'un minimum de débouchés et limite la mise en valeur. En 1755, la Martinique, pourtant 30 % moins étendue, compte 58 % d'esclaves de plus, davantage de sucreries et cinq fois plus de caféiers que le « continent » guadeloupéen. Quand éclate la guerre de Sept Ans, la Guadeloupe recèle encore de considérables potentialités de développement.

3. *L'apogée de la période anglaise (1759-1763)*

C'est ce qui attire les négociants britanniques au cours des quatre années d'occupation de l'Archipel par leurs troupes (1759-63). Espérant faire de la Guadeloupe la base de leur reconquête du marché continental

81. En 1732, elle ne compte que 119 sucreries, contre 157 en « Guadeloupe » ; dix ans plus tard, la proportion s'est inversée avec 154 et 122 sucreries respectivement.

du sucre, perdu au profit de Saint-Domingue, ils multiplient les armements vers l'île conquise et accordent aux planteurs de larges crédits pour construire de nouvelles sucreries et surtout acheter des esclaves ; sur l'ensemble de la période, 20.834 Africains de traite négrière britannique sont débarqués en Guadeloupe. C'est le facteur premier de l'extraordinaire croissance que connaît alors l'Archipel, dont le nombre de sucreries augmente d'une centaine par rapport à l'avant-guerre (446 en 1763). La création, au même moment, du port de Pointe-à-Pitre consolide encore les bases de cet essor, en ouvrant aux planteurs de la Grande-Terre de nouvelles facilités pour l'expédition de leur production[82].

Très vite, le groupe de pression des planteurs des *West Indies* en Angleterre va se mettre en action pour dénoncer la concurrence insupportable que leur fait le sucre guadeloupéen. Non seulement il fait diminuer les prix et leur prend des parts de marché mais, plus menaçant encore pour leur avenir, ils risquent de manquer d'esclaves, la Guadeloupe attirant un nombre croissant de négriers britanniques. Ils exigent donc la restitution de l'île conquise à la France et obtiennent finalement satisfaction par le traité de Paris (1763).

4. *Le repli de la fin de l'Ancien Régime (1763-1789)*

La période anglaise a profondément modifié les conditions du fonctionnement de l'économie guadeloupéenne et fait sentir ses effets jusqu'à la Révolution. La Guadeloupe est devenue un gouvernement autonome et bénéficie désormais d'un commerce direct avec la France, qui réduit d'autant la nécessité de recourir aux intermédiaires coûteux de Saint-Pierre et Saint-Eustache, mais sans, toutefois, qu'elle disparaisse entièrement. Pour autant, les hauts niveaux d'activité atteints en 1763 ne pouvaient évidemment se maintenir au retour des conditions normales de navigation sur l'Atlantique. La domination de Saint-Domingue sur les liaisons avec la métropole devient de plus en plus écrasante, et si la Martinique a perdu son monopole sur le commerce français aux Iles-du-Vent, elle demeure néanmoins le principal pôle d'échanges dans la région. L'économie guadeloupéenne subit donc nécessairement un lent tassement. Le nombre de sucreries tend à diminuer, et celui des esclaves, après la grande vague de déporta-

---

82. Plus de détails sur la période et indication des sources, dans Ch. Schnakenbourg, « Nouvelles considérations sur la croissance de l'économie guadeloupéenne de 1759 à 1763 », dans *Les occupations anglaises de la Guadeloupe*, n° spécial du *Bull. Sté d'Hist. Gpe*, 2018, p. 1-7.

tions négrières de la période anglaise, n'augmente plus que faiblement. Comme dans toutes les autres îles, un nouveau facteur de croissance prend en partie le relais dans les années 1760 et 1770, avec l'essor extraordinaire du café, mais la surproduction généralisée y met rapidement fin. Dans les dernières années de l'Ancien Régime, l'économie guadeloupéenne est dans un état de crise larvée.

4. LES PETITES ÎLES

Entrées dans le domaine colonial français à des dates diverses et n'occupant qu'une place limitée dans son économie, elles sont dispersées sur toute la longueur de l'arc caraïbe ; du nord au sud : Saint-Martin, Sainte-Lucie, la Grenade et Tobago (*cartes 5 et 8*).

Carte n° 8
LES AUTRES ILES FRANCAISES DU VENT AU XVIIIe SIECLE

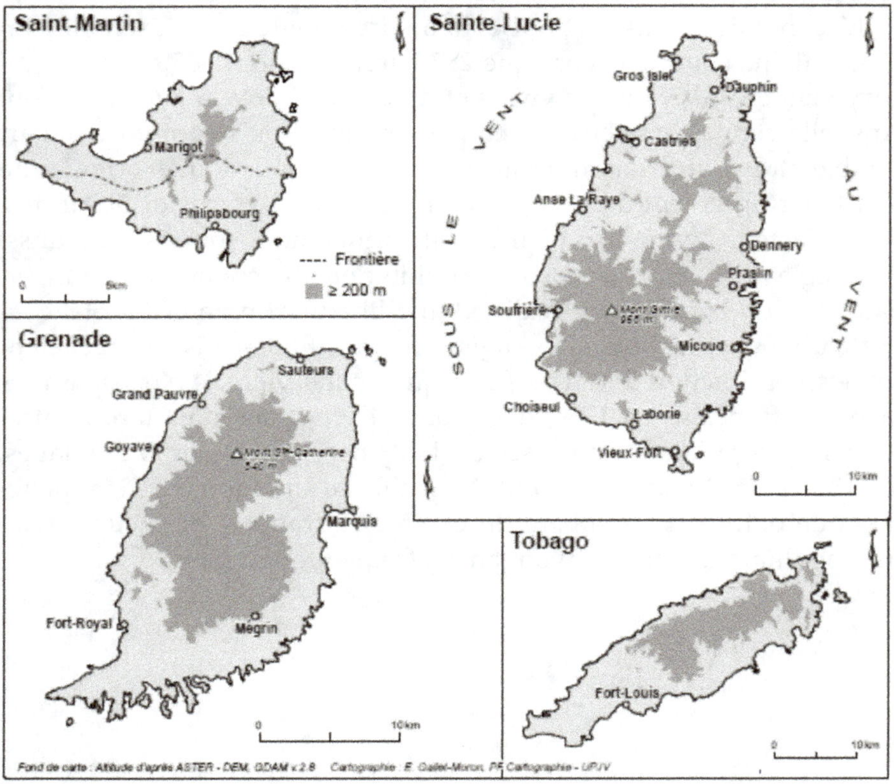

• **Saint-Martin**[83]

Ce n'est même pas une île, mais un bout d'île, partagée depuis 1648 entre Hollandais et Français, qui en possèdent les deux tiers sur 80 km². Depuis la cession de Saint-Barthélemy à la Suède, en 1784, elle est la dernière colonie française dans le nord de la Caraïbe, mais, même avant, elle a toujours été isolée et presque entièrement abandonnée à elle-même. Sur le plan militaire, elle est indéfendable ; à chaque guerre franco-anglaise, elle est envahie et ravagée (1689, 1703, 1740, 1781), puis, à la paix, l'île est restituée à la France et ses habitants reviennent. Sur le plan administratif, c'est seulement en 1763 que l'on se préoccupe d'y introduire un minimum d'organisation. Un « commandant » y est nommé, dépendant théoriquement du gouverneur de la Guadeloupe, mais en pratique presque totalement autonome. Périodiquement, il est question de céder la partie française aux Anglais ou aux Hollandais voisins, en contrepartie de quelque avantage ailleurs dans la Caraïbe, mais sans suite.

L'économie saint-martinoise demeure longtemps misérable. En 1753, l'île ne compte encore que 287 habitants, dont 165 esclaves, qui survivent en cultivant des vivres et du coton. Après la guerre de Sept Ans, elle connaît une croissance vigoureuse, dont le point de départ semble être l'autorisation donnée aux étrangers de toutes origines de s'installer librement dans la partie française et d'y acheter des terres. Autre facteur favorable : bien que théoriquement soumise elle aussi aux règles de l'Exclusif et à la prohibition du commerce étranger, Saint-Martin bénéficie en réalité d'une liberté commerciale totale, en particulier avec la Nouvelle-Angleterre, puis Etats-Unis, qui rachètent toute sa production de sucre. Alors qu'aucune sucrerie n'existait dans la partie française en 1766, elles sont 24 vingt ans plus tard ; entretemps, la population est passée de 1.023 habitants, dont 772 esclaves, à 3.121 et 2.572 respectivement. Mais l'île se situe toujours complètement en dehors de la sphère du commerce français, et aucun navire métropolitain ne semble avoir jamais fréquenté ses eaux.

---

83. G. Lasserre, *La Guadeloupe*, op. cit., t. II, p. 809-845 ; Ch. Schnakenbourg, « L'industrie sucrière dans la partie française de Saint-Martin, au XVIIIe siècle », *Bull. Sté d'Hist. Gpe*, n° 8, 1967, p. 12-25.

• Sainte-Lucie[84]

Après avoir été longuement disputée entre Anglais et Français pendant toute la première moitié du siècle, Sainte-Lucie est finalement attribuée à la France en 1763 par le traité de Paris[85].

Tableau n° 10
SAINTE-LUCIE PENDANT LA PERIODE FRANCAISE

	Population		Nombre de sucreries « roulantes »	Superficie, ha (a)	
	Totale	Esclaves		Café	Coton
1764	6.336	5.069	0	672	621
1777	19.350	16.000	53	3.155	776
1784	18.301	15.163	73	1.149	1.691 (b)
1789	22.245	18.445	42	1.262	7.510

(a) Café et coton jusqu'en 1784, en pieds ; convertis en ha sur la base de 1.600 pieds par ha. En 1789, en carrés de 1,3 ha.

(b) 1785

Sources : ANOM, G1-506, recensements, sauf 1777 (Raynal, t. VII).

Les conditions géographiques de la mise en valeur sont médiocres. L'île est petite (620 km^2) et un massif volcanique, peu élevé (Mont Gimie, 958 m) mais au relief extrêmement haché, en occupe la majeure partie. La région la plus favorable à la colonisation et au développement d'une agriculture d'exportation est la Côte-sous-le-Vent, de Vieux-Fort à Gros Islet ; la pluviométrie y est suffisante, la topographie offre de nombreuses zones cultivables dans des fonds de vallée ou de petites plaines littorales, la mer est peu agitée, et il y a enfin plusieurs ports naturels bien abrités, du vent et des Anglais, dont le principal est celui du Carénage, le chef-lieu, devenu Castries du nom du ministre, en 1784. A cette date, la région sous le vent concentre 75 % de la population, dont 78 % des esclaves, 72 % des sucreries et 81 % des caféiers.

Le démarrage est difficile. Jusqu'à la guerre de Sept ans, les incertitudes découlant de son statut d' « île neutre » entravent considérablement le développement de Sainte-Lucie (interdiction d'y établir des sucreries). En 1767, elle est décrite comme étant « dans un état de nullité presque absolue ». L'ouverture partielle au commerce étranger

84. *Annales des Antilles*, n° 13, 1966, n° spécial sur Sainte-Lucie, 84 p. ; nombreuses références à l'île et à son statut commercial dans la thèse de J. Tarrade, *Commerce colonial*, op. cit, t. I.

85. E. Schnakenbourg, *Contentieux franco-anglais*, art. cit.

du port d'entrepôt du Carénage[86], puis, l'année suivante, la liberté commerciale de fait accordée à l'ensemble de l'île, marquent enfin le début de la croissance et le développement de la production de sucre et de café. Cette croissance repose uniquement sur le commerce étranger ; il n'y a pratiquement pas de liaison directe avec la métropole ; il faudrait pour cela que les habitants passent par l'intermédiaire coûteux de Saint-Pierre, qui se plaint son gouverneur, « ruine Sainte-Lucie ». En réalité, Sainte-Lucie n'est qu'une annexe de la Martinique.

La guerre d'Indépendance des Etats-Unis constitue un véritable désastre pour Sainte-Lucie. Les Anglais occupent l'île de 1779 à 1783. Comme ils ne s'attendaient pas à la conserver, « ils ne l'ont guère ménagée » et la rendent « dans le plus triste état » ; à cela viennent s'ajouter le cyclone particulièrement destructeur de 1780 et des révoltes d'esclaves qui ont amené la colonie « à deux doigts de sa perte »[87]. Après un bref sursaut au lendemain de la restitution à la France, l'industrie sucrière s'effondre, victime de la baisse des prix et de la mauvaise qualité des sucres de l'île, qui ne trouvent plus de débouchés licites, même à la Martinique ; en 1786, leur libre exportation à l'étranger est enfin autorisée, mais sans parvenir à arrêter le déclin. Les habitants se tournent alors vers la culture du coton, qui connaît jusqu'en 1788 une croissance extrêmement rapide en conséquence de la « bulle » spéculative qui gonfle alors en Europe, mais celle-ci éclate l'année suivante et Sainte-Lucie se retrouve dans le même état de faiblesse qui caractérise son histoire économique pendant tout le XVIIIe siècle.

• La Grenade

Dans cette île se situe l'un des épisodes les plus sinistres de la conquête française aux Antilles : en 1652, un groupe d'environ quarante Caraïbes déjà survivants d'un précédent massacre préfèrent se jeter du haut d'une falaise plutôt que de tomber aux mains de leurs poursuivants ; le lieu et le village voisin portent depuis le nom de « Sauteurs ».

---

86. Dans le cadre de la nouvelle politique commerciale aux colonies (« Exclusif mitigé ») instaurée en 1764, sur laquelle nous reviendrons ; J. Tarrade, *Commerce colonial*, op. cit, t. I, p. 341-353.

87. ANOM, C10 C3, intendant de Viévigne à Versailles, et mémoire joint des habitants, 8 janvier 1784 ; le nombre de sucreries « roulantes » tombe à 28 en 1779.

La Grenade est officiellement colonie française de 1650, date de l'arrivée des premiers colons venus de la Martinique, à 1762, où elle est conquise par les Anglais avant de leur être cédée par le traité de Paris l'année suivante. Elle est temporairement réoccupée par les troupes françaises pendant la guerre d'Indépendance des Etats-Unis, de 1779 à 1783, avant d'être définitivement restituée à la Grande-Bretagne par le traité de Versailles. Elle est peu étendue (350 km^2), montagneuse (Mont Sainte-Catherine, 840 m) et couverte d'une végétation dense. Une large plaine littorale et son arrière-pays en pente douce, au nord et au sud de l'île, permettent le développement d'une agriculture de plantation.

Tableau n° 11
L'ECONOMIE DE LA GRENADE A L'EPOQUE FRANCAISE

	Population		Nombre de		Sup (ha)
	Totale	Esclaves	Sucreries	Indigoteries	Café (a)
1700	813	520	3		
1718	3.462	2.779	9	152	0
1738	7.558	6.361	65	22	112
1755	14.032	12.608	87	0	1.971

(a) Chiffres en pieds, convertis sur la base de 1.600 pieds p. ha.

Source : Recensements dans ANOM, G1-498, et AN, Marine, G 52.

Ce développement est extrêmement tardif. Cinquante ans après le début de la colonisation, la Grenade compte encore moins d'un millier d'habitants. La mise en valeur débute difficilement après la paix d'Utrecht (1713). Elle est longuement retardée par les « désordres » causés par les Nègres marrons. En 1725-26, la situation de la colonie est tellement grave à cet égard, qu'il faut envoyer des renforts de la Martinique pour en venir à bout ; une chambre criminelle spéciale est créée pour juger ceux qui sont attrapés, et 24 d'entre eux sont exécutés[88].

Sur le long terme, néanmoins, malgré de nouvelles poussées épisodiques de marronage (notamment en 1742 et 1743), la période française est celle d'une forte croissance, reposant initialement sur l'indigo avant qu'il soit remplacé par le sucre et le café. Mais on ne peut pas dire que, ni l'administration des Iles-du-Vent, ni les négo-

88. De nombreuses lettres des administrateurs de la Martinique sur cette affaire sont référencées dans E. Taillemile, *Inventaire de la série Colonies C8A, Martinique (correspondance à l'arrivée)*, Paris, 1967, t. I, p. 413, 416-417, 425, 427 ; nous ne les avons pas consultées, mais l'une d'elles est longuement reproduite par G. Debien, *Les esclaves aux Antilles françaises, XVIIe-XVIIIe siècles*, Basse-Terre, Fort-de-France, 1974, p. 415-416.

ciants métropolitains, y soient pour grand-chose. Pendant longtemps, la Martinique, dont dépend administrativement la Grenade, se désintéresse presque totalement d'elle ; il faut attendre 1749 pour qu'un gouverneur général réalise que cette île présente quelque intérêt[89] et trois ans de plus pour qu'un de ses successeurs y effectue une première tournée. Quant au commerce de France, nous ne connaissons qu'un seul cas où il effectue des expéditions pour la Grenade (deux navires en 1730), mais la tentative semble avoir été sans lendemains. En fait, toute la croissance de la première moitié du XVIIIe siècle repose entièrement sur le commerce interlope, sur lequel les autorités locales ferment manifestement les yeux, principalement avec les Anglais par l'intermédiaire des îles neutres voisines (Sainte-Lucie, Saint-Vincent) et dans une moindre mesure avec la Terre-Ferme espagnole proche (l'actuel Venezuela). A la veille de la guerre de Sept Ans, l'économie grenadienne semble en plein essor, comme le montrent le doublement en quinze ans du nombre de ses esclaves et la hausse remarquable de ses productions de sucre et de café. Les Anglais eux-mêmes s'en montreront surpris quand ils prendront possession de l'île.

• Tobago[90]

« Ile neutre » sans grand intérêt économique, mais disputée entre Français et Anglais pendant près d'un siècle, en raison de sa proximité de la Terre-Ferme espagnole et des possibilités de contrebande qu'elle offre en conséquence, Tobago est attribuée à la Grande-Bretagne par le traité de Paris (1763), avant d'être conquise en 1781 et cédée à la France deux ans plus tard par le traité de Versailles, à la demande du gouvernement espagnol qui ne souhaitait pas avoir les Anglais à proximité immédiate de ses colonies.

Tableau n° 12
L'ECONOMIE DE TOBAGO PENDANT LA PERIODE FRANCAISE

	Population		Nombre de sucreries	Sup. de Cotonniers (Acres)
	Totale	Esclaves		
1782	11.053	10.530	85	
1785	11.554	10.831	85	12.491
1790	15.015	14.171	70	14.436

Source : J. Cl. Nardin.

89. ANOM, C8 A58, fol. 298, Caylus : « Il est important de conserver cette île à cause de ses ports et de son voisinage du continent et des îles anglaises ».
90. J. Cl. Nardin, « Tabago, Antilles française (1781-1793) », *Annales des Antilles*, n° 14, 1966, p. 7-103.

Globalement, on ne peut pas dire que la période d'administration française soit une très grande réussite. Depuis 1763, les Anglais ont façonné Tobago à leur image. La population accueille ses nouveaux maîtres avec méfiance, la petite autonomie dont elle jouissait jusqu'alors est supprimée, les institutions françaises sont difficiles à mettre en place. Le commerce direct avec l'Europe entretenu par les Anglais avant 1780 prend fin et l'Exclusif à la française le remplace. Conséquence : le commerce étranger fleurit, soit en interlope avec les colonies étrangères voisines, soit directement avec l'Angleterre par le biais de navires anglais « francisés », mais les planteurs doivent alors payer comptant, ce qui ne facilite guère les échanges ; naturellement, l'administration ferme les yeux. Finalement, malgré le petit essor du coton, l'économie de Tobago stagne pendant pratiquement toute la période française.

DEUXIÈME PARTIE

LA PRODUCTION

Les Antilles expédient chaque année vers la France une petite vingtaine d'articles, les « denrées coloniales », qui, à l'exception du coton et de l'indigo, sont pratiquement toutes des produits alimentaires. A l'intérieur de cet ensemble, un groupe de cinq, sucre, café, coton, cacao, indigo, en représente la quasi-totalité, entre 96 et 99 % des valeurs dans la seconde moitié du XVIIIe siècle (*Tableau n° 13*).

Le sucre sous ses différentes qualités constitue évidemment la production « reine », celle qui justifie économiquement toute l'entreprise coloniale de la France dans la Caraïbe depuis Richelieu. Les Antilles sont les « Isles à sucre ». La production est multipliée par cinq sur l'ensemble du siècle, et, même si elle tend à reculer lentement en raison de l'essor des autres « denrées », sa part dans les importations coloniales de la France est toujours supérieure à la moitié jusqu'à la décennie 1770. Il faut attendre l'extrême fin de l'Ancien Régime pour voir sa prépondérance remise en cause ; à trois reprises (1786, 1787 et 1789), il est même dépassé par le café, et c'est d'extrême justesse qu'il conserve sa première place en 1790 (104,7 MLT contre 104,4). Mais idéologiquement, sa supériorité demeure ; il est la culture « noble » par excellence. Nous lui consacrerons les trois premiers chapitres de cette partie.

Pour autant, le sucre n'a jamais été une monoproduction. A ses côtés, quatre autres « denrées » jouent un rôle essentiel dans l'économie antillaise, parmi lesquelles le café domine de très loin. Son expansion formidable constitue le principal moteur de la croissance après le traité de Paris, surtout dans les dernières années de l'Ancien Régime, au point de venir contester sa suprématie. Mais quelque importantes que soient ces autres productions, elles ne sont jamais, dans leurs structures comme dans l'idéologie coloniale, que des cultures « secondaires ». Elles feront l'objet d'un quatrième chapitre.

Tableau n° 13
LES IMPORTATIONS DE « DENREES » COLONIALES EN FRANCE

	Volumes (« Qx »)		Valeurs			
			1764		1788	
	1765	1788	1.000 LT	%	1.000 LT	%
Sucre brut	615.007	872.867	14.248	14,5	34.871	16,4
S. blanc (a)	709.726	1.010.640	40.563	41,4	54.698	25,7
Café	199.768	785.448	17.362	17,7	87.642	41,2
Coton	39.202	100.556	4.700	4,8	21.782	10,2
Indigo	20.028	11.109	17.446	17,8	10.452	4,9
Cacao	12.552	18.106	892	0,9	974	0,5
TOTAL	--	--	98.003 (b)	100	212.738 (b)	100

(a) Terré + tète

(b) Y compris autres articles

Sources :

Volumes 1765 : J. Tarrade, *Commerce colonial*, t. I, p. 34 ; en l'absence de chiffres des importations métropolitaines en volumes, l'auteur fait l'addition des quantités exportées de chaque colonie, en faisant l'hypothèse d'une relativement faible divergence.

Autres chiffres : balance du commercé ; ANOM F2 B9 pour valeurs 1764, et AN, F12-1835 pour 1788.

Part dans les importations coloniales de la France

	Saint-Domingue		Iles-du-Vent (a)	
	1764-65	1788	1764-65	1788
Volumes				
Sucre brut	87,1	94,2	12,9	5,8
Sucre blanc	43,2	60,6	56,8	39,4
Café	57,3	86,5	42,7	13,5
Coton	59,1	67,9	40,9	32,1
Indigo	# 100	99,0	0	1,0
Cacao	n. d.	41,5	--	58,5
Valeur totale	74,6	80,0	25,4	20,0

En %

(a) Toutes Iles-du-Vent réunies, afin d'éviter les distensions statistiques résultant du passage d'une partie des exportations guadeloupéennes par Saint-Pierre.

CHAPITRE 3

LES HABITATIONS - SUCRERIES

1. L'HABITATION, STRUCTURE DE BASE DE L'ECONOMIE DE PLANTATION

• **Définition et caractéristiques**

Toute l'économie coloniale des Antilles à l'époque de l'esclavage repose sur l'activité d'un type spécifique d'entreprise dénommée « habitation ». On appelle ainsi une plantation familiale, généralement de grandes dimensions, consacrée à la production et à l'exportation de « denrées » tropicales destinées au marché européen. Un second substantif accolé au précédent informe sur la nature de la production principale : habitation-sucrerie, habitation-caféière, ou caféterie à Saint-Domingue, cotonnière, (cotonnerie à Saint-Domingue), cacaoyère, à l'exception de celles produisant de l'indigo, que l'on qualifie d'indigoteries tout court. Quant au propriétaire d'une habitation, il est tout naturellement qualifié d' « habitant ». Cette acception très particulière des mots « habitation » et « habitant » est tout à fait spécifique du vocabulaire de la colonisation française dans la zone intertropicale, puisqu'on le retrouve aussi en Guyane et dans les Mascareignes. Le terme s'emploie également dans le sens d'établissement colonial au Canada, mais il ne recouvre évidemment pas la même réalité.

En 1789-90, on compte 7.904 habitations de toutes natures à Saint-Domingue, 1.857 en Guadeloupe et 1.620 à la Martinique. Les sucreries ne constituent qu'une minorité (10,1, 19,7 et 20,0 % respectivement) mais leur importance économique est inversement proportionnelle à leur importance numérique. Elles occupent la première place, tant par leurs dimensions et le nombre de leurs esclaves que par leur poids dans la production et le prestige social de leurs propriétaires. Même si on produit beaucoup d'autres choses que le sucre aux Antilles, l'habitation-sucrerie constitue le symbole de l'économie coloniale, en même temps que le marqueur par excellence de la réussite dans la société créole.

Quelles soient grandes ou petites, consacrées au sucre, au café ou à toute autre production, l'organisation et le fonctionnement des habitations antillaises jusqu'en 1848 se définissent par cinq grandes caractéristiques.

1. Ce sont des entreprises capitalistes, tant par l'ampleur des moyens matériels et humains qu'elles mobilisent que par le branchement de leur production sur des marchés extérieurs, dont les exigences et les fluctuations constituent le *primum movens* de tout le système. Elles fondent l'ouverture au monde de l'économie de plantation.

2. Mais en même temps, leur organisation interne est celle d'un monde clos, sur lequel le propriétaire règne en *maître*, au sens esclavagiste du terme, et où l'autorité administrative et judiciaire n'intervient qu'exceptionnellement. Chaque habitation forme une sorte de petit village, situé au centre de ses plantations et organisé autour des bâtiments de la « manufacture », avec ses ateliers, sa chapelle, son « hôpital » et sa prison. Elle n'a pratiquement aucune relation économique avec les habitations voisines et très peu avec les autres secteurs d'activité, à l'exception du grand négoce d'import-export qui lui fournit approvisionnements et débouchés, et de quelques activités locales complémentaires pour lesquelles il serait trop coûteux ou compliqué de recourir aux importations[91]. Elle cultive également ses vivres, au moins pour une partie de ce qui est nécessaire à la nourriture de ses esclaves, elle construit et répare ses bâtiments, et fait le moins possible appel à l'extérieur pour tout ce qu'elle peut se procurer immédiatement par ses propres forces. Les esclaves eux-mêmes y sont confinés, sauf fonctions extérieures particulières (cochers, charretiers ...), et ne peuvent sortir de l'habitation qu'avec l'autorisation du maître (même si, en pratique, on communique beaucoup entre esclaves d'habitations voisines).

La contradiction entre les deux termes qui précèdent n'est qu'apparente. En réalité, ils sont complémentaires. Sur ces habitations, particulièrement les grandes sucreries, tout est sacrifié à la production immédiate. Les esclaves y sont exploités jusqu'aux limites physiologiques de leurs forces, les cultures vivrières sont délibérément négligées au profit de celles d'exportation, les bestiaux sont insuffisamment nombreux et mal entretenus, les terres, peu ou pas fertilisées, sont épuisées en quelques dizaines d'années. Il en résulte un énorme gaspillage de

91. « Guildiveries », qui distillent les « sirops » (les mélasses) provenant de la purge du sucre ; poteries, qui produisent les pots et formes servant à la production du sucre terré ; briqueteries et fours à chaux pour les matériaux de construction.

moyens humains, matériels et fonciers. En fait, cette économie de plantation est plus ou moins une économie de pillage. Pour atteindre ses objectifs de production, l'organisation des habitations doit donc nécessairement être le plus possible refermée sur elle-même, sans échappatoire possible ; et ceci ne concerne pas que les esclaves.

3. La production est intégrée. L'habitation est un complexe agro-manufacturier, qui produit toute sa matière première et ne transforme que celle produite par elle, sans achats à l'extérieur. Toutes les opérations de la production sont effectuées sur place, depuis la culture de la matière première agricole jusqu'à la livraison au commerce du produit fini, prêt à être directement consommé (sucre blancs, café) ou utilisé (indigo) en Europe, ou semi-fini, devant encore subir une élaboration finale en métropole avant consommation (sucre brut, coton, cacao).

4. Le régime juridique de l'habitation est dérogatoire du droit commun de la coutume de Paris, dont l'application est étendue aux Iles dès 1635. L'habitation coloniale se caractérise par son unité juridique, elle-même conséquence du nécessaire maintien de son unité physique. Elle est indivisible et ne peut être morcelée entre héritiers, afin de maintenir intact son potentiel de production[92], ce qui introduit alors dans le droit successoral antillais un mode de partage inconnu dans le royaume, le partage en valeur, alors qu'il est normalement en nature pour les biens situés en France ; dégagée de façon purement coutumière dès le début de la colonisation, cette règle fondamentale, y compris, nous le verrons, pour ses conséquences économiques, est consacrée en droit par la déclaration royale du 24 août 1726. L'autre conséquence de ce double principe de l'unité juridique et physique de l'habitation réside dans la règle de l'insaisissabilité des esclaves âgés de 14 à 60 ans portée par l'article 48 du Code Noir ; les créanciers ne peuvent faire saisir quelques esclaves seulement pour se rembourser, c'est toute l'habitation ou rien[93]. Dans tous les cas, les nécessités de la production priment toutes autres considérations.

5. Enfin, comme dans toutes les activités manufacturières de leur temps, les techniques utilisées par les habitations sont presque entière-

---

92. Partager entre trois héritiers une sucrerie de 150 ha et 150 esclaves n'en crée pas trois nouvelles de 50 ha et 50 esclaves chacune car de tels moyens sont insuffisants pour produire du sucre, mais fait tout simplement disparaître celle qui existait antérieurement.

93. Sur ce qui précède, E. Géraud, « La coutume de Paris outre-mer : l'habitation antillaise sous l'Ancien Régime », *Revue historique de droit français et étranger*, vol. LX, n° 2, 1982, p. 207-259. Les amateurs d'analyse juridique « pointue »se régaleront à la lecture de A. Castaldo, « Les *Questions ridicules* : la nature juridique des esclaves de culture aux Antilles », *Bull. Sté d'hist. Gpe*, n° 157, 2010, p. 55-144.

ment manuelles, même s'il est vrai qu'à la fin de l'Ancien Régime, on cherche divers « procédés » pour les améliorer. Dans la culture, tout repose sur l'emploi de la houe et du « coutelas », nom créole de la machette. Dans la fabrication du sucre, seule l'extraction du vesou est mécanisée, par l'emploi de moulins à eau, à vent ou à bêtes pour écraser les cannes ; toutes les autres opérations de manutention des matières travaillées sont faites exclusivement à la force des bras esclaves. Il en va de même s'agissant de la préparation des « denrées secondaires », pour lesquelles les possibilités de mécanisation sont encore plus limitées.

• Des unités de grandes dimensions

Il faut de grandes étendues de terre pour faire fonctionner une habitation-sucrerie, non seulement pour y cultiver la canne, mais aussi parce que le cycle cultural de celle-ci est de quinze mois, mais encore pour y établir des savanes pour les animaux et des « jardins » vivriers pour les esclaves, mais enfin pour disposer de réserves de « bois-debouts » indispensables à l'activité. En gros, le tiers seulement de la superficie totale peut être affecté à la production de canne pour la campagne en cours[94]. De l'opinion générale des contemporains, 50 « carreaux » (65 ha) constituent le minimum en deçà duquel il est impossible à une sucrerie de « rouler » ; mais nous en connaissons au moins une de 47 ha à Saint-Domingue et deux de 32 et 48 respectivement en Guadeloupe.

Ce sont évidemment les sucreries de Saint-Domingue qui possèdent les domaines les plus étendus, mais nous sommes mal renseignées à cet égard. *L'Etat des liquidations* de l'indemnité accordée aux anciens colons pour les « dédommager » de la perte de leurs biens, y compris les esclaves[95] ne donne aucune indication sur la composition

---

94. Déposition du colon guadeloupéen Jabrun devant la commission des sucres de 1828. Soit une habitation qui consacre 60 ha à la canne : 15 sont en cannes plantées, 15 en premiers rejetons, 15 en seconds et 15 en préparation de culture pour la campagne suivante ; il faut ajouter 15 ha qui ont été récoltés l'année précédent et qui sont en jachère ou au repos. Pour pouvoir « rouler », cette habitation doit donc disposer d'au moins 90 ha ; ajoutons les savanes, « jardins » et bois, et l'on arrive très vite autour des 150 à 200 ha. *Enquête sur les sucres*, Paris, 1829, 2e partie, p. 2.

95. *Etat détaillé des liquidations opérées par la Commission chargée de répartir l'indemnité attribuée aux anciens colons de Saint-Domingue*, Paris, 1828-34, 6 vol. Il s'agit ici de l'indemnité imposée par la France à Haïti pour reconnaitre son indépendance. D'un montant de 150 MF, censé représenter le dixième de la valeur des propriétés indemnisées, elle est répartie entre les anciens colons ou leurs héritiers ou autres ayant-droit, sur la base des documents produits par eux à titre de preuve (inventaires, états de situations, correspondance, actes de vente et autres notariés ...), pour des dates

des habitations (superficie, nombre d'esclaves) mais uniquement sur leur nature (sucrerie, caféterie ...). Il n'existe, à notre connaissance, aucun document ou étude globale sur le sujet, mais trois ensembles de données partielles permettant d'approcher la réalité avec un degré raisonnable d'approximation.

En premier lieu, celles que nous livrent, au hasard des lectures, les « papiers de plantation » et les témoignages des contemporains (*Tableau 14*). Selon Moreau de Saint-Méry[96], la plus grande des habitations-sucreries de Saint-Domingue serait Brancas-Céreste, dans la plaine du Cul-de-sac, avec 3.000 carreaux (3.900 ha). Une telle superficie semble toutefois constituer une exception. Aucune autre connue n'atteint, ou même n'approche, des dimensions pareilles. Sur les 27 sucreries du tableau, une seule compte moins de 300 ha, neuf plus de 500 ha, et la moyenne est de 526 ha, des chiffres, nous le verrons, très supérieurs à ce que peuvent révéler d'autres sources. Il faut ajouter que certaines de ces sucreries ne sont qu'une partie d'un ensemble foncier plus vaste appartenant à un même propriétaire et regroupant des habitations en cultures « secondaires » ainsi que des étendues plus ou moins vastes de terres incultes, savanes inoccupées et de bois-debouts. Ainsi, l'ensemble des domaines Galliffet s'étend sur 1.400 ha, ceux de Laborde sur 1680 (1.291 cx). Saint-Domingue est, certes, terre de grands domaines, mais les chiffres qui précèdent ne sont certainement pas représentatifs de la superficie de l'ensemble des habitations-sucreries de la colonie.

Cette observation est d'ailleurs confirmée par une seconde source, constituée par David Geggus, auquel nous devons d'avoir collationné tous les inventaires et descriptions d'habitations qu'il a pu trouver à travers les minutes notariales, « papiers privés » provenant des anciens planteurs absentéistes, dossiers de l'indemnité, travaux des historiens, notamment de Gabriel Debien, pour réunir finalement un échantillon de 100 sucreries et 147 caféteries, soumises de sa part à un traitement statistique[97]. La superficie des sucreries de son échantillon se répartit entre 47 et 1.084 ha, avec une moyenne de 272 ; c'est très inférieur à celle de 526 ha du *tableau 14*, mais il faut se rappeler que les habitations portées dans celui-ci appartiennent à des planteurs absentéistes et doivent donc né-

---

aussi proches que possible de 1789. La commission a reçu plus de 12.000 demandes, dont 10.345 ont été retenues et indemnisées pour un montant total de 145 MF.

96. *Description*, III, 960.

97. D. Geggus, « Sugar and coffee cultivation in Saint-Domingue and the shaping of the slave labour force », dans I. Berlin and Ph. Morgan, *Cultivation and culture. Labour and the shaping of slave life in Americas*, Charlotteville, London, 1993, p. 73-98. Nous citerons « *Echantillon Geggus* ».

cessairement dégager des revenus suffisamment importants pour soutenir le train de vie élevé de leurs propriétaires en France.

Tableau n° 14
QUELQUES GRANDES SUCRERIES DE SAINT-DOMINGUE A LA FIN DE L'EPOQUE COLONIALE

Nom de l'habitation et/ou de son propriétaire	Partie et quartier	Superficie		Nbre d'escl.	Année	Source
		Carreaux	Ha			
	NORD					
Cottineau	Fort-Dauphin	520	676	173	1784	1
Cadush - Barré de St-Venant	Quartier Morin	293	380	202	1781	2
Carré	id°	240	312	377	Années 1780	3
Chastenoy	id°	330	429	250	id°	3
Duplaa	id°	300	467	607	id°	3
Grandpré	id°	400	520	281	id°	3
Harouard - Saint-Michel	id°	-	320	255	1791	4
Lefebvre	id°	280	364	365	Années 1780	3
Galliffet (Grande Place)	Petite-Anse	259	377	365	1791	5
Galliffet (Desplantes)	id°	196	255	173	1791	5
Gallifet (La Gossette)	id°	306	399	243	1791	5
Bongars	id°	153	199	300	1787	6
Artaud & Bullet	Limonade	380	494	400	Années 1780	3
Castellane	id°	254	330	263	id°	3
Chabanon	id°	500	650	288	id°	3
La Chapelle	id°	298	387	210	id°	
D'Héricourt	Port-Margot	305	394	143	1787	7
	OUEST					
Foäche	Jean-Rabel	900	1.170	512	1787	1
Castéra (Saint-James)	Les Vérettes	563	728	520	1785	8
Les Vazes	L'Arcahaye	587	763	243	1785	9
Santo	Cul-de-Sac	1.635	2.125	545	1789	10
Boutin	id°	404	525	202	1787	11
Fleuriau	id°	289	327	256	1786	12
La Ferronay	id°	270	351	242	1789	13
	SUD					
Laborde 1 (Conflans)	Les Cayes	1.291	1.678	575	1791	14
Laborde 2	id°			413	1791	14
Laborde 3	id°			453	1791	14

Sources

1. G. Debien, *Plantations et esclaves à Saint-Domingue*, Dakar, 1962, 184 p.

2. F. Thésée et G. Debien, *Un colon niortais à Saint-Domingue, Jean Barré de Saint-Venant (1737-1810)*, Niort, 1975, 171 p.

3. AN, Marine 6JJ 60, n° 61, Plan des habitations des trois quartiers de Limonade, Petit-Anse et Quartier Morin.

4. D. Geggus, « Une famille de La Rochelle et ses plantations de Saint-Domingue », dans D. Buisseret (éd.), *France in the New World*, East Lansing, Michigan, 1998, p. 119-136 ; ANOM, C9 C7.

5. F.Yalé, *Les habitations Galliffet à Saint-Domingue : un modèle de réussite coloniale au XVIIIe siècle*, thèse d'Histoire, Grenoble, 2017, 780 p. dact.

6. G. Debien, « Histoire de deux plantations à Saint-Domingue, 1781-1829 (Papiers Bongars-Broc) », extrait de la *Revue de la Province du Maine*, 1968, 16 p.

7. J. L. Donnadieu, « Quand le vernis craque : l'habitation d'Héricourt au Morne Rouge (Saint-Domingue, XVIIe siècle) … », *Bull. Sté d'Hist. Gpe*, n° 184-185, 2019, p. 63-86.

8. D. Ozanam, *Claude Baudard de Saint-James, trésorier général de la Marine et braseur d'affaires (1738-1787)*, Genève, 1969, 216 p.

9. P. Léon, *Marchands et spéculateurs dauphinois dans le monde antillais du XVIIIe siècle. Les Dolle et les Raby*, Paris, 1963, 215 p.

10. P. Pluchon et S. De la Bretesche-Hartman, « L'habitation Santo Domingo. Caractères et problèmes des plantations sucrières domingoises », *Revue d'hist. mme*, n° 2-3, 2001, p. 163-237.

11. S. Chassagne, R. Richard, G. Debien, « Papiers des Antilles. Papiers Boutin. Financiers et revenus coloniaux du XVIIIe siècle : un exemple », *Cahiers des Amériques Latines*, n° 4, 1969, p. 113-144.

12. J. Cauna, *Au temps des isles à sucre. Histoire d'une plantation de Saint-Domingue au XVIIIe siècle*, Paris, 1987, 285 p.

13. P. Cheney, *Cul-de-sac. Patrimony, capitalism and slavery in French Saint-Domingue*, Chicago, London, 2017, 264 p.

14. B. Foubert, *Les habitations Laborde à Saint-Domingue dans la seconde moitié du XVIIIe siècle. Contribution à l'histoire d'Haïti*, thèse d'Etat ès Lettres, Paris IV, 1990, 1230 p. en 4 vol. dact.

Nota : sauf exception, ces références ne seront plus rappelées par la suite quand il sera question des habitations citées.

Enfin, nous disposons, pour étudier plus particulièrement les sucreries de la partie du Nord, d'une précieuse source que constitue le tableau joint à un plan des habitations-sucreries de trois paroisses de la plaine du Nord, Petite-Anse, Limonade et Quartier Morin, à l'extrême fin de l'Ancien Régime[98]. Il énumère 95 habitations, dont la superficie moyenne est de 156 carreaux, soit 203 ha. La répartition par classes de superficies permet d'affiner ces résultats : 18 de ces habitations ont moins de 100 cx (= 130 ha), 67 (70 % du total) de 100 à 199 cx (130 à 260 ha), 16 de 200 à 300 (260 à 390 ha) et quatre plus de 300 cx. Quand un même propriétaire possède plusieurs habitations, situées ou non dans la même paroisse, elles sont présentées séparément dans le document. C'est en particulier le cas pour Galliffet, à Petite-Anse, dont les trois sucreries sont portées ici pour 196, 123 et 196 cx respectivement, mais dont l'ensemble du domaine s'étend sur 1.100 cx (1.430 ha). Il semble que ces sucreries de la plaine du Nord soient

98. AN, Marine, 6 JJ 60, doc n° 61, anonyme, s. d. Ce tableau, extrêmement complet comporte dix colonnes, portant, pour chaque habitation : le nom du propriétaire, la superficie en carreaux de canne, vivres, savanes, total ; le nombre d'esclaves « travaillant », enfants, total ; la production de sucre en milliers de lb ; observations sur la qualité du terroir et la situation financière. Nous citerons « *Tableau Baron* », du nom de l'arpenteur qui a réalisé le plan. Merci à Mme Nadine Castaldi, chargée de mission aux Archives nationales, pour son aide précieuse à l'accès à ce document peu connu.

moins étendues que celles des autres régions de Saint-Domingue, ce qui s'explique probablement par l'extrême fertilité de cette région qui, nous dit Moreau de Saint-Méry[99] « possède le meilleur sol et dont les produits sont proportionnellement les plus considérables et les productions les plus belles ».

Au total, les différences de sols, de climats et de statut social de leurs propriétaires sont telles qu'il semble difficile d'estimer la superficie moyenne des habitations-sucreries de Saint-Domingue. Si l'on devait absolument avancer un chiffre, on pourrait retenir une dimension modale de l'ordre des 250 à 300 ha. C'est sensiblement la même étendue que la plantation moyenne jamaïcaine (600 acres = 240 ha)[100].

*

*   *

Evidemment, les domaines sucriers des Iles-du-Vent sont sensiblement moins étendus que ceux de Saint-Domingue. Nous sommes correctement renseignés pour ce qui concerne la Guadeloupe, à partir de 85 inventaires et contrats de vente conservés dans les minutes notariales entre 1771 et 1790. Leur superficie moyenne est de 203 carrés, soit autant d'ha ; la plus petite compte 32 carrés, et la plus grande, le marquisat de Houëlbourg, 703. Elles sont 47, soit plus de la moitié, de moins de 100 carrés, 38 entre 100 et 200, 18 de 200 à 500, et cinq de plus de 500 carrés. Nous présentons les principales d'entre elles dans le *tableau 15*.

Nous manquons malheureusement d'informations aussi détaillées pour la Martinique, aucune étude d'ensemble n'ayant été consacrée à ses habitations-sucreries. La plus étendue directement connue pour la fin de l'Ancien Régime est le Fonds Saint-Jacques, rendu célèbre par le non moins célèbre père Labat, qui possède 313 carreaux, soit 510 ha[101]. Il est néanmoins possible d'apprécier indirectement leurs superficies à travers un état très complet de toutes celles encore ou jadis en activité dans l'arrondissement de Saint-Pierre entre 1845 et 1882 ; la structure de la propriété dans l'île ayant très peu changé jusqu'à l'Abolition[102], nous avons retenu toutes celles, au nombre de 48, dont

---

99. *Description*, II, 236.

100. R. B. Sheridan, *Sugar and slavery*, op. cit., p. 231.

101. ANOM, C7 A33, inventaire des biens de la mission des Dominicains à la Martinique, mai 1773.

102. Principalement parce que la Martinique n'a pas connu la première abolition de l'esclavage (1794-1802) ni les multiples bouleversements ayant accompagné celle-ci,

nous connaissons la superficie avant 1848, en présumant qu'elle était alors la même qu'à la fin de l'Ancien Régime[103]. Globalement, avec une moyenne de 130 ha, les sucreries martiniquaises sont plus petites que celles de l'île voisine, ce qui n'est guère surprenant, l'espace favorable à la culture de la canne étant plus restreint ici ; il n'y a pas en Martinique l'équivalent de la Grande-Terre. Elles sont 20 de moins de 100 ha (dont la plus petite n'en compte que 21), autant entre 100 et 200, six de 200 à 400, et les deux plus grandes, Saint-Etienne, à Gros-Morne, et Nouvelle Cité, à Sainte-Marie, s'étendent sur 439 et 526 ha respectivement.

Tableau n° 15
LES GRANDES SUCRERIES DE LA GUADELOUPE A LA FIN DE L'ANCIEN REGIME

Nom de l'habitation et/ou de son propriétaire	Ile et quartier	Sup. cx/ha	Nbre d'escl	Année
	BASSE-TERRE			
Grande-Anse	Deshaies	300	84	1787
Grande-Plaine	Pointe-Noire	300	50	1777
St-Robert-Mont d'Or	Baillif	230	207	1787
Marigot-Pères Blancs (2 hab.)	Baillif	> 240	368	1773
Mont-Etienne	Basse-Terre	170	329	1772
Bisdary	Basse-Terre	> 150	260	1778
Dos d'Ane	Basse-Terre	140	227	1773
Botreau-Roussel	Trois-Rivières	168	216	1784
Marquisat de Brinon	Capesterre	322	202	1777
Marq. de Sainte-Marie (Poyen)	Capesterre	> 660	294	1777
Marq. de Sainte-Marie (Bouscaren)	Capesterre	> 635	129	1777
La Gripière	Petit-Bourg	660	170	1784
Fief d'Arnouville (Duquéry)	Petit-Bourg	300	228	1786
Marquisat de Houëlbourg	Baie-Mahault	703	381	1773
La Ramée	Sainte-Rose	> 375	131	1789
Comté de Lohéac	Sainte-Rose	514	> 83	1773
	GRANDE-TERRE			
Malmaison	Abymes	447	129	1790
La Souche	Sainte-Anne	239	200	1788
Les Palmistes	Saint-François	133	216	1783
La Madeleine	Petit-Canal	300	172	1789
	MARIE-GALANTE			
Fief de Saint-Louis	Grand-Bourg	367	132	1773

Ont été retenues toutes les habitations de plus de 200 esclaves, ainsi que celles de moins de 200 esclaves mais d'une superficie de 300 cx/ha et plus. *Sources* : ADG, 2E2 et 3, notaires ; ANOM, F3-160, fol. 87.

---

comme en Guadeloupe, les planteurs ayant sollicité l'intervention de l'Angleterre pour les « protéger ».

103. A. Francois-Haugrin, *L'économie agricole martiniquaise, ses structures et ses problèmes entre 1845 et 1882*, thèse de troisième cycle, Paris I, 1984, vol. 2. Ce tableau, qui repose sur le dépouillement des registres des hypothèques, donne une liste de 210 habitations ; les superficies sont indiquées en hectares.

• **Des entreprises artificiellement survalorisées**

Dans l'ordre des économies préindustrielles, les habitations coloniales de l'espace américain (Antilles, Sud des Etats-Unis, Brésil), particulièrement les sucreries, se situent parmi les plus grandes entreprises de leur temps. Tant par leurs dimensions que par les investissements qu'elles représentent, elles soutiennent aisément la comparaison avec les plus grandes manufactures européennes.

La valeur des sucreries dépend d'abord de deux critères, leur superficie, pour environ 40 %, et le nombre de leurs esclaves, pour approximativement le tiers. Elle est également fonction de divers facteurs plus qualitatifs, comme la nature de leur fabrication (sucre blanc ou brut), les conditions climatiques locales, plus ou moins arrosées, la nature plus ou moins favorable du terroir, la plus ou moins grande proximité des embarcadères. A Saint-Domingue, à la fin de l'Ancien Régime, on distingue habituellement trois classes de sucreries : 1) Celles bénéficiant de conditions optimales, de pluies, de sols et de proximité de l'embarcadère ; 2) Celles dont les terres sont bonnes, qui ne sont pas trop exposées à la sécheresse, ni trop éloignées de l'embarcadère ; 3) Celles qui ne bénéficient d'aucune de ces conditions favorables[104]. Entre celles de la première et de la troisième classe, la différence de valeur peut atteindre les 15 à 20 %.

C'est à Saint-Domingue que se situent les habitations les mieux valorisées de la Caraïbe. Les estimations les concernant sont bien connues par l'*Etat des liquidations* de l'indemnité de 1826. Le montant finalement retenu pour les sucreries se situe à 497, 8 MF, soit 34 % de l'ensemble des biens indemnisés. Leur moyenne coloniale générale est de 627.000 F[105], mais, dans les deux régions où se situent les plus importantes, plaine du Nord et Cul-de-Sac, elle atteint 973.000 et 1.256.000 LT/F respectivement[106]. Par comparaison, la *medium range sugar plantation* de la Jamaïque en 1774 n'est estimée qu'à 19.500 L St., soit 475.000 LT[107].

---

104. ANOM, F3-163, fol. 179-196, Avalle, établissement d'une sucrerie en brut dans la partie du Nord de Saint-Domingue 1793.
105. Rappelons que le Franc de 1803, dans lequel sont évalués les biens à indemniser, possède la même valeur-or intrinsèque que la Livre tournois de 1726 ; les deux monnaies sont donc rigoureusement égales, et les sommes exprimées dans l'une peuvent être directement reprises dans l'autre.
106. P. Cheney, *Cul-de-Sac*, op. cit., p.27 ; l'auteur ne cite pas sa source.
107. Chiffre contemporain du planteur jamaïcain Edward Long, cité par R. B. Sheridan, *Sugar and slavery*, op. cit. , p. 231.

Ce ne sont que des moyennes. Nous connaissons treize patrimoines domingois au moins comprenant deux ou trois sucreries et divers autres biens dans la colonie (caféteries, indigoteries, concessions non encore mises en valeur), qui dépassent les 3 millions de F[108]. Dans la plaine des Cayes, étudiée par Bernard Foubert[109], les valeurs des 101 sucreries du quartier varient de 160.000 à 5.900.000 F (pour l'ensemble des propriétés Laborde) ; elles sont trois comprises entre 2 et 4 MF, et la moyenne est de 745.000 F.

Moins étendues et employant moins d'esclaves, les sucreries des Iles-du-Vent sont forcément moins valorisées que celle de Saint-Domingue. En Guadeloupe (pas d'information pour la Martinique), dont l'économie sucrière, qui a déjà un siècle et demi d'existence, a atteint la maturité, la moyenne se situe à 635.000 L. coloniales, soit 419.000 tournois[110], pour 63 établissements dont la valeur est connue. Elles sont seize à dépasser ce montant, huit à plus d'un million de LC (= 660.000 LT), et celle dont l'estimation connue est la plus élevée, le marquisat de Brinon, atteint 1.380.000 LC (910.000 tournois). A l'autre extrémité, nous trouvons une vente, à Marie-Galante, pour 132.000 LC, soit 87.000 LT ; un tel chiffre serait inconcevable à Saint-Domingue[111].

*

* *

L'énormité de ces chiffres interpelle : que représentent-ils vraiment ? La tentation première est évidement de comparer les masses de capitaux immobilisés dans les habitations antillaises de la fin de l'Ancien Régime avec celles investies dans les manufactures européennes de l'ère préindustrielle, comme le font probablement toutes ces grandes fortunes métropolitaines qui n'hésitent pas à engager plusieurs centaines de milliers

108. Cités par Pluchon-Hartman, *Habitation Santo*, art. cit., p. 165-168 : Caradeux (Cul-de-sac) 5.794.000 ; Foäche (Jean-Rabel) 5.576.000 ; Gourard de Bellevue (Cul-de-Sac) 4.790.000 ; La Toison (Cul-de-sac) 4.457.000 ; Galliffet (Petite-Anse) 3.697.000 ; Fournier de Bellevue (Limondo) 3.598.000 ; Tubé de la Marre (Cul-de-sac) 3.530.000 ; Baudard de Saint-James (Artibonite) 3.400.000 ; Picot (Les Cayes) 3.186.000 ; Santo (Cul-de-sac) 3.045.000 ; Pihéry (Cul-de-sac) 3.097.000.

109. *Habitations Laborde*, op. cit. , p. 580-582.

110. La livre coloniale (LC) est égale aux deux tiers de la livre tournois (LT), soit 13 sols 4 deniers pour une livre.

111. Sauf exception dûment signalée, tout ce qui concerne les habitations de la Guadeloupe prises individuellement repose sur les inventaires et contrats de vente conservés dans les minutes notariales aux ADG, 2E2, fonds Boudin (utilisé pour notre thèse *Sucreries de la Guadeloupe*, op. cit.) et 2E3, fonds Turlet (dépouillé postérieurement) ; ces références ne seront plus citées dans la suite de cet ouvrage.

de livres pour créer ou acquérir une sucrerie à Saint-Domingue : financiers et « brasseurs d'affaires », comme le banquier Laborde ou les trésoriers généraux de la Marine Boutin et Baudard de Saint-James ; des membres de la haute noblesse, tels les ducs d'Orléans et de Praslin, ou d'une noblesse un peu moins haute (La Ferronnay, Beauharnais) ; de grandes maisons de négoce, comme Foäche (Le Havre), Chaurand (Nantes), Fleuriau (La Rochelle), Nairac ou Gradis (Bordeaux), Dolle (Grenoble), etc[112]. Cette comparaison tourne absolument à l'avantage de l'investissement colonial. Dans le textile, qui constitue alors la première branche de l'industrie française, les entreprises dépassent rarement les 300.000 LT, et la plupart d'entre elles sont à moins de 75.000 L ; dans l' « indiennage » (impression sur coton), qui constitue alors l'activité novatrice par excellence et exige les plus gros financements, le montant moyen des capitaux pour les 27 sociétés créées entre 1763 et 1787 ne représente « que » 154.000 L, avec un maximum de 840.000[113]. Dans la sidérurgie traditionnelle au bois (hauts-fourneaux pour la fonte, affineries et forges dite « catalanes » pour le fer), une enquête de 1825, alors que les techniques sont pratiquement inchangées par rapport au XVIIIe siècle et que la modernisation débute à peine, permet d'estimer à 53.000 F le capital moyen des 1634 entreprises concernées[114]. Naturellement, les secteurs lourds (mines, grosse métallurgie) rassemblent des capitaux infiniment plus considérables : 9 ML pour les charbonnages d'Anzin, 2,5 M pour ceux d'Aniche, entre un et deux millions pour les plus grandes entreprises métallurgiques. Même dans le textile, il existe un « monstre », la manufacture d' « indiennes » d'Oberkamp, à Jouy-en-Josas, dont le fonds social représente 8,8 ML en 1789[115]. Mais des montants aussi élevés semblent exceptionnels dans la France prérévolutionnaire.

En réalité, une telle comparaison est irrecevable. Elle est, en premier lieu, détestable, parce que, en intégrant les esclaves dans la valeur des habitations, elle ramène des êtres humains au rang de

---

112. On trouve une longue liste de plusieurs dizaines de noms de notables de l'époque de la Restauration (nobles, gens d'affaires, hommes politiques, hauts fonctionnaires), anciens propriétaires à Saint-Domingue ou leurs héritiers qui ont bénéficié de l'indemnité de 1826, dans B. Joachim, « L'indemnité coloniale de Saint-Domingue et la question des rapatriés », *Revue Historique*, t. CCILVI, 1971, p. 370-371. Voir également, P. Pluchon, *Economie d'habitation*, art. cit., p. 217, et B. Foubert, *Habitations Laborde*, op. cit., t. I, p. 93-98.

113. S. Chassagne, *Le coton et ses patrons. France, 1760-1840*, Paris, 1991, tableau p. 101. Mais il y a accélération à la veille de la Révolution ; pour les huit créées entre 1781 et 1787, la moyenne se situe à 264.000.

114. B. Gille, *La sidérurgie française au XIXe siècle*, Genève, 1968, p. 128.

115. Braudel-Labrousse, *Histoire économique et sociale*, op. cit., t. II, p. 256-257.

simples immobilisations comptables. En second lieu, elle est complètement dépourvue de sens. A la fin de l'Ancien Régime, les esclaves ne représentent que 30 % environ de la valeur totale des habitations[116], mais, sans eux, le reste des actifs ne vaut rien, comme on le verra après l'Abolition[117]. Leur valorisation est artificielle ; c'est une sorte de « bulle » capitalistique. Le 22 août 1791, les esclaves domingois en révolte se chargeront de la faire exploser.

2. LA FORMATION DES GRANDS DOMAINES SUCRIERS

Le processus de constitution des domaines sucriers se déroule dans toutes les îles dans le sens d'un vaste mouvement de concentration foncière, mais avec des rythmes et selon une chronologie différente aux Iles-du-Vent, où il s'achève dans les années 1730, et à Saint-Domingue, où il se poursuit jusqu'à la Révolution.

• Les concessions[118]

Elles constituent le fondement juridique de la propriété foncière aux Antilles ; tout le processus de formation des habitations repose sur elles.

A la différence des *West Indies*, où les colons doivent acheter à la Couronne les terres sur lesquelles ils désirent s'installer, le principe retenu dans les îles françaises pour attirer et fixer un peuplement est celui de la gratuité. Toute personne désirant s'installer aux Antilles pour y exploiter la terre doit adresser une demande de concession au gouverneur (et à l'intendant à partir de 1680), dans laquelle il indique notamment, outre le terrain qu'il souhaite se voir attribuer, les moyens dont il dispose, en particulier le nombre de ses esclaves ; il joint à sa requête un certificat du commandant du quartier et de

---

116. Proportion calculée à partir de 62 inventaires d'habitations de la Guadeloupe pour lesquels nous sommes renseignés (31,2 %) ; pour Saint-Domingue, nous ne disposons que d'un échantillon d'une vingtaine de grandes plantations ayant fait l'objet d'une publication, mais la part des esclaves dans l'actif total se situe à un niveau comparable (26,1 %).

117. Dans les années 1820, au moment de l'apogée du système esclavagiste, la valeur moyenne des habitations-sucreries de la Guadeloupe, calculée sur un échantillon de 16 unités, se monte à 491.000 F ; deux décennies plus tard, alors que l'esclavage est de plus en plus menacé, elle est tombée à 169.000 F pour 12 habitations ; dans les années 1850, 38.000 F pour 17 habitations. Ch. Schnakenbourg, « La disparition des habitations-sucreries en Guadeloupe (1848-1906). Recherche sur la désagrégation des structures pré-industrielles de la production sucrière antillaise après l'abolition de l'esclavage », *Revue fse d'hist. d'O-M*, t. LXXIV, 1987, p. 272.

118. Sur tout ce qui suit, E. Géraud, *Coutume de Paris outre-mer*, art. cit., *passim*.

l'arpenteur royal de la colonie. Après instruction, les administrateurs accordent au requérant un brevet de concession du terrain, dont la superficie doit être proportionnée aux moyens dont il dispose.

Une fois obtenue la concession, son titulaire doit commencer les travaux de mise en valeur dans l'année qui suit ; il doit en avoir défriché un tiers au cours des trois premières années, puis un autre tiers dans les trois années suivantes. S'il n'exécute pas ses obligations, les administrateurs peuvent révoquer la concession et prononcer sa réunion au domaine royal. Dégagées initialement de façon purement coutumière, ces dispositions sont transposées en droit par une série de textes pris entre 1678 et 1683, puis confirmées définitivement par deux déclarations du roi de 1722 et 1743.

En pratique, elles sont peu et mal appliquées. Les colons obtiennent le plus souvent des concessions trop vastes pour leurs possibilités réelles de mise en valeur, ils n'en défrichent qu'une petite partie pour marquer leur possession et laissent le reste en bois-debout ; certains se contentaient d'en tirer du bois pour leur sucrerie, d'autres ne demandent une concession que pour pouvoir la revendre ensuite. Pourtant, devant tous ces « désordres », la position de l'administration semble singulièrement prudente ; on hésite à révoquer les concessions non défrichées, et les rares cas connus ne concernent que des « petits habitants », Petits-Blancs ou Libres de couleur. A la fin de l'Ancien Régime, il n'y a pratiquement plus de terres vacantes à concéder en Guadeloupe et en Martinique, sauf dans les montagnes, mais on considère que la réunion au Domaine de terres concédées depuis plus d'un siècle et non encore mises en valeur est devenue chose impossible et qu'il y a en quelque sorte prescription acquisitive au profit de leurs possesseurs[119]. Ce qui n'empêche d'ailleurs pas de renouveler les mêmes erreurs à Sainte-Lucie, où l'attribution des concessions après le traité de Paris constitue un véritable scandale[120].

En droit, le concessionnaire n'est pas propriétaire de la concession ; il n'en a que l'*usus* et le *fructus*, c'est-à-dire le droit de l'exploiter et d'en tirer un revenu. C'est le concédant, compagnies de commerce

119. ANOM, C8A 71, fol. 23, gouverneur de la Martinique, mars 1772.

120. Voir *ibid*, id°, ainsi que deux dépêches ministérielles fort courroucées aux administrateurs de 1768 et 1774, dans ANOM, F3-55, fol. 393 et 419. En 1784, quand le partage initial est pratiquement terminé, 872 concessions seulement, occupant 43.772 carrés, se répartissent sur tout le pourtour de l'île, alors que la superficie en cultures d'exportation (canne, café, coton) est de 4.925 c., soit 11 % du total concédé. Même en tenant compte des cultures vivrières, on est encore loin du tiers ; ANOM, DFC, Sainte-Lucie, carton 6.

et seigneurs-propriétaires jusqu'en 1674[121] puis la Couronne ensuite, qui en conserve la propriété éminente et perçoit pour cela une taxe recognitive annuelle. La concession ne peut donc, en principe, être aliénée par son bénéficiaire que ce soit à titre gratuit ou onéreux, mais dès le début de la colonisation la pratique inverse s'impose, et les terres sont librement transmises entre vifs ou aux héritiers avec l'autorisation de l'administration, sous réserve de ne pas démembrer le fonds par des ventes de portions d'habitations afin de maintenir l'unité économique de son exploitation.

La souplesse de ce droit foncier colonial et la fluidité de la circulation de la propriété immobilière qui en résulte vont permettre la formation de grandes habitations, à la fois par attribution de concessions étendues mais également par un large mouvement de concentration. Cette évolution est commune à toutes les îles, mais avec des différences de chronologies et de contenus entre les Iles-du-Vent et Saint-Domingue

• De la concentration à la stabilisation aux Iles-du-Vent (1635-décennie 1730)

Le processus de formation des grands domaines est beaucoup plus précoce et s'achève un demi-siècle plus tôt aux Iles-du-Vent, probablement à l'extrême fin du XVIIe siècle à la Martinique et vers 1740 en Guadeloupe, à laquelle seront consacrés l'essentiel des développements qui suivent[122]. Il se déroule en trois temps.

1. Coexistence de la mini- et de la macro-propriété au temps du « cycle du tabac » (1635-1660)

La première phase de formation des habitations se situe dans les trois premières décennies de la colonisation, correspondant à ce que l'on appelle le « cycle du tabac »[123]. L'industrie sucrière n'a pas encore démarré,

---

121. Date de la réunion des Iles au domaine royal ; antérieurement, elles appartenaient à des propriétaires privés qui, comme tels, disposaient du pouvoir de concéder : Compagnies des Isles de l'Amérique de 1635 à 1647, Houël et Bosseret de Téméricourt en Guadeloupe et du Parquet à la Martinique de 1650 à 1664, Compagnie des Indes Occidentales de 1664 à 1674.

122. En raison du peu d'informations dont nous disposons sur l'histoire foncière de la Martinique au XVIIIe siècle, qui n'a pas encore fait l'objet de recherches spécifiques.

123. Sur lesquels les développements essentiels sont ceux de J. P. Sainton, *Temps des genèses*, op. cit., p. 238-254, et J. Petitjean-Roget, *La société d'habitation à la Martinique. Un demi-siècle de formation, 1635-1685*, Lille-Paris, 1980, 2 t. dact. (Thèse de doctorat d'Etat, Paris VII, 1972). Un rapide survol dans Ch. Schnakenbourg, Le « cycle du ta-

et la mise en valeur des Iles repose alors presque exclusivement sur la culture du « pétun », pratiquée par des petits planteurs sur de petites parcelles et employant une main-d'œuvre composée essentiellement d'engagés blancs. Les concessions sont de petites dimensions, bien suffisantes pour permettre à ceux qui les cultivent d'en vivre. En 1671, alors que la « révolution sucrière » et le processus de concentration foncière qui l'accompagne battent déjà leur plein, les parcelles de moins de 10 carrés représentent encore plus du tiers des propriétés à la Martinique et près de la moitié en Guadeloupe, celles de 20 les deux tiers dans chaque île, et leurs superficies moyennes sont de 39 et 50 ha respectivement[124].

Mais à côté de cette pulvérisation des « petits habitants », on observe également une très forte concentration autour de grandes ou très grandes concessions accordées dans des zones peu peuplées au fur et à mesure que s'étend la colonisation, après 1650 : Capesterre des deux îles, Grand et Petit Culs-de-Sac en Guadeloupe. Les bénéficiaires sont tous de puissants personnages pour lesquels pouvoir politique et administratif d'une part et large accès à la propriété de l'autre vont de pair et se renforcent mutuellement. Et tout d'abord, les anciens seigneurs-propriétaires des années 1650 à 1664, qui se sont très généreusement servis. Charles Houël est de très loin le plus grand propriétaire de la Guadeloupe avec 9.477 carrés/ha, dont 9.050 d'un seul tenant au Petit Cul-de-Sac (marquisat de Houëlbourg) ; son associé et beau-frère, Boisseret de Téméricourt, possède 6.500 carrés à Capesterre (marquisat de Sainte-Marie) ; du Parquet, à la Martinique, en a 350 (455 ha) à Saint-Pierre (Habitation La Montagne). Quand la Compagnie des Indes Occidentales leur succède en 1664, Carolof, l'un de ses directeurs, s'attribue également 6.500 carrés au Grand Cul-de-Sac. Parmi les autres bénéficiaires de ces grandes concessions en Guadeloupe figurent notamment l'ancien chef des réfugiés hollandais de 1654, Classen (971 carrés), ainsi que tous les principaux officiers royaux et commandants de quartiers, qui possèdent entre 300 et 800 ha. Naturellement, les ordres religieux n'ont pas été oubliés : 346 ha aux Jacobins et 728 aux Jésuites en Guadeloupe, 390 et 413 respectivement à la Martinique. Au total, les concessions de plus de 100 carrés représentent 4,8 % de l'ensemble des propriétés en Guadeloupe

bac » et la mise en valeur des Antilles aux premiers temps coloniaux (1625-1680, dans B. Michon (dir.), *Les Européens et les Antilles, XVIIe siècle – début XVIIIe siècle*, Rennes, 2019 p. 161-172.

124. Tous les chiffres relatifs aux superficies et aux structures de la propriété en 1671 proviennent des recensements ordonnés par Colbert, conservés aux ANOM, Série G1, et exploités par J. Petitjeant-Roget, *Société d'habitation*, op. cit., t. II, p 1359-1375, et Ch. Schnakenbourg, « Le terrier de 1671 et le partage de la terre en Guadeloupe au XVIIe siècle », *Revue fse d'hist. d'Outre-mer*, t. LXVII, 1980, p. 39-54.

mais réunissent 70 % des superficies, et 4,4 et 43 % respectivement à la Martinique. Tous ces grands domaines, constitués avant ou au début de la « révolution sucrière » vont former la base et les principaux bénéficiaires de celle-ci.

2. *La « révolution sucrière » et la concentration autour des sucreries (1654-1680)*[125]

Ce que l'on appelle la « révolution sucrière » marque le second temps de la formation des grandes habitations-sucreries aux Petites Antilles. La naissance de l'industrie sucrière, en 1654, puis son rapide développement jusqu'en 1671, provoquent une accélération de la concentration foncière au profit des sucreries, qui, ayant besoin de grands terrains, rachètent leurs parcelles aux « petits habitants » ruinés par la crise du tabac ; ceux-ci émigrent, remplacés par des esclaves déportés d'Afrique. Le mouvement est extrêmement rapide. En 1680, tout est terminé ; dans les deux îles, les grands domaines sucriers sont définitivement constitués et le basculement de la composition raciale de la population achevé. Une phrase lapidaire du père Labat, qui arrive aux Antilles alors que cette double mutation vient de s'achever, résume bien les conséquences de la révolution sucrière : « *Les habitants ont passé de 10.000 à 2.000, et le terrain occupé par une sucrerie sur laquelle il n'y a que quatre ou cinq Blancs, et souvent bien moins, était occupé par 50 ou 60 habitants* »[126].

3. *Une politique volontariste de stabilisation en Guadeloupe (premier tiers du XVIIIe siècle)*

Faute de travaux *ad hoc* nous savons peu de choses sur l'histoire foncière de la Martinique après 1671, mais il semble que le processus de formation des grands domaines sucriers soit terminé pour l'essentiel dans les années 1710. En Guadeloupe, par contre, il s'interrompt pratiquement jusqu'au début du XVIIIe siècle, en raison de la crise provoquée par les guerres sur l'Atlantique et la chute des cours du sucre. Quand il reprend, l'administration met en œuvre une politique volontariste pour limiter les superficies. Ce nouveau cours s'oriente dans une double direction.

En premier lieu, réduction des dimensions des domaines géants constitués dans les tout débuts de la colonisation. On n'ose pas prononcer la

---

125. Ch. Schnakenbourg, « Note sur les origines de l'industrie sucrière en Guadeloupe au XVIIe siècle (1640-1670), *Revue fse d'hist. d'Outre-mer*, t. LV, 1968, p. 267-315.
126. Père J. B. Labat, *Nouveau voyage aux Isles de l'Amérique ...*, Paris, 1722, t. 4, p. 536. Par le terme « habitant », il faut entendre « propriétaire d'habitation ».

révocation des concessions non cultivées et leur réunion au Domaine, mais une forte pression est mise sur leurs titulaires afin qu'ils en cèdent « volontairement » une partie[127] ; ainsi pour la famille Houël, qui est conduite à vendre des terres pendant toute la décennie 1720 pour y permettre la création de sucreries[128]. A la fin de l'Ancien Régime, les terres nobles de la Guadeloupe, héritières des habitations géantes des premiers temps coloniaux et érigées en fiefs par la suite, ne sont plus monstrueusement étendues, comme au moment de leur concession primitive, même s'il est vrai qu'elles figurent encore parmi les plus grandes de l'Archipel[129].

Le second aspect de cette politique concerne spécifiquement la Grande-Terre, pratiquement inoccupée jusqu'alors ; elle consiste à attribuer les concessions de façon relativement égalitaire afin d'éviter les accaparements et permettre l'installation d'un grand nombre de sucreries. La colonisation démarre à partir de 1700 et les demandes se multiplient, concernant d'abord la plaine des Abymes. Le partage de la terre dans cette zone donne lieu à de nombreuses difficultés, en raison notamment du favoritisme qui préside à l'attribution des concessions ; il faut trois règlements successifs, en 1718, 1722 et 1725, pour que le problème soit définitivement réglé[130]. Il semble que l'administration ait tiré les leçons de cet épisode lorsque vient le tour du nord et de l'est de la Grande-Terre. Quand le partage de l'île est terminé, en 1732, 651 concessions y ont été attribuées, dont 119 ont déjà une sucrerie ; près des deux tiers de celles-ci sont comprises entre 100 et 250 carrés, et dix seulement dépassent les 300, dont la plus étendue plus étendue compte 603 carrés (*Carte 9*). Il est clair qu'il s'agit là d'un choix délibéré. On a voulu éviter que se reconstituent des domaines géants et stabiliser la propriété sucrière. Naturellement, cela ne signifie pas pour autant que la structure foncière de la Grande-Terre soit définitivement fixée et qu'elle n'est plus modifiée par la suite. Ainsi dans la région de Petit-Canal, sur le territoire de la future habitations Poyen, s'opère un processus pratiquement continu de

---

127. F. Régent, *Les maîtres de la Guadeloupe. Etude des propriétaires de terres et d'esclaves en Guadeloupe des débuts de la colonisation à la seconde abolition de l'esclavage (1635-1848)*, thèse d'habilitation, Paris I, 2017, p. 140-141

128. En 1671, le marquisat de Houëlbourg s'étendait sur 9.447 ha ; en 1727, 62 habitations, d'une superficie moyenne de 141 carrés, soit 8.742 ha, sont établies sur le domaine ; carte conservée dans ANOM, F3-288, atlas Moreau de Saint-Méry, vol. 1. En 1773, le marquisat proprement dit ne s'étend plus « que » sur 703 carrés.

129. ANOM, F3-160, fol. 89-92, mémoire sur les terres « titrées » de la Guadeloupe, 1773. Enumération *tableau 15, supra*. Superficie moyenne = 467 carrés contre 180 pour l'ensemble des sucreries de la colonie.

130. F. Régent, *Maîtres de la Guadeloupe*, op. cit., p.165-180.

recomposition foncière autour d'un bloc de 343 ha, partagé entre deux concessions avec une seule sucrerie en 1732, puis trois en 1768, puis de nouveau une seule en 1784[131]. Mais même dans un cas comme celui-ci, la concentration demeure dans des limites raisonnables ; entre 1732 et les dernières années de l'Ancien Régime, la superficie moyenne des habitations-sucreries de la Grande-Terre ne s'accroît que modérément, passant de 142 à 157 ha[132].

Carte n° 9
LE PARTAGE DE LA GRANDE-TERRE EN 1732

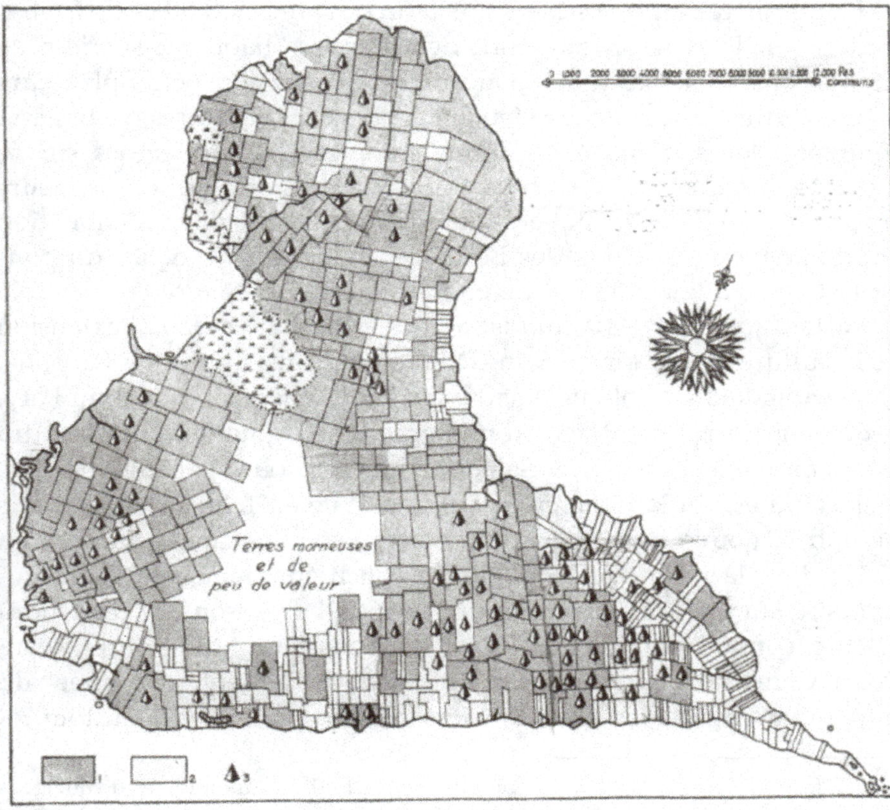

Légende

1. Habitations de plus de 100 carrés. 2. Habitations de moins de 100 carrés. 3. Sucreries

Source : *Album de géographie historique de la Guadeloupe (1931)*, planche n° 8, retravaillée par G. Lasserre.

---

131. J. P. Sainton, *Temps des matrices*, p. 301-303.

132. Cette dernière superficie est calculée à partir de 29 inventaires et contrats de vente.

• Un élargissement continu de la concentration à Saint-Domingue

Le mouvement de formation des grands domaines sucriers domingois débute plus tardivement qu'aux Iles-du-Vent, en raison des incertitudes quant à l'avenir de la colonie française jusqu'aux années 1690. Mais une fois démarré, il ne cesse de s'accélérer pendant tout le XVIIIe siècle. Trois moments ponctuent cette évolution.

1. Le rassemblement des petites parcelles (1680-1715)

La première étape se situe entre la fin des années 1680 et 1715, et se traduit par la réunion au profit des premiers habitants-sucriers de concessions rachetées à des boucaniers, éleveurs ou petits planteurs de tabac ruinés, auxquelles viennent s'en ajouter d'autres destinées à compléter leurs domaines[133]. Nous sommes bien renseignés sur ce point par les travaux de Gabriel Debien sur les origines de plusieurs sucreries de Léogane et du Cul-de-Sac, telle l'habitation Grand'homme à la Croix des Bouquets[134]. Ici aussi, exercice du pouvoir et accès à la terre vont de pair, et l'auteur note à ce sujet le rôle important joué par les administrateurs et militaires dans l'extension de la culture de la canne à Saint-Domingue. Ainsi autour de Léogane, alors capitale de la colonie, le gouverneur Ducasse, associé à du Paty, lieutenant du roi, fondateur d'une grande indigoterie qui deviendra ultérieurement la sucrerie Galbaud du Fort ; ou Yvon des Landes, major, qui établit la première sucrerie de l'île en 1680 ; dans la partie du Sud, le gouverneur de Saint-Louis, qui commence une sucrerie en 1701 ; dans la partie du Nord, Pantaléon Bréda, major au Cap, propriétaire sur le Haut-du-Cap d'une grande habitation qui deviendra célèbre comme lieu de naissance de Toussaint Louverture ; Jean-Pierre Charritte, lieutenant du roi puis ultérieurement gouverneur du Cap, qui accumule les biens fonciers près de la ville[135] ; et surtout Jo-

133. G. Debien, *Sucrerie Golbaud du Fort,* op. cit. p. 21-40. ; « Aux origines de quelques plantations de Léogane et du Cul-de-sac (1680-1715) », *Revue de la Société haïtienne d'histoire et de géographie,* 1947, p. 11-78 (une dizaine d'habitations) ; formation de l'habitation Durand de Beauval, dans G. Debien et P. Pluchon, « Trois sucreries de Saint-Domingue (1776-1802) », *Bull. du Centre d'histoire des espaces atlantiques,* n° 2, 1985, p. 78-87. Voir également Pluchon-Hartman, *Habitation Santo,* art. cit. p 164-165.

134. Formée par la réunion de huit concessions obtenues par ses propriétaires successifs, qui, après une série de ventes et de reventes, atteint 400 carreaux en 1703 ; G. Debien, « Aux débuts d'une grande plantation de Saint-Domingue (1685-1714), extrait de la *Revue de la Porte océane,* 1953, 31 p.

135. D'après MSM, I, 249, il était animé d'une « insatiable cupidité. Il possédait encore en 1716 le tiers du Quartier Morin (= environ 2.000 ha), mille toise en carré (=

seph Galliffet, gouverneur de la partie du Nord, qui rachète, en 1699-1700, trois sucreries à Petite-Anse, pour former l'un des plus grands domaines de la colonie (1.100 ha alors, 1.400 en 1791)[136].

2. *La concentration par réunion de grands domaines (première moitié du XVIIIe siècle)*

Le principal moment de la formation des grands domaines sucriers à Saint-Domingue se situe entre le retour à la paix, en 1713, et la décennie 1750. Le processus de concentration s'accélère, s'étendant à toutes les plaines où existent encore des terres disponibles, ainsi que sur les pentes modérées des mornes environnants. Par rapport à la période précédente, les terres rassemblées sont désormais beaucoup plus étendues. Il ne s'agit plus maintenant de parcelles de quelques dizaines d'hectares, mais de grands terrains de plusieurs centaines ; ni de petites concessions isolées, mais d'habitations complètes, souvent d'anciennes indigoteries ou de vastes hattes d'élevages, constituées elles-mêmes par des réunions plus anciennes. Ainsi les habitations Fleuriau, dans la plaine du Cul-de-Sac[137], ou Lévêque, à l'Arcahaye[138]. L'exemple le plus remarquable est celui de l'habitation Conflans, dans la plaine des Cayes, dont les 845 carreaux ont pour origine la réunion, entre 1716 et 1732, de 18 « places » et habitations initialement toutes en indigo et savanes, converties en 1747 en une concession générale, sur laquelle est enfin établie, quatre ans plus tard, la sucrerie rachetée en 1768 par le banquier Laborde.

3. *Le temps inachevé des habitations géantes (1768-1789)*

Dans la seconde moitié du siècle, toutes les bonnes terres des plaines ont été distribuées et concentrées en quelques centaines de mains, et il ne reste plus, à ceux qui voudraient posséder une grande

---

380 ha), la savane de Limonade, et il n'était pas satisfait ». Ces domaines ont beaucoup diminué par la suite, puisqu'à la fin de l'Ancien Régime, la famille ne possède plus que deux sucreries dans la région, de 146 et 115 ha respectivement à Quartier Marin et Limonade (« *Tableau Baron* »).

136. Exposé très complet du processus de formation du domaine dans F. Yalé, *Plantations Galliffet*, op. cit., p. 47-65.

137. Formée par le rachat, en 1743, de trois autres contiguës et rassemblant 327 ha.

138. Constituée par la réunion, en 1750, d'une indigoterie (formée elle-même par quatre concessions entre 1728 et 1743) et d'une sucrerie établie sur trois concessions défrichées dans les années 1730 ; G. Debien, « Comptes, profits, esclaves et travaux de deux sucreries de Saint-Domingue (1774-1798) », *Revue de la Société d'histoire et de géographie d'Haïti*, vol. 15, 1944, p. 1-60.

sucrerie à Saint-Domingue, qu'à en racheter une déjà existante. C'est le moment où viennent s'investir les grandes fortunes métropolitaines, pour lesquelles il s'agit surtout de réaliser un placement[139]. Comme la structure foncière des zones à canne est définitivement fixée, sauf de façon marginale, il n'est plus guère possible d'agrandir les habitations. Ou sinon, il faut procéder au rachat d'autres grands domaines constitués. C'est une nouvelle phase du processus de concentration qui commence, celle de la constitution de domaines géants par réunion d'autres eux-mêmes de très grande taille. Ainsi le banquier Laborde, dans la plaine des Cayes ; après l'acquisition d'une première sucrerie de 845 carreaux en 1768, il en rachète une seconde de 154 cx en 1771, puis trois petites habitations entre 1772 et 1780, pour atteindre finalement 1291 cx = 1.678 ha en 1789. Ou Stanislas Foäche, à Jean-Rabel ; « presque en un instant », nous dit Moreau de Saint-Méry, il établit « une manufacture dont toutes les parties ont été formées en même temps »[140]. Cette ultime phase de concentration autour d'établissements géants ne concerne toutefois qu'un petit nombre de sucreries. En 1789, le mouvement ne fait que commencer ; il ne s'achèvera jamais.

3. ORGANISATION DE L'HABITATION-SUCRERIE

La description la plus complète et la plus connue de l'habitation-sucrerie et de son activité au XVIIIe siècle est celle du père dominicain Jean-Baptiste Labat, qui géra pendant onze ans, de 1694 à 1705, la sucrerie de son ordre au Fonds Saint-Jacques, à la Martinique[141]. C'est un grand classique de la littérature historique antillaise, au point que le nom de son auteur a fini par être adopté, au XIXe siècle, pour décrire le mode pré-industriel de production sucrière avant 1848 (« Système du père Labat »). D'autres auteurs du XVIIIe siècle ont écrit sur le sujet (Caseaux, Avalle, Dutrône-Lacouture), en vue d'améliorer ce système « traditionnel », mais les différences avec le père Labat ne sont pas essentielles et ne remettent pas en cause l'exactitude et la précision de ce qu'il décrit.

---

139. Ce sont tous ces grands négociants et membres de la haute noblesse référencés *supra*.

140. MSM, II, 524. St Foäche décide d'investir dans le sucre en 1772, avec l'achat d'une sucrerie de 400 cx ; il la porte ensuite à 500 cx au cours des cinq années suivantes, puis 660 en 1778, 840 en 1784, pour atteindre enfin 900 cx à la veille de la Révolution.

141. J. B. Labat, *Nouveau voyage aux Isles de l'Amérique*, op. cit., t. III, chap. 5, p. 120-464, « Du sucre et de tout ce qui regarde sa fabrique et ses différentes espèces ».

Tableau n° 16
RECAPITULATIF DE L'EVOLUTION DU NOMBRE DE SUCRERIES

	Archipel guadeloupéen	Martinique	Saint Domingue	Grenade	Sainte Lucie
1700	73	183	10	3	
1715			158		
1718				9	
1719	169	338			
1732		447	502		
1735	346				
1738				65	
1742		456			
1753	352	340	556		
1755				87	
1763	446	298			
1767			544		5
1777	388				53
1778		257	717		
1784	400	316			73
1789		324	793		42
1790	367				

• Organisation spatiale

1. Les contraintes de localisation

La création d'une habitation-sucrerie est soumise à une double contrainte géographique.

En premier lieu, la nécessité de plaines, plateaux ou mornes peu accidentés permettant la culture de la canne sur une grande échelle. Les sucreries sont donc concentrées géographiquement sur quelques quartiers seulement. A Saint-Domingue, elles se situent pour 41 % d'entre elles dans la plaine du Nord, à 30 % dans celle du Cul-de-Sac et son prolongement de Léogane, et à 16 % dans celle des Cayes. En Guadeloupe, la Côte-au-Vent possède 27 % du total de l'Archipel et la Grande-Terre 55 %. A la Martinique, où il y a peu de plaines étendues comparables à celles précitées, les sucreries se dispersent tout autour de l'île, et la concentration y est beaucoup moins grande ; la seule zone plate tant soit peu étendue (Lamentin + Trou au chat + Rivière Salée) rassemble toutefois 22 % du total. Dans toutes ces régions, les sucreries sont très proches les unes des autres ; il n'y a pas de place ici pour des cultures autres que la canne.

Seconde contrainte, la proximité des embarcadères. Le sucre s'expédie en barriques dont le poids ne cesse d'augmenter, passant de 700 lb brut au temps du père Labat à 1.000 dans le règlement de 1744 et 1.500 à 1.600 dans les dernières années de l'Ancien Régime, soit 350, 500 et 700 à 800 kg respectivement. De telles charges posent d'immenses problèmes de transport pour atteindre le port d'expédition ; s'ils n'ont pas la chance de disposer à proximité d'une rivière navigable par des barques, les habitants doivent recourir à d'énormes charrois terrestres de plusieurs tonnes par cabrouets à plusieurs attelages de bœufs sur des chemins non stabilisés. Au-delà de quelques km[142], on ne peut utiliser que des mulets ou des chevaux avec des charges individuelles limitées ; ce problème peut ralentir considérablement la mise en valeur des quartiers éloignés de la mer[143].

2. *La terre et les bâtiments*

L'organisation spatiale de l'habitation-sucrerie est bien connue grâce à la description du père Labat[144], que viennent confirmer les cartes et gravures du temps (*infra*), ainsi que les résultats les plus récents de la recherche[145]. L'habitation est organisée autour des bâtiments de la manufacture, moulin, sucrerie, purgerie, étuve, distillerie, qui sont regroupés en un ensemble compact afin de faciliter la circulation des matières travaillées dans la succession des opérations de fabrication (*chap.* 4). A une distance « raisonnable » et sur un morne ventilé situé au-vent, afin qu'il ne soit pas incommodé par le bruit et les odeurs, se dresse la maison du planteur[146]. A proximité de celle-ci se trouvent divers bâtiments de petites et moyennes dimensions consacrés à des fonctions particulières indispensables au fonctionnement de l'habitation : cuisine, toujours séparée de la maison principale en raison des risques d'incendie, magasins d'approvisionnements divers (vivres d'Europe, outillage, pièces de rechange), « hôpital », ou ce que l'on nomme ainsi, pour les esclaves malades, logement du petit personnel blanc, forge et autres ateliers, parfois

142. En 1766, les Carmes de la Guadeloupe se plaignent des difficultés d'exploitation de leur habitation Dos d'Ane, qui, parmi ses nombreux inconvénients, présente celui d'être « à quatre mil pas de son embarcadère » (3 km) ; ANOM, C7A26, mémoire au roi du 24 mars 1766.

143. MSM, II, 911, au sujet du quartier de Mirabelais, complètement enclavé à l'intérieur de l'île. Les habitants ont d'énormes difficultés pour envoyer leurs denrées à Port-au-Prince (60 km) ou Saint-Marc (80 km), et seulement à dos de mulets. « Cet obstacle suffirait à lui seul pour empêcher que le sucre ne soit jamais une des productions principales du Mirabelais ».

144. *Nouveau voyage*, op. cit., t. III, p. 449-464.

145. Des développements très complets dans Pluchon-Hartman, *Habitation Santo*, art. cit., p. 164-204.

146. « Case à demeurer » ou maison principale dans les inventaires de la Guadeloupe, « grand'case » à Saint-Domingue. Elle est toujours « en dur », bâtie sur un socle en maçonnerie, avec des murs en bois recouverts de chaux et couvertes d'essentes.

même cachot pour les esclaves « indociles ». Enfin, les cases des esclaves sont installées non loin des champs de canne ; ce ne sont que de misérables masures de roseaux ou de torchis, couvertes de feuilles de canne et ordonnées selon des rues, les fameuses et sinistres « rues cases-nègres ». L'ensemble des bâtiments forme ce que Guy Lasserre a proposé d'appeler, dans une heureuse expression, un « groupement ancillaire », qui donne aux habitations l'air d'un petit village, selon une comparaison classique chez tous les voyageurs de l'époque. Cette forme tout à fait particulière d'organisation spatiale de l'activité agricole est très caractéristique des habitations-sucreries antillaises du XVIIIe siècle ; elle apparaît très distinctement sur toutes les cartes de la fin de l'Ancien Régime[147].

Planche n° 1
UNE HABITATION-SUCRERIE « DU PÈRE LABAT »

Dessin d'Evremond de Bérard, 1860

147. Il s'agit ici de cartes à très grande échelle d'une ou plusieurs parties d'une même île, ou d'une seule île dans le cas des Petites Antilles, exécutées sur ordre de Versailles ou de l'administration locale par les « ingénieurs-géographes » royaux. Très précises et très détaillées, elles font clairement apparaître dans des couleurs différentes, les formes du relief, les types de végétation, les cours d'eau, les chemins, les limites et les bâtiments des habitations, les bourgs et les villes ... Il en existe un grand nombre aux ANOM, notamment dans le DFC et l'Atlas Moreau de Saint-Méry, ainsi que dans le fonds du Service hydrographique de la Marine, conservée à la BnF ; voir R. Dauvergne, « Les anciens plans ruraux des colonies françaises », *Revue d'Histoire des colonies françaises*, t. XXXV, 1948, p. 231-269. Malheureusement, en raison de leur échelle, elles sont pratiquement impossibles à reproduire dans une publication autre qu'un atlas (comme celui publié pour la Guadeloupe en 1931) ; elles seraient illisibles. On peut voir un exemple sur un format réduit mais lisible, dans F. Thésée, *Liaisons d'habitations*, op. cit., annexe *in fine*, plan du quartier de l'Artibonite.

Carte n° 10
PLAN DE L'HABITATION GALBAUD DU FORT A SAINT-DOMINGUE EN 1753

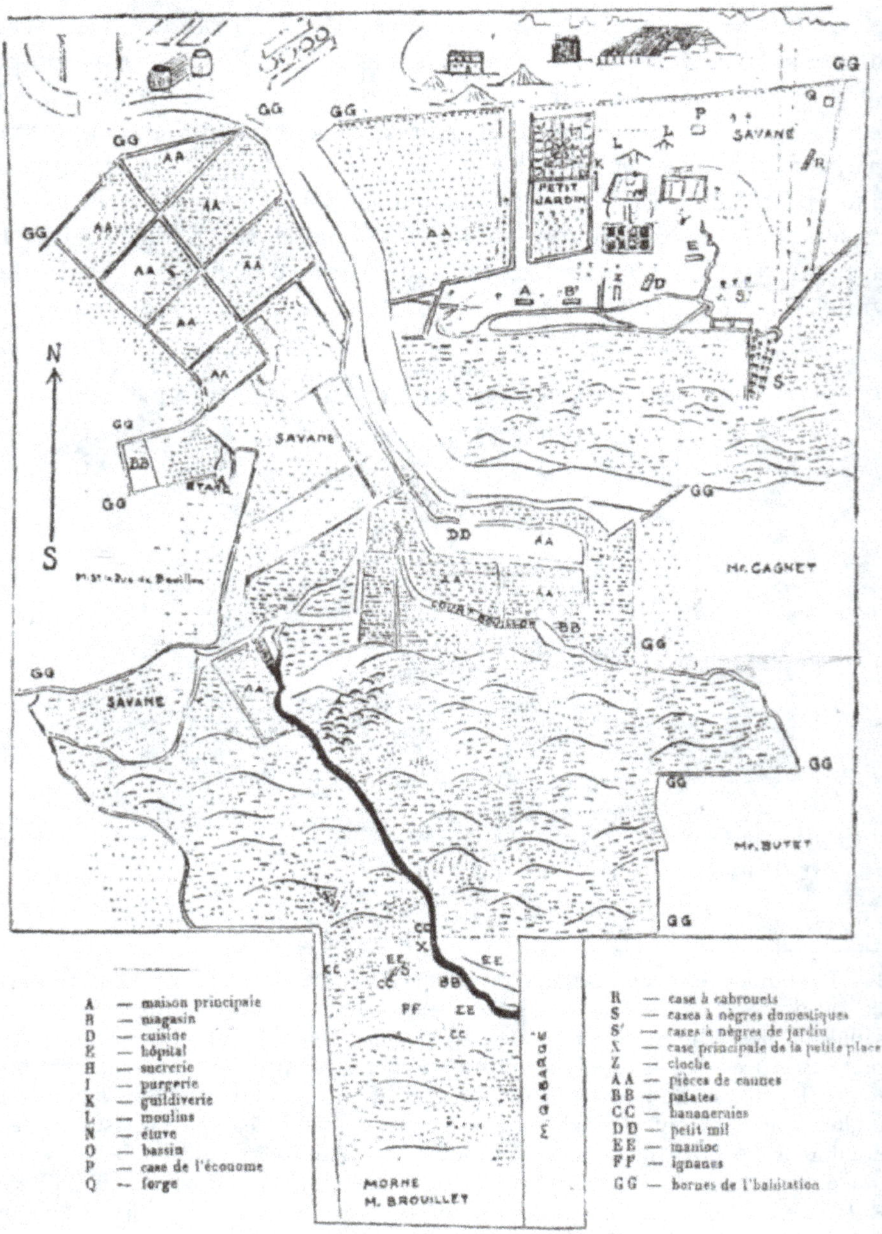

Source : G. Debien

Les bâtiments se situent au centre ou à proximité immédiate des champs de canne. Le père Labat recommande de les regrouper dans un rayon de 400 pas (300 m) autour du moulin, mais dans les inventaires on peut trouver jusqu'à 700 pas. Au-delà des champs de canne viennent une ou des savanes pour la nourriture des bestiaux, ainsi que les « jardins à Nègres » pour celle des esclaves ; ce sont généralement des terres peu accessibles et/ou peu fertiles, sur lesquelles il serait difficile de cultiver la canne. Enfin, à la périphérie de l'habitation, si elle se situe en bordure d'un massif montagneux ou d'une zone de mornes abrupts, on trouve généralement une superficie plus ou moins étendue de « bois-debouts », d'une immense utilité pour l'exploitation. On observe en outre que le domaine foncier des habitations-sucreries, particulièrement les plus grandes (Galliffet, Santo, Laborde à Saint-Domingue, la Gripière en Guadeloupe) n'est pas toujours d'un seul tenant. Assez fréquemment, au hasard des achats, échanges ou nouvelles concessions, l'habitation principale annexe des terres qui ne sont pas nécessairement contigües, et lui fournissent éventuellement un supplément de canne, des pacages pour les bestiaux, de nouvelles places à vivres ou des bois-debouts pour une utilisation ultérieure. Le domaine se divise alors en plusieurs unités distinctes ne faisant pas bloc ; c'est ce que Pierre Pluchon appelle une structure « constellaire ».

• Les périphériques

Il s'agit de certains domaines de la gestion des habitations qui se situent à la périphérie de l'activité principale de fabrication, mais sont néanmoins indispensables à sa réalisation : l'eau, les savanes et le bois.

1. L'eau

L'accès à l'eau représente une condition majeure du fonctionnement des sucreries, tant pour la boisson que pour la fabrication. Dans les zones sans rivières, telles les îles plates de l'archipel guadeloupéen, ou trop éloignées de celles-ci, comme pour beaucoup d'habitations des plaines de Saint-Domingue avant l'irrigation, les moyens pour s'en procurer en cas de sécheresse (mares, puits) sont limités et surtout dangereux, car servant à la fois aux hommes et aux animaux pour tous les usages (boisson, lavage). D'une façon générale, l'insuffisance récurrente d'eau pèse sur la productivité[148] et alourdit les coûts[149] ; périodiquement surviennent de grandes sécheresses, dont les conséquences sont catastrophiques, non seulement pour la production mais surtout pour les hommes[150].

Il n'est donc pas surprenant que l'aménagement hydraulique constitue l'une des principales préoccupations des administrations coloniales concernées. Le problème est double.

En premier lieu, l'approvisionnement en eau des moulins. Ceux-ci ne sont jamais installés sur la rivière même, mais sur un canal de dérivation alimenté par une prise d'eau en amont. Un même canal alimente généralement plusieurs moulins, dont la construction et l'utilisation font l'objet de conventions entre les bénéficiaires[151]. Les conflits sont nombreux ; les habitants situés sur la partie basse du canal se plaignent souvent que ceux en amont prennent plus d'eau que prévu, et/ou ne veulent pas participer aux frais[152]. Il faut fréquemment que l'administration intervienne pour y mettre un terme.

En second lieu, « l'arrosement », en particulier dans les plus grandes plaines affectées par une insuffisance chronique de précipitations. Ici, l'administration joue un rôle moteur. Il faut prévoir l'établissement d'un canal principal depuis la rivière devant alimenter le

---

148. MSM, II, 818, au sujet de la plaine de l'Artibonite, la région la plus sèche de Saint-Domingue : « la roulaison ne peut se faire que de Janvier à Mai et la plantation qu'avec les pluies. Il faut donc, à cette dernière époque, sacrifier des pièces de canne pour avoir du plant, sans pouvoir rouler ces mêmes cannes, parce qu'elles sont alors spongieuses et sans suc ».

149. ANOM, C7A42, intendant de la Guadeloupe, 26 avril 1786 : le défaut d'eau en Grande-Terre « augmente infiniment la dépense de l'exploitation » ; toute une partie de cette île est incultivable en canne en raison de l'insuffisance des précipitations.

150. Pierre Pluchon donne une liste de 22 « secs » ayant frappé Saint-Domingue entre 1776 et 1789. En Guadeloupe : en 1710, neuf mois de sécheresse en GT, pas de production ; en 1736-37 à MG : seize mois sans pluie, les bestiaux meurent de soif ; en 1771-72 en GT, la sécheresse est si « affreuse » qu'elle fait périr les bestiaux « et même les Nègres » ; en 1776-77, sécheresse « épouvantable » qui frappe même la BT.

151. Voir par exemple la présentation des différents accords conclus entre les propriétaires de sept habitations situées l'une sous l'autre le long de la rivière du Fossé, à Limonade, donnée par MSM, I, 208. Ou les deux conventions entre neuf habitants-sucriers de Baillif pour la construction d'un nouveau canal destiné à l'alimentation de leurs moulins ; J. P. Hervieu, « Le canal de Saint-Louis sur le territoire de Baillif. Deux documents de 1778 », *Bull. Sté d'hist. Gpe*, n° 8, 1967, p. 95-103.

152. MSM, I, 197-202, décrit par le menu un quart de siècle (1764-1788) de conflits entre les riverains de la Grande Rivière, à Limonade ; un peu plus loin, p. 361, il note que la rivière du Haut du Cap, dans la paroisse de la Plaine du Nord, est, « comme presque toutes celles de la colonie, un sujet de querelles et de contestations entre ses riverains, soit pour des prises d'eau, soit à cause des levées destinées à garantir de ses irruptions ».

système, des canaux secondaires vers les différentes zones à irriguer, puis des canaux particuliers d'arrosage pour les habitations ; consulter les futurs bénéficiaires sur la répartition des eaux et des dépenses ; établir tout un jeu d'écluses, de vannes et de fossés pour réguler les volumes ; et surtout dégager les moyens financiers nécessaires. Même quand le projet et les premières initiatives viennent des propriétaires, l'administration doit très vite prendre le relais pour imposer un plan d'ensemble et régler les conflits, chaque planteur étant persuadé qu'il reçoit moins d'eau et doit payer davantage que ce qu'il devrait. Entre les finances insuffisantes et les comportements égoïstes des habitants, dénoncés avec virulence par Moreau de Saint-Méry, les travaux sont très longs et s'étendent sur pratiquement toute la seconde moitié du XVIIIe siècle.

Pratiquement toutes les plaines des parties de l'Ouest et du Sud de Saint-Domingue ont bénéficié de travaux d'irrigation. On a évidemment commencé par les plus petites et les plus faciles à équiper. Ainsi à Léogane, entre 1735 et 1737, pour 27 habitations[153] ; ou à l'Arcahaye, de 1740 à 1742[154]. Mais c'est après le traité de Paris que sont réalisées les principales opérations. La plus importante est celle conduite dans la plaine du Cul-de-Sac à partir des années 1740 et poursuivie jusqu'à la Révolution ; les travaux concernent cinq rivières arrosant 19.600 carreaux, soit 24.000 ha, et fournissant de l'eau à une centaine au moins de sucreries[155]. L'autre grande réussite est celle de la plaine des Cayes, dont l'équipement débute dans les années 1750 pour s'achever juste à la veille de la Révolution. En 1788, une première série de travaux permet de desservir 57 habitations, d'arroser 2.800 carreaux, soit 3.600 ha, et de mouvoir 19 moulins ; une seconde concerne 47 habitations et irrigue 4.400 carreaux (5.700 ha) [156]. Par contre, malgré près d'un demi-siècle de discussions, projets, petits travaux et réalisations partielles, on n'est toujours pas parvenu, en 1789, à domestiquer le cours de l'Artibonite, afin de garantir la plaine où elle coule contre ses débordements, ni à mettre en œuvre un plan d'ensemble pour l'irrigation de celle-ci[157]. Mais au total, malgré cet échec, cette politique de grands travaux hydrauliques constitue un facteur majeur de

153. MSM, II, 1092.
154. MSM, II, 922-923 ; nombre de bénéficiaires n. d.
155. MSM, II, 940-951.
156. MSM, III, 1279-1295. Des développements détaillés concernant les habitations Laborde dans B. Foubert, op. cit., t. I, p. 211-244.
157. MSM, II, 819-843.

la croissance de Saint-Domingue dans la seconde moitié du XVIIIe siècle[158].

2. *Les savanes et le bétail*

Toutes les sucreries possèdent des étendues plus ou moins vastes de savanes et de terres non cultivées, situées généralement en des lieux éloignés du centre de l'habitation *(carte 10).* Elles occupent le plus souvent entre le tiers et le quart de la superficie totale, mais cette proportion peut diminuer sensiblement sur les habitations les mieux cultivées[159].

Les habitations disposent d'un cheptel composé de quelques chevaux, de vaches et de moutons en petits nombres, mais surtout de mulets et de bœufs. Ces derniers sont employés plutôt pour les travaux de force (traction des cabrouets chargés de canne, de fumier, de bois ...), ainsi que pour le labourage. Les mulets charrient, à bat ou attelés, toutes sortes de charges, notamment des paquets de cannes coupées jusqu'au moulin pendant la récolte, mais leur principale utilisation est au moulin ; les moulins à bêtes sont mûs par des équipages de mulets dressés au trot afin de maintenir une vitesse constante.

Normalement, les savanes devraient être affectées à l'entretien et au renouvellement du cheptel. Mais les sucreries ne pratiquent pas l'élevage ; il faudrait pour cela y affecter des esclaves qu'il est bien plus rentable d'utiliser à faire du sucre. Les animaux qu'elles emploient sont, pour une petite part, achetés à des « hattiers » locaux, Petits-Blancs ou Gens de couleur libres, et, pour l'immense majorité, importés de deux régions des Amériques. En premier lieu, les colonies espagnoles voisines, en dérogation des « lois prohibitives du commerce étranger » (*chap. 5*). La « Côte d'Espagne » (l'actuel Vene-

---

158. Ainsi à l'Arcahaye. « A peine les eaux furent-elles mises en usage, écrit MSM, II, 923, que la paroisse eut un tout autre aspect » ; on passe de 34 indigoteries, 600 pieds de café et aucune sucrerie en 1739, à 170 indigoteries, environ 6.000 caféiers et 7 sucreries en 1751. Ou la plaine du Cul-de-Sac, soumise chaque année à une sécheresse totale pendant six mois, accompagnée de vents brûlants qui « achèvent d'anéantir toutes les ressources végétatives », et des pluies insuffisantes et irrégulières le reste de l'année ; après un demi siècle de travaux, le nombre de ses sucreries passe de 36 en 1739 à 118 en 1789.

159. Comme dans la plaine du Nord de Saint-Domingue, où les conditions pour la canne sont si favorables que les planteurs ne laissent que très peu de place pour les autres utilisations de leurs domaines. D'après les données du « Tableau Baron » (années 1780), les savanes n'occupent que 14,9 % de la superficie totale des sucreries du Quartier Morin, 15,8 % de celles de Limonade et 18,2 % à Petite-Anse.

zuela) constitue la principale source d'approvisionnement en mulets, tant aux Iles-du-Vent qu'à Saint-Domingue. A Santo Domingo, d'autre part, les Espagnols ont développé, dans la région du plateau central, autour de la ville de Hinche, de grandes savanes d'élevage bovin (*hattes*) dont les animaux sont expédiés par convois entiers vers la partie française ; mais ce commerce est irrégulier, car fréquemment perturbé par des problèmes douaniers[160]. L'autre grande origine des bestiaux employés sur les sucreries est la Nouvelle-Angleterre, puis Etats-Unis ; il s'agit principalement de chevaux et de « bêtes à cornes », bœufs et vaches, débarqués en interlope jusqu'à la guerre de Sept Ans, puis légalement à partir de 1767 (*chap. 5*).

L'ampleur du cheptel varie évidemment en fonction de la superficie des habitations. A Saint-Domingue, les plus grands domaines possèdent plusieurs centaines de têtes[161]. Pour ce qui concerne sa composition, le critère essentiel est la nature du moulin. Aux Iles-du-Vent, où il est le plus souvent à eau ou à vent, les bœufs sont largement plus nombreux[162]. Inversement, sur les sucreries fonctionnant avec un « tourniquet », comme c'est le cas pour la plupart de celles de Saint-Domingue, il y a presque toujours plus de mulets que de bœufs[163] ; quand une habitation passe des animaux à l'eau, le nombre de mulets diminue de façon drastique.

La situation des animaux sur les sucreries est catastrophique. Le père Labat recommande aux habitants de disposer d'un cheptel suffisamment important pour établir un roulement entre les bêtes, afin qu'elles ne s'épuisent pas trop vite ; il conseille également de construire des parcs abrités de la pluie et d'entretenir les savanes, afin d'obtenir du fumier et de favoriser la reproduction. Mais en réalité, les animaux ne sont pas assez nombreux, donc surchargés. On attèle

---

160. J. Tarrade, « Le commerce entre les Antilles françaises et les possessions espagnoles de l'Amérique à la fin du XVIIIe siècle », dans P. Butel (dir.), *Commerce et plantations dans la Caraïbe, XVIIIe et XIXe siècles*, Bordeaux, 1972, p. 27-43.
161. A Santo, plus de 250 mulets et 170 à 180 bœufs dans les dernières années de l'Ancien Régime ; chez Galliffet, 248 mulets et un nombre inconnu de bœufs en 1775 ; sur les habitations Laborde, 314 mulets et 124 bœufs sur la moyenne des années 1784 à 1791.
162. En Guadeloupe, le cheptel moyen par sucreries, calculé sur 47 habitations, est de 28 bœufs et 17 mulets ; chez Poyen de Sainte-Marie, 40 et 20 respectivement. A la Martinique, le Fonds Saint-Jacques emploie 55 bœufs et 30 chevaux et mulets. Ce sont les deux plus gros cheptels que nous ayons trouvés aux Iles-du-Vent.
163. Outre les trois domaines cités à la note 71, c'est le cas chez Fleuriau (58 mulets et 49 « bêtes à cornes ») ; à Saint-Michel (80 à 100 mulets, 30 à 40 bêtes à cornes) ; sur l'habitation Fevret de Saint-Mesmin (50 à 70 « bêtes cavalines », 40 à 60 bêtes à cornes) ; chez Cottineau (75 mulets et 40 bœufs).

quatre mulets au moulin quand il en faudrait six, ce qui oblige à en faire trotter certains deux fois dans la journée[164] ; on met deux paires de bœufs au lieu de trois pour tracter des cabrouets de 800 kg de canne. La mortalité est énorme. Il faut continuellement acheter de nouveaux animaux pour maintenir le cheptel. A Santo, 48 mulets par an en moyenne entre 1782 et 1789, soit 19 % de leur nombre total ; chez Laborde, la totalité du troupeau est renouvelée entre 1783 et 1790 ; à Saint-Michel, les achats de mulets représentent 17 % du total des dépenses d'investissement de 1784 à 1790. A tout ce qui précède, il faut encore ajouter l'impact des épizooties, qui surviennent périodiquement. A Saint-Domingue, celle qui frappe la partie du Nord en 1772 est « désastreuse » ; elle continue ensuite ses ravages « d'une manière plus ou moins funeste » jusqu'en 1788[165]. En Guadeloupe, celle de 1774 décime le cheptel et « oblige beaucoup de manufactures à arrêter le travail » ; elle est si virulente qu'elle provoque même le décès de quelques esclaves[166].

3. *Le bois*

Les sucreries sont grosses utilisatrices de bois : pour les charpentes et constructions, pour les toits, pour l'ossature des moulins, pour tous les instruments de production, pour les charrettes et cabrouets, pour les barriques à sucre ... Même pour le foyer de la sucrerie ; alimenté normalement à la bagasse, il faut toujours un peu de bois pour démarrer la chauffe ou fournir un supplément de combustible. Trois principales sources d'approvisionnement répondent à cette demande.

En premier lieu, les forêts locales, dont l'accessibilité est essentiellement fonction de la topographie[167]. Toutes les habitations situées en bordure d'un massif montagneux possèdent, au-delà des cultures et des savanes, une superficie, généralement étendue, de « bois-debouts » pouvant représenter une proportion parfois importante du domaine ; ainsi le Fonds Saint-Jacques, à la Martinique[168], ou, en

164. Pluchon-Hartman, *Habitation Santo*, art. cit., p. 207 : en moyenne, l'habitation compte à partir de 1783 quelques 250 mulets ; pour faire fonctionner ses quatre moulins, il en faudrait 432.
165. MSM, I, 239-240 ; l'habitation sur laquelle elle se déclare perdra soixante animaux en deux jours.
166. ANOM, C7A34, gouverneur de Nozières, 2 mars 1779.
167. F. Hatzenberger, « La forêt antillaise, lieu de souffrance et d'espérances », dans Ph. Arodej (dir.), *L'esclave et les plantations de l'établissent de la servitude à son abolition*, Rennes, 2008, p. 25-58.
168. 100 carrés sur 313 = 32 %.

Guadeloupe, les habitations de la Côte-au-Vent[169]. Inversement, dans les plaines ou les zones de mornes peu élevés faciles à travailler en canne, les bois-debouts sont beaucoup plus rares. Ainsi en Grande-Terre, où les inventaires montrent que la plupart des habitations du nord et de l'est de l'île n'en ont pas ou pratiquement pas. A Saint-Domingue, sur le tableau des 95 sucreries des trois paroisses de la plaine du Cap, le géomètre Baron, son auteur, qui précise pour chaque habitation la répartition des terres entre canne, vivres et savanes, ne cite même pas les bois-debouts ; la même absence ou quasi-absence se constate également au Cul-de-Sac[170]. Mais sur les grands domaines à structure foncière « constellaire », il est fréquent que, non loin de l'habitation principale, on ait fait l'acquisition en mornes d'une ou plusieurs annexe(s) complémentair(e)s pour s'y approvisionner en bois ; ainsi à La Ravine, dans la plaine de Léogane, à Santo, dans celle du Cul-de-Sac, ou chez Laborde, aux Cayes.

Evidemment, ce que peuvent produire les habitations sur leurs domaines propres n'est jamais suffisant pour répondre à leurs besoins. Outre le problème de l'épuisement des ressources, se pose également celui de l'inadéquation des espèces locales, qui ne peuvent pas satisfaire à tous les usages, et surtout, il faudrait affecter à couper du bois des esclaves qu'il est plus rentable de faire cultiver la canne. Tous les habitants-sucriers sont donc obligés d'acheter à l'extérieur des bois bruts ou primo-élaborés, qu'ils feront ensuite travailler par leurs esclaves.

Les sucreries des Petites Antilles bénéficient ici d'une précieuse source de bois locaux avec les iles voisines, la Dominique entre la Guadeloupe et la Martinique, et Sainte-Lucie proche de cette dernière. Jusqu'à la guerre de Sept Ans, des petites groupes de Français plus ou moins en rupture de ban s'infiltrent dans ces deux îles, alors réputées « neutres », dans lesquelles leur principale activité est de couper du bois pour le revendre à celles d'à côté. Cette source est indispensable au développement des Iles-du-Vent ; dans les années 1730, quand il est un moment question à Versailles de faire évacuer les îles neutres, les administrateurs de la Martinique avertissent que

169. 300 carrés = 42 % au marquisat de Houëlbourg ; 600 = 46 % pour les deux parties de Sainte-Marie ; 300 = 58 % au comté de Lohéac ; 175 = 46% à La Ramée ; 480 = 72 % à la Gripière.
170. Chez Févret de Saint-Mesmin, pas un seul carreau de bois sur un total de 269 ; sur l'habitation Ségur, voisine de Santo, 2 Cx de bois-debouts sur 120.

l'activité des sucreries risque d'en être affectée[171]. Après 1763, Sainte-Lucie, attribuée à la France par le traité de Paris, continue de fournir la Martinique ; nous n'avons pas d'information au sujet de la Dominique, désormais britannique, mais compte tenu de sa proximité des deux îles françaises, ce trafic a probablement dû se poursuivre de manière plus ou moins clandestine.

Les bois issus d'espèces n'existant pas dans la Caraïbe proviennent du continent nord-américain, qui fournit surtout, sous l'appellation générique de « bois du nord » toutes sortes de madriers et de planches destinées aux travaux de construction, mais également des produits un peu plus élaborés à usage spécifique, comme les essentes et bardeaux pour les toitures ou les merrains et feuillards pour la tonnellerie. Dans la première moitié du siècle, on compte beaucoup sur le Canada pour fournir les Antilles, et les autorités coloniales françaises essaient désespérément de développer ce commerce ; mais celui-ci est beaucoup trop faible pour répondre à la demande[172]. C'est essentiellement depuis la Nouvelle Angleterre, par le relais de l'interlope hollandais de Saint-Eustache, que les habitations antillaises sont alors approvisionnées en bois, notamment pour la fourniture de barriques. Après la guerre de Sept Ans, les « lois prohibitives du commerce étranger » sont progressivement assouplies, notamment pour ce qui concerne le bois ; à partir de 1767, les Nord-Américains peuvent en importer librement dans les Antilles françaises. Ils détiennent alors un quasi-monopole (*infra, chap. 5*).

---

171. D. Chaunu, « L'empire des coupeurs de bois. Sainte-Lucie et les expansions impériales française et anglaise au XVIIIe siècle », dans B. Michon (dir.), *Les Européens et les Antilles*, op. cit., p. 81-96.
172. J. Mathieu, *Le commerce entre la Nouvelle France et les Antilles au XVIIIe siècle*, Montréal, 1981, 276 p.

CHAPITRE 4

LA FILIÈRE TECHNIQUE SUCRIÈRE

En économie industrielle, une filière est un ensemble articulé et intégré, en termes de marchés, de technologie et de capitaux, des différents stades d'un processus, de production qui conduit des matières premières à la satisfaction du besoin final du consommateur[173] ; l'industrie pétrolière, intégrée « du puit à la pompe », selon l'expression de John D. Rockefeller, le fondateur de la Standard Oil, constitue l'archétype de la filière industrielle. Mais la définition s'applique tout aussi bien à l'industrie sucrière, qu'elle soit ou non esclavagiste, qu'elle parte de la canne ou de la betterave. Les deux paragraphes de ce chapitre reprennent les deux stades techniques de la filière sucrière, culture et fabrication ; le stade suivant, celui de la mise sur le marché, fera l'objet d'un chapitre séparé.

1. L'AMONT : LA CULTURE

Comme toutes les plantations antillaises, l'habitation-sucreries est une entreprise intégrée, à la fois plantation de canne et manufacture de sucre, qui produit toute sa matière première et ne manipule que celle provenant de son domaine ; il n'existe pas ici, à côté des habitations-sucreries, des petits planteurs leur vendant des cannes pour compléter leurs approvisionnements.

• Les superficies

L'étendue de canne cultivée sur une habitation est généralement en raison inverse de se superficie totale, comme le montre le *graphique*

173. Définition inspirée de celles de J. M. Chevalier et Ch. Stoffaes, dans Revue d'économie industrielle, n° 6, 1978, p. 149, et n° 13, 1980, p. 86.

n° 4, relatif aux 95 sucreries de la plaine du Nord de Saint-Domingue référencées dans le « Tableau Baron ». Dans ce document, la superficie moyenne des plantations est de 99 ha (76 carreaux) par habitation, soit 48,5 % de la superficie totale. Mais les habitations de moins de 100 ha (77 Cx) ont en moyenne 59 % de leur domaine occupé par la canne, tandis que celle de plus de 300 ha (230 Cx) ne cultivent que 17 % de leurs terres. La même répartition du ratio canne/total se retrouve en Guadeloupe, où il est de 34 % en moyenne pour 62 sucreries mais de 42 % pour celles de moins de 100 ha et 19 % des plus de 300.

Naturellement, la part en canne du domaine dépend également des conditions naturelles du lieu. Dans l' « Echantillon Geggus », dont les 100 sucreries sont dispersées à travers tout Saint-Domingue, le ratio canne/total est de 34 %, très inférieur aux 48 % du « Tableau Baron », qui concerne trois paroisses bénéficiant des conditions optimales pour la culture de la canne (Petite-Anse, Limonade, Quartier Morin), et dont, pour cette raison, toutes les terres susceptibles d'être cultivées le sont effectivement. Dans des circonstances exceptionnelles, il est même possible de faire fonctionner une sucrerie minuscule[174].

• Les façons culturales

Les opérations agricoles commencent par la préparation du terrain. Celui-ci est soigneusement nettoyé de toutes les lianes, mauvaises herbes et souches qui peuvent s'y trouver, puis il est retourné à la houe. On prépare ensuite des boutures d'environ 50 cm de longueur, coupées dans le corps de grandes cannes prises sur d'autres pièces de l'habitation. C'est alors le moment de la plantation. On distingue à cet égard, deux systèmes différents d'organisation du cycle cultural.

174. En 1735, le gouverneur de la Guadeloupe, décrivant au ministre l'habitation du Mont-Carmel, à Basse-Terre, qui ne possède alors que 40 carrés, explique que « ce n'a été que par la bonté du terrain et le nombre surabondant des esclaves … qu'elle a pu jusques à présent se soutenir avec une aussi petite sucrerie » ; ANOM, C7A12, Larnage, 24 septembre 1735. En 1782, elle s'étend sur 48 carrés, dont 35 sont en canne (72 %).

Graphique n° 4
LE RATIO SUPERFICIE DE CANNE/TOTAL DANS LA PLAINE DU NORD DE SAINT DOMINGUE

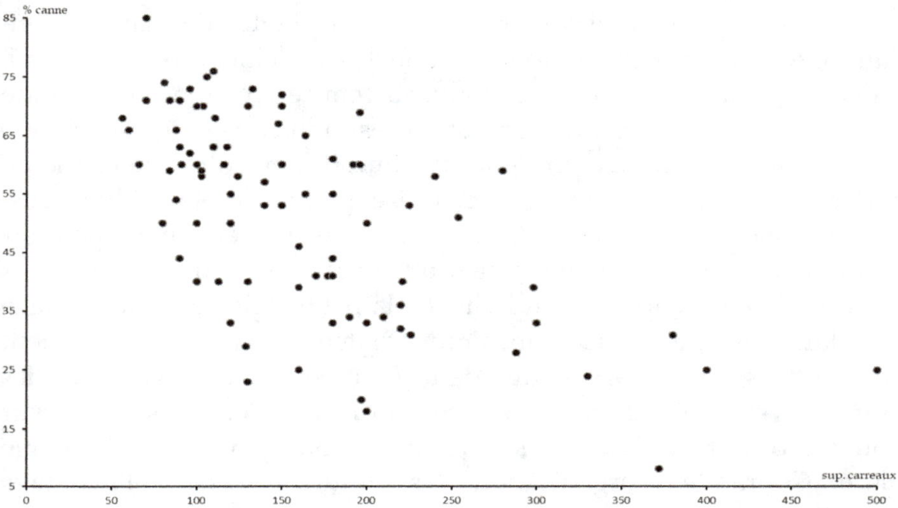

En premier lieu, celui dit « de la grande culture » décrit par le père Labat, qui est celui de pratiquement toutes les sucreries de la Caraïbe. L'époque de la plantation se situe pendant les deux premiers tiers de la saison des pluies, d'août à octobre. L'opération se déroule en trois temps : une première équipe d'esclaves commence par creuser des sillons à l'endroit où les cannes doivent être plantées ; une deuxième équipe fore alors dans les sillons des trous distants d'environ 50 cm les uns des autres et profonds d'à peu près 15 cm, dans lesquels ils plantent les boutures ; enfin, un troisième groupe d'esclaves referme les sillons et tasse la terre autour des plants, en laissant dépasser une vingtaine de centimètres hors du sol. Evidemment, les plantations ne sont pas disposées au hasard mais ordonnées par grandes pièces géométriques de trois à cinq ha environ, séparées entre elles par des chemins pour l'entretien, la surveillance et la récolte.

Pendant les cinq ou six premiers mois qui suivent la plantation, la canne exige de fréquents sarclages pour enlever les mauvaises herbes qui pourraient entraver sa croissance ; au-delà, celle-ci dépend principalement des conditions climatiques, et notamment de l'abondance et de la régularité des pluies pendant la saison humide suivante. En principe, les « cannes plantées » sont mûres au bout de quinze à seize mois. Il n'est pas nécessaire de les replanter chaque année après les avoir coupées, car les souches donnent naissance à des rejetons, qui deviennent à leur tour des cannes que l'on récolte à la campagne suivante. Les souches sont généralement arrachées après la récolte de la seconde ou troisième portée de rejetons ; au total, un même plant de canne reste donc en terre pendant trente à quarante mois environ. Puis la pièce est, soit laissée en jachère, soit plantée en manioc, pendant une période plus ou moins longue, généralement un an et demi, à l'issue de laquelle elle est à nouveau remise en canne. En grande culture, le cycle complet des opérations est donc très long (une même pièce de terre ne donne en définitive que trois récoltes de canne en cinq ans ou quatre en six ans), ce qui explique que les habitations-sucreries aient besoin d'importantes réserves foncières pour pouvoir manipuler à peu près la même quantité de cannes chaque année[175].

A ce système s'oppose celui dit « de la petite culture », qui consiste à replanter les pièces de cannes immédiatement après qu'elles aient été récoltées, entre mars et juin, de façon à bénéficier pleinement des pluies des six mois suivants. Le cycle cultural ne s'étend donc que sur douze mois, et on peut alors faire une récolte par an sur la même pièce. Ce mode d'organisation des cultures présente l'avantage d'exiger beaucoup moins de terres que la grande culture, mais en contrepartie, les sols, qui ne sont jamais laissés au repos, s'épuisent beaucoup plus rapidement. Surtout, il faut davantage d'esclaves pour pouvoir mener de front la récolte et les plantations. Aussi, bien qu'elle soit préconisée par certains planteurs modernistes comme un moyen d'accroître la production et la productivité des habitations[176], la petite culture semble n'avoir été que très peu mise en œuvre aux Antilles ; nous ne l'avons rencontrée dans aucun document de la pratique.

Quel que soit le système retenu, la récolte se fait pendant la saison sèche, de janvier à juin. Les cannes sont coupées au « coutelas », étêtées, émondées et tronçonnées, puis les coupeurs abandonnent les morceaux sur place. Derrière eux viennent des femmes qui les assemblent, les lient avec des feuilles de canne et les chargent sur un cabrouet qui les conduit au moulin. Alors commence la phase manufacturière de la production, celle de la fabrication du sucre ou « roulaison ».

---

175. *Supra,* note 4 du chap. 3.

176. En particulier le marquis de Caseaux, un planteur français de la Grenade, qui consacre de longs développements à essayer de démontrer tous ses avantages supposés ; Ch. de Caseaux, *Essai sur l'art de cultiver la canne et d'en extraire le sucre,* Paris, 1781, 512 p.

2. LE CŒUR DE LA FILIERE : LA FABRICATION

La description la plus précise et la plus détaillée de la technologie sucrière à l'époque pré-industrielle est celle du père Labat[177], qui fixe définitivement nos connaissances sur ce point. D'autres auteurs du XVIIIe siècle ont écrit après lui sur le sujet en vue d'améliorer son « système » et d'accroître sa productivité[178], mais ils ne proposent finalement que des modifications marginales, qui ne remettent pas (et ne peuvent remettre) en cause son fondement essentiel : c'est un mode de production presque uniquement manuel, qui ne repose en dernière instance que sur la force des hommes.

Le processus se déroule selon les quatre phases classiques de la fabrication de sucre (extraction, nettoyage, évaporation/cuite, cristallisation) auxquelles correspond une série de bâtiments spécifiques, dont l'ensemble forme la « manufacture ». Les trois premières sont communes à tous les types de sucre fabriqués sur l'habitation ; la dernière se subdivise en deux types différenciés, sucre brut et sucre terré[179].

• Le sucre brut

1. Le moulin

La première étape de la fabrication est l'extraction du jus de la canne, le « vesou ». Il existe trois sortes de moulins sur les sucreries des Antilles. Les moulins à eau se situent évidemment dans les régions les plus arrosées. En Guadeloupe, ils sont tous en Basse-Terre ; à la Martinique, la côte atlantique en rassemble les deux tiers ; à Saint-Domingue, la majeure partie d'entre eux sont dans la partie du Nord. Les moulins à vent sont installés sur des tours très solidement bâties en pierre et maçonnerie pour pouvoir résister aux forces énormes qui s'exercent sur eux ; les ailes sont démontées (« mises à terre ») en fin de campagne. Ils se situent presque exclusivement dans des zones dépourvues de rivières mais bénéficiant de vents réguliers toute l'année, comme en Grande-Terre et à Marie-Galante ou dans le sud

---

177. J. B. Labat, *Nouveau voyage aux Isles de l'Amérique*, op. cit., t. III, chap. 5, p. 120-464, « Du sucre et de tout ce qui regarde sa fabrique et les différentes espèces ».

178. Ch. de Caseaux, *Essai* précité, *passim*, 512 p. ; Dutrône-Lacouture, *Précis sur la canne et sur les moyens d'en extraire le sel essentiel*, Paris, 1790, 382 p.

179. Le père Labat énumère dix sortes de sucre : brut ou moscouade, passé ou cassonade grise, terré ou cassonade blanche, raffiné (pilé ou en pains), royal, tapé, candi, de sirop fin, de gros sirop et d'écumes ; seules les trois premiers et celui de sirop fin sont fabriqués aux Antilles françaises.

de la Martinique ; ils sont, par contre, quasiment absents à Saint-Domingue. Enfin, les moulins à bêtes, des mules le plus souvent (« tourniquets », « moulins ronds »), sont les plus nombreux, en raison du coût de leur construction, deux fois moindre que pour un moulin hydraulique et trois fois qu'un moulin à vent ; par contre, leur coût de fonctionnement est sensiblement plus lourd : il faut prévoir des esclaves pour s'occuper des animaux et surtout continuellement renouveler le cheptel, surchargé et frappé d'une très forte mortalité. Il est très fréquent qu'une même habitation possède plusieurs moulins, surtout à Saint-Domingue[180] ; c'est généralement le cas quand il s'agit d'un très grand domaine, comme Santo, qui fait fonctionner quatre tourniquets en même temps, ou sur les habitations de la Grande-Terre, dont les inventaires révèlent qu'elles ont souvent un moulin rond de secours en cas d'insuffisance de vent pour faire tourner les ailes du principal.

Le choix d'un type de moulin constitue l'une des décisions les plus importantes dans la gestion d'une sucrerie. Les conditions naturelles ne sont pas le seul critère. Le cas de très loin le plus fréquent est celui de l'installation initiale d'un moulin à bêtes. Il est extrêmement rare qu'un planteur adopte au démarrage un autre mode d'énergie, sauf s'il fait un investissement considérable dans une perspective de très forte profitabilité, comme Stanislas Foäche, qui pourvoit immédiatement d'un moulin à eau son énorme habitation (900 cx) créée *ex nihilo* à Jean-Rabel dans les années 1770. C'est une exception. Même dans les régions les plus arrosées, le moulin à eau ne s'impose pas toujours comme une évidence. Ainsi dans le sud de la Guadeloupe ou sur la côte caraïbe en Martinique, on en trouve dès la décennie 1670 au moins, mais inversement, dans la plaine du Nord de Saint-Domingue, où l'eau ne manque pourtant pas, il faut attendre 1776 pour que Galliffet en installe un sur son domaine à côté de deux tourniquets. Même dans les régions de la Grande Ile ayant bénéficié de travaux d'irrigation, l'attitude des planteurs n'est pas univoque ; Laborde se précipite pour installer un moulin hydraulique dès qu'est achevée l'irrigation de la plaine des Cayes, alors que La Feroanay et Santo, dans celle du Cul-de-Sac, demeurent fidèles aux moulins à bêtes après avoir longtemps hésité. En fait, l'évolution dans le temps de la nature des moulins constitue un bon marqueur du degré de développement et de maturité de l'industrie sucrière dans la colonie concer-

180. Où il y a près de trois fois plus de moulins que de sucreries (2.162/793). L'écart est moins grand dans les Petites Antilles (+ 36 % en Guadeloupe, + 8 % à la Martinique).

née, comme on le voit *tableau n° 17*. Les Petites Antilles, où l'on produit du sucre depuis le milieu du XVIIe siècle, connaissent une diminution régulière de la traction animale au profit de l'eau ; on note aussi, à travers l'augmentation brutale du nombre de moulins à vent en Guadeloupe dans les années 1750 et 1760, l'impact de la très forte croissance de la période anglaise (1759-1763), qui a bénéficié principalement à la Grande-Terre. Inversement, la proportion très élevée de tourniquets à Saint-Domingue jusqu'à la Révolution traduit bien le retard de développement sucrier dans la partie du Sud, dont la croissance est trop récente pour que les planteurs aient eu le temps d'adopter une autre source d'énergie.

Tableau n° 17
NATURE DES MOULINS A CANNE

1. Evolution en Guadeloupe et Martinique (a)

	Archipel guadeloupéen						*Martinique*					
	Nombre			%			Nombre			%		
	Bêtes	Eau	Vent	B	E	V	B	E	V	B	E	V
1730							312	122	12	70,0	27,3	2,7
1735	258	88	1	74,3	25,3	0,4						
1753	236	116	2	66,7	32,8	0,5	237	120	13	64,1	32,4	3,5
1767	263	110	71	59,9	24,1	16,0	184	116	12	59,0	37,2	3,8
1785	215	157	160	40,4	29,5	30,1						
1789							179	147	23	51,3	42,1	6,6

(a) Pas d'information antérieure à 1780 pour Saint-Domingue, ni postérieure à 1785 pour la Guadeloupe.

2. Situation à la fin de l'Ancien Régime

	A bêtes	A eau	A vent	TOTAL
Saint-Domingue, 1789	1639	520	2 ou 3	2.162 (a)
Arch. Guadeloupe, 1785	215	157	160	532
Martinique, 1789	179	147	23	349
Sainte-Lucie, 1789		27		37

(a) % pour Saint-Domingue : eau : 24,0 ; vent : 0,1 ; bêtes : 75,9.

Sources : Recensements pour les Iles-du-Vent ; P. Pluchon pour Saint-Domingue.

La force motrice produite par le moulin est transmise par « l'arbre du moulin » au mécanisme d'extraction. Il se compose de trois cylindres verticaux de 70 à 90 cm de diamètre, les « tambours », ou « rolles », généralement en bois dur du pays chemisé de fer. L'arbre du moulin aboutit au tambour du milieu, ou « grand rolle » ; au sommet de celui-ci, une collerette d'engrenage communique le mouvement rotatif aux deux autres tambours (appelés « petits rolles » quoiqu'ils aient rigoureusement les mêmes dimensions que l'autre) qui tournent en sens inverse du « grand ». L'ensemble est monté sur un châssis de bois fiché dans le sol ; des deux côtés sont fixés des établis sur lesquels les esclaves font glisser les cannes pour les écraser entre les tambours.

L'extraction du jus de la canne, ou « vesou », se fait par double pression de celle-ci entre les rolles. Une esclave fait d'abord passer les cannes une par une entre le tambour du milieu et celui de droite ; elles sont reçues de l'autre côté par une autre esclave, qui les plie en deux et les fait repasser entre le « grand rolle » et le « petit » de gauche. Une troisième esclave récupère les bagasses au fur et à mesure qu'elles sortent des tambours ; mise à sécher, la bagasse servira ensuite de combustible pour alimenter les fourneaux des chaudières.

Planche n° 2
COUPE D'UN MOULIN A VENT « DU PERE LABAT »

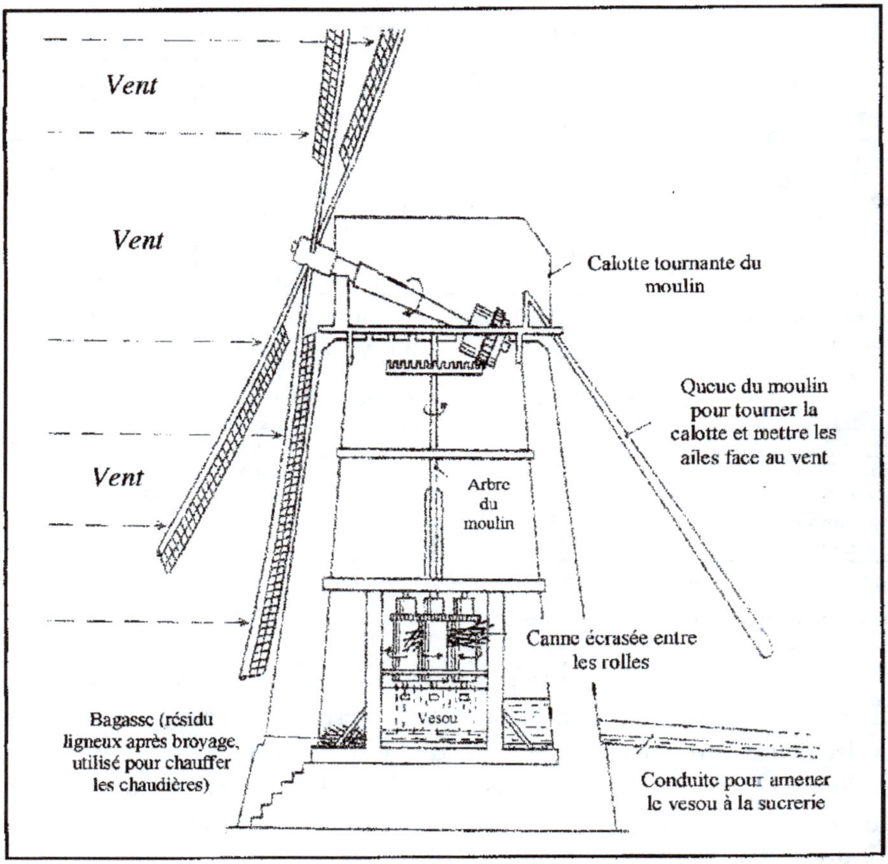

Source : D'après R. B. Sheridan

2. Le processus de fabrication

Les cannes une fois broyées, le vesou tombe dans une gouttière en pente qui le conduit à la sucrerie. Dans celle-ci est installé « l'équipage des chaudières », grandes cuves demi-sphériques de 1,20 à 1,50 m de diamètre sur 0,80 à 1,00 m de profondeur, scellées dans la maçonnerie au-dessus du fourneau ; initialement en cuivre rouge, à l'époque du père Labat, ces chaudières sont en fer ou en potin[181] un siècle plus tard. L'équipage classique décrit par le père Labat comprend traditionnellement six chaudières, mais à la fin du XVIIIe siècle on n'en trouve plus que quatre ou au maximum cinq sur la majeure partie des habitations. Le fourneau est bâti en pierre de taille ou en briques réfractaires. Dès le milieu du siècle, l'habitude est prise de monter toutes les chaudières sur un même fourneau s'étendant sur toute la longueur du bâtiment ; c'est le « train jamaïcain »[182]. Le service du foyer et du cendrier s'effectue par l'extérieur, de l'autre côté du mur contre lequel sont installées les chaudières, de façon à éviter toute interférence avec la fabrication.

Le processus de fabrication se déroule en quatre phases, chacune d'elles dans une chaudière *ad hoc* : nettoyage dans la Grande, clarification dans la Propre, évaporation dans le Flambeau, cuisson dans la Batterie, toutes ces opérations étant, naturellement, effectuées à feu nu. Le vesou passe par la suite des quatre chaudières. Il est d'abord versé dans *la Grande,* où l'on procède à un premier et grossier nettoyage du jus. Quand celui-ci commence à chauffer, les « ordures » (poussières de bagasse, terre, impuretés diverses) remontent à la surface où, elles sont enlevées à l'écumoire. Dans le même temps, on jette dans la chaudière une « lessive » destinée à accélérer l'opération ; c'est « l'enivrage » ou la « purge » du vesou. Pendant la majeure partie du siècle, les planteurs préparaient eux-mêmes cette « lessive » selon des procédés empiriques, par filtrage d'eau à travers un baril plein de diverses herbes broyées, de cendres et de chaux vive ; mais à la fin de l'Ancien Régime, le commerce fournit des lessives toutes préparées à base de soude ou de potasse. Au bout d'environ une heure, le jus, plus ou moins clarifié, est transvasé dans la Propre où il subit une seconde cuisson et un second « enivrage », analogues aux

181. C'est un alliage de laiton, de plomb et d'étain, dont le principal défaut est d'être extrêmement cassant. On rencontre souvent ce type de chaudière dans les inventaires des habitations de la Guadeloupe.

182. C'est l'appellation aux Antilles françaises, parce que le modèle y était arrivé en provenance de la Jamaïque ; après 1804, il passe à Cuba avec les anciens planteurs de Saint-Domingue réfugiés, où il et dénommé « *tren francès* ».

premiers, qui achèvent de le débarrasser de ses impuretés. Puis il passe dans *le Flambeau*, où il s'évapore, se concentre et se transforme en sirop, et enfin dans *la Batterie*, qui est la chaudière de cuite proprement dite, dans laquelle le sirop achève de se concentrer et se transforme en sucre liquide.

Quand la cuisson est terminée, ce sucre liquide est versé dans des « rafraichissoirs », grands bacs en bois où il refroidit et se cristallise. Puis, une fois la cristallisation achevée, il est mis dans des barriques, qui sont portées à la purgerie. C'est un grand bâtiment dans lequel se trouvent des citernes destinées à recevoir les sirops provenant de la purge du sucre. Le fond des barriques est percé de deux ou trois trous, dans lesquels on glisse une canne pour permettre au sirop de mieux couler : on pose les barriques sur le plancher à claire-voie recouvrant les citernes et on les laisse purger pendant trois ou quatre semaines. Au tout de ce délai, le sucre s'est en principe débarrassé de la majeure partie de son sirop et il est normalement prêt à être exporté. On a alors du *sucre brut*. C'est un sucre de très médiocre qualité, contenant au moins 30 % de sirop et d'impuretés, qui doit être raffiné avant consommation.

• **Le sucre terré**

C'est un sucre dit blanc (en réalité gris perle) non raffiné mais directement utilisable par le consommateur, produit par dérogation aux règles de l'Exclusif qui interdisent aux colonies de manufacturer leurs produits bruts ; ceux-ci doivent normalement être transformés en métropole (*chap. 5*). Mais un « trou » dans la réglementation a permis aux planteurs d'imposer son importation en France[183]. A la fin des années 1670, la chute des prix du sucre brut conduit à l'établissement de raffineries en Guadeloupe et Martinique[184]. Immédiatement, les raffineurs métropolitains, menacés par cette concurrence, réagissent pour conserver leur monopole et obtiennent en 1682 l'interdiction de fait du raffinage aux Iles. Mais, par un « oubli fatal », le texte ne parle pas du sucre terré, ce qui est interprété par les planteurs comme l'autorisation d'en produire. Quand les raffineurs réagissent, il est trop tard ; ils se heurtent non seulement à l'opposition des planteurs

183. Un récit très détaillé des causes et des circonstances de la naissance du sucre terré est donné par le père Labat, qui fut acteur et témoin direct de l'évènement ; *Nouveau voyage*, op. cit., t. IV, p. 320-325.

184. Les premières sont créées en 1679 ; on en compte un maximum de 6 en Guadeloupe en 1689 et 18 à la Martinique en 1698 ; elles disparaissent en 1701.

et des administrations coloniales, mais également à celle des négociants, pour qui l'importation de ce nouveau type de sucre ne présente que des avantages par rapport au sucre brut[185]. Sa production démarre en 1692 en Guadeloupe, 1695 à la Martinique et 1711 à Saint-Domingue ; elle ne cesse d'augmenter au cours du XVIIIe siècle, au point de devenir quasi-exclusive aux Iles-du-Vent.

La fabrication du sucre terré s'effectue selon la même succession d'opérations, extraction, nettoyage, évaporation, cuite, et avec les mêmes équipements, que celle du sucre brut jusqu'au sortir de la quatrième chaudière (la Batterie), mais il y faut un vesou de meilleure qualité et davantage de précautions pendant le processus[186]. Le sucre liquide est versé dans des « formes » coniques en terre, percées en leur fond d'un petit trou pour la purge et placées sur un pot de terre pour recevoir les sirops. Les pots et les formes sont produits sur place ; à la fin de l'Ancien Régime, on compte 12 poteries à la Martinique, 7 en Guadeloupe et 29 à Saint-Domingue. Une fois la purge terminée, on verse à la surface un mélange d'eau et d'une certaine terre argileuse, que l'on prépare localement. L'argile forme une sorte de filtre qui arrête presque complètement l'écoulement de l'eau ; celle-ci traverse très lentement le sucre, en formant un sirop épais qui chasse la mélasse devant lui. Il faut neuf à dix jours pour que toute l'eau soit écoulée et le sucre contenu dans la forme blanchi. On sort alors les pains des formes et on les porte à l'étuve, où ils sont soumis à « huit jours et huit nuits d'un feu vif et continuel » pour les faire sécher, puis on les pile avant de mettre le sucre dans des barriques pour l'expédition. Au total, il faut environ deux mois pour la totalité du processus. Le sucre situé dans la partie basse des formes, qui n'est pas parfaitement blanc, est expédié séparément et vendu sous le nom de « tête de forme » ; c'est la cassonade grise du père Labat, qui peut, elle aussi, être consommée directement sans raffinage préalable. Le volume de la production de terré représente les deux tiers environ de celle de brut pour une même quantité de vesou en début de fabrication.

Ce qui précède explique à la fois le succès du sucre terré mais aussi qu'il n'ait jamais été en mesure de supplanter complètement le sucre brut, malgré des prix 50 à 60 % plus élevés et la demande préférentielle des négociants. Il faut une purgerie plus grande, une étuve,

185. Il permet de charger un tiers de barriques en plus, son prix de vente en métropole est plus élevé, et il ne coule pas dans les navires pendant la traversée.
186. Beaucoup de fabricants de sucre terré soumettent les jus à un double passage dans la Propre, afin qu'ils soient complètement nettoyés.

au moins une chaudière de plus ; le processus de fabrication est deux fois plus long (deux mois contre au maximum un) et surtout il exige beaucoup plus de main-d'œuvre, en particulier dans les phases terminales, purge et étuvage. Il est pratiquement impossible de créer une sucrerie en l'établissant immédiatement en blanc, sauf à être capable d'y mettre d'un seul coup plusieurs centaines de milliers de livres, comme Foäche.

L'évolution du nombre de sucreries en blanc et de leur exportation constitue donc un bon indice du degré de mise en valeur d'une colonie ou une région donnée. On le voit bien à travers le *tableau 18* : les Iles-du-Vent, où la colonisation est implantée depuis le milieu du XVIIe siècle et où l'on produit du sucre terré dès l'apparition de celui-ci, sont très en avance sur Saint-Domingue, qui doit attendre la grande croissance des années 1730 pour que le nouveau type s'implante définitivement. La même observation peut être faite à propos des différences régionales. A Saint-Domingue, 89,5 % des sucreries sont en blanc dans la partie du Nord, région la plus anciennement mise en valeur de la colonie contre 42,6 % dans la partie de l'Ouest et surtout 25,1 % seulement dans la partie du Sud, où le démarrage de l'industrie sucrière est à la fois plus lent et plus tardif (*Tableau 2, chap. 1*).

Tableau n° 18
SUCRE BRUT ET SUCRE TERRÉ

	SAINT-DOMINGUE		GUADELOUPE	MARTINIQUE
	% sucreries en blanc	% exportations blanc/totales	% exportations blanc/totales	% exportations blanc/totales
1717-18			58,4	75,8
1730	5,6	5,9		
1732			76,6	91,8
1752	40,0		91,6	98,4
1765		36,1	71,3	96,3
1767	45,4			
1788-89	54,3	33,6	85,3	92,7

Pas de distinction entre sucreries en brut et en blanc dans les recensements des Iles-du-Vent avant 1784. En 1788, 90,8 % sont en blanc dans l'Archipel guadeloupéen et 98,1 % à la Martinique.

• **Les sous-produits**

Ce sont les « sirops », nom donné aux mélasses provenant de la purge du sucre, et les alcools produits par leur distillation[187]. Elle est effectuée dans un bâtiment *ad hoc* de l'habitation, proche de la sucrerie, appelé « vinaigrerie » à l'époque du père Labat[188] et, de plus en plus dans les inventaires de la fin du XVIIIe siècle, « guildiverie ».

Bien que qualifiés d' « eau de vie de cannes », ces alcools contiennent de tout sauf du jus de canne. Le processus de fabrication débute par la composition des « grappes », constituées par le mélange, dans de grands canots de bois, de sirops provenant de la purgerie, d'écumes de sucrerie, d'eaux de vidange de la distillation précédente, parfois d'un peu d'eau de mer, le tout additionné d'eau en volumes variables. La combinaison entre les intrants varie selon le moment de la campagne et la qualité des sirops ; Laborie en énumère 18 possibles. On laisse fermenter pendant deux ou trois jours, puis on porte cette mixture à l'alambic pour la distillation. Le nom de l'alcool varie selon les colonies et le degré. Dans les *West Indies*, on produit du rhum (rum), titrant entre 20 et 30 degrés Réaumur, soit 25 à 37 Celsius ; c'est ce qui est normalement donné aux matelots de la *Royal Navy* ou utilisé dans les Treize Colonies/Etats-Unis. Le « tafia » ou « guildive » produit dans les Antilles françaises est beaucoup plus fort, normalement 50 à 55° Celsius ; élaboré avec apparemment moins de soin et dans des équipements moins performants, c'est un produit médiocre[189] et peu compétitif par rapport à son concurrent des îles anglaises.

Les sirops et tafias forment une part non négligeable du revenu des habitations-sucreries. Nous sommes malheureusement assez mal renseignés sur ce point. Les estimations des contemporains tournent autour des 15 à 20 %, mais ce que nous révèlent les quelques comptes d'habitations détaillant les différentes catégories de recettes semble assez sensiblement intérieur[190]. D'après le père Labat, ce que rapporte

187. Sur laquelle, voir Père Labat, *Nouveau voyage*, t. III, p. 410-415, et ANOM, DFC, Mémoires XXI/128, n° 293, « Mémoire sur les avantages que les habitants des colonies françaises trouveront à faire du rhum au lieu du tafia », Laborie, 1786.

188. « Je ne sais par quelle raison on lui a donné ce nom, qui ne lui convient en aucune manière ».

189. Pour le père Labat, c'est un breuvage au goût très âcre et à l'odeur désagréable ; Laborie qualifie son goût d' « empireumatique » (?) et ferrugineux. Sous la plume des contemporains le mot tafia est souvent précédé de l'adjectif « mauvais » (« Un mauvais tafia ») ; nous n'en avons jamais croisé un seul qui soit qualifié de « bon ».

190. Chez Fleuriau : 3 % de 1777 à 1790 ; Saint-Michel et son annexe Pointe d'Icaque : 5 % sur 1784-90 ; chez Févret de Saint-Mesmin : 11 % entre 1774 et 1791 ; chez

le tafia est suffisant pour entretenir 120 esclaves ; l'exemple de Saint-Michel, la seule habitation domingoise dont les comptes soient assez détaillés pour que le calcul soit possible, montre que le produit de la vente des sirops est même encore supérieur aux dépenses pour les esclaves.

Une part impossible à estimer des sirops est transformée sur place. En principe, chaque habitation-sucrerie possède sa propre distillerie, mais il existe également des guildiveries autonomes, produisant pour l'exportation du tafia à partir des sirops achetés aux sucreries voisines, ce qui constitue l'un des rares cas d'échange inter-industriel dans l'économie de plantation ; à la veille de la Révolution, elles sont 241 à la Martinique, 160 en Guadeloupe et, curieusement, 182 seulement à Saint-Domingue. En outre, une proportion plus ou moins importante, elle aussi impossible à estimer, est consommée localement, en particulier au moment de la campagne sucrière, quand les planteurs distribuent du sirop à ceux de leurs esclaves effectuant les travaux les plus durs au moulin et à la sucrerie. Le reste est jeté ou exporté ; les Treize Colonies/Etats-Unis constituent pratiquement le seul débouché (*Chap. 5*).

3. VOLUME DE LA PRODUCTION

• L'incertitude des chiffres

Il est difficile d'apprécier exactement le volume unitaire de la production des habitations-sucreries, en raison de l'hétérogénéité des conditions de l'activité ; on ne peut se contenter, ici, de diviser le volume des exportations par le nombre de sucreries, car le résultat serait minoré par l'interlope et les exportations frauduleuses. Les chiffres dont nous disposons sont extrêmement variables. En année normale (l'« année commune » des contemporains), sans catastrophe majeure (cyclone, sécheresse, tremblement de terre), la production dépend de la superficie de canne, de la pluviométrie, et surtout du nombre d'esclaves[191]. A Saint-Domingue, elle s'étend, sur les habitations pour lesquelles nous sommes renseignés, à l'intérieur d'une large fourchette allant de 600 à 16.000 « Qx ». Sur les 95 habitations listées par le « Tableau Baron », 31 produisent moins de 2.000 « Qx », 29 de 2.000 à

---

d'Hericourt : 5 % de 1773 à 1789. Pas d'informations dans les autres monographies de grandes plantations domingoises (Laborde, Galliffet ...) ; il semble que les sirops soient comptabilisés avec les sucres vendus sur place. En Guadeloupe, 14 % à Gélas en 1786-88, 13 % chez Préaux de l'Etang en 1790.

191. Voir *infra*, chap. 7, pour de plus longs développements.

3.000, et 22 de 3.000 à 4.000. Ce chiffre constitue manifestement un seuil à partir duquel on entre dans le domaine des très grandes habitations ; dans le « Tableau Baron », elles sont au nombre de onze, dont dix entre 4.000 et 5.000 et la dernière à 6.000.

Au-delà vient la catégorie des habitations géantes, probablement pas beaucoup plus d'une quinzaine dans toute la colonie. Nous en connaissons quelques-unes par les « papiers de plantation » conservés en France et par ce qu'en dit Moreau de Saint-Méry[192] ; toutes produisent plus de 7.000 « Qx » par an, le maximum étant atteint par celle de Belin de Villeneuve, avec 16.000 « Qx », soit 800 tonnes métriques. On imagine mal le degré de violence et de souffrance qu'ont dû endurer les centaines d'esclaves employés sur ces habitations pour produire de telles quantités de sucre uniquement à la force des bras.

Aucune source ne nous informe sur la production moyenne par habitation pour l'ensemble de Saint-Domingue. Nous ne la connaissons que pour trois paroisses ou ensembles de paroisses : 2.376 « Qx » pour les 95 sucreries de la plaine du Nord (« Tableau Baron »), 3.000 pour 40 des 47 habitations de l'Arcahaye, 4.237 pour 118 sur 140 de la plaine du Cul-de-Sac[193]. Au total, compte tenu de tout ce qui précède, on pourrait retenir une médiane de l'ordre des 3.000 « Qx » (150 tonnes), ce qui semble recouper l'estimation du seuil de rentabilité que donne l'ancien planteur Avalle[194].

*

* *

192. Walsh, aux Cayes, 7.000 « Qx » (MSM) ; Maré, à l'Arcahaye, 7.096 sur 1785-90 ; Laborde, aux Cayes, 6.853 sur sa première habitation de 1768 à 1791 et 8.900 pour les trois sur 1780-91 ; Brancas-Céreste, dans la plaine du Cul-de-Sac, 8.000 à 9.000 (MSM) ; Foäche, à Jean-Rabel, 9.000 sur 1783-84 ; Santo, au Cul-de-Sac, 9.474 sur 1782-89 ; Galliffet, trois sucreries à Petite-Anse, 10.600 (MSM) ; Rocheblanche, dans la plaine du Cap, 14.000 (MSM) ; Belin de Villeneuve, Limbé, 16.000 (MSM) .

193. MSM, II, 923 et 949.

194. ANOM, F3-163, fol. 194-196 : pour se maintenir « dans une état de prospérité », une sucrerie doit produire 4.500 « Qx » ; 3.000 « Qx » constituent la limite en deçà de laquelle elle commence à perdre de l'argent ; à 2.000 « Qx » c'est la faillite. Les informations du « tableau Baron » sur la situation financière de 95 sucreries de la plaine du Nord permettant de situer à 2.700 « Qx » le niveau de production à partir desquelles une habitation « doit peu » ou est qualifiée de « liquide » ; voir *tableau 36*, chap. 10. Notons que les trois paroisses dans lesquelles elles sont situées sont les plus favorables à la canne de la colonie, ce qui pourrait expliquer la différence avec l'estimation d'Avalle.

Par comparaison, les sucreries de la Guadeloupe sont évidemment beaucoup plus petites. Les sept grandes habitations établies en fief[195] ne donnent en moyenne que 3.800 « Qx » en 1773, à peine plus que la médiane domingoise, et une seule, le marquisat de Houëlbourg, pourrait figurer dans le haut du classement des sucreries de la Grande Ile, avec 7.290 « Qx ». Encore faut-il se rappeler qu'il s'agit de terres nobles dont la superficie et le nombre d'esclaves sont très supérieurs à ceux des sucreries ordinaires. Pour celles-ci, sur la base des quelques cas connus[196] et des témoignages contemporains[197], on peut retenir une production modale de l'ordre des 800 « Qx » par an, soit 40 à 50 tonnes. Ajoutons enfin que nous ne disposons malheureusement d'aucune source ou étude d'ensemble permettant d'apprécier la production unitaire des sucreries martiniquaises, mais elle se situe probablement aux mêmes niveaux qu'en Guadeloupe.

• Quelques éléments de comparaison

Pour apprécier ce que représentent exactement les chiffres qui précèdent dans l'histoire de l'industrie sucrière, il est nécessaire de procéder à quelques comparaisons.

Dans l'espace, tout d'abord, l'habitation domingoise est de très loin la plus productive des unités sucrières des Amériques. En Jamaïque, Worthy Park, la plus grosse plantation de l'île, avec 338 esclaves en 1789, produit en moyenne 250 tonnes par an entre 1776 et 1796[198] ; il y en a une vingtaine au moins qui font mieux à Saint-Domingue. Si, faute de mieux, on compare les exportations unitaires en 1775, l'habitation domingoise expédie 85 tonnes métriques[199] contre 62 pour la Jamaïque[200]. A Cuba, en 1804, alors que l'industrie sucrière est en plein « boum » avec l'arrivée des réfugiés français de

---

195. Marquisats de Sainte-Marie (2 parties séparées), de Brinon et de Houëlbourg ; fiers d'Arnouville (2 parties séparées) et de Saint-Louis MG ; pas d'information pour le comté de Lohéac ; ANOM, F3-160, fol. 85-87, recensement des terres nobles de la Guadeloupe, 1773.

196. Habitations La Ramée, à Sainte-Rose, 760 « Qx » sur 1782-85 ; Gélas, à Petit Canal, 760 sur 1786-88 ; Préaux de l'Etang, à Sainte-Anne, 1030 sur 1778-82. Comptes de gestion ; résultats reproduits dans Ch. Schnakenbourg, *Sucreries de la Guadeloupe*, op. cit., p. 91.

197. ANOM, C7A17, fol. 126, mémoire du directeur du Domaine en Guadeloupe, 1754, 800 à 1.000 « Qx » « l'une dans l'autre ».

198. M. Craton et J. Walvin, *A Jamaican plantation. The history of Worthy Park, 1670-1970*, Londres, NY, 1970, 344 p.

199. 1.104.788 « Qx » = 56.000 tonnes pour 655 sucreries.

200. 953.800 cwt = 48.000 tonnes pour 775 sucreries.

Saint-Domingue, la production moyenne des 174 « *ingenios* » en activité n'est que de 126 tonnes[201]. Au Brésil, enfin, pendant tout le XVIIIe siècle, la production moyenne des « *engenhos* » de Bahia et de Permambouc, varie entre 30 et 39 tonnes, ce niveau n'étant dépassé qu'une seule fois, en 1710, avec 51 tonnes à Bahia[202].

Dans le temps, la production des plus grosses habitations domingoises selon les procédés non mécanisés décrits par le père Labat se compare à celle des sucreries de la première vague de modernisation industrielle au milieu du XIXe siècle. Ainsi les habitations dites « bourboniennes » en Guadeloupe[203] ; elles sont 19 au début des années 1860, donnant en moyenne 242 tonnes, avec un maximum de 500 pour chacune des deux plus grosses, une performance encore inférieure à celle des habitations domingoises de 10.000 « Qx » et plus. C'est dire, au total, le caractère monstrueux de ce qui a été réalisé par ce système.

---

201. M. Moreno Fraginals, *El ingenio*, op. cit., p. 172.
202. St. Schwartz, *Sugar plantation and the formation of Brazilian society. Bahia, 1550-1835*, Cambridge, 1985, p. 168.
203. Ce sont de grosses habitations, dont le système de fabrication est qualifié de « mixte », car il combine à la fois les procédés pré-industriels et la technologie moderne. Elles fonctionnent à la vapeur, sont entièrement mécanisée et utilisent la presque totalité de la technologie sucrière de betterave. Mais l'évaporation et la cuite se font encore à l'air libre, selon des procédés mis au point à la Réunion (d'où leur qualificatif des « bourbonien ») et beaucoup plus perfectionnés que les vielles chaudières du père Labat ; Ch. Schnakenbourg, « La disparition des habitations-sucreries en Guadeloupe (1848-1906). Recherche sur la désagrégation des structures pré-industrielles de la production sucrière antillaise après l'abolition de l'esclavage », *Revue fse d'Hist. d'O-M*, t. XXIV, 1987, p. 257-309.

CHAPITRE 5

LES MARCHÉS

Ils constituent l'aval de la filière sucrière. En principe, s'agissant de l'économie de plantation au XVIIIe siècle, le terme devrait être employé au singulier seulement, car, dans l'idéologie comme dans la réglementation, il n'existe qu'un seul débouché pour les productions antillaises : la France. Mais la réalité du comportement des acteurs est celle de la multiplicité. La production des plantations s'expédie à la fois vers le marché métropolitain, et de là vers toute l'Europe, et vers diverses autres destinations atteintes par des voies le plus souvent clandestines. Ce chapitre est consacré principalement aux marchés des produits de l'industrie sucrière, mais une bonne part de nos développements concerne également les autres « denrées » coloniales[204].

1. LE MARCHÉ EUROPÉEN DU SUCRE[205]

Si l'on excepte l'auto-consommation locale et de petites quantités expédiées vers l'Amérique du Nord[206], la quasi-totalité de la produc-

---

204. Nous reviendrons sur le marché de chacune d'elles dans notre chap. suivant sur les cultures « secondaires ».

205. Les deux travaux essentiels sur la question sont les thèses de K. Aka, *Le commerce des sucres en France, 1763-1793. Positions et contradictions*, Paris I, 1983, 513 p. ; et M. Villeret, *Goût de l'or blanc*, op. cit.

206. Les colonies continentales britanniques (Treize Colonies + Canada) absorbent 1,9 % des exportations de sucre des *West Indies* en 1768 et 3 % en 1773 ; R. B. Sheridan, *Sugar and Slavery*, op. cit., p. 34. Il faudrait également tenir compte de ce qui arrive des Antilles françaises, mais c'est probablement aussi dans une très faible proportion, à en juger par le cas de la Guadeloupe, le seul connu, étudié par J. Tarrade, *Commerce colonial*, op. cit., t. II, p. 614-617.

tion de sucre des Amériques est destinée au marché européen[207]. C'est un marché intégré et très largement unifié, dont la consommation est entièrement couverte par les plantations caribéennes + brésiliennes, et elles seules[208]. Les Antilles françaises y occupent une position dominante.

- **Les évolutions structurelles : de la supériorité britannique à l'hégémonie française**

Pendant tout le XVIIIe siècle, la consommation de sucre ne cesse d'augmenter en Europe. Si l'on admet qu'elle est égale au volume des importations, elle aurait approximativement triplé entre 1720 et la veille de la Révolution française. C'est en Angleterre que la progression est la plus forte ; mesurée par la différence entre importations et réexportations, elle fait plus que doubler au cours de cette période, tant pour la consommation globale[209] que celle par habitant[210]. Nous manquons malheureusement des chiffres en longue période pour la France, mais la consommation par tête y est à peine supérieure à un kg à la veille de la Révolution[211]. L'utilisation du sucre se développe jusque dans les lieux les plus éloignés des ports importateurs, comme la Suède[212]. Observons toutefois que, malgré cet accroissement, le sucre, même s'il n'est plus tout à fait un bien de luxe, demeure un produit rare et cher, dont l'usage se limite aux classes urbaines aisées.

---

207. Par « marché européen », il faut entendre non seulement l'Europe *stricto sensu* mais également l'ensemble du bassin méditerranéen, Levant (Empire Ottoman) et « Etats de Barbarie » compris.

208. La production de sucre a cessé dans les îles portugaises de l'Atlantique oriental (Madère, São Tomé), et les quelques sucreries en activité dans les Mascareignes ne produisent que pour la consommation locale. Les marchés indien et sud-est asiatique sont complètement déconnectés des échanges avec l'Europe jusqu'au début du XIXe siècle.

209. De 583.000 cwt en 1720 à 1.660.000 en 1790 ; E. Boody Schumpeter, *English overseas trade statistics, 1697-1808*, Oxford, 1960, 72 p. ; les séries de Sheridan s'arrêtent à 1775.

210. De 5 lb dans les années 1710 à 12 dans la décennie 1780, soit 5,4 kg, d'après les chiffres de N. Deerr.

211. En 1790, d'après les chiffres de la balance du commerce reproduits par Jean Tarrade, importations - réexportations = 624.000 « quintaux » mesure de Paris, soit 30.500 tonnes pour 26 millions d'habitant = 1,17 kg.

212. Dont les importations passent de 300-400 tonnes en 1738 à 1.800 environ en 1790 ; chiffres approximatifs lus sur le graphique reproduit par E. Schnakenbourg, « La diffusion des produits coloniaux en Scandinavie au XVIIIe siècle », dans M. Martin et A. Villeret (dir.), *Diffusion des produits ultramarins,* op. cit. ; La Suède compte 2,2 Mh en 1790, soit une consommation de sucre de 0,8 kg par habitant.

Naturellement, tout ceci n'est qu'une tendance générale en longue période, qui n'est cependant pas exclusive de fluctuations brutales à court terme. Nous y reviendrons.

Tableau n° 19
LES IMPORTATIONS ET REEXPORTATIONS SUCRIERES DE LA FRANCE ET DE L'ANGLETERRE AU XVIIIe SIECLE

	FRANCE			ANGLETERRE (e)		
	Importations	Réexportations		Importations	Réexportations	
			%			%
1700				24.638	6.705	27,2
1720	19.609 (a)			35.814	6.197	17,3
1730				53.543	8.534	15,9
1750				46.482	5.486	11,8
1765	64.780 (b)			60.960	14.071	23,1
1775				98.552	15.189	15,4
1777	114.451 (c)	77.086	66,6			
1781				52.171	6.807	13,0
1782	31.762 (d)	27.257	85,8			
1790	91.505 (c)	61.012	66,6	88.747	4.393	4,9

En tonnes métriques. Chiffres originaux en « quintaux mesure de Paris » (= 48,9 kg) pour la France et « *hundredweights* » (112 lb = 50,8 kg) pour l'Angleterre. Nous les avons convertis en tonnes métriques pour faciliter les comparaisons.

Les années retenues marquent des points tournants dans l'évolution séculaire générale lorsque les données sont disponibles.

Sources

(a) P. Pluchon pour Saint-Domingue (224.000 « Qx ») ; origine n. d. Ch. Schnakenbourg, *Statistiques*, art. cit., pour Martinique (145.000) et Guadeloupe (32.000), médianes des années connues les plus proches (1717 et 1722, 1718 et 1722 respectivement) ; origine : états de commerce établis dans chaque colonie.

(b) J. Tarrade ; origine : états de commerce des différentes colonies.

(c) J. Tarrade ; origine : balance du commerce.

(d) ANOM, F2B 9, n° 415, balance du commerce.

(e) E. Boody Schumpeter ; origine : PRO, CUST.

Les sources d'approvisionnement de ce marché évoluent ; on passe de la suprématie britannique à l'hégémonie française, tandis que le Brésil conserve de bonnes positions.

A l'extrême fin du XVIIe siècle, la suprématie appartient aux Antilles anglaises[213], essentiellement grâce à la Barbade, qui connaît depuis les années 1650 un essor formidable ; au tournant du siècle, l'Angleterre, avec 25.000 tonnes environ, reçoit probablement plus des deux tiers du sucre importé en Europe (*Tableau 19*). Les *West Indies* n'ont pas de concurrents. Le Brésil, dont la production n'a cessé de décliner sous les coups de la concurrence barbadienne, plonge

213. Sur tout ce qui suit, R. B. Sheridan, *Sugar and slavery*, op. cit., p. 389-414.

dans une grande crise, en raison du transfert massif, à partir de 1698, des esclaves des *engenhos* du *Nordeste* vers les mines et placers aurifères du Centre-Sud (*Minas Gerais*), et ses exportations sucrières sont alors au plus bas[214]. Quant aux Antilles françaises, les exportations de la Martinique sont à moitié paralysées par la guerre[215], celles de la Guadeloupe sont négligeables, et le sucre démarre à peine à Saint-Domingue.

Mais, déjà, la Grande Ile est ressentie comme une menace par les planteurs britanniques[216]. Et effectivement, vingt ans plus tard, même si leurs Antilles demeurent encore à la première place (35.000 tonnes), grâce à l'essor de la Jamaïque et des *Leeward Islands,* les îles françaises se rapprochent vite. La production domingoise est en plein « boum », passant de 3.000 tonnes en 1709 à 11.000 en 1720, auxquelles s'ajoutent environ 9.000 tonnes des Petites Antilles. De son côté, le Brésil refait lentement surface après la crise (23.000 tonnes en 1710), mais il a perdu entre-temps une bonne partie de ses marchés antérieurs, en particulier dans le bassin méditerranéen[217].

C'est dans les décennies 1730 et 1740 que s'effectue le basculement. Minée par l'effondrement de la Barbade, en pleine crise structurelle, la production des *West Indies* tend à stagner, alors que la consommation intérieure en Angleterre retient une part croissante des importations, laissant peu de disponibilités pour les réexportations vers le continent européen. Pendant ce temps, la production domingoise bondit, avec 339 sucreries en 1739 et 538 en 1751, outre les exportations des Petites Antilles qui augmentent lentement[218]. Dès 1740, la France occupe la première place sur le marché continental ; 80.000

214. Pas de chiffres ; R. C. Simonson, *Historia econômica do Brasil (1500-1820)*, São Paulo, 1957, p. 95-123.

215. Exportations en 1687 = 13.000 tonnes, en 1696 = 5.500.

216. Comme le prouve cette lettre de 1701 du colonel Codrington au *Council for Trade and Plantations* : « *The French begin to tred upon our heels in the sugar trade ; they have better islands … and Saint-Domingo will in time be a vast settlement* » ; *Calendar of the State Papers, Colonial series, America and West Indies*, vol. XIX, n° 743. En 1715, le gouverneur de la Barbade se plaint auprès de ce même *Council* que « *the French at Martinique and Guadeloupe and the Dutch at Surinam begin to rival us in the sugar trade* » ; *ibid*, vol. XXVIII, n° 654.

217. Le père Labat, contemporain de la crise brésilienne, écrit que, en raison de celle-ci, beaucoup de pays qui s'approvisionnaient jusqu'alors chez les Portugais se tournèrent vers la France ; Marseille se mit à vendre du sucre importé des Antilles « dans toute la Méditerranée et dans les Echelles du Levant, où les Turcs … en faisaient une grande consommation » ; *Nouveau voyage*, op. cit., t. III, p. 321.

218. Pour les deux îles ensemble, 15.000 tonnes en 1732, 22.800 en 1750 ; volume des exportations domingoises n. d.

barriques de sucre se vendent alors dans les différents ports d'Europe autres que ceux de France et d'Angleterre ; sur ce total 70.000 seraient de provenance française[219]. L'avance française se réduit au cours des deux décennies suivantes, en raison de l'essor de la Jamaïque et des difficultés nées, aux Iles comme sur l'océan, de l'infériorité navale pendant les deux guerres de Succession d'Autriche et de Sept Ans, mais elle ne disparaît pas ; en 1765, les Antilles françaises exportent toujours davantage que les *West Indies*. A côté, le Brésil, qui a connu une belle croissance dans la première moitié du siècle, tourne autour des 30.000 tonnes[220]. En tenant compte de Cuba et de ce qui passe en interlope pour les îles hollandaises et danoises, le marché européen du sucre représenterait alors dans les 170 à 180.000 tonnes.

A la veille de la Révolution française, la supériorité des Antilles françaises, avec 44 % de la production caribéenne est incontestée (*Tableau n° 20*). En apparence, certes, les *West Indies* semblent encore rivaliser avec elles sur le plan quantitatif, mais il s'agit en réalité d'un biais statistique. Pour 53 % d'entre elles, les exportations des Antilles françaises consistent en sucre blanc, dont la fabrication exige un tiers de sucre brut supplémentaire, alors qu'elle est interdite dans les colonies des autres pays européens, qui ne peuvent produire qu'en brut. En équivalent-brut, la production cumulée de Saint-Domingue et des Iles-du-Vent atteindrait alors 154.000 tonnes, soit 60 % du total, réestimé à 254.000. D'autre part, la faible consommation intérieure en France laisse les deux tiers des importations disponibles pour les réexportations, alors qu'elle continue d'augmenter en Angleterre, parallèlement à celle de thé ; la Grande-Bretagne n'a pratiquement plus de sucre à réexporter. Il faut tenir compte enfin du fait que l'essentiel de ce qui transite par les îles-entrepôts néerlandaises et danoises provient en interlope des Antilles françaises.

219. J. Saintoyant, *La colonisation française sous l'Ancien Régime*, Paris, 1929, t. I, p. 287.
220. 36.000 en 1760, 26.000 en 1770.

Tableau n° 20
LES IMPORTATIONS SUCRIERES DE L'EUROPE A LA VEILLE DE LA REVOLUTION FRANCAISE

En provenance de	Tonnes métriques	% Caraïbe
Saint-Domingue	71.000 (a)	34,4
Autres îles françaises	22.000 (a)	10,7
Jamaïque	59.000 (b)	28,6
Autres îles anglaises	33.000 (c)	16,0
Antilles néerlandaises	8.000 (d)	3,9
Cuba	13.000 (e)	6,3
TOTAL CARAIBE	*206.000*	100
Brésil	20.000 (f)	
Surinam	6.000 (g)	
TOTAL AMERIQUE	*232.000*	

Chiffres approximatifs, arrondis aux 1.000 t. les plus proches. Il manque les Antilles danoises (production très faible).

Sources

(a) Balance du commerce, 1788

(b) N. Deerr, reproduit par D. Watts, pour 1785-89

(c) Déduit de E. Boody Schumpeter et N. Deerr, pour 1785-89.

(d) Réexportations de « denrées » importées en contrebande depuis les autres îles, principalement françaises ; W. Kloosters pour Saint-Eustache en 1789 (2.500 tonnes) et estimation à partir de C. Goslinga pour Curaço dans les années 1780 (5.300 tonnes). Le chiffre des importations effectives en Europe doit probablement être inférieur.

(e) M. Moreno Fraginals pour 1789 (« Production »).

(f) Approximation à partir de R. C. Simonsen, qui donne 22.000 t en 1776 et 19.600 en 1796.

(g) C. Goslinga pour 1785.

La domination de la France sur le marché européen continental est hégémonique[221]. En 1788, ses réexportations de sucres de toutes natures représentent 66 % des importations, mais avec des différences remarquables selon les destinations et les qualités. Le sucre blanc, qui peut être consommé immédiatement à un prix très inférieur à celui du raffiné sur place mais n'est pas produit en Europe, est celui qui a le plus de succès ; tous les pays en importent, même l'Angleterre. Ce qui est réexporté représente 79 % de ses importations et 64 % du total des réexportations sucrières. Les deux principaux ports réexportateurs sont Bordeaux, pour 56 %, qui fournit toute l'Europe du Nord et jusqu'au fond de la Baltique, directement ou par l'intermédiaire des pavillons courtiers hollandais et hanséates ; et Marseille, pour 22 %, vers toute la Méditerranée. Bordeaux est également le premier port réexportateur de sucre brut, mais il est talonné par Nantes, dont c'est la spécialisation (67 % de ses réexportations sucrières). Pris ensemble, les deux ports assurent 84 % des réexportations de brut, principale-

221. Sur tout ce qui suit, AN, F12-1835, balance du commerce.

ment à destination des raffineries d'Anvers, Amsterdam et Hambourg ; Marseille ne réexporte pratiquement pas de sucre brut, les différents pays méditerranéens en produisant eux-mêmes à partir de cannes locales pour leur consommation. Au total, les 1.250.000 « Qx » (environ = 62.000 tonnes) réexportés par la France à la veille de la Révolution française représentent la moitié de la consommation des pays européens autres que la France et l'Angleterre.

• La conjoncture

Très classiquement, nous l'aborderons par les fluctuations des prix (*Graphique 5*).

Graphique n° 5
EVOLUTION DES COURS DU SUCRE AU XVIIIe SIECLE

Amsterdam : sucre terré de Saint-Domingue, en guilders par 100 lb (= 49,4 kg). *Source* : Posthumus.

Londres : sucre brut, en shillings par cwt (= 50.8 kg). *Sources* : Sheridan jusqu'en 1775 ; Ragatz de 1776 à 1787.

Nantes : sucre terré, en LT par 100 lb (= 48.9 kg). *Source* : H. Hauser

Globalement, l'évolution à long terme est à la hausse, ce qui traduit bien l'augmentation de la consommation sur l'ensemble du siècle. A partir des années 1730, les cours européens, qui avaient subi une longue glissade depuis 1650 en raison de l'explosion de la production barbadienne[222], recommencent à augmenter, avec

222. A la bourse d'Amsterdam, le cours du sucre blanc du Brésil après un maximum de 69 Guilders par 100 lb dans les années 1650, tombe à 26 quatre décennies plus

l'émergence d'une nouvelle couche de consommateurs auxquels des prix trop élevés rendaient jusqu'alors le sucre inaccessible. Entre le point de retournement de 1735 et la dernière année connue avant la Révolution, la hausse des prix est de 98 % à Nantes, 155 % à Londres et 225 % à Amsterdam ; ceci semble confirmer le propos de Maud Villeret sur la faible compétitivité du système sucrier français (réexportations et raffinage), qui laisse l'essentiel de la valeur ajoutée aux mains des Hollandais[223].

A court terme, ce sont évidemment les guerres qui provoquent les secousses les plus violentes. Le phénomène est particulièrement visible à Nantes pour les deux guerres de Succession d'Autriche et de Sept Ans, au cours desquelles le commerce colonial de la France est, malgré le recours à de médiocres solutions de remplacement[224], très gravement affecté par l'infériorité de la Marine royale pendant le premier conflit et presque totalement interrompu lors du second[225] ; le prix du sucre y bondit de 60 % entre 1744 et 1748 et de 117 % entre 1755 et 1762. Par contre, Londres et Amsterdam sont relativement peu touchées parce que leurs approvisionnements, respectivement depuis des *West Indies* et par l'interlope via les îles hollandaises, se poursuivent normalement ; les cours n'augmentent que faiblement.

C'est le phénomène exactement inverse qui s'observe lors de la guerre d'Indépendance américaine. La Marine française, reconstituée, est à l'offensive aux Antilles[226] et les importations de sucre ne sont que faiblement impactées. Les cours n'augmentent que de 18 % à Nantes, alors qu'ils bondissent à Amsterdam, dont les circuits d'approvisionnement ont été bouleversés par la chasse active menée par la *Royal Navy* à l'encontre des interlopes néerlandais, puis par la prise et la destruction de Saint-Eustache par l'amiral Rodney en 1781. L'évolution du marché britannique au cours de cette période est particulièrement intéressante car elle montre l'extrême sensibilité/prix de la demande européenne alors que la Grande-Bretagne est pourtant le pays dans lequel elle est la plus élevée ; de 1775 à 1781, les cours s'élèvent de 88 % et la consommation intérieure diminue de 47 %.

---

tard. Voir également le graphique reproduit par M. Villeret, *Goût de l'or blanc*, op. cit., vol. I, p.89.

223. *Ibid*, p. 117-123 et 219-234.

224. Organisation de convois et utilisation des neutres ; sur ce dernier point, E. Schnakenbourg, *Substitution aux échanges en temps de paix*, art. cit.

225. Voir graphiques dans M. Villeret, *Goût de l'or blanc*, op. cit., p. 51 ; F. Crouzet, *Bordeaux au XVIIIe siècle*, op. cit., p. 195 et 287-300 ; J. Tarrade, *Commerce colonial*, op. cit., t. II, face p. 738.

226. J. Tarrade, *ibid*, t. I, p. 468-472.

2. LA COMMERCIALISATION EN METROPOLE

• Les ports métropolitains du commerce colonial[227]

Une vingtaine de ports français ont fait le commerce des Antilles au cours du XVIIIe siècle, mais l'essentiel des échanges passent par les quatre Grands, Bordeaux, Nantes, Le Havre et Marseille. En 1788, ils ont armé 88 % des navires partis pour les Iles, reçu 89 % de ceux en provenant, importé 92 % en valeur des « denrées coloniales », 92 %du sucre, 91 % de café, 89 % de coton (*Tableau 21*).

Bordeaux est évidement le premier port colonial[228]. Son poids dans le commerce ultramarin ne cesse de s'élever. Loin encore derrière Nantes vers 1730 (26 % contre 39 en 1729-31), le port aquitain prend la première place en une dizaine d'année pour atteindre sa prééminence maximum au début des années 1770 (41 % en 1775-77). En léger repli au cours des années suivantes, il reçoit encore 37 % des « denrées coloniales » importées en 1788, 35 % du sucre toutes qualités confondues, dont 37 % du blanc, le mieux valorisé, 41 % du café et 43 % de l'indigo ; ses performances sont moindres s'agissant du sucre brut et du coton où il est dépassé par Nantes et Le Havre respectivement. Cette croissance pratiquement continue s'appuie essentiellement sur deux grands atouts : la richesse de son arrière-pays agricole, qui fait de Bordeaux de très loin le principal fournisseur de farine et de vin aux Antilles, et l'ancienneté de ses relations avec l'Angleterre et la Hollande, établies initialement pour le commerce du vin au Moyen-Age, mais dans lesquelles les « denrées coloniales » vont se glisser tout naturellement. Plus encore que pour les importations, Bordeaux est le premier port français pour les réexportations, dont il assure à lui seul exactement la moitié du total en 1788, surtout vers l'Europe du Nord par l'intermédiaire d'Amsterdam et Hambourg. Le port aquitain réexpédie 43 % de ses importations de sucre brut, essentiellement vers les raffineries d'Amsterdam, 55 % de celles de sucre blanc, 53 % du café et 54 % de l'indigo. Enfin, on oublie parfois que Bordeaux est également un grand port négrier ; sa participation aux armements pour la Guinée ne cesse d'augmenter, passant de 5 % en 1700-45, à 9,5 % de 1746 à 1760, et 22 % de 1781 à 1792[229].

---

227. Sauf indication contraire, tout ce qui suit s'appuie sur les chiffres de la balance du commerce ; AN, F12-1835, complété par ANOM, F2B 9, et DFC, Mémoires, XXXII 128. Voir également J. Tarrade, *Commerce colonial*, op. cit., p. 730-735.

228. F. Crouzet, *Bordeaux au XVIIIe siècle*, op. cit., p. 221-323 ; P. Butel, *La croissance commerciale bordelaise dans la seconde moitié du XVIIIe siècle*, , Paris, 1974, 436 p.

229. R. Stein, *French slave trade*, op. cit., p. 207-209 ; E. Saugera, *Bordeaux port négrier, XVIIe - XIXe siècles*, Paris, 1995, 382 p.

Tableau n° 21
LES IMPORTATIONS PAR PORTS DES « DENREES COLONIALES » EN 1788

		Bordeaux	Nantes	Le Havre	Marseille	La Rochelle	Dunkerque	TOTAL
Importations totales	x 1000 LT %	79.272 37,2	44.467 20,9	37.929 17,8	34.819 16,3	5.194 2,9	5.920 2,8	212.738 100
Sucre brut	« Qx » %	291.173 33,3	384.460 44,0	84.475 9,6	35.790 4,1	29.228 3,3	35.442 4,0	872.867 100
Sucre blanc (a)	« Qx » %	410.799 37,4	197.849 18,0	159.189 14,5	244.901 22,3	5.200 0,5	34.817 3,2	*1.096.531* 100
Café	« Qx » %	326.251 41,5	94.308 12,0	165.442 21,0	130.263 16,6	22.106 2,8	27.552 3,5	785.448 100
Coton	« Qx » %	25.142 25,0	18.583 18,5	37.612 37,4	8.238 8,2	3.403 3,4	6.192 6,1	100.556 100
Cacao	« Qx » %	3.106 17,1	1.968 10,8	2.575 14,2	9.084 50,2	122 0,7	20 0,1	18.106 100
Indigo	« Qx » %	4.781 43,0	3.273 29,4	738 6,6	1.570 14,1	490 4,4	153 1,4	11.109 100

(a) Terré + tête

Source : Balance du commerce. Les erreurs d'additions ont été corrigées toutes les fois où il était possible ; les chiffres corrigés sont portés en italiques.

L'ascension bordelaise s'opère en partie au détriment de *Nantes*[230]. Au début du XVIIIe siècle, le port ligérien est le premier pour le commerce colonial ; en 1706-11, il importe près de trois fois plus de sucre que Bordeaux, et il arme 78 % des négriers français partis entre 1700 et 1719, alors qu'il faut attendre l'année suivante pour le premier bordelais. Mais il connaît ensuite un recul relatif en longue période. Il est toujours le premier port négrier jusqu'à la Révolution, mais, de 56 % en 1700-45 et 54 % de 1746 à 1760, sa part dans le total des armements pour la Guinée tombe à 35 % en 1781-92 ; pour ce qui concerne le commerce des marchandises, Nantes en assure 41 % en 1729 et 21 % seulement en 1788. Malgré tout, il demeure un bastion du commerce colonial de la France, grâce à sa forte spécialisation dans le sucre brut, dont il est le premier importateur, avec 44 % du total. Ici, son rôle est essentiel, puisque c'est principalement par lui que passe

230. M. Villeret, *Goût de l'or blanc*, op. cit. ; J. Meyer, *L'armement nantais dans la deuxième moitié du XVIIIe siècle*, Paris, 1969, 468 p. ; B. Michon, *Le port de Nantes au XVIIIe siècle. Construction d'une aire portuaire*, Rennes, 2011, 400 p.

l'approvisionnement des raffineries ligériennes, et il contribue en outre pour 40 % aux réexportations totales, surtout en direction de Hambourg.

Le profil des échanges coloniaux du port du *Havre*[231] est assez différent de celui de ses deux concurrents du Ponant. Il est relativement peu impliqué dans le sucre, dont il n'assure que 13 % des importations toutes qualités et 8 % seulement des réexportations, en raison de la proximité du marché parisien. Cette même proximité explique sa forte participation aux importations de café (21 % du total), pour lesquelles il vient en seconde position derrière Bordeaux. Son principal atout est sa spécialisation dans le coton, dont il est le premier importateur depuis les Antilles, avec plus du tiers du total. Le marché, ici, est pratiquement sur place, dans les manufactures de la Basse-Seine et, en remontant le fleuve, à Paris et en Champagne ; 21 % seulement du coton importé est réexporté. Ajoutons enfin que Le Havre est également un port négrier important, mais qui ne prend réellement son essor que dans la seconde moitié du siècle (7 % des armements en 1746-60 ; 14 % de 1781 à 1792).

Enfin, *Marseille*[232] est le dernier des quatre Grands en valeurs (16 % du total métropolitain). Il joue un rôle particulier dans le commerce colonial français, en raison de sa situation géographique et des spécificités de ses marchés. Ainsi, il importe très peu de sucre brut et n'en réexporte pratiquement pas, mais, pour ce qui concerne le blanc, sur lequel se porte la demande dans toute le bassin méditerranéen, il vient en second position derrière Bordeaux pour les importations et les réexportations, et il réexpédie 70 % de ce qu'il importe (contre 43 % pour Bordeaux). Même positionnement s'agissant du café, dont il réexporte 69 % de ses importations, contre 44 % pour Bordeaux. Par contre, le port phocéen n'importe pratiquement pas de coton des Antilles, car il est fourni traditionnellement par le Levant. Il ne participe aussi que marginalement à la traite négrière (3,4 % des armements de 1781 à 1792).

Les quatre principaux ports précités, qui reçoivent 92 % des importations de produits coloniaux et assurent 91 % de leurs réexportations, ne laissent que des miettes aux autres. Loin derrière, seuls Dunkerque et La Rochelle ont encore une certaine importance, assurant ensemble 5,3 % des départs et autant des retours, 5 % des impor-

---

231. P. Dardel, *Navires et marchandises dans les ports de Rouen et du Havre au XVIIIe siècle*, Paris, 1963, 787 p.

232. G. Rambert (dir.), *Histoire du commerce de Marseille*, Paris, 1957-59 ; t. V, *De 1660 à 1789. Le Levant* (G. Paris) et t. VI, *Les colonies* (G. Rambert).

tations totales, 5,5 % du sucre et 6 % du café. Dunkerque bénéficie de son statut de port franc et de sa proximité des raffineries anversoises et des centres cotonniers flamands. Quant à La Rochelle[233], après une brillante progression de ses importations coloniales dans la première moitié du siècle (4 ML en moyenne 1721-24, 10,1 maximum en 1747, 9,6 ML en 1750), vient un rapide déclin (5,2 ML en 1788). Le port charentais est victime de la perte du Canada (10 % des armements à la veille de la guerre de Sept Ans), dont il était le premier débouché en France, de la concurrence de ses deux grands voisins, et d'un arrière-pays qui, quoique d'une grande richesse, est moins bien adapté au commerce colonial que l'Aquitaine et le Val de Loire. Il ne maintient ses positions que dans la traite négrière, où il figure longtemps en seconde position, mais, ici aussi, il est en recul relatif sur l'ensemble du siècle[234]. Enfin, une quinzaine de petits ports entretiennent des relations très limitées avec les Iles (dix navires par an ou moins), soit parce qu'ils ont une autre spécialisation[235], soit parce qu'ils sont concurrencés par un plus grand proche[236], soit en raison de conditions de navigation peu favorables[237] ; en tout, 2 % du total au grand maximum)

• L'expédition des « denrées »

1. Les ports coloniaux

L'expédition des productions coloniales par le commerce licite vers la France ne peut s'effectuer que par les ports dans lesquels existe un siège d'amirauté. Etablies dans les colonies en 1717, ces juridictions, compétentes en matière de commerce maritime, sont indispensables pour que les capitaines puissent effectuer les diverses formalités obligatoires avant le départ du navire (déclarations, vérifications, paiement des divers droits). En 1789, elles sont au nombre de dix à Saint-Domingue[238], deux en Guadeloupe[239], deux à la Marti-

---

233. H. Robert, « Les trafics coloniaux du port de La Rochelle au XVIIIe siècle », *Mémoires de la Société des antiquaires de l'Ouest*, t. IV, 1960, 211 p.
234. Entre 1700 et 1745, 133 armements sur 910 = 14,6 % ; de 1781 à 1792, 125/1143 = 10,9 %.
235. La Marine militaire à Cherbourg, Brest, Rochefort, Toulon ; le commerce des Indes à Lorient ; la pêche hauturière à Granville et Saint-Malo.
236. Dieppe par rapport au Havre, La Ciotat et Marseille.
237. Saint-Valery-sur-Somme au fond de sa baie en cours d'ensablement.
238. Fort-Dauphin, Le Cap Français, Port-des-Paix, Saint-Marc, Port-au-Prince, Petit-Goâve, Jérémie, les Cayes, Saint-Louis, Jacmel.
239. Basse-Terre et Pointe-à-Pitre, créée en 1767.

nique[240], une à Sainte-Lucie et une à Tobago[241]. Mais en réalité, les exportations sont beaucoup plus concentrées géographiquement. A Saint-Domingue, les deux premiers ports, le Cap et Port-au-Prince, assurent en 1788 65 % du total en volumes des expéditions de sucre et 64 % toutes « denrées » confondues, et les trois suivants ensemble, Port-Dauphin, Saint-Marc et les Cayes, 26 et 24 % respectivement[242]. A la Martinique, Saint-Pierre effectue la quasi-totalité du commerce lointain de la colonie. En Guadeloupe, une lutte terrible oppose Basse-Terre et Pointe-à-Pitre. Le chef-lieu, qui était en situation de quasi-monopole (à l'exception de quelques expéditions par le Petit Cul-de Sac) avant 1756, se voit de plus en plus concurrencé par son rival de la Grande-Terre, créé pendant la période anglaise, qui bénéficie de sa position centrale dans la colonie et de sa proximité de toutes les grandes régions sucrières (*carte 7*). Au cours des cinq dernières années de la monarchie (n. d. avant), les deux tiers des navires quittant la Guadeloupe pour la France partent de Pointe-à-Pitre, mais, pour ce qui concerne les seules exportations sucrières, la prépondérance de Pointe-à-Pitre est devenue écrasante : 75 à 80 % en valeur comme en volumes.

2. *Les voies d'accès au marché*[243]

Historiquement la forme la plus ancienne d'expédition des « denrées » en métropole est le *ramassage* accompagné de troc. Les capitaines de navires longent les côtes de bourg en bourg à la recherche de demandeurs pour leurs marchandises d'Europe ou leurs captifs africains, et de fret pour leurs retours. Le règlement se fait sur la base d'une double appréciation fictive en LC jusqu'à compensation, et le solde fait l'objet d'une ouverture de crédit (pratiquement toujours par le capitaine au planteur), car le numéraire est rare aux Iles ; les échanges se règlent presque toujours par lettres de change et jeux d'écritures[244]. C'est évidemment une forme très primitive de relations

---

240. Saint-Pierre et Fort-Royal ; un troisième siège avait été créé à Trinité, mais il fut supprimé en 1778 comme inutile.

241. Respectivement Castries (Le Carénage) et Fort-Louis (Scarborough).

242. *Barbé de Marbois* ; voir carte n° 3, chap. I. Pas de chiffres en valeurs.

243. Les développements essentiels sur le sujet sont ceux de P. Butel, *Croissance commerciale bordelaise*, op. cit., t. I, p. 776-800. Voire également A. Perotin-Dumon, *La ville aux îles*, op. cit., p. 137-221, et Ch. Schnakenbourg, *Sucreries de la Guadeloupe*, op. cit., p. 100-113.

244. A. Buffon, *Monnaie et crédit en économie coloniale. Contribution à l'histoire économique de la Guadeloupe, 1635-1919*, Basse-Terre, 1979, p. 15-24 ; G. Marion, *L'administration des finances en Martinique, 1679-1790*, Paris, 2000, p. 122-199.

commerciales, dans lesquelles règnent la lenteur, l'incertitude et la mauvaise foi[245]. C'est même pratiquement la seule utilisée en Guadeloupe jusqu'à la période anglaise, en raison du très petit nombre de navires venus directement d'Europe[246], mais elle ne disparaît jamais complètement dans les autres îles où elle constitue une variable d'ajustement dans la stratégie commerciale des capitaines[247].

Très vite, s'impose le besoin d'une concentration des opérations, et c'est alors qu'apparaissent les *commissionnaires*[248]. Il en est question dès les années 1720 à Saint-Pierre, et l'institution ne tarde pas à s'imposer dans tous les ports des Iles faisant le commerce avec la France. Les commissionnaires font l'interface entre planteurs et capitaines de navires par la concentration des opérations qu'ils permettent à l'intérieur d'un certain périmètre (un ou plusieurs quartiers, toute une colonie, voire même plusieurs dans le cas de Saint-Pierre) ; ils réceptionnent et entreposent dans leurs magasins « denrées » livrées par les planteurs et « marchandises d'Europe » apportées par les navires marchands, de façon à détenir un stock toujours disponible permettant de répondre à la demande des uns et des autres. Très vite, les capitaines ne vont plus vouloir traiter qu'avec eux, en raison de l'accélération des opérations et l'abaissement des coûts sur place que permet le système ; au lieu de courir pendant des mois de bourg en bourg pour constituer leurs cargaisons et recouvrer leurs créances sur les planteurs, quelques semaines de stationnement dans un seul port suffisent.

Les commissionnaires n'achètent ni ne vendent rien. Ce ne sont en principe que des intermédiaires pour le compte des planteurs, qui conservent théoriquement la propriété de leurs denrées, donc la responsabilité financière en découlant ; en rémunération de leurs services, ils perçoivent une commission de 5 % sur le montant des opérations effectuées. Mais leur poids réel sur les échanges est très sensiblement plus lourd, particulièrement aux Iles-du-Vent, en raison des

---

245. Voir par exemple ANOM, C7A 11, commissaire-ordonnateur la Chapelle, 15 mai 1731, et C8A 46, fol. 188-189, intendant d'Orgeville, 10 juin 1735.

246. « Il semble bien que jusque très tard dans la deuxième moitié du XVIIIe siècle, les opérations commerciales bordelaises aux Iles soient restées placées sous le régime du troc » (P. Butel).

247. Ainsi en 1785, le capitaine d'un navire du négociant bordelais Pierre Lalle écrit à son armateur : « Je suis bien heureux de m'être décidé à venir ici (Sainte-Anne) ; les affaires sont meilleures qu'à la Pointe où on ne vend rien » ; par la suite, il ira à Moule. Cité par Ch. Schnakenbourg, *Sucreries de le Guadeloupe*, op. cit., p. 104, note 3.

248. Développements essentiels sur la question dans G. Marion, *Administration des finances*, op. cit., p. 71-79.

frais de toute nature (approche, magasinage, rabattage ...) que suppose le recours à leur ministère, sans oublier les fraudes, tromperies, prix abusifs et taux d'intérêt élevés (10 à 12 %) que leur permet leur monopole[249]. Un mémoire martiniquais de 1767 estime à trois millions de L par an ce qu'ils coûtent aux planteurs de l'île, soit plus de 10 % de la valeur du commerce total import + export (27 ML). Ces commissionnaires sont, écrit l'intendant d'Orgeville en 1735, « un mal nécessaire » par les économies de temps et d'argent qu'ils permettent de réaliser tant aux planteurs qu'aux négociants[250], mais ils constituent en même temps un facteur de retardement de la croissance.

Il n'est donc pas surprenant que ces commissionnaires soient détestés par les planteurs. Les plaintes sont vives dans toutes les îles, où ils sont fréquemment qualifiés de « sangsues ». Elles le sont plus particulièrement en Guadeloupe dans la première moitié du siècle. Pratiquement tout le commerce de France dans les Petites Antilles se concentre alors à Saint-Pierre, tant pour les débouchés que pour les approvisionnements des planteurs. Outre l'existence de ces commissionnaires et tous les avantages qui en découlent pour la « traite » des capitaines, le port martiniquais est mieux pourvu en numéraire, offre des facilités administratives et des garanties judiciaires qui n'existent pas en Guadeloupe[251]. Par contrecoup, celle-ci est délaissée par les négociants métropolitains[252], et les planteurs qui veulent exporter en métropole n'ont d'autre choix que porter leurs barriques à Saint-Pierre ; ce qu'ils ne font évidemment pas, préférant les vendre en interlope à Saint-Eustache. Cette dépendance envers les commissionnaires et les surcoûts qu'elle entraîne représenteraient selon des plaintes guadeloupéennes, un prélèvement de l'ordre des 30 % sur les revenus de l'Archipel ; sans doute une exagération, mais ces surcoûts

---

249. Ils ne sont officiellement que quatre à Saint-Pierre en 1788, mais, à côté, plusieurs négociants importants font également du commerce de commission sans en avoir le titre.
250. ANOM, C8A 46, fol. 194-195.
251. Voir sur ce point la lettre précitée de l'intendant d'Orgeville. Le siège d'amirauté dont l'intervention est indispensable pour expédier les navires est au cœur même du port, alors qu'en Guadeloupe, les capitaines doivent aller jusqu'à celui de Basse-Terre pour effectuer les formalités nécessaires. A Saint-Pierre réside également l'intendant du gouvernement général des Iles-du-Vent, compétent pour toutes les affaires commerciales, alors qu'il n'y en a pas en Guadeloupe, qui n'est qu'un gouvernement particulier subordonné. En cas de litige entre un commissionnaire et un capitaine de navire marchand, il peut intervenir immédiatement pour régler le problème.
252. Nombre annuel moyen de navires arrivés de France entre 1730 et 1739 = 154 à la Martinique, 10 en Guadeloupe ; de 1750 à 1755 = 144 à la Martinique, 8 en Guadeloupe.

sont de toutes façons très élevés[253]. Après le traité de Paris, l'essor qu'a connu la Guadeloupe pendant la période anglaise et la création du port de Pointe-à-Pitre attirent le commerce de France, mais la Martinique conserve sa supériorité[254]. En 1763, planteurs et négociants guadeloupéens coalisés parviennent à faire interdire le cabotage entre les deux îles, mais la situation n'est pas tenable, car l'absence du relais martiniquais se fait rapidement sentir sur le volume des échanges avec la France et leur coût ; il est rétabli cinq ans plus tard. A la fin de l'Ancien Régime, Saint-Pierre reçoit toujours entre le quart et le tiers des exportations de la Guadeloupe pour France[255] ; il faut croire que passer par son intermédiaire présentait quelque avantage pour les planteurs[256].

Les débats passionnés sur les commissionnaires semblent diminuer sensiblement d'intensité après le traité de Paris, et pas seulement en Guadeloupe. Ceci paraît devoir être mis sur le compte du développement d'une nouvelle modalité de l'accès au marché pour les planteurs, celle des relations directes avec les négociants par le système de la *consignation* à une maison de commerce métropolitaine. Le phénomène apparaît dès les années 1730 à Saint-Domingue, où les armateurs prennent très vite l'habitude de se passer de l'intermédiaire des commissionnaires[257]. Les plus grands, Gradis à Bordeaux, Foäche au Havre, Montaudouin à Nantes, créent des succursales dans les ports des Iles, le plus souvent à Saint-Pierre et au Cap ; dans la plupart des cas, ils s'associent à une maison locale avec laquelle ils partagent le bénéfice des opérations. A Saint-Domingue à la fin de l'Ancien Régime, quinze maisons de commerce locales, dont sept au Cap, sont associées à des armateurs bordelais, et onze ont avec eux un contrat d'exclusivité (maisons « consignées »)[258]. Le plan-

253. En 1743, le prix moyen des esclaves introduits à la Martinique est de 850 L ; ils sont revendus 1.100 en Guadeloupe.

254. Moyenne annuelle des arrivées en 1764-69 = 88 en Guadeloupe, 151 à la Martinique.

255. Moyenne annuelle des exportations de sucre pour France (directes + cabotage par la Martinique) de 1785 à 1789 = 262.000 « Qx », dont 58.000 par le cabotage, soit 22 %. Pour le café, 35 %, pour le coton 34 %.

256. Plus de précisions sur les relations commerciales difficiles entre les deux îles dans Ch. Schnakenbourg, *Sucreries de la Guadeloupe*, op. cit., p. 109-113

257. Où leur existence semble poser beaucoup moins de problèmes qu'aux Iles-du-Vent ; on les voit peu dans les sources. Il est probable qu'ils sont peu nombreux et que leur rôle dans les échanges est relativement peu important. En 1776, Hilliard d'Auberteuil recense 400 « facteurs du commerce de France et commissionnaires », sans plus de précision.

258. Voir carte dans P. Butel, *Croissance commerciale bordelaise*, op. cit., t. II, p. 105.

teur expédie ses sucres, en contrepartie desquels le négociant lui accorde les crédits nécessaires à l'achat des marchandises d'Europe indispensables à son activité, ainsi qu'à celui des esclaves débarqués par les négriers. Le négociant crédite le compte de l'expéditeur du « net produit », tous frais déduits, des ventes faites à son ordre, qui doit en principe couvrir les avances et fournitures de la campagne ; si leur montant est insuffisant, le solde débiteur est reporté sur la campagne suivante en espérant qu'elle produise les revenus nécessaires. Le choix de son correspondant est libre. Le planteur peut très bien en avoir un dans plusieurs ports en même temps et en changer à son gré[259], mais cette liberté disparaît lorsque sa dette est devenue trop importante. Il doit alors consigner toute sa production à son (principal) créancier jusqu'à remboursement ; c'est ce que l'on appelle une « liaison d'habitation », situation révélatrice de graves difficultés financières sur laquelle nous reviendrons dans notre dernier chapitre.

Enfin, il ne faut pas oublier les ventes sur place en barriques ou en formes, destinées à « subvenir aux dépenses de l'habitation » : achat de vivres du pays, visites médicales, travaux à façon exécutés par des entrepreneurs locaux, achats complémentaires de matériaux ou d'outillage et parfois d'esclaves, salaires du petit personnel blanc, taxes diverses, toutes dépenses d'exploitation qui nécessitent d'avoir la trésorerie nécessaire. Elles représentent une part très importante du chiffre d'affaires-sucre : 36 % chez Laborde de 1768 à 1791, 28 % chez Harouard à Saint-Michel entre 1784 et 1790, 46 % chez Galliffet de 1783 à 1791 ; même sur une petite habitation, comme celle de Préaux de l'Etang, 28 % des sucres sont vendus sur place, en 1790.

3. LES DEBOUCHÉS ETRANGERS

Ce paragraphe n'aurait pas dû être écrit. En principe, l'exportation à l'étranger des productions coloniales est prohibée ; mais en pratique, il est au cœur même de notre propos.

259. Laborde passe successivement de Charet (Nantes) en 1768, à Bouteiller (Nantes) et Léger (Bordeaux), puis, en 1775, à Foäche (Le Havre), remplacé en 1783 par Poullet fils (Le Havre), conjointement avec Léger. Galliffet expédie concurremment ses sucres à des maisons de Marseille, Nantes, Le Havre, Dunkerque et Bordeaux. En Guadeloupe, Préaux de l'Etang est en relation avec Boyer frères, de Bordeaux, qui détient l'exclusivité de 1774 à 1784 ; à partir de 1785, il entre en relations avec Montaudouin (Nantes), mais conserve les deux maisons jusqu'en 1791, où il cesse les expéditions à Boyer.

• **La prohibition de principe du commerce étranger aux Iles**[260]

Au XVIIIe siècle, les colonies ne disposent pas de la liberté de leurs échanges extérieurs. Leur régime commercial est défini par un ensemble de règles formant un système connu en France sous le nom d'*Exclusif*, dont l'esprit peut se résumer en une courte phrase, répétée à satiété par les chambres de commerce métropolitaines lors du grand débat entre planteurs et négociants à la fin de l'Ancien Régime : « Les colonies n'ont été fondées que pour l'utilité de la métropole ».

C'est sous la plume de l'économiste physiocrate Dupont de Nemours que se trouve la définition la plus élaborée de l'Exclusif. Trois caractéristiques, qui sont autant de restrictions à la liberté de commerce des planteurs : « 1) L'usage exclusif des denrées de la métropole et portées par ses vaisseaux ; 2) Le transport direct à la métropole et par ses vaisseaux de toutes les productions de la colonie ; 3) La prohibition des manufactures dont la métropole est en possession ».

Ainsi défini, l'Exclusif établit au profit du « commerce de France » un monopole réservant la production coloniale et le marché colonial aux seuls négociants métropolitains. A cet égard, les principes de base de l'Exclusif se situent dans le cadre plus large de l'idéologie mercantiliste, alors dominante dans le domaine de l'échange international, qui fait du commerce extérieur le principal moyen d' « enrichissement » d'un pays, par l'obtention d'une balance excédentaire que les pays étrangers débiteurs devront solder en métaux précieux. Dans une telle conception, les colonies n'ont et ne peuvent avoir d'autre objet que de permettre le plus grand développement possible du commerce et des manufactures de la métropole, en fournissant à celle-ci des matières premières qu'elle ne peut obtenir sur son propre sol, et dont une partie, une fois manufacturée, sera revendue à l'étranger pour obtenir une balance commerciale positive, et inversement en servant de débouché aux excédents de la production métropolitaine. A ceci viennent s'ajouter des objectifs moins commerciaux mais essentiels en ces temps de guerres maritimes à répétition : le développement de la marine marchande permet d'entretenir une flotte de guerre et de disposer d'une population de marins mobilisables en cas de conflit.

La logique de ces principes est tout naturellement l'interdiction de tout commerce direct entre les colonies et l'étranger ; de tels échanges ne peuvent s'effectuer que par l'intermédiaire de la métropole. C'est

---

260. J. Tarrade, *Commerce colonial*, op. cit., t. I, p. 82-95.

ce que l'on appelle « les lois prohibitives du commerce étranger dans les colonies ». Les contrevenants s'exposent à une sévère répression, entrainant au minimum la confiscation des marchandises et du navire, voire même une peine de galères. Ajoutons toutefois que ces règles ne s'appliquent pas au commerce inter-colonial, surtout quand il relie des territoires dont les productions sont complémentaires et peuvent donc nourrir des flux réciproques ; ainsi les Antilles (sucre) et le Canada (bois) jusqu'à la guerre de Sept Ans.

Naturellement, ce régime d'exclusion des étrangers ne concerne pas seulement la France et ses colonies. Les Britanniques en usent de même dans leurs *West Indies*, tout en autorisant le commerce entre elles et les colonies du continent nord-américain, mais la *Royal Navy* conduit dans toute la Caraïbe une chasse active aux interlopes de la Nouvelle-Angleterre trafiquant directement avec les îles françaises et les colonies espagnoles. L'Espagne également a longtemps essayé d'appliquer un exclusif à son immense empire américain, mais elle a dû consentir des exceptions importantes au traité d'Utrecht (1713), avec l'*asiento* pour la traite négrière et le « vaisseau de permission » ; il demeure par contre en vigueur pour tout le reste du commerce de ses colonies, notamment celles de la Terre Ferme dans leurs relations avec les Antilles françaises (jusqu'en 1761) et hollandaises voisines.

Le principe de la prohibition du commerce étranger aux Iles est établi par Colbert en 1664, mais, jusqu'en 1713, la situation de guerre pratiquement continuelle sur l'Atlantique et l'infériorité de la marine marchande française face à ses concurrentes anglaise et hollandaise empêchent sa mise en application. Elle est rétablie en 1717, puis considérablement renforcée dans le sens de la répression dix ans plus tard. Les exceptions sont rares. La principale autorise les relations directes avec les colonies espagnoles voisines, qui fournissent des bœufs et des mulets indispensables au fonctionnement des habitations, et surtout constituent un débouché intéressant pour la réexportation de produits manufacturés métropolitains qu'elles paient en monnaie d'argent[261]. Les gouverneurs des différentes colonies ont également le pouvoir d'accorder des dérogations (« permissions ») en cas d'absolue nécessité, mais elles doivent être limitées dans le temps et quant à leur objet. Elles sont peu nombreuses et doivent être lon-

261. Mais jusqu'en 1761, ces échanges sont considérés comme frauduleux par les autorités espagnoles et, en principe, réprimés par elles.

guement justifiées à Versailles[262]. Le plus souvent, les administrations locales préfèrent fermer les yeux.

• Le commerce interlope, revers de l'Exclusif

L'Exclusif établit en faveur des négociants métropolitains pris collectivement (le « commerce de France ») un monopole sur leurs échanges avec les colonies et fait de la métropole un débouché contraint. Mais il y a une contrepartie : pour que le système fonctionne, il faut nécessairement que ce même commerce soit en mesure de résoudre de façon satisfaisante, en volumes comme en prix, les problèmes d'approvisionnements et de débouchés des habitations. Il s'en suit que, si le commerce de France est défaillant, les planteurs n'ont d'autre choix que de recourir à l'étranger. Si ce recours est interdit, il ne reste plus que l'interlope. Les administrateurs des différentes colonies le disent et le redisent à Versailles, dans des dizaines de lettres où ils proclament en même temps leur volonté de le réprimer et leur incapacité à y parvenir[263].

Il y a, à cette situation, quatre ordres d'explications.

En premier lieu, l'insuffisance de la flotte marchande française. En 1786, elle représente 729.000 tx soit 18 % de moins que sa rivale britannique (882.000 tx), alors qu'elle doit desservir un potentiel colonial caraïbe supérieur d'un quart. Cette infériorité est particulièrement nette pour ce qui concerne le plus important des « approvisionnements » des plantations : les esclaves. De 1701 à 1790, les négriers britanniques ont débarqué 1.513.000 captifs dans la Caraïbe et les français 918.00[264] ; de 1772 à 1775, 161 armements par an à destination de la Guinée sont effectués à Londres + Liverpool + Bristol (97 % du total anglais) et 145 entre 1783 et 1792[265], contre 60 depuis les ports français en 1773 et 93 en 1788, alors que les colonies françaises comptent plus de 600.000 esclaves contre moins de 4000.000 dans les *West Indies*. Il en va de même pour ce qui concerne la morue, composante

262. Quelques exemples : à la Martinique en 1723 (les sucreries sont paralysées par le manque de bestiaux) ; en Guadeloupe la même année (début de famine) ou après les deux cyclones de 1738 et 1740 ; à Saint-Domingue à plusieurs reprises entre 1744 et 1748 (chute du commerce avec la France en raison de la guerre de Succession d'Autriche), ou après le tremblement de terre de 1770.

263. ANOM, DFC, Mémoires XXXI/128, n° 267, intendant de Moissac (Guadeloupe), 1766 : « On ne peut se flatter de bannir absolument le commerce étranger des colonies, on doit s'attacher seulement à y mettre des entraves ».

264. *Trans Atlantic slave trade database.*

265. R. Anstey et P. E. H. Hair, *Liverpool, the African slave trade and Abolition*, Liverpool, 1976, p. 92.

essentielle de l'alimentation des esclaves : la pêche française brille par son inefficacité ; de 1787 à 1789, quand les introductions par le commerce étranger sont autorisées 18 % seulement de la morue importée aux Iles proviennent de France ou de Saint-Pierre-et-Miquelon[266].

En second lieu, certains transports sont difficiles, voire impossibles, à travers l'Atlantique. Pour les approvisionnements, les bois « du Nord » et les bestiaux, sans oublier le riz, dont la consommation se développe après 1763. Pour les exportations, les sirops, en raison du coulage pendant la traversée. Dans tous les cas, il n'y a pas d'autre solution que le recours à l'étranger.

Les négociants métropolitains ne sont, en troisième lieu, pas toujours compétitifs face à leurs concurrents des autres pays européens dans la Caraïbe (Anglais de la Jamaïque, Hollandais de Saint-Eustache) et surtout ceux des Treize Colonies, puis Etats-Unis. Dans les années 1770, les prix du commerce de France sont 30 à 50 % plus élevés pour les « comestibles » (farines « communes », morue) et dans les 20 à 25 % pour les esclaves. Inversement, ils sont 20 à 25 % inférieurs pour le sucre et l'indigo[267]. Naturellement, le commerce de France possède lui aussi ses points forts : à l'importation aux Iles, les farines de qualité supérieure (Moissac), les viandes salées, le vin, les toiles de toutes natures, ainsi que la plupart des pièces lourdes de sucreries et des objets manufacturés[268] ; à l'exportation, il a l'avantage pour le sucre terré, le café et le coton, sur lesquels il offre des prix plus élevés.

Enfin, l'éloignement des marchés (45 jours de navigation dans chaque sens) et leur opacité vus depuis l'autre côté de l'Atlantique mettent les négociants dans l'incapacité de faire des anticipations rationnelles et favorisent la spéculation. De là une double série de déséquilibres dans leurs relations avec les planteurs.

Structurellement, tout d'abord, les armateurs métropolitains concentrent leurs opérations dans les ports et les îles offrant les meilleures opportunités en volume comme en profits. Il y aura toujours des acheteurs pour les « marchandises d'Europe » et des vendeurs de « denrées coloniales » au Cap, à Port-au-Prince, à Saint-Marc, à Saint-Pierre ou à Pointe-à-Pitre après 1763. Inversement, ils ont tendance à négliger les autres destinations, où les transactions sont plus incertaines, faute d'organisation et de volumes sur lesquels s'appuyer :

---

266. J. Tarrade, *Commerce colonial*, op. cit., t. II, p. 639, note 197.
267. Hilliard d'Auberteuil, *Considérations sur l'état présent de la colonie française de Saint-Domingue*, Paris, 1776, t. I, p. 45, et t. II, p. 280-282.
268. J. Tarrade, *Commerce colonial*, op. cit., t. I, p. 123-124, et t. II, p 656-658.

partie du Sud de Saint-Domingue, Grenade et Guadeloupe jusqu'à la guerre de Sept Ans, Sainte-Lucie après 1763. Cette politique de délaissement de certaines colonies au profit d'autres trouve sa meilleure illustration dans le choix des destinations des navires négriers, qui abandonnent presque totalement les Iles-du-Vent pour ne plus se diriger que vers Saint-Domingue[269]. Naturellement, le commerce de France adopte la même attitude dans le choix des « denrées » pour la composition de leurs cargaisons de retour ; les négociants achètent prioritairement le sucre terré et « rebutent » le sucre brut, qu'ils ne chargent que lorsqu'il n'y a pas assez de terré disponible.

Conjoncturellement, en second lieu, les mouvements à court terme de l'offre et de la demande sont incontrôlables. Les négociants organisent leurs armements et formulent leurs instructions à leurs capitaines en fonction des informations, vieilles de près de deux mois, qu'ils reçoivent des Iles et des perspectives supposées qu'elles leur ouvrent, et c'est la somme de leurs décisions individuelles qui fait le comportement collectif du commerce de France. Que parvienne à Bordeaux la nouvelle d'un manque de farine, et tous les armateurs vont en charger pour profiter des prix élevés au Cap ; trois mois plus tard, après que son prix ait diminué drastiquement, plus une once de farine ne quitte la France et les cours bondissent, puis de nouveau le cycle recommence. Même mécanique cyclique très affirmé pour les achats de « denrées », qui obéissent en décalé de trois mois aux fluctuations de la demande métropolitaine. De là des comportements spéculatifs que les planteurs mettent sur le compte de la volonté du commerce de les affamer et/ou de les ruiner[270]. Il n'y a que la traite négrière qui n'obéisse pas à ces mécanismes à court terme de formation des prix, en raison de la longueur de la navigation et des opérations du circuit triangulaire (15 à 18 mois), en même temps que de la force de la demande de main-d'œuvre des habitations, qui est toujours supérieure à l'offre des négriers français ; il y aura toujours des acheteurs.

C'est surtout lorsqu'un sinistre frappe les Iles que cette politique du commerce de France apparaît dans toute sa nocivité. Armateurs et

269. Part des Iles-du-Vent dans le total des introductions d'esclaves aux Antilles + Guyane : 52,9 % en 1711-15, 20,6 % en 1751-55, 7,0 % en 1766-70, 2,3 % en 1786-90 ; *Transatlantic slave trade database*.

270. Sur toutes ces questions, voir le remarquable article de Ch. Frostin, « Les colons de Saint-Domingue et la métropole », *Revue Historique*, t. 237, 1967, p. 381-414, qui constitue une étude très complète du problème du ravitaillement et de l'interlope dans la Grande Ile à la fin de l'Ancien Régime.

négociants abandonnent immédiatement à son triste sort la colonie dévastée, en détournant les navires qui y étaient expédiés et en n'y expédiant plus rien jusqu'à ce que la situation soit redevenue normale ; ainsi à Saint-Domingue après le tremblement de terre de 1770[271], en Guadeloupe après le cyclone de 1776, à la Martinique après celui de 1780[272]. Dans tous les cas, le commerce étranger apparaît comme un moyen de survie.

• Les formes et les lieux de l'interlope

1. Modalités[273]

Elles sont extrêmement variées, mais peuvent être regroupées autour de deux thèmes principaux.

Le plus simple est évidemment le débarquement clandestin de marchandises « d'Europe » (en fait des Treize Colonies le plus souvent) et d'esclaves dans de petites anses retirées et/ou pendant la nuit, et l'embarquement en contrepartie de « denrées » locales. De telles opérations sont pratiquement impossibles à empêcher. L'administration n'a pas suffisamment de moyens, ni en hommes, ni en bâtiments de surveillance maritime, et surtout cette contrebande « au goutte-à-goutte » bénéficie de la complicité générale, à commencer par ceux qui sont théoriquement chargés de la réprimer, mais qui, étant eux-mêmes propriétaires d'habitations, sont les premiers bénéficiaires : les officiers de milice ferment les yeux, et quand un interlope est assez maladroit ou pas assez « généreux » pour se faire prendre, il est relaxé par des juges corrompus.

En second lieu, la fraude aux déclarations : sur la composition des cargaisons, sur les quantités embarquées ou débarquées, et surtout sur les destinations à l'occasion de navigation intercoloniales autorisées : Boston à la place du Canada, Saint-Eustache ou Saint-Thomas à la place de la partie française de Saint-Martin, Curaço à la place de la Terre Ferme espagnole, les îles neutres jusqu'en 1756 au lieu du cabotage entre Guadeloupe et Martinique, sans oublier les navigations entre deux ports d'une même colonie et qui font au passage un dé-

---

271. Les capitaines de navires rembarquent le lendemain du séisme des barils de farine qu'ils avaient débarqués la veille, ou en dissimulant une partie pour pouvoir spéculer ; Ch. Frostin, *Colons de Saint-Domingue*, art. cit., p. 390-391.

272. Nombre de navires arrivés directement de France en Guadeloupe : 84 en 1775, 47 en 1776 ; à la Martinique : 134 en 1777, 57 en 1781.

273. J. Tarrade, *Commerce colonial*, op. cit. t. I, p. 95-112 ; Ch. Frostin, *Autonomisme colon*, op. cit., t. I, p. 338-384, et t. II, p. 524-630 ; Ch. Schnakenbourg, *Sucreries de la Guadeloupe*, p. 120-124.

tour. Cette forme d'interlope repose principalement sur la corruption de « commis gagnés et subornés » établissant tous les certificats nécessaires, en remontant toute la chaîne administrative jusqu'aux échelons les plus élevés[274].

Tout ceci, naturellement, sans oublier les divers cas où l'occasion fait le larron : navires étrangers autorisés à accoster pour faire de l'eau ou des réparations, réelles ou supposées, plénipotentiaires, comme à Saint-Louis, dans le Sud de Saint-Domingue en 1748, « parlementaires » à l'occasion d'échanges de prisonniers pendant la guerre de Sept Ans...

2. *Géographie*

L'interlope aux Antilles françaises s'inscrit dans tout un ensemble de réseaux interaméricains, les reliant, à travers quelques intermédiaires proches, à deux destinations principales, la Nouvelle Angleterre et l'Europe du Nord-Ouest.

Les Treize Colonies, puis Etats-Unis, constituent de très loin le premier marché étranger pour les planteurs français. Les « Bostoniens »[275] viennent chercher dans les îles françaises essentiellement des sucres et des sirops, dont l'offre est plus abondante et les prix moins élevés que dans les *West Indies*. En 1788, alors que le commerce avec eux peut se faire ouvertement, au moins pour une partie des productions (*infra*), 36 % des importations étrangères en proviennent, et 41 % des exportations leurs sont destinées[276]. Mais jusqu'en 1776, les navires marchands nord-américains ne fréquentent guère eux-mêmes directement les îles françaises, en raison des risques de répression qu'ils courent des deux côtés. Ils préfèrent passer par des colonies voisines constituées en entrepôts et servant de relais pour la redistribution des marchandises et des esclaves échangés en contrebande.

274. Arrivé à la Martinique en 1720 sans grande fortune, le directeur du Domaine Dudoyen décède trois ans plus tard en laissant 100.000 L. « Il est aisé de s'enrichir promptement de cette manière », note l'intendant Bénard, « en recevant de fausses déclarations sur lesquelles il faut être plus qu'aveugle pour n'y pas trouver à redire » ; ANOM, C8A 31, fol. 172.

275. Nom générique donné aux Antilles françaises à tous les navires et négociants de la Nouvelle Angleterre en liaison avec elles : Boston, Rhode Island, New York, Baltimore, Philadelphie....

276. AN, F12-1835, balance du commerce. La proportion réelle est beaucoup plus élevée, car les statistiques officielles n'intègrent évidemment pas les sucres et café, dont l'exportation demeure interdite et qui sortent donc en interlope.

Et tout d'abord la Jamaïque, qui, comme l'ensemble des *West Indies*, peut commercer librement avec toutes les autres colonies britanniques des Amériques. A 150 km seulement des côtes domingoises, elle constitue la principale porte d'entrée du commerce prohibé, mais très peu clandestin, avec la Grande Ile. Les échanges sont tellement développés que l'interlope avec la Jamaïque constitue un facteur majeur de la croissance domingoise, particulièrement dans les deux entre-guerres de 1748-1755 et 1764-77 ; c'est même pratiquement le seul pour la partie du Sud, complètement abandonnée par le commerce de France jusqu'aux années 1760 et encore très mal desservie par lui après[277]. Naturellement, ces expéditions vers la Jamaïque ne concernent pas que la Nouvelle-Angleterre. A l'exception des mélasses (*infra*), l'essentiel des exportations clandestines vers les *West Indies* ont la métropole britannique pour destination finale[278].

Dans la Caraïbe orientale, le commerce clandestin se concentre sur quelques petites îles bénéficiant d'une situation de neutralité qui les place en grande partie à l'abri des croisières de la *Royal Navy* dans sa traque des interlopes « bostoniens ». Ce sont tout d'abord les îles « neutres » de l'arc antillais, laissées inoccupées par Français et Anglais jusqu'en 1760, surtout la Dominique et Sainte-Lucie[279]. Mais le cœur de tous les trafics illicites dans les Petites Antilles se situe dans les îles danoise de Saint-Thomas et hollandaises de Saint-Eustache et Curaçọ, près de la côte vénézuélienne, qui bénéficient ici de deux atouts : d'une part le statut de neutralité de leurs métropoles dans les conflits européens tout au long du siècle ; et d'autre part parce que ce sont des ports francs qui offrent une totale liberté aux opérations commerciales de ceux qui fréquentent leurs eaux[280]. Elles constituent

---

277. MSM, III, 1166, et Ch. Frostin, *Colons de Saint-Domingue*, art. cit.

278. En 1766, le Royaume-Uni crée à la Dominique et à la Jamaïque ders ports francs destinés à attirer en interlope les productions, respectivement, des Iles-du-Vent et de Saint-Domingue. Mais cette initiative semble n'avoir donné que de médiocres résultats ; F. Armytage, *The free port system in the British West Indies. A study in commercial policy (1766-1822)*, Londres, 1963, 178 p.

279. Anglais et Hollandais y ont constitué « des dépôts de farine et de bœuf (salé), et même de Nègres », qui sont ensuite transférés de nuit par des barques en Guadeloupe et en Martinique ; ANOM, C8A 32, fol. 279, intendant Blondel, 1723. Sur le statut des îles neutres avant la guerre de Sept Ans, voir *supra*, chap. 2.

280. Abondante littérature sur le sujet. Une présentation générale dans E. Schnakenbourg, « Neutres et neutralité dans le monde antillais du XVIIIe siècle », *Bull. Sté d'hist. Gpe*, n° 174, 2016, p. 5-19. Des développements plus approfondis dans C Goslinga, *Dutch in the Caribbean*, op. cit., p. 156-230 ; Ch. Frostin, *Autonomisme colon*, op. cit., t. I, p. 339-343 ; W. Klooster, *Illicit riches. Dutch trade in the Caribbean*, Leiden, 1998, 283 p. ; E. Schnakenbourg, « L'asile de tous les trafics : la colonie danoise de

le point de convergence et de redistribution de toutes les productions de la région caraïbe et de tous les « approvisionnements » nécessaires aux planteurs, en particulier des esclaves. Pendant les guerres, elles offrent en outre la possibilité de faire passer en France des « denrées » des Iles, non seulement sur leurs propres navires, mais également en vendant naturalisations et pavillons de complaisance afin de contourner le blocus anglais.

Chacune de ces îles est plus ou moins spécialisée. Saint-Thomas est plutôt concernée par Saint-Domingue. Curaço est tournée principalement vers les colonies espagnoles des Grandes Antilles et de la Terre-Ferme, dont elle réexpédie les productions vers les Provinces Unies : tabac, cuir, indigo, bois de teinture, café et surtout cacao dont le Venezuela est alors le premier producteur du monde ; bien que leur implication ici soit relativement peu importante, les Antilles françaises ont développé très tôt des relations avec Curaço à l'occasion du commerce autorisé avec la Terre-Ferme[281]. Quant à Saint-Eustache[282], c'est le point focal et nodal de tous les échanges clandestins de l'arc caraïbe jusqu'à Saint-Domingue. Les relations sont particulièrement développées avec les Iles-du-Vent, surtout la Guadeloupe, abandonnée par le commerce de France jusqu'en 1756 et relativement mal desservie par lui après 1763. Naturellement Saint-Eustache n'est qu'une étape. Vers les Provinces Unies, tout d'abord, pour lesquelles partent chaque année « 25 à 30 bâtiments chargés des productions des îles espagnoles, danoises et françaises » (Raynal) ; à la bourse d'Amsterdam, le sucre blanc dit « de Saint-Domingue » est coté dès 1719, mais il en vient probablement beaucoup des autres îles. Vers les Treize Colonies, en second lieu, dont elle constitue l'un des principaux centres d'approvisionnement en interlope des sous-produits sucriers[283]. Cette implication de Saint-Eustache dans la con-

---

Saint-Thomas au tournant des XVIIe et XVIIIe siècles », dans B. Michon (dir.), *Les Européens et les Antilles*, op. cit., p. 97-112.

281. J. Tarrade, *Antilles françaises et possessions espagnoles*, art. cit. ; ANOM, C8A 42, fol. 256-258, mémoire de l'intendant d'Orgeville, 1731. Les Antilles françaises sont à l'origine de 90 à 95 % du sucre transitant par Curaço entre 1726 et 1755, Saint-Domingue de 42 % de l'indigo de 1720 à 1750, la Martinique de 8,8 % du café en 1736-1755.

282. Un rocher minuscule de 31 km^2, tellement resserré entre mer et montagne qu'on a du mal à trouver un espace pour les embarquements et débarquements.

283. Vers 1750, il arrive jusqu'à 300 navires nord-américains par an à Saint-Eustache. Les négociants de la Nouvelle Angleterre ont installé de nombreuses distilleries dans l'île et des ateliers de tonnellerie pour la réexportation des sous-produits venus par interlope des îles françaises. Voir sur ce point, le très important rapport présenté par

trebande des colonies continentales rebelles, ainsi que les trafics divers sous leur pavillon auxquels se livrent les Néerlandais au moment des guerres, conduisent les Britanniques à organiser, en 1781, une expédition commandée par l'amiral Rodney pour détruire « *that nest of thieves* ». Le commerce reprendra à Saint-Eustache après 1783, bien sûr, mais, désormais indépendants, les Etats-Unis n'ont plus besoin d'elle, la navigation entre eux et les Antilles pouvant se faire librement. C'est la fin du *Golden Rock*.

• L'évolution de la politique commerciale coloniale de l'Ancien Régime et l'Exclusif « mitigé »

La politique commerciale de la monarchie aux colonies évolue très lentement au cours du XVIIIe siècle dans le sens d'une timide libéralisation. On passe de la prohibition absolue du commerce étranger à la prohibition avec tolérances, puis à une ouverture très limitée en 1767, et légèrement élargie dans les années 1780. Mais en 1789, on est encore très loin de la liberté du commerce colonial.

C'est à propos des sous-produits sucriers, et spécialement des « sirops » que l'on peut le mieux apprécier cette évolution. Ils constituent pendant tout le XVIIIe siècle l'objet dominant du commerce nord-américain aux Antilles françaises. En 1788, lorsque, nous allons le voir, leur exportation à l'étranger est devenue légale, les Etats-Unis constituent la destination de 82 % des sous-produits sucriers exportés par les ports d'entrepôt ; inversement, les sirops représentent 56 % du total des exportations vers les Etats-Unis, et les tafias/rhum 15 %. En dehors du sucre, les autres productions coloniales les intéressent beaucoup moins ; ils peuvent s'approvisionner à meilleur prix en café et cacao dans les colonies espagnoles, et ils cultivent le coton chez eux. Les sous-produits sucriers constituent donc les productions « vedettes » dans les échanges entre les Antilles françaises et les Treize colonies/ Etats-Unis, licites ou pas[284].

Les Américains importent de la Caraïbe de grandes quantités de rhum et surtout de sirops provenant de la purge du sucre, qu'ils transforment en mauvais alcool pour le commerce de la fourrure avec

---

l'amiral Knowles, dans *Journal of the Commissionners for trade and plantations*, vol. IX, p. 129-132.

284. R. Pares, *Yankees and Creoles. The trade between North America and the West Indies before the American Révolution*, London, NY, 1956, 168 p. ; R. B. Sheridan, *Sugar and slavery*, op. cit., p. 339-359 ; D. B. Goebel, « The New England trade and the French West Indies, 1763-1774. A study in trade policies », *The William and Mary Quarterly*, vol. 20, 1963, p. 331-372.

les Indiens et la traite négrière organisée par les Colonies/Etats esclavagistes. Les *West Indies* constituent évidemment leur principal fournisseur, mais ils se tournent très tôt (dès la décennie 1700) vers les Antilles françaises, non seulement pour de nouvelles sources d'approvisionnement, mais également pour instaurer une concurrence[285]. Or, l'offre est abondante. A l'exception de quelques quantités insignifiantes, les sous-produits sucriers n'ont pas de débouché en France[286]. Les capitaines de navires marchands refusent de charger des sirops, qui coulent pendant la traversée et ne se vendent pas en métropole, quant aux tafias, leur importation est interdite en 1713, officiellement pour des raisons de santé, mais en réalité pour ne pas faire concurrence aux alcools forts bas de gamme métropolitains[287]. L'interdiction est levée partiellement en 1768, puis définitivement en 1777, mais uniquement pour être entreposés en vue de réexportation ; ce sont les alcools « de traite » (négrière) qui sont visés. Mais en pratique, rien ne change ; en 1790, les sirops ne représentent que 0,02 % des importations coloniales totales de la France. Le continent nord-américain constitue donc le seul débouché pour les planteurs français. Aussi, bien qu'interdit par les deux métropoles, et malgré l'imposition, en 1733, d'un droit d'entrée très lourd sur les mélasses étrangères importées dans les Treize Colonies (*Molasses Act*), ce courant d'échanges ne cesse de se développer. On voit bien le rôle essentiel que jouent les mélasses des îles françaises dans l'approvisionnement de la Nouvelle Angleterre au début des années 1760, quand les importations en provenance de la Guadeloupe et de la Martinique, occupées par l'armée britannique, sont devenues provisoirement légales et peuvent donc être comptabilisées au grand jour[288].

La guerre de Sept Ans marque une inflexion dans l'évolution du régime commercial des colonies. L'interruption des liaisons entre Saint-Domingue et la métropole, en même temps que l'essor de la

285. Dans les années 1770, les mélasses importées des colonies françaises et espagnoles en Nouvelle Angleterre sont entre 25 et 40 % moins chères que celles des *West Indies*.
286. Sur tout ce qui suit, K. Aka, *Commerce des sucres*, op. cit., p 288-300.
287. A la différence de l'Angleterre, dont la production de bons alcools forts est plus limitée, dans laquelle les importations de rhum sont autorisées et la consommation se développe rapidement ; elles passent de 2 millions de gallons en 1700-04 à 2.336 en 1771-72 ; R. B. Sheridan, *Sugar and slavery*, op. cit., p. 344-352.
288. Dans le Massachussetts en 1760, sur 7.614 barriques de sirop importées de la Caraïbe, 3.604 proviennent de la Guadeloupe ; en 1761, 3.361 sur 9.918 ; à Salem en 1762, 3.225 importées des Antilles françaises contre 406 seulement des *West Indies*.

Guadeloupe pendant l'administration britannique, font prendre conscience à Versailles qu'il n'est plus possible de continuer à faire semblant d'appliquer un système inapplicable. Après avoir hésité entre plusieurs possibilités, le gouvernement se décide à modifier l'Exclusif, mais à la marge seulement ; la solution retenue, qui servira de ligne directrice jusqu'à la fin de l'Ancien Régime, est d'autoriser le commerce étranger dans quelques ports pour y pratiquer des échanges délaissés par le commerce de France et ceux-là seulement, et interdire tous les autres[289]. C'est l'Exclusif « mitigé ».

Le nouveau système est mis en place en 1767, après un débat torride entre négociants et planteurs, mais de façon très restrictive. Il ouvre deux ports dits « d'entrepôt », le Môle Saint-Nicolas pour Saint-Domingue et le Carénage de Sainte-Lucie pour toutes les Iles-du-Vent, en des lieux isolés situés loin des grands centres commerciaux, afin de pouvoir surveiller plus facilement les opérations et réprimer l'interlope qui pourrait s'y faire. Les navires étrangers peuvent y venir librement pour échanger divers articles limitativement énumérés[290] contre des sirops et tafias.

L'extrême timidité de cette tentative explique son échec. Elle n'apporte aucune solution réelle aux problèmes d'approvisionnements et de débouchés des habitations ; planteurs et Nouveaux-Angleterriens s'abstiennent donc de fréquenter les ports d'entrepôt[291]. En contrepartie, les administrateurs locaux utilisent, sous les motifs les plus divers[292], l'autorisation qui leur est donnée d'accorder dérogations, permissions et tolérances de la façon la plus large possible. Cette première version de l'Exclusif mitigé disparaît en 1778, quand la France s'engage dans la guerre d'Indépendance américaine ; ce sont alors les autorités de Versailles elles-mêmes qui ordonnent d'ouvrir en grand les ports antillais aux navires des Etats-Unis.

En 1783, au retour de la paix, l'échec de l'arrêt de 1767 amène le gouvernement à reconsidérer le problème du régime commercial des

---

289. Sur tout ce qui suit, J. Tarrade, *Commerce colonial*, op. cit., t. I, 2e partie, *passim*.
290. Arrêt du conseil du 29 juillet 1767 : « Bois de toutes espèces, même bois de teinture, animaux et bestiaux vivants de toute nature, cuirs (et) pelleteries, (résine) et goudrons » ; en 1775, on y ajoute la morue, essentielle pour la nourriture des esclaves.
291. Outre l'éloignement des ports d'entrepôt, la limitation à quelques objets seulement ôtait à ce commerce étranger autorisé la plus grande partie de son utilité.
292. Risque de famine, manque de morue ou de riz pour nourrir les esclaves, épizooties ..., et bien sûr catastrophes naturelles (tremblement de terre de 1770 à Saint-Domingue, cyclones de 1772 et 1776 aux Iles-du-Vent).

colonies[293]. Mais, coincé entre les exigences des planteurs, les protestations du commerce de France et les pressions américaines, il n'ose remettre l'Exclusif en cause, même sous sa forme « mitigée ». La seule véritable nouveauté consiste à autoriser la traite négrière étrangère dans les zones abandonnées par les armateurs français, d'abord aux Iles-du-Vent en 1783, puis dans la partie du Sud de Saint-Domingue trois ans plus tard. Pour le reste, cette réforme n'est qu'une réformette ; l'arrêt du Conseil du 30 août 1784, définissant le nouveau régime commercial des colonies, réaffirme le principe du monopole du commerce de France, se contentant seulement d'élargir le champ d'application de l'Exclusif « mitigé ». L'idée de base est de lui réserver tous les articles pour lesquels il est performant et offre des approvisionnements et des débouchés suffisants à la production coloniale, et laisser tout le reste au commerce étranger. A l'importation, celui-ci ne pourra donc continuer à introduire qu'un nombre limité d'articles délaissés par le commerce de France[294]. A l'exportation seuls sont autorisés, comme antérieurement les sirops et tafias ainsi que les marchandises importées de la métropole ; il y a eu débat pour savoir si on incluait aussi le sucre brut dans la liste, mais on se limite finalement à celui de Sainte-Lucie seulement. Géographiquement, pour que le système des ports d'entrepôt soit efficace, leur nombre est sensiblement accru et porté à trois à Saint-Domingue (Le Cap, Port-au-Prince et les Cayes ; celui du Môle Saint-Nicolas est supprimé) et un dans chacune des Iles-du-Vent[295].

Dans l'ensemble, cette réforme se révèle peu satisfaisante pour les planteurs. Le commerce étranger autorisé est entravé par toutes sortes de formalités à accomplir, pour éviter qu'il soit l'occasion d'échanges illicites, et de droits à payer. Le problème des débouchés est à peu près définitivement réglé pour les sous-produits sucriers, surtout les sirops, mais non pour les autres productions des habitations, auxquelles l'Exclusif continue de s'appliquer. L'interlope se poursuit donc, malgré un accroissement de la répression. Jusqu'au bout, finalement, les marchés étrangers demeureront globalement d'un accès difficile pour les planteurs. L'Exclusif s'effondre en 1789,

293. Sur tout ce qui suit, J. Tarrade, *Commerce colonial*, op. cit., t. II, 3e partie, *passim*.

294. Aux bois et aux bestiaux déjà prévus par la réforme de 1767 viennent s'ajouter un certain nombre dont l'entrée avait été autorisée à titre « provisoirement définitif » au cours des années 1770 (riz, maïs, légumes, morue et poissons salés) et deux nouveautés, le charbon de terre et les salaisons de bœuf.

295. Saint-Pierre à la Martinique, Pointe-à-Pitre pour la Guadeloupe, transféré à Basse-Terre en 1787 pour pouvoir mieux le surveiller, Castries (le Carénage) à Sainte-Lucie, Fort-Louis (Scarborough) à Tobago.

en conséquence de la crise politique et économique métropolitaine. Dans toutes les îles, les administrateurs cessent, sous la pression des colons, d'essayer de faire respecter les lois prohibitives et doivent ouvrir largement les ports à un commerce étranger que plus rien ne limite.

• L'interlope, dysfonctionnement majeur du système économique colonial

Autorisé ou non, le commerce étranger joue un rôle essentiel dans l'économie antillaise de plantation du XVIIIe siècle. En apportant aux planteurs des compléments d'approvisionnements et de débouchés que le commerce de France n'aurait pu entièrement leur fournir, voire même pas du tout, et à des prix souvent plus rémunérateurs que lui, il soutient la croissance et contribué à porter la production des « denrées » coloniales à des niveaux qui n'auraient sans doute pas été atteints autrement.

Tout ceci est classique et s'inscrit en droite ligne dans les grandes théories économiques du commerce international. Mais il y a un revers : l'interlope et tous ses effets négatifs, qui constituent à trois égards la manifestation du dysfonctionnement d'un système tout imprégné de mercantilisme.

1. Détournement des flux commerciaux

L'ampleur de l'interlope et la part de la production qu'il détourne sont difficiles à apprécier et surtout extrêmement variables, car elles dépendent de deux facteurs que ni les planteurs, ni l'administration coloniale ne maîtrisent. En premier lieu, l'importance et la régularité des liaisons avec la métropole et des débouchés qu'offrent les négociants. Dans les îles ou les régions négligées par le commerce de France, la quasi-totalité de la production part en interlope ; ainsi en Guadeloupe en 1754, le directeur du Domaine, bien placé pour savoir ce qu'il en est exactement, estime à 80 % au moins la proportion de la production de sucre exportée à Saint-Eustache[296], et il en va certainement de même avec la Jamaïque pour la partie du Sud de Saint-Domingue avant la guerre de Sept Ans. Second facteur d'importance de l'interlope, le niveau de ses prix relatifs, qui souvent plus élevés à

296. ANOM, C7A 17, fol. 126.

l'achat des « denrées » coloniales et plus bas pour les ventes de « marchandises d'Europe »[297].

Les estimations qui circulent dans les dernières années de l'Ancien Régime proviennent des mémoires enflammés des chambres de commerce contre la réforme de 1784 et l'Exclusif « mitigé ». La proportion du tiers, généralement affichée par ces libelles, est répétée de façon circulaire, sans que l'on sache d'où elle vient, ni quel est son périmètre (sucre seulement ou toutes « denrées » réunies), ni de quel commerce étranger il s'agit (interlope seul ou interlope + autorisé), ni sur quoi elle repose et quelle est l'exactitude des chiffres, le plus souvent dépareillés, qui sont cités. On ne peut s'empêcher de la trouver suspecte, tant son objectif semble évident. Mais dans l'autre sens, la « démonstration » du *Tableau comparatif des productions des colonies*, publié en 1799 (an VII) par l'ancien colon domingois Avalle n'est pas beaucoup plus convaincante. En valeurs, pour 1787, le commerce étranger total (autorisé + interlope) ne représenterait que 6,6 % des exportations de Saint-Domingue, 15,8 % à la Martinique et 8,9 % en Guadeloupe. La part spécifique de l'interlope n'est pas précisée ici, mais on peut l'apprécier *a contrario* pour les « denrées » dont l'exportation demeure prohibée, et pour lesquelles tout ce qui est comptabilisé pour l'étranger ne peut avoir été exporté qu'en contrebande. En volumes, l'interlope n'aurait détourné que 1,9 % des exportations de sucre à Saint-Domingue, 22,2 % à la Martinique et 4,9 % en Guadeloupe ; pour le café, 4,2, 2,2 et 9,0 % respectivement. Ces chiffres sont tellement faibles qu'ils manquent totalement de crédibilité. La publication d'Avalle s'inscrit dans le grand courant nostalgique sur « l'âge d'or » de Saint-Domingue ; en réduisant à peu de choses le poids de l'interlope, on montre tout ce que la France perdrait si « l'ordre » n'était pas rétabli dans la Grande Ile.

Dans le *tableau n*° 22, nous proposons une estimation de l'interlope sur les sucres à la veille de la Révolution, et sur le café pour les dernières années où le calcul est possible[298]. Evidemment, ces résultats, calculés « à la louche », sont très approximatifs, mais ils semblent confirmer les plaintes du commerce de France pour ce qui concerne le sucre. Il n'est malheureusement pas possible de les apprécier plus fi-

---

297. Voir *supra*.

298. C'est-à-dire tant que la statistique de la culture est donnée en « pieds » par les recensements ; nous convertissons sur la base de 1,5 lb par pied, donnée par Laborie et Moreau de Saint-Méry (*chap. 6*). Au-delà, ce sont des superficies en carreaux, mais nous n'avons pas trouvé d'information contemporaine permettant d'en déduire une production moyenne.

nement selon les qualités, mais il est probable que la proportion réelle est moins importante pour le terré, qui trouve un bon débouché en France, et plus élevée pour le brut, moins demandé par les négociants métropolitains. S'agissant du café, la proportion extraordinaire de 1775 à Saint-Domingue s'explique par le fait que cette année est celle de l'apogée de la « frénésie », ce grand bond spéculatif qui emporte la culture et couvre la colonie de caféiers « jusqu'au sommet des montagnes »[299] ; l'interlope permet d'écouler la surproduction. Mais même à la fin de l'Ancien Régime, quand la situation est redevenue normale, on est surpris de la proportion du café exporté en interlope aux Iles-du-Vent en 1784, alors pourtant que le commerce de France en offre des prix élevés ; mais telle est la force de la demande en Europe qu'il y a encore de la place pour la contrebande. Il en va de même à Saint-Domingue, vraisemblablement.

Tableau n° 22
ESTIMATION DE LA PART DE L'INTERLOPE DANS LES EXPORTATIONS COLONIALES

Sucre

	(1) Production	(2) Exportations	(1-2) donc interlope	
Colonie et année	estimée « Qx »	licites	« Qx »	%
Saint-Domingue, 1789	2.379.000 (a)	1.410.000	969.000	40,7
Iles-du-Vent (b), 1788	691.000 (c)	433.000	258.000	37,3

(a) 793 sucreries produisant en moyenne 3.000 « Qx » ; *supra*, chap. 3

(b) Les deux îles ensemble, afin d'éviter les distorsions statistiques résultant du passage d'une partie de la production guadeloupéenne par Saint-Pierre.

(c) 362 sucreries en Guadeloupe + 324 à la Martinique, produisant en moyenne 1.000 « Qx ».

Café

Saint-Domingue, 1775	1.422.000 (a)	421.000	999.000	70,3
Iles-du-Vent (b), 1784	200.000 (b)	118.000	82.000	59,0

(a) 94.796.400 pieds, produisant 1,5 lb par pied.

(b) Guadeloupe = 12.747.000 pieds + Martinique = 7.335.000, à 1,5 lb par pied.

2. *Un pis-aller coûteux*

Seul moyen de contourner les insuffisances du commerce de France, l'interlope n'est qu'un pis-aller, un mode de répartition de la pénurie. Il contribue à alourdir les coûts de production des planteurs, en raison des risques qui menacent ceux qui le pratiquent, de l'absence de sécurité juridique qui entoure les échanges, de

299. Voir *infra*, chap. 6.

l'obligation de tout payer comptant, et enfin de la mauvaise qualité des approvisionnements qui en font l'objet. On voudra bien nous excuser d'y inclure les esclaves, mais ceux qui sont introduits en interlope n'arrivent jamais directement d'Afrique. Ce sont des « Nègres de rebut », déjà épuisés sur les plantations anglaises, que l'on expédie depuis Saint-Thomas et la Jamaïque achever dans les îles françaises une vie de souffrance, et dont ni la longévité ni la productivité ne sont bien satisfaisantes pour leurs acquéreurs.

3. Un objet d'affrontement politique

Le régime commercial des colonies, et en particulier le problème de leur ouverture au commerce étranger, est l'objet d'un affrontement « musclé » entre négociants et planteurs dans la seconde moitié du siècle, à partir du moment où il est question de réformer l'Exclusif. Le débat est spécialement virulent en 1764-65, au moment de la préparation de l'arrêt du Conseil de 1767, et en 1783-84, en prévision de la publication de celui ce 1784[300]. La position des chambres de commerce est simple : c'est l'interlope qui, par la concurrence illicite qu'il fait au négoce métropolitain, est la cause du nombre insuffisant de marchandises et d'esclaves apportés aux Iles. Si l'on veut que le commerce de France y envoie davantage de navires, il faut renforcer la répression et surtout n'ouvrir aucune brèche dans l'application du principe de la prohibition. A quoi les planteurs répondent que ce sont les carences du commerce de France qui les obligent à recourir à l'étranger et que s'ils recevaient davantage de navires, ils n'auraient pas besoin de l'interlope. Les propos sont d'une grande violence ; on dénonce « l'oppression du commerce de France », on l'accuse d' « usure », de « tyrannie », de vouloir « s'approprier les biens des cultivateurs », de se comporter en « ennemis » [301]. La côte mal taillée de la réforme de 1784 exacerbe les tensions. Mais entre-temps, le débat a quitté le domaine du commerce pour se transporter sur le plan politique.

La question du commerce étranger constitue en effet le fondement essentiel de la montée de ce qu'une brochure célèbre de Gabriel Debien appelle « l'esprit colon » [302]. Les deux phénomènes sont étroite-

300. Sur tout ceci J. Tarrade, *Commerce colonial*, op. cit., t. I, chap. 8, et t. II, chap. 15.

301. Voir sur ce point Hilliard d'Auberteuil, *Considérations*, t. I, discours II, « Des lois du commerce », et discours III, « De l'utilité du commerce avec l'étranger » ; l'auteur se déchaîne littéralement.

302. « Esprit colon et esprit d'autonomie à Saint-Domingue au XVIIIe siècle », *Revue d'histoire des Colonies*, 1929, p. 487-512 et 549-598 ; multiples rééditions sous forme de

ment liés. L'histoire politique des relations entre la France et les populations blanches des colonies antillaises est celle d'un divorce. Les Blancs des Iles passent progressivement de l' « insubordination » au « séparatisme commercial », puis à l' « esprit d'autonomie », et enfin à l'idée d'indépendance chez les plus avancés dans la voie d'une rupture avec la métropole.

A chaque étape, le problème commercial apparaît directement ou indirectement derrière les évènements. Les premiers troubles se situent au lendemain de l'édit en 1717 sur le commerce des colonies, qui veut rétablir le monopole métropolitain sur les échanges : révoltes des petits planteurs en Guadeloupe en 1717, coup de force des grands Blancs sucriers contre les administrateurs de la Martinique la même année (Le « Gaoulé »), « sédition » de Saint-Domingue en 1723. Au cours des décennies suivantes commence à s'affirmer une identité « américaine » propre, distincte de celle de la métropole et ayant des intérêts différents, comme il apparaît notamment à travers la « tiédeur » du loyalisme des colons au cours des deux guerres du milieu du siècle. En 1750, Emilien Petit, un éminent juriste, conseiller au conseil supérieur de Port-au-Prince, publie une brochure dans laquelle, pour la première fois, il est question de « patriotisme américain ».

Un véritable esprit d'autonomie apparaît au lendemain du traité de Paris. A côté du facteur identitaire, il se nourrit de la réforme manquée du régime commercial des colonies, profondément décevante pour les planteurs ; ils espéraient un large accès au commerce étranger, ils n'ont que l'Exclusif « mitigé ». En 1773, les administrateurs de la Guadeloupe avouent au ministre qu'il y a « dans cette colonie une tendance très reconnue à se séparer de la métropole »[303].

C'est à Saint-Domingue que la montée du courant autonomiste se manifeste avec le plus de virulence. La volonté de l'administration de remettre en vigueur l'application de l'Exclusif, suspendue de fait pendant la guerre de Sept Ans, déclenche toute une série de troubles qui culminent en 1769 avec le soulèvement armé des Blancs des parties de l'Ouest et du Sud. Une répression « énergique » conduite militairement, avec pendaison des principaux meneurs, permet de rétablir « l'ordre », mais ne met évidemment pas fin à la revendication autonomiste. Elle s'exprime ouvertement en 1776 avec la publication des *Considérations sur l'état présent ... de Saint-Domingue* par le colon Hilliard d'Auberteuil.

---

brochure. Le sujet a été repris et approfondi par Ch. Frostin, dans ses travaux précités, *Colons de Saint-Domingue* (article) et *Autonomisme colon* (thèse).
303. ANOM, C7A 33, Nozières et Täscher, 1er août 773.

L'agitation reprend à partir de 1783. La Révolution américaine a eu de profondes répercussions sur la population blanche de Saint-Domingue ; on admire ces autres colons qui ont su gagner leur indépendance, et beaucoup de planteurs, certes encore minoritaires, verraient volontiers la même chose se produire dans leur île, ce qui leur permettrait en outre de se débarrasser à bon compte de leurs dettes envers les négociants métropolitains[304]. La nouvelle réforme du régime commercial, l'année suivante, en maintenant l'Exclusif, même mitigé, ne satisfait personne. La situation politique est explosive, en raison du conflit permanent entre l'administration et le conseil supérieur du Cap, qui se proclame « souverain » et se fait le porte-parole de toutes les revendications des colons.

Le sommet de l'agitation autonomiste se situe en 1790 et 1791, dans une atmosphère de violence croissante entre Blancs et d'angoisse croissante face à l'agitation des esclaves. Profitant de l'effondrement de l'administration, les planteurs proclament l'ouverture totale des ports, et les éléments les plus avancés appellent ouvertement à la rupture avec la France. Ils n'auront pas le temps de réaliser leur projet d'indépendance « blanche ». Devenue Haïti, l'ancienne partie française de Saint-Domingue sera une République nègre.

---

304. Ch. Frostin, *Autonomisme colon*, op. cit., t. II, p. 787-822. En avril 1790, le comte de La Barre, qui se trouve alors à Saint-Domingue pour gérer l'habitation de son épouse, écrit à celle-ci : « La colonie doit 150 millions au commerce de la métropole, et plusieurs trouveraient fort doux de payer leurs dettes d'un seul mot ».

CHAPITRE 6

LES PRODUCTIONS « SECONDAIRES »

Dans les Antilles du XVIIIe siècle, la canne n'a jamais constitué une monoculture, ni le sucre une monoprodution. A côté de lui, qui représente l'activité noble par excellence, existe toute une gamme de productions d'exportation dites « secondaires » (café, coton, cacao, indigo), qui malgré cette dénomination dévalorisante, jouent un rôle déterminant dans l'économie locale, au point de rivaliser avec le sucre dans les dernières années de l'Ancien Régime. Ce ne sont pas de productions mineures. Elles constituent au contraire le principal moteur de la croissance après le traité de Paris, et plus particulièrement après la guerre d'Indépendance américaine : de 1765 à 1777, leurs importations en volumes en France augmentent de 202 %, contre 78 % pour le sucre ; de 1785 à 1790, + 26 % pendant que celles de sucre diminuent de 6 % ; à cette dernière date, elles représentent 55 % du total en valeur des importations métropolitaines de « denrées coloniales. Nous présenterons d'abord les structures d'ensemble de leurs productions avant de nous consacrer à chacune d'elles en particulier, en séparant le café des trois autres.

1. STRUCTURES DE LA PRODUCTION : « SECONDAIRES » A TOUS EGARDS

En comparaison du sucre, café, coton, indigo et cacao sont produits par de petites gens sur de petites habitations de peu de valeur.

• Les habitations : de petites plantations

Comme le sucre, les « denrées secondaires » sont produites dans le cadre d'*habitations*, qui présentent les mêmes caractéristiques structurelles que les sucreries[305]. Elles s'en différencient toutefois sur deux

305. *Voir supra*, chap. 3.

points. En premier lieu, elles sont beaucoup moins spécialisées. Dans nos sondages sur leurs valeurs d'estimation de l'indemnité de Saint-Domingue, nous avons relevé, à côté de 192 indigoteries et 102 cotonneries monoproductrices, 80 habitations qualifiées d' « indigoteries et cotonnerie », sans plus de précision, et 127 caféteries et indigoteries. A la Martinique sur les pentes ombragées de la Pelée, ou en Guadeloupe sur celles de la Côte-sous-le-Vent, la plupart de ces habitations font à la fois du café et du cacao. Seconde caractéristique des habitations en cultures « secondaires » : elles sont à la fois moins étendues, moins pourvues en esclaves, et donc moins valorisées que les sucreries.

1. Peu de terres

Par comparaison avec celles des sucreries, les superficies des habitations en café, coton ou indigo font pâle figure.

A Saint-Domingue, les concessions caféières sont normalement de 64 à 100 carreaux (83 à 130 ha)[306], de dimensions relativement peu étendues à l'échelle des vastes zones encore incultes de la colonie. Elles sont accordées dans des régions de mornes ou de forêts, sur « des terrains laissés pour compte, mal reconnus, au fond de lointains cantons d'un accès malaisé » (G. Debien) que l'administration veut faire mettre en valeur. Ainsi le quartier des Matheux, sur les Hauts de l'Artibonite, dont la colonisation débute dans les années 1740 par une série de seize concessions comprises entre 48 et 225 carreaux (dont huit de 100), avec une moyenne de 114[307] ; ou encore le canton de Saint-Jean, à 80 km de Port-au-Prince[308]. Par la suite, les planteurs n'éprouveront guère le besoin de s'étendre, et les superficies n'augmentent que faiblement ; la moyenne pour l'échantillon de cent caféteries constitué par David Geggus est de 145 ha, près de deux fois inférieures à celle des sucreries[309].

---

306. Rappel concernant les superficies. Elles sont en « carreaux » de 1,3 ha à Saint-Domingue, et en « carrés » aux Iles-du-Vent, de 1 ha en Guadeloupe et 1,3 à la Martinique et à Sainte-Lucie.
307. G. Debien, « Etudes antillaises, XVIIIe siècle », *Cahiers des annales*, n° 11, 1956, p. 21-25.
308. Accessible seulement par un mauvais chemin et encore presque totalement inculte en 1789. L'administration y crée un lotissement de 144 concessions de 100 carreaux chacune, destinés à de nouveaux arrivants désireux de s'installer comme planteurs de café ; MSM, II, 1961, et G. Debien, « Le plan et les débuts d'une caféière à Saint-Domingue. La plantation « La Merveillère » aux Anses-à-Pitre (1789-1792 », *Revue de la Société haïtienne d'histoire et de géographie*, vol. 14, n° 51, 1943, p. 12-32.
309. D. Geggus, *Sugar and coffee cultivation*, art. cit., p. 75-76.

Naturellement, ce qui précède ne signifie pas que le secteur des cultures secondaires n'ait pas été sans connaître, lui aussi, des mouvements de concentration foncière par adjonction successive de plusieurs concessions distinctes et réunies en un seul grand domaine pouvant posséder plusieurs centaines d'hectares ; ainsi l'indigoterie Hecquet-Duval (553 carreaux), à Terrier-Rouge[310], ou les caféteries Theuret (400 cx), à Jacmel[311], et Maulévrier (312 cx), à l'Arcahaye[312]. Dans le *tableau n° 23*, nous avons regroupé quelques données recueillies aléatoirement au hasard des lectures. Il n'est certainement pas représentatif en raison de la forte proportion de propriétaires absentéistes, qui détiennent les habitations les plus étendues, avec une superficie moyenne de 235 carreaux (305 ha), un résultat qui peut être largement comparé à son homologue des sucreries. A l'autre extrémité, on observe que la grande majorité des habitations appartenant à des planteurs résidant (7 sur 13 superficies connues) comptent 130 cx (169 ha) ou moins, un chiffre très proche de l'estimation de David Geggus. Globalement, la grande propriété est ici l'exception.

Tableau n° 23
QUELQUES HABITATIONS EN CULTURES SECONDAIRES A SAINT-DOMINGUE A LA FIN DE L'ANCIEN REGIME

Nom du propriétaire et/ou de l'habitation	Culture	Partie et quartier	Superficie		Nbre d'esclaves	Source
			Carreaux	Ha		
		NORD				
Hecquet-Duval	Ind.	Terrier-Rouge	553	719	150	1 *
Raby	Café	Marmelade	180	234	76	2 *
Galliffet (Bahon)	Café	Petite-Anse	160	208	61	3 *
Galliffet (Castella)	Café	Petite-Anse	170	221	72	3 *
		OUEST				
Reynaud 1 (Carayé)	Ind.	L'Artibonite	52	67	40	4
Reynaud 2	Ind.	L'Artibonite	60	78	21	4
Bretton Deschapelles (Riv. Salée)	Ind.	L'Artibonite	150	195	84	4 *
Séguineau	Café	L'Artibonite	n. d.	169	150	5 *
Lucas	Ind.	L'Artibonite	130	260	101	4
La Vincendière	Café	Saint-Marc	200	344	67	4
Andrault	Café	L'Arcahaye	265	483	161	6 *
Maulévrier	Café	L'Arcahaye	372	225	116	7 *
Bongars	Café	Port-au-Prince	173	400	179	8 *
Heurteloup	Café	Léogane	307		105	9

310. Antoine Hecquet-Duval obtient sa première concession de 36 carreaux en 1727 ; à sa mort, quarante ans plus tard, son habitation s'étend sur 212 carreaux, superficie que son neveu et successeur à la tête de la propriété portera à 553 cx en 1782
311. Constitué par la réunion de sept concessions ou achats entre 1759 et 1772, pour aboutir finalement à 520 cx.
312. Dont les origines remontent, à travers une multitude d'opérations en tous sens, à un réseau de 21 concessions attribuées entre 1743 et 1757 et patiemment réunis pour aboutir à sa superficie définitive de 372 cx en 1777.

		SUD				10
Frères Roche	Ind.	Jacmel	n. d.		33	
Thomas-Bourjolly	Ind.	Id°	n. d.		73	
Vve Brossard	Ind.	Id°	n. d.		35	
Brosse	Café	Id°	140	182	27	
Renard-Jalès	Café	Id°	n. d.		26	
Regnard de Barentin	Coton	Id°	100	130	66	
Wibert-de-Pouzac	Coton	Id°	n. d.		31	
Cavalier	Ind.	Id°	n. d.		119	
Chaumeil	Ind.	Id°	n. d.		131	
Martelly	Coton	Id°	50	65	38	
Charron	Café	Id°	n. d.		14	
Bergeron-Duluc	Café	Id°	68	88	65	
Darbat	Café	Id°	61	79	24	
Brun	Café	Id°	160	208	17	
Lehinas	Café	Id°	98	127	52	
Theuret	Café	Id°	400	520	46	

* Habitation appartenant à un propriétaire absentéiste résidant en France.

Sources :

1. F. Girod, *Une fortune coloniale sous l'Ancien Régime. La famille Hecquet à Saint-Domingue, 1724-1796*, Besançon, Paris, 1970, 207 p.

2. P. Léon, *Les Dolle et les Raby*, op. cit.

3. F. Yalé, *Habitations Galliffet*, op. cit.

4. F. Thésée, *Négociants bordelais et colons de Saint-Domingue. « Liaisons d'habitations ». La maison Henry Romberg, Bapst & Cie, 1783-1793*, Paris, 1972, 252 p.

5. R. Massiot, « Un dossier de plantation à Saint-Domingue », *Revue d'Hist. de l'Amérique française*, vol. 5, 1952, p. 542-578, et vol. 6, 1953, p. 62-110.

6. G. Debien, « La fortune et la famille d'un colon poitevin : une caféière à Saint-Domingue (1770-1803) », *Bull. de la Sté historique et scientifique des Deux-Sèvres*, 1er trimestre 1977, p. 6-156.

7. G. Debien, *Etudes antillaises*, op. cit.

8. G. Debien, *Papiers Bongars-Broc*, art. cit.

9. Ch. Frostin, « Entre l'Angou et Saint-Domingue : de l'ardoise au café (1750-1791), *Bull. Sté d'hist. Gpe*, n° 13-14, 1970. L'habitation mesure « deux lieux en carré » soit 2000 x 2000 m = 400 ha = 307 cx.

10. R. Siguret, « Esclaves d'indigoteries et de caféières au quartier de Jacmel (1757-1791) », *Revue fse d'hist. d'Outre-mer*, t. LV, 1968, p. 190-230.

Il n'y a aucune commune mesure entre les habitations en cultures secondaires de Saint-Domingue et celles des Iles-du-Vent. En Guadeloupe, où nous sommes bien informés sur la base de 131 inventaires et contrats de vente conservés dans les minutes notariales entre 1771 et 1790, la moyenne, toutes cultures confondues, est de 45 carrés (autant d'ha), un chiffre quatre fois inférieur à celui des habitations-sucreries ; elles sont 25 de moins de dix carrés (2,5 pour la plus petite), 57 de onze à vingt, 10 seulement de 100 carrés, et la plus étendue en compte 505. Pour ce qui concerne la Martinique, Marie Hardy[313], à

313. *Monde du café*, op. cit., t. 2, p. 415.

partir de 1017 actes notariés estime à 13 carrés, soit 17 ha, la superficie moyenne des caféières sur la période 1776-1826, mais sans plus de précision sur la répartition interne par classes ; il est intéressant de noter que, ici aussi, celles appartenant à des non-résidant sont sensiblement plus grandes, avec une moyenne de 35 carrés (45 ha).

2. *Peu d'esclaves*

Ici aussi, un fossé sépare les sucreries des habitations en cultures secondaires. Calculé par David Geggus, le nombre moyen d'esclaves sur les premières à Saint-Domingue est de 177 sur la période 1745-92, contre 45 seulement de 1770 à 1792 pour les caféières ; le quart de celles-ci ont moins de 20 esclaves, un tiers entre 20 et 40, douze plus de cent, et la mieux pourvue plus de 300. On parvient à des résultats voisins à partir des habitations portées sur le *tableau n° 23,* qui concerne les décennies 1770 et 1780. La moyenne est de 75 esclaves par habitation, dont neuf en possèdent plus de cent, parmi lesquelles six appartiennent à des propriétaires absentéistes ; en moyenne, ces derniers ont 115 esclaves contre 54 seulement chez ceux qui résident, chiffres qui confirment les conclusions tirées des superficies.

On est évidemment à des niveaux très inférieurs aux Iles-du-Vent. A la Martinique, le nombre moyen d'esclaves par caféière, calculé sur plus de 300 inventaires notariés, se situe à quinze sur la période 1776-86. En Guadeloupe, sur un total de 135 habitations en cultures secondaires que nous livrent les minutes des notaires, la moyenne est de 28. La moitié d'entre elles ont moins de vingt esclaves ; elles sont 19 (= 14 %) avec plus de 50, dont trois plus cent, et la plus largement pourvue en main-d'œuvre en a 161. Pour comparaison, la moyenne pour les sucreries, calculée également à partir des inventaires, est de 124 par habitation sur la période 1771-91[314].

3. *Peu de valeur*

Compte tenu de ce qui précède, il n'est pas surprenant que la valorisation des habitations en cultures secondaires soit très inférieure à celle de sucreries[315].

Pour ce qui concerne tout d'abord Saint-Domingue, nous sommes parfaitement informés par l'*Etat des liquidations* de l'indemnité de 1826. Dans l'impossibilité où nous étions de dépouiller les six vo-

314. Sur tout ce qui concerne les esclaves des habitations-sucreries, et en particulier leurs nombres, voir plus de précisions *infra*, chap. 7.
315. Sur ce qui concerne les valeurs des sucreries, voir *supra*, chap. 3.

lumes (plus de 10.000 notices), nous avons effectué des sondages aléatoires dans le sixième, contenant les indemnités accordées en 1832 et au premier semestre 1833, avant la clôture définitive des opérations. Ce sont les indigoteries qui sont les mieux valorisées. Sur 192 occurrences, la moyenne se situe à 149.000 F ; elles sont 57 supérieures à celle-ci et l'indemnité la plus élevée est de 370.000 F, mais nous connaissons par ailleurs, hors de notre échantillon, au moins une habitation supérieure à ce chiffre[316]. Pour les caféteries, la valeur moyenne, calculée sur 95 habitations, se monte à 107.000 F ; elles sont cinq de 200.000 à 500.000 F, et deux de plus de 500.000, dont 960.000 pour Andrault ; hors de notre échantillon, l'estimation la plus élevée connue pour une caféterie est supérieure à un million[317]. Enfin, 102 cotonneries sont estimées à une valeur moyenne de 101.000 F, dont 10 à plus de 200.000, avec un maximum de 378.000. Au total, la valeur moyenne des caféteries domingoises est inférieure de 83 % à celle des sucreries, 76 % pour les indigoteries et 84 % pour les cotonneries[318].

Les écarts de valeurs entre les différents types d'habitations semblent comparables aux Iles-du-Vent. En Guadeloupe, les inventaires et contrats de vente permettent de connaître la valeur de 89 caféières et 61 cotonnières entre 1771 et 1791. Les moyennes se situent à 107.000 et 68.000 LC respectivement (70.000 et 45.000 LT), soit 84 et 89 % de moins que les sucreries, et les maxima à 380.000 et 252.000, contre plus de 1.300.000 pour les plus grandes habitations-sucreries. Les habitations en cultures secondaires sont moins valorisées encore à la Martinique, où le prix moyen de vente de 1.017 caféières entre 1776 et 1826 n'atteint que 49.000 LC, ce qui traduit bien leurs dimensions plus restreintes.

• Les planteurs : de petites gens[319]

L'écart entre sucreries et autres habitations n'est pas seulement dimensionnel mais également social. Un véritable gouffre sépare les « Grands-Blancs » sucriers des planteurs en cultures *secondaires*. Ce

316. Habitation Hecquet-Duval précitée, estimée à 440.000 F par la commission.
317. F. Thésée, *Négociants bordelais*, op. cit., p. 49
318. Dans les développements qui précèdent, nous n'avons pris en compte que les habitations monoproductrices, faute de connaitre l'activité principale de celles pratiquant deux cultures.
319. Des développements essentiels, malheureusement limités à la Martinique, dans M. Hardy, *Monde du café*, t. 2, p. 318-327. Rien d'aussi consistant pour Saint-Domingue ; diverses indications parcellaires dans les articles de G. Debien *et alii*, cités tableau n° 23, *supra*.

sont des « *petits* habitants », les deux adjectifs se justifiant mutuellement, même si, à Saint-Domingue, certains caféteries ou indigoteries possèdent plus de terres et d'esclaves que bien des sucreries, et plus encore, alors que le café talonne le sucre, et parfois même le dépasse, dans les exportations coloniales de la fin de l'Ancien Régime.

C'est tout d'abord d'une construction idéologique dont il s'agit. Dans ces îles occupées depuis un siècle pour être avant tout des « isles à sucre », celui-ci seul est noble et vaut la peine, en termes de prestige social, d'être produit ; les autres cultures sont roturières et servent tout au plus à compléter les cargaisons. C'est ce que Gabriel Debien appelle « l'esprit sucrier », mais qui est en réalité un totalitarisme sucrier. Voici l'exemple tout à fait significatif de la sucrerie Cottineau, à Fort-Dauphin ; en 1775, alors que l'essor du café bat son plein à Saint-Domingue et que ses perspectives de croissance et de profit sont considérables, son propriétaire achète à un planteur voisin une caféière avec 35 esclaves, mais c'est pour garder les esclaves et revendre aussitôt le terrain[320]. Les propriétaires de sucreries n'ont pas cherché à se diversifier. Parmi ceux de Saint-Domingue, peu nombreux sont ceux qui pratiquent également d'autres cultures d'exportation, et c'est toujours sur des plantations distinctes, parfois même très éloignées, chacune avec ses propres esclaves et gérées séparément[321]. La canne semble toutefois moins totalitaire en Guadeloupe. Sur 54 sucreries pour lesquelles les inventaires donnent des informations sur les cultures, 21, soit 39 %, font également du café ou du coton, mais, à quelques exceptions près, toujours sur des superficies restreintes, ne représentant pas plus de 10 % de l'ensemble des terres cultivées, vivres compris ; dans tous les cas, l' « atelier » des esclaves est ici commun aux deux cultures.

Le dédain, pour ne pas dire le mépris, des habitants-sucriers pour ceux en cultures secondaires trouve aussi sa source dans la modestie des origines de la majorité d'entre eux. On trouve, naturellement, quelques caféiers provenant de niveaux relativement élevés de la société métropolitaine[322], mais, dans la plupart des cas, il s'agit de gens

---

320. G. Debien, *Sucrerie Cottineau*, art. cit., p. 21-22.
321. Quelques exemples : Galliffet, pour deux caféteries voisines de la sucrerie principale de Petite-Anse ; Bongars, sur une caféterie proche de Port-au-Prince alors que la sucrerie est à Petite-Anse ; Mauger, une sucrerie en plaine et une indigoterie-cotonnerie dans les mornes à l'Artibonite ; de Butler, trois sucreries dans la partie du Nord et une indigoterie à l'Aquin(Sud) ...
322. Comme le colonel Frémond de la Merveillère, directeur général des fortifications de Saint-Domingue, où il arrive en 1789 avec 20.000 L et de l'argent prêté par son beau-père ; G. Debien, *Plantation La Merveillère*, art. cit.

situés aux échelons moyens-inférieurs de celle-ci, et qui accumulent les sommes nécessaires à leur installation comme planteurs dans de petites activités tertiaires, « pacotilleurs », comme Hecquet-Duval, procureur et notaire pour Andrault, commis de négociant dans le cas d'Heurteloup[323]. Souvent aussi, ils bénéficient du soutien d'un parent déjà installé ou de capitaux familiaux transférés de métropole[324]. Enfin, beaucoup de militaires démobilisés au lendemain du traité de Paris ont été incités à rester à Saint-Domingue comme planteurs, afin de renforcer la population blanche ; dans certains cas, un « mariage créole » avec la fille d'un planteur « milieu de gamme » constitue un bon moyen de réaliser son projet[325]. Par contre, ces milliers de Petits-Blancs arrivés chaque année à Saint-Domingue « avec la seule richesse de leurs espérances » (G. Debien) n'ont pratiquement aucune chance de devenir planteurs. Pour eux, l'échec est la règle ; envoyés au fin fond des mornes défricher une concession qu'ils n'ont ni les moyens, ni les soutiens nécessaires à une mise en valeur, ils se découragent rapidement et abandonnent pour se tourner vers la vie misérable d'économe de plantation ou de traîne-savates dans les ports[326].

A la médiocrité des origines, correspond celle des revenus, le terme devant, naturellement, être apprécié à l'aune de ceux des sucriers. Il n'y a ici aussi aucune commune mesure. Là où ceux-ci comptent leur chiffre d'affaires en centaines de milliers de livres[327], Hecquet-Duval, l'une des plus grandes indigoteries de Saint-Domingue, réalise 33.600 LC (= 22.400 LT) par an en cinq ans et demi (août 1769 à avril 1775), et l'ensemble de la période se termine en pertes ; en 1788, la caféière Séguineau, un établissement considérable dans sa catégo-

323. Les capitaux permettant la création des habitations en cultures secondaires, écrit G. Debien à propos de celles du quartier des Matheux, sur les Hauts de l'Artibonite, « viennent du dehors, du commerce…, des villes littorales, lieux des échanges… Ici, les premiers maîtres de concessions partent de Saint-Marc, du Cul-de-Sac, de Léogane…, et les capitaux ont été accumulés par l'exercice de charges … ou d'un métier heureux (chirurgien) ou attirés de France par trente ans de paix maritime, et d'active colonisation. Ces capitaux vont au devant des chances d'une culture nouvelle : le café » ; *Etudes antillaises*, op. cit., p. 28-29.

324. G. Debien, *Caféière Andrault*, op. cit. p. 21.

325. Charles-Léon « de »Maulévrier, entré dans l'armée en 1758, à l'âge de quinze ans ; arrive à Saint-Domingue en 1775 avec, semble-t-il, un certain capital, et épouse immédiatement la fille du propriétaire d'une indigoterie, qu'il transforme deux ans plus tard en caféterie.

326. Sur cette population flottante et « insolente » et les problèmes que posent ces Petits-Blancs à la fin de l'Ancien Régime, voir Ch. Frostin, *Autonomisme colon*, op. cit., t. II, p. 691-713.

327. *Infra*, chap. 10.

rie (valorisée à 555.000 LT = 700.000 LC et 150 esclaves), fait 100.000 L de recettes, dont 95.000 de ventes de café, et équilibre tout juste sa gestion[328]. Plus globalement, selon les chiffres d'Avalle pour 1787-88[329], le montant unitaire des exportations légales pour France est de 96.000 F (=autant de LT) par sucrerie et 7.300 par habitation en cultures secondaires[330] à Saint-Domingue, et 43.000 et 4.500 respectivement aux Iles-du-Vent[331] ; même en tenant compte de l'interlope, le chiffre d'affaires des habitations autres que sucreries demeure dans le « petit ». On ne fait pas fortune dans le café, et encore moins dans l'indigo ou le coton[332].

A preuve, d'ailleurs, le petit nombre d'habitants-caféiers ou indigotiers, et aucun cotonnier, qui résident en métropole. Le tableau n° 23, *supra*, donne une vision complètement déformée de la question. On y recense neuf absentéistes sur les 29 habitations listées (= 31 %), mais, cinq d'entre elles appartiennent à des propriétaires qui sont d'abord sucriers[333]. On est beaucoup plus proche de la réalité en retenant le chiffre d'Hilliard d'Auberteuil, qui fait état de 200 « régisseurs » de caféières, indigoteries et cotonneries « sous les propriétaires à Saint-Domingue », soit 3 % environ du total au moment où il écrit[334] ; la proportion des véritables absentéistes est probablement même plus faible encore, car une partie au moins de ces propriétaires réside dans la colonie mais hors de la plantation et doit donc en confier la gestion à un tiers. Aux Iles-du-Vent, onze seulement, soit 1 % des 1.017 actes de vente de caféières de la Martinique dépouillés par Marie Hardy appartiennent à des vendeurs situés hors de l'île ; pour la Guadeloupe, nous n'en avons rencontré aucun dans les ventes et inventaires consultés.

---

328. R. Massiot, *Dossier de plantation de Saint-Domingue*, art. cit.

329. Avalle, *Tableau comparatif*, op. cit. ; Chiffres provenant de la balance du commerce et des intendances coloniales. Nous les avons utilisés tels quels, quoique certains semblent éminemment discutables (de l'indigo aux Iles-du-Vent ?).

330. 75.000.000 F pour 785 sucreries ; 49.000.000 pour 6.681 indigoteries, caféteries, cotonneries et cacaoteries.

331. Martinique + Guadeloupe, pour corriger l'impact statistique des exportations guadeloupéennes par Saint-Pierre : 29.800.000 F pour 686 sucreries, 16.700.000 pour 3.729 habitations en cultures secondaires.

332. Il est vrai que, à sa mort, Heurteloup lègue 360.000 LT à ses frères et sœurs, mais cette fortune a été réalisée dans ses activités commerciales et non comme planteur de café.

333. Raby, Gallifffet, Bretton Deschapelles, Bongars.

334. *Considérations*, op. cit., t. I, p. 259. Nombre total d'habitations concernées n. d. pour 1775 ; il est de 5.992 en 1771 et au moins 7.000 en 1778 (cotonneries n. d.).

La dernière particularité du groupe des planteurs en cultures secondaires est de compter en son sein des gens de couleurs libres, mais en très faible proportion. C'est tout au moins ce qui apparaît aux Iles-du-vent, pour lesquelles nous disposons de quelques informations. A la Martinique, sur les 511 propriétaires de caféières analysées par Marie Hardy entre 1776 et 1786, 17 (= 3,3 %) sont des libres ; en Guadeloupe, sur 137 inventaires et actes de vente d'habitations en café et coton entre 1771 et 1790, six à peine (= 4,3 %) appartiennent à des gens de couleur.

Nous sommes beaucoup plus mal renseignés s'agissant de Saint-Domingue. La seule donnée statistique connue concerne Petit Saint-Louis, dans la partie du Nord, où onze des soixante caféteries de la paroisse appartiennent à des gens de couleur, une proportion (18 %) très élevée comparée à celles précitées des Petites Antilles[335], et sur la représentativité de laquelle on peut s'interroger ; le géographe haïtien Paul Moral, qui a travaillé sur la question, estime que « les hommes libres de couleur... ne paraissent pas jouer un rôle notable » dans l'expansion des caféiers[336]. Moreau de Saint-Méry souligne à diverses reprises la participation des Libres aux défrichements et à l'établissement des premières cultures d'exportation dans les cantons reculés de l'intérieure ; ainsi celui des Matheux, sur les Hauts de l'Artibonite[337]. Mais, observe le même auteur à propos de Jérémie, ils ont vendu ensuite leurs propriétés « à mesure que la terre y a acquis de la valeur », au moment de la « frénésie du café » [338] ; il est difficile de savoir si c'est volontairement ou sous la poussée ségrégationniste de l'administration et des colons pour les repousser plus loin et plus haut dans les montagnes.

---

335. MSM, II, 664.

336. P. Moral, « La culture du café en Haïti, des plantations coloniales aux « jardins » actuels », *Cahiers d'Outre-Mer*, vol. 8, 1955, p. 233-256.

337. G. Debien, *Etudes antillaises*, op. cit., p. 27-29.

338. *Description*, III, 1400.

2. LE CAFÉ[339]

C'est de très loin la principale culture d'exportation derrière le sucre, qu'il tend d'ailleurs à rattraper à la fin de l'Ancien Régime[340]. En 1789, il représente 43,6 % de la valeur totale des importations coloniales de la France (41,5 % pour le sucre)[341]. Cette extraordinaire ascension est surtout une affaire domingoise ; il occupe 55 %de la superficie totale en cultures d'exportation de la Grande Ile en 1780[342] et représente 47 % des exportations en valeur en 1789. Sa réussite est moins spectaculaire aux Iles-du-Vent, où la canne et le sucre conservent leur prééminence. Les caféiers couvrent 22 % seulement des superficies commerciales à la Martinique et 20 % en Guadeloupe, et le café n'entre que pour 31 % dans la composition en valeur des exportations des deux îles prise ensemble[343].

• Culture et préparation[344]

Le caféier arabica, la seule espèce cultivée dans la Caraïbe au XVIIIe siècle, est un arbuste exigeant des pluies relativement abondantes (au moins 1.000 l par an) et régulières ainsi que des températures moins élevées que sur le littoral (18 à 24 degrés). C'est une culture de moyenne altitude, dont l'habitat naturel se situe entre 400 et 1.500 mètres, mais peut descendre jusqu'à 200 m dans les fonds de vallées ombragées et humides ou monter jusqu'à 2.000 sur les terres les plus favorables. En général, il réussit mal dans les zones de plaine normalement consacrées à la canne.

---

339. P. J. Laborie, *The coffee planter of Saint-Domingo...*, London, 1798, 145 p. ; P. Moral, *Culture du café en Haïti*, art. cit. ; M. Hardy, *Monde du café*, op. cit., t. 1 ; G. Lafleur, « La culture du café en Guadeloupe, de son introduction à sa quasi disparition », *Bull. Sté, d'Hist. Gpe*, n° 145, 2006, p. 59-120. Une vision mondiale dans W. S. Clarence-Smith and St. Topik, T*he global coffee economy in Africa, Asia and Latin America, 1500-1989*, Cambridge, 2003, 480 p. Il existe en outre dans ANOM, F3-161, divers mémoires de la fin du XVIIIe siècle sur la culture du café, notamment fol. 110-119, par le botaniste Nectoux, et fol. 142-148, par MSM.

340. Voir *supra*, introduction de cette deuxième partie.

341. La proportion record se situe en 1790 avec 44,7 %, mais entre-temps, le sucre est repassé devant (44;8 %).

342. Dernière statistique utilisable avant la Révolution.

343. Afin d'éviter les distorsions statistiques résultant du passage d'une partie des exportations guadeloupéennes par Saint-Pierre.

344. Outre les développements contenus dans les ouvrages précités note 35, on verra avec intérêt la description très argumentée de E. Légier, *La Martinique et la Guadeloupe. Considérations économiques sur ... les cultures secondaires aux Antilles françaises*, Paris, 1905, p. 143-147..

Ces conditions naturelles, mais également l'histoire de l'occupation du sol, déterminent l'emplacement des principales zones de production. Dernier arrivé des grandes cultures d'exportation, le caféier s'est installé sur les mornes arrosés surplombant les plaines. Cette localisation est très nette à Saint-Domingue, comme on peut le voir sur la *carte n° 4, chap. 1.* La principale région caféière se situe dans la partie du Nord, formant un vaste arc de cercle en arrière-pays de la plaine du Nord, occupée, elle, entièrement par la canne. Une dizaine de paroisses consacrées presque uniquement au café[345], ainsi que les parties morneuses de quelques autres en plaine[346], rassemblent 61 % du nombre total de caféteries de la colonie (1716/2810). L'autre grande zone est celle des Hauts de l'Artibonite, où la mise en valeur repose essentiellement sur l'expansion du café[347] ; avec 298 caféteries, elle possède 10 % du total colonial. Les autres habitations en café se dispersent entre les quelques paroisses de la partie du Sud où les conditions naturelles sont relativement favorables, mais il ne s'agit tout au plus de quelques dizaines d'unités par quartier.

Le même type de localisation des caféières se retrouve dans les Petites Antilles. Les plantations s'ordonnent tout d'abord sur les pen-tes du massif montagneux central de chaque île, respectivement ceux de la Montagne Pelée et des Pitons du Carbet à la Martinique et de la Soufrière en Basse-Terre (*cartes 6 et 7, chap.* 2). Un second groupe important de zones de production se situe sur des mornes peu élevés, mais suffisamment pour arrêter le minimum de précipitations nécessaires à la culture du café : sud-est de la Martinique, Grands-Fonds en Grande-Terre, région des Hauts à Marie-Galante.

La création d'une caféière exige préalablement un gros travail de défrichement, nettoyage et préparation du sol. Puis on creuse des fossés de quarante à cinquante mètres de longueur sur une trentaine de cm de profondeur, établis en parallèle avec un espacement de trois à quatre mètres en suivant les courbes de niveau. Les opérations de plantation débutent par l'établissement de pépinières abritées dans lesquelles sont élevés de jeunes plants provenant de la mise en terre des « cerises » de la récolte précédente. Au bout de six mois à un an, quand ils font trente à quarante cm, les plants sont repiqués dans les fossés à une distance de 1,50 m les uns des autres. Les plantations

---

345. Plaisance et le Borgne, Dondon et Marmelade, Ouanaminthe et Vallière, Port-de-Paix, Saint-Louis, Grande-Rivière ; Barbé de Marbois, *Etat général des cultures et manufactures*, op. cit.
346. L'Acul et Limonade, Limbé et Port-Margot, Terrier Rouge et le Trou.
347. G. Debien, *Etudes antillaises*, op. cit. (caféière Maulévrier).

sont disposées en pièces, de dimensions variables selon la topographie, et protégées contre les vents et les ardeurs du soleil par des rideaux d'ombres à croissance rapide, surtout des bananiers ; on intercale en outre des cultures vivrières dans l'espace entre les fossés. A l'état naturel, le caféier peut atteindre jusqu'à une dizaine de mètres, mais les planteurs les étêtent à deux mètres pour faciliter la récolte et émondent les branches basses pour donner plus de vigueur à l'arbre. La durée ordinaire de vie est de quinze à vingt ans, mais peut éventuellement aller jusqu'à trente.

La densité des arbres varie selon les conditions naturelles de leur implantation (ensoleillement, pluviométrie, altitude), mais également selon l'avidité (« *greed* », écrit Laborie, qui publie en anglais) des planteurs. A la Martinique, la moyenne sur les caféières étudiées de 1776 à 1786 par Marie Hardy est de 1.490 pieds par carré, soit 1.900 par ha ; pour Saint-Domingue, David Geggus donne 968 pieds par carreau, soit 1.200 par ha, à partir d'un échantillon de 107 caféières dans la seconde moitié du siècle[348]. Nous manquons d'information pour la Guadeloupe, les inventaires donnant soit la superficie en caféiers, soit le nombre de pieds, mais le géographe Guy Lasserre, fort de son expérience de terrain, porte la clé de conversion à 1.600, estimation que nous reprenons dans cette étude.

Le repiquage des plants doit être effectué pendant la saison des pluies. La floraison a lieu trente mois environ après, la première récolte est effectuée l'année suivante et le plein rendement atteint entre la cinquième et la huitième année. Les fruits restent neuf mois sur l'arbre. Le meilleur moment pour la récolte se situe entre décembre et mars. La similitude de diamètre et de couleur avec les cerises d'Europe ont conduit à donner le même nom au fruit du caféier. Quand il est bien rouge, puis devient brun foncé, il est mûr et prêt à être récolté. Les fruits sont récoltés à la main et ramassés dans de grands paniers et portés à la caféière/caféterie.

La préparation de la « denrée » commercialisée débute par le séchage. Les fruits sont étalés sur une aire sèche en plein soleil et remués fréquemment pour activer la dessiccation. Il peut s'agir, soit de toiles que l'on replie la nuit ou par temps de pluie, soit de planchers à clairevoie montés en grands tiroirs mobiles sur des sortes de rails situés dans un bâtiment *ad hoc* (la sécherie) ou sous un autre bâtiment de la plantation (« case à demeurer », magasin ...) que l'on ouvre ou

---

348. Laborie, *Coffee planter*, op. cit., p. 113, manque singulièrement de précision sur ce point ; des indications qu'il donne on peut déduire une densité des arbres de 1.200 à 1.700 pieds par ha.

ferme selon les nécessités. Il faut plus d'un mois pour que le café soit sec. Il est alors pilé avec un moulin pour briser la coque qui renferme la fève. Sur toutes les caféières de la Côte-sous-le-Vent dont nous avons consulté des inventaires, le « moulin à café » est à eau, mais il ne semble pas avoir besoin d'un très grand débit pour remplir son rôle ; pour les autres îles, nous ne savons pas. La fève ainsi obtenue n'est pas encore utilisable immédiatement ; elle est enveloppée par une légère pellicule, la parche, qui doit être enlevée avant la torréfaction. Les grains prêts à être expédiés sont emballés dans des contenants de 60 kg en toile (« sacs ») ou 300 kg en tonneau (« boucauts »).

La production dépend principalement des conditions naturelles mais aussi de l'âge des caféiers. Au bout de huit à dix ans, leur rendement commence à diminuer. Un pied peut donner jusqu'à trois ou quatre livres par an, mais le rendement normal est de 1,5 lb, ce qui, nous dit Laborie, est largement suffisant pour permettre à un planteur d'en vivre[349]. Il s'en suit que la production est extrêmement variable d'une habitation à l'autre, mais elle est, en tout état de cause, très limitée quantitativement. L'exportation moyenne pour France en 1789-90 est de 12 tonnes par caféières à Saint-Domingue et 3,6 pour les deux Iles-du-Vent prises ensemble ; même en rajoutant l'interlope, on n'irait probablement pas beaucoup plus haut. Les quelques informations données par Moreau de Saint-Méry permettent d'estimer la production unitaire entre huit et vingt tonnes dans les quartiers les plus favorables de Saint-Domingue[350], mais il existe également de très petites habitations produisant à peine une tonne par campagne[351]. Les plus grosses, celles appartenant à des propriétaires absentéistes capables de vivre de leurs revenus coloniaux en France atteignent péniblement les 50 tonnes[352]. En Guadeloupe, la plus importante production connue est celle du fief de Saint-Louis, à Marie-Galante, qui atteint 30 tonnes en 1773[353]. Il n'y a aucune espèce de comparaison possible avec les sucreries.

---

349. *Ibid*, p. 152 ; même estimation par MSM, dans ANOM, F3-163, fol. 102.

350. A Port-de-Paix, 82 caféières produisant 36.000 « Qx » = 22 tonnes chacune ; à Plaisance, 180 caféières, moyenne 166 « Qx » = 8 t ; au Petit Saint-Louis, 60 caféières, moyenne 250 « Qx » = 12 t. ; aux Cayes de Jacmel, 140 caféières, moyenne 128 « Qx » = 6 t. ; *Description*, I, 692, II, 634, 664, 1 121.

351. Les caféières du Dondon se répartissent en trois catégories : 20 produisant de 300 à 1.000 « Qx »= 15 à 50 tonnes ; 150 de 100 à 300 « Qx » = 5 à 15 tonnes ; 39 de 200 à 100 « Qx »= une à cinq tonnes ; *ibid*, I, 264.

352. Séguineau en 1788 : 85.852 lb = 43 tonnes ; Maulévrier sur la moyenne des campagnes 1785 à 1791 : 1.085 « Qx » = 55 tonnes.

353. ANOM, F3-160, fol. 85-87.

• L'implantation du café aux Antilles (1720-1736)[354]

L'aventure débute comme une belle histoire de complicité entre l'homme et la nature. En 1721, le jeune chevalier de Clieu, nommé lieutenant du roi à la Martinique, emporte avec lui un pied de caféier qu'il soigne avec amour pendant la traversée, allant même jusqu'à partager sa ration d'eau avec lui pour qu'il survive. À son arrivée, il distribue les graines aux habitants, forgeant ainsi sa légende d'introducteur du café aux Iles.

Evidemment, l'histoire est trop belle ; on n'est même pas sûr de sa date[355]. De Clieu n'est que le dernier maillon d'une longue chaîne. Originaire du Yémen, le caféier est tout d'abord transplanté à Java par la Compagnie néerlandaise des Indes orientales (VOC) à l'extrême fin du XVIIe siècle, puis de là dans le Jardin botanique d'Amsterdam en 1706, d'où il passe huit ans plus tard en France et acclimaté dans le Jardin du roi par Jussieu lui-même. Très vite, on se préoccupe de développer sa culture dans les terres tropicales des Amériques. Les Hollandais sont les premiers à Surinam en 1718 et essaient d'en conserver le monopole, mais, dès l'année suivante les premières graines arrivent dans la Guyane voisine, avant d'être redistribuées à la Martinique en 1723. De Clieu arrive donc en pleine effervescence caféière dans un milieu demandeur.

Le démarrage est quasi-immédiat à la Martinique, où le café bénéficie indirectement de la destruction, en 1727, des cacaoyères, qui s'étaient considérablement développées depuis la fin du XVIIe siècle (*infra*). Les deux cultures ont sensiblement les mêmes exigences pédologiques et pluviométriques, qu'elles trouvent sur les mornes et les pentes de moyenne et haute altitude des massifs montagneux. Immédiatement après la catastrophe, les caféiers se précipitent dans l'espace rendu disponible tout autour de la Pelée et son prolongement du Carbet. La croissance est extraordinairement rapide ; on passe de quelques dizaines d'ha (100.000 pieds) en 1727, plus ancien chiffre disponible, à un premier maximum de 8.000 ha et 12,9 M d'arbres en 1737. L'opportunité géographique a joué pleinement, mais on se demande où est passée cette production pendant toutes ces années. En 1729, en effet, la Compagnie des Indes, jusqu'alors pratiquement le seul importateur de café dans les ports du Ponant, qui s'inquiète de l'arrivée de ce concurrent, obtient du roi le monopole de

---

354. Les développements qui suivent s'appuient principalement sur la thèse de M. Hardy, *Monde du café*, t. I, chap. 1 et 2.
355. Selon les auteurs, il est question de 1721 ou 1723.

son commerce en France, à l'exception de celui traditionnellement importé du Levant à Marseille par des vaisseaux français et placés en entrepôt pour revente à la Compagnie. Il est donc clair que toute la production martiniquaise ne peut être exportée qu'en interlope.

Par contre, la prohibition retarde considérablement le développement du café dans les autres îles et réduit d'autant les opportunités pour le commerce de France, comme le soulignent à l'envi les négociants des ports du Ponant dans leurs protestations auprès du roi. La culture du café n'a pas encore commencé à Saint-Domingue, tandis que la superficie qui lui est consacrée en Guadeloupe est extrêmement faible (535 ha en 1735). En 1732, cédant partiellement à la pression, Versailles autorise l'importation des cafés coloniaux, mais seulement en entrepôt. Ce qui ne calme évidemment par les protestations. Il faut attendre 1736 pour que le monopole de la Compagnie soit aboli et que l'importation du café devienne libre en France.

Les effets de la mesure sont immédiats. A Saint-Domingue, les premiers caféiers, importés de la Martinique, sont plantés en 1738[356]. A la Martinique, les exportations licites passent d'une moyenne de 4.800 « Qx » en 1732-34 à 60 à 65.000 dix ans plus tard ; après le « trou » de la guerre de Succession d'Autriche, elles repartent à la hausse jusqu'à premier maximum de 112.000 « Qx » en 1753. La Guadeloupe, par contre, toujours négligée par les négociants métropolitains, ne profite pratiquement pas de la libéralisation ; les exportations pour la métropole sont insignifiantes[357] et, comme pour le sucre, l'interlope vers Saint-Eustache demeure son seul débouché. C'est seulement à partir de la période anglaise de 1759-63 et de la croissance qui en résulte, que le café démarre réellement dans l'Archipel[358].

356. MSM, I, 264.

357. Maximum de 3.000 « Qx » en 1755 ; pas plus de 3 % des exportations licites totales de café des Iles-du-Vent.

358. Outre le triplement des superficies (*tableau n° 24*), les exportations directes pour l'Angleterre passent de 2.900 à 27.000 « *hundredweights* » entre 1759 et 1762, soit 3.100 à 28.700 « quintaux mesure de Paris ».

Tableau n° 24
LE CAFE AUX ANTILLES AU XVIIIe SIECLE

	SAINT-DOMINGUE		ILES - DU -VENT			
	Superficie (ha) (a)	Exportations (« Qx ») (b)	Superficie Martinique	Superficie Arch. Gpe	Superficie Ste-Lucie	Exportations totales
1737			8.060	973		
1739	483					
1751	7.040		7.525	837		
1754	13.158					
1755			8.027			
1765		112.117				85.222
1767			4.148	3.675	820	
1775	59.247				4.244	423.325
1777		430.618		11.750		
1778			10.376			
1780	138.541					
1781						56.084
1784		443.734	4.584	6.780	1.149	
1788						
1789		768.352	8.005		1.262	
1790				8.607		164.354

(a) Chiffres dans les documents en nombre de caféiers jusqu'en 1784, convertis sur la base proposée par G. Lasserre (1.600 pieds/ha) ; en carrés de 1,3 ha à la Martinique et Sainte-Lucie, et de 1 ha en Guadeloupe en 1788-89.

(b) Exportations directes pour France seulement.

Nota : nombre de caféteries n. d. avant 1771 à Saint-Domingue et avant 1784 aux Iles-du-Vent.

• De l'expansion à la « frénésie » (1736-1780)

L'expression de *success story* revient régulièrement sous la plume des historiens pour décrire le fabuleux parcours du café aux Antilles dans une seconde moitié du XVIIIe siècle largement étendue. Elle ne s'applique pas seulement aux îles françaises et à leur métropole, mais à toutes les zones de production et à l'ensemble du marché européen. Mais Saint-Domingue écrase tout.

Apparue en Italie à la fin du XVIe siècle et en 1644 en France, l'habitude de boire du café se répand progressivement dans les classes urbaines aisées, avec notamment l'apparition d'établissements spécialisés, les cafés[359]. Le marché est extrêmement limité. Jusqu'à la décennie 1700, il est approvisionné presque uniquement depuis l'Arabie et les Echelles du Levant par Marseille et les ports italiens, et les cours sont très élevés. L'arrivée des cafés en provenance de Java et de Surinam[360] commence à les faire diminuer[361].

359. F. Mauro, *Histoire du café*, Paris, 1991, p. 27-45.
360. Clarence Smith-Topik, *Global coffee economy*, op. cit., tableau p. 412.
361. Pas de cotation à Amsterdam avant 1731 ; à Nantes, 40 à 50 sols par lb dans les années 1700, 30 au début des années 1730.

Graphique n° 6
EVOLUTION DES COURS DU CAFE AU XVIIIe SIECLE

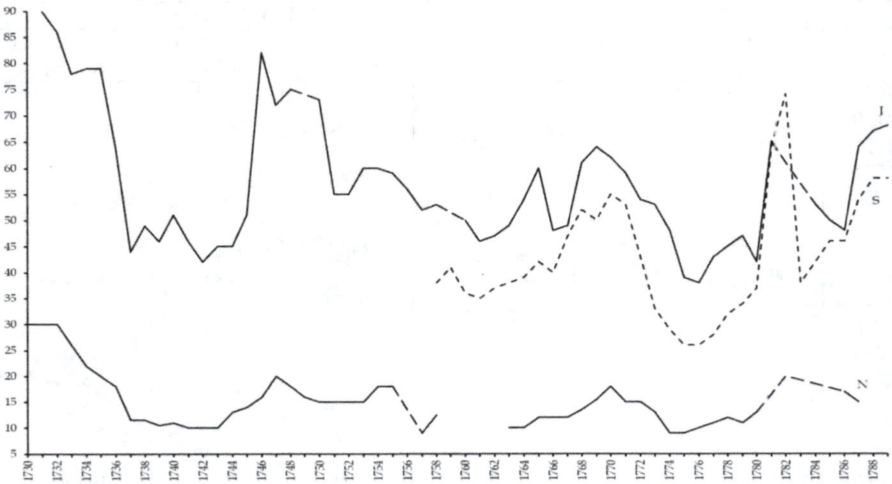

S. Cours du café de Saint-Domingue à la bourse d'Amsterdam, en Guilders par 100 lb. *Source* : Posthumus.

N. Prix des ventes de la Compagnie des Indes à Nantes, en sols tournois par lb. *Source* : H. Hauser.

J. Cours du café de Java à la bourse d'Amsterdam.

La libéralisation française de 1736 et le surgissement de Saint-Domingue bouleversent complètement les équilibres. Les cafés du Levant sont immédiatement réduits à la portion congrue, remplacés sur le marché par ceux des Antilles[362] ; de 1730 à 1740, les cours diminuent de moitié. La croissance domingoise s'accélère considérablement au cours de la décennie 1740 et au début des années 1750, avec un quasi-doublement des superficies en trois ans, en raison des difficultés que connaît alors Java ; c'est l'époque de la troisième guerre de succession entre prétendants au trône du royaume de Mataram (1746-1757), qui ravage le pays, faisant chuter les exportations de la VOC et bondir les cours à Amsterdam. Les chiffres manquent pour les années de la guerre de Sept Ans, mais il semble que l'expansion se poursuive à travers le conflit grâce à l'interlope avec les îles hollandaises de Curaço et Saint-Eustache ; il est significatif à cet égard que la cotation du café de Saint-Domingue à la bourse d'Amsterdam débute en 1758. De toute évidence, à voir comment son cours évolue lors des années suivantes jusqu'au Traité de Paris (1763), il n'a pas manqué de débou-

362. G. Rambert, *Histoire du commerce de Marseille*, t. VI, *1660-1789. Les colonies*, Paris, 1959, p. 192-195. Le Levant fournit 40 % des importations marseillaises de café en 1734, 17 % en 1752 et 7 % et 1774.

chés. Le marché européen représente alors dans les 20.000 tonnes, mais Saint-Domingue, arrivée plus tard dans la compétition n'occupe encore que la deuxième place derrière Surinam.

A partir du traité de Paris, l'économie caféière des Antilles entre dans une période de formidable expansion qui, au-delà des fluctuations de moyen terme, se prolonge jusqu'à la Révolution. De 1764-65 à 1790, les exportations totales passent de 199.000 à 955.000 « Qx », et la part du café dans les importations métropolitaines de denrées coloniales de 17,7 à 44,7 %. L'évolution se décline en trois temps.

De 1764 au milieu des années 1770, la production explose. Les caféières regagnent, et au-delà, l'espace perdu à la Martinique pendant la guerre de Sept Ans, elles poursuivent leur expansion de la période anglaise en Guadeloupe, et constituent le support du démarrage de la mise en valeur de Sainte-Lucie, retardé jusqu'alors par son statut d'île neutre (*Tableau n°* 24). C'est surtout à Saint-Domingue que le phénomène est le plus spectaculaire (137.000 « Qx » en 1764, 421.000 en 1775), au point que les contemporains n'hésitent pas à parler de « fièvre », de « frénésie » ou de « folie » du café. Il l'est tout particulièrement dans la partie du Sud, jusqu'alors fort négligée par la colonisation, et dans laquelle la nouvelle culture accélère sensiblement la mise en valeur (20 % des caféiers domingois en 1775). Les défrichements et les plantations ne se limitent plus uniquement aux mornes de moyenne altitude, mais s'élancent à l'assaut des montagnes (massif de la Hotte), dépassant largement les 1.000 m[363], jusqu'à des cantons perdus, tels celui de Plymouth, à Jérémie, « malgré le manque de chemins, l'éloignement de tout secours et la sévérité du climat ... (auquel) les Nègres ne peuvent guère s'accoutumer »[364]. Dans les autres parties de la colonie, outre son extension à de nouvelles zones de culture, le caféier tend à se substituer à l'indigo, moins rentable, dans des quartiers déjà mis en valeur, comme sur les Hauts de l'Artibonite[365].

L'augmentation de la consommation européenne est la cause première de cet emballement ; on boit du café dans toute l'Europe jusqu'au fond de la Baltique[366]. Les importations totales du continent, estimées à 20.000 tonnes environ vers 1765[367], font plus que doubler

363. Voir *supra*, chapitre 1, carte n° 1 de relief du Saint-Domingue.
364. MSM, III, 1396.
365. Cas de l'habitation Maulévrier, décrit par G. Debien, *Etudes antillaises*, op. cit.
366. E. Schnakenbourg, *Diffusion des produits coloniaux*, art. cit.
367. Importations européennes vers 1765 : 5.700 tonnes de Saint-Domingue, 4.200 des Iles-du-Vent, 6.100 de Surinam, 1.700 de Java, 1.500 des *West Indies*.

au cours des dix années suivantes[368]. Les prix s'envolent ; de 1763 au plus haut de la hausse, ils augmentent 25 % à la Martinique[369], mais plus fortement encore sur les places européennes[370], preuve de la formation d'une « bulle » spéculative.

Le retournement se produit lentement au début des années 1770, puis la bulle explose en 1773-74, pour se transformer ensuite en une crise d'autant plus profonde que l'expansion avait été forte auparavant[371]. Entre les sommets précédents et 1775-76, la baisse est de 50 % à Nantes, 53 % pour le Saint-Domingue et 29 % pour le Java à Amsterdam, et plus de 55 % à la Martinique. Une énorme surproduction règne sur le marché mondial, toutes les grandes régions productrices ayant profité de l'aubaine pour étendre leurs plantations. Puis, la guerre d'Amérique, et en particulier l'épisode de la prise et la destruction de l'île-entrepôt de Saint-Eustache, point focal de l'interlope dans tout l'arc antillais, en 1781[372], achèvent de faire « plonger » les exportations[373].

• L'hégémonie mondiale du café domingois (1784-1790)

Au retour de la paix, les Iles-du-Vent rétablissent lentement leurs économies caféières, mais sans jamais retrouver, ni même approcher, leurs performances des années 1770. A Saint-Domingue, par contre, la reprise est tonitruante ; jusqu'à la Révolution, le nombre de caféteries augmente de près de moitié et les exportations des trois quarts. Le café domingois écrase tout, que ce soit dans la colonie elle-même ou sur le marché européen, en raison d'une profitabilité exceptionnelle, comme l'observe avec enthousiasme le botaniste Nectoux à l'extrême fin de l'Ancien Régime[374]

368. Aux 30.000 tonnes (624.000 « Qx ») des Antilles françaises, il faut ajouter, en année moyenne 1772-76, 2.300 tonnes de Java, 7.600 de Surinam et 3.100 tonnes des *British West Indies*. Total = 44.000 tonnes.
369. M. Hardy, *Monde du café*, t. I, p. 66.
370. 80 % à Nantes, de 44 % pour le Saint-Domingue et 26 % pour le Java à Amsterdam.
371. Sur cette crise, J. Tarrade, *Commerce colonial*, op. cit., t. I, p. 412-418, et M. Hardy, *Monde du café*, op. cit., t. I, p. 66-70.
372. Dont on peut mesurer l'impact sur les cours à Amsterdam à travers le « pic » du Saint-Domingue (doublement entre 1780 et 1782) sur le graphique n° 6.
373. Pas de chiffres pour Saint-Domingue entre 1778 et 1782 ; aux Iles-du-vent prises ensemble, la baisse est de 87 % jusqu'en 1781.
374. ANOM, F3-161, fol. 110, « Observations faites sur la culture du caféier » s. d. (1788 ou 89).

Tableau n° 25
LE MARCHE EUROPEEN DU CAFE A LA FIN DES ANNEES 1780

	Tonnes	%	Sources et observ.
Saint-Domingue	33.974	67,0	a
Iles-du-Vent	6.468	12,8	b
West Indies	*2.053*	*4,0*	c
Interlope néerlandais	300	0,6	d
Surinam	5.143	10,2	e
Brésil	# 100	0,2	e
Java	1.678	3,3	e
Mascareignes	2000	1,9	f
TOTAL	50.696		

Tonnes métriques

(a) P. Pluchon.

(b) C. Schnakenbourg.

(c) E. Boody Schumpeter.

(d) W. Klooster. Chiffres n. d. pour Curaço ; nous avons supposé qu'ils étaient approximativement du même niveau que ceux de Saint-Eustache (13.300 lb).

(e) Clarence-Smith-Topik, 1787-91.

(f) J. Tarrade pour 1765-67 et 1788-89.

« *On n'a connu ni cultivé jusques à présent à Saint-Domingue aucune espèce d'arbre aussi intéressante et aussi précieuse que les caffiers ; et si l'on (le) compare à (tous) les arbres et plantes qui sont devenus des objets de culture spéculative dans la colonie, on trouve que la canne à sucre est tout au plus la seule qui puisse lui être préférée, car l'indigo, le coton, le cacao, le roucou sont sujets à plus de dangers et à plus de variations de leurs produits ou moins abondants en revenu, et par conséquent moins digne des soins et du travail du cultivateur* ».

En cet ultime quinquennat de l'Ancien Régime, le café est devenu à son tour une activité impérialiste à Saint-Domingue. Désormais la première culture de la colonie[375], le caféier ne se contente plus d'occuper les espaces restés vacants en altitude ou dans des cantons éloignés, il redescend vers les pentes moyennes et les mornes peu élevés déjà cultivés en indigo, qu'il expulse littéralement[376]. Les choses sont plus complexes en ce qui concerne ses rapports avec la canne. Il n'est évidemment pas en mesure de la concurrencer sur les grandes habitations de plaines, mais il ralentit sa croissance[377] en lui disputant avec succès la main-d'œuvre déportée. D'après Hilliard d'Auberteuil, que l'on sait bien renseigné par les statistiques de

375. En 1780, 137.000 ha de café, contre 45.000 de canne, 47.000 d'indigo et 17.000 de coton ; chiffres de 1788 inutilisables.

376. Les exportations tombent de 15.500 à 7.500 « Qx ».

377. De 1784 à 1789, les exportations de sucre, toutes qualités confondues, n'augmentent que de 21 %, contre 45 % pour le café.

l'intendance, 60 % des esclaves introduits à Saint-Domingue entre 1767 et 1775 seraient allés sur les caféteries[378] ; il n'est pas déraisonnable de penser qu'il continue à en être ainsi par la suite, sinon dans une telle proportion, du moins pour la majorité d'entre eux[379].

Mais surtout, l'expansion des caféières introduit dans le paysage domingois des bouleversements, qui ne sont alors encore qu'au stade des prémices mais dont les effets vont se faire sentir à très long terme. C'est un véritable désastre écologique. « Tous les petits habitants dans la partie du Sud de l'île », écrit le gérant de la sucrerie Cottineau en 1774, « se sont employés depuis quelques années à *gratter* jusqu'au tout haut des montagnes les plus hautes de cette partie et y planter des cafés »[380]. Les défrichements sauvages et les sarclages répétés sur les terrains en pente des caféières ont facilité le ravinement et fait rapidement disparaître la couche de terre arable, entrainée par les pluies[381]. On n'en est certes pas encore au stade de ces montagnes chauves qui caractérisent aujourd'hui le relief d'Haïti, mais on en prend le chemin ; la question de l'usure excessive des terres commence à se poser chez les plus lucides. On peut, écrit dans une phrase prémonitoire le voyageur suisse Girod de Chantrans en 1785, craindre de voir « toutes les montagnes de la colonie à nu et stériles dans une quinzaine d'années », en conclusion d'un réquisitoire implacable[382]. La violence de cette économie de plantation ne détruit pas seulement les hommes, mais également la nature.

*

*   *

A l'international, Saint-Domingue occupe une position hégémonique. Avec l'ajout des Iles-du-Vent et de ce qui passe en interlope par les îles hollandaises, elle fournit plus de 80 % de la consommation européenne de café. Les Antilles françaises sont pratiquement les

---

378. *Considérations*, op. cit., t. I, p. 68.
379. De 1770-79 à 1790-92, le nombre moyen d'esclaves de l' « Echantillon Geggus » augmente de 11 % sur les sucreries (181 à 202), contre 141 % sur les caféteries (34 à 82).
380. G. Debien, *Sucrerie Cottineau*, art. cit., p. 22 ; le mot souligné l'est par nous.
381. Dutrône-Lacouture, *Précis sur la canne et sur les moyens d'en extraire le sel essentiel*, Paris, 1790, p. 343 : les montagnes qui bordent les plaines de la partie Ouest « sont presque entièrement nues et stériles ; celles qui peuvent être cultivées en café seront bientôt dépouillées ».
382. J. Girod de Chantrans, *Voyage d'un Suisse dans différentes colonies d'Amérique* ..., Neuchâtel, 1785, p. 286-294.

seules bénéficiaires de la conjoncture extraordinairement favorable qui règne alors sur le marché. L'envol des cours (+ 38 % de 1784 à 1789) à Amsterdam (*graphique n° 6*), alors que la production mondiale est elle-même en forte augmentation, est révélateur d'un déséquilibre, que seule Saint-Domingue est en mesure de combler. Les autres zones productrices ne peuvent pas lutter, en raison de coûts plus élevés. Les colonies néerlandaises anciennement dominatrices régressent ; à Java, la VOC se débat dans des difficultés croissantes qui entravent son activité, tandis que Surinam peine à se remettre de la crise de 1775, à l'issue de la période de « folie », qui l'a frappée avec une particulière brutalité[383]. Le Levant n'existe pratiquement plus comme exportateur et constitue au contraire un débouché important pour le commerce marseillais[384]. Le Brésil débute à peine. Enfin, le café des *West Indies* en général, et de la Jamaïque en particulier, souffre de la concurrence croissante du thé auprès des consommateurs britanniques, surtout à partir de 1784 et de la réduction de 90 % des droits qui le frappent (*Commutation Act*).

En France, le café nourrit un important commerce de réexportation ; en 1788, 704.000 des 785.000 « Qx » importés[385] sont réexportés vers le reste de l'Europe et le bassin méditerranéen (soit 89 %), ce qui constitue la proportion la plus élevée de toutes les « denrées » coloniales (76 % pour le sucre). En valeurs, le café contribue pour 49 % à ces réexportations, contre 40 % pour le sucre. Naturellement, c'est Bordeaux, qui est le premier port caféier français, avec 41 % des importations (*Tableau 21*) et 53 % des réexpéditions, principalement vers l'Europe du Nord par les intermédiaires hollandais et hanséates. Le Havre est le second pour les importations (21 %), mais c'est essentiellement lui qui approvisionne Paris, ce qui réduit d'autant ses réexportations (13 % du total). Marseille, fort de ses marchés méditerranéens, occupe une place équivalente dans les importations et les réexportations (16 % pour chacune) ; il en est pratiquement de même pour Nantes (12 et 11 % respectivement). Avec ses 34.000 tonnes réexportés face à une consommation extérieure que l'on peut supposer à 45.000 tonnes (importations européennes totales - consommation intérieure), la France inonde littéralement l'Europe de son café antillais (75 % de la consommation totale).

---

383. C. Goslinga, *The Dutch in the Caribbean and in the Guianas, 1680-1791*, Assen, 1985, p. 328-329.

384. R. Paris, *Histoire du commerce de Marseille*, t. V, *De 1660 à 1789. Le Levant*, Paris, 1957, p. 539 et 559-561.

385. Voir *supra*, chap. 4, tableau n° 21.

3. LES AUTRES CULTURES D'EXPORTATION

• L'indigo[386]

1. La production

L'indigo est une matière tinctoriale bleue, produite à partir de l'indigotier[387]. Il existe de nombreuses espèces, mais les deux normalement cultivées aux Antilles sont l'indigo « franc », qui donne plus de teinture mais est aussi plus fragile et d'une culture plus délicate, exigeant des terrains favorables, et l'indigo « bâtard », moins productif mais aussi moins exigeant sur la qualité des sols et plus résistant aux parasites et à la sècheresse. La plupart des planteurs de Saint-Domingue cultivent les deux.

L'indigotier est un arbuste qui peut atteindre jusqu'à deux mètres à l'état naturel, mais on ne le laisse jamais pousser plus de quelques dizaines de cm en plantation commerciale. C'est une plante de plaine et de moyenne altitude, qui n'exige pas beaucoup de pluie. A Saint-Domingue, les deux principales zones de productions se situent, d'une part dans la partie de l'Ouest entre Mirabelais, l'Arcahaye et la plaine de l'Artibonite, qui réunissent la moitié des indigoteries et fournissent 38 % des exportions en 1788 par le port de Saint-Marc ; et de l'autre sur la côte méridionale de la partie du Sud, entre Tiburon et l'Aquin (19 % des indigotiers et 11 % des exportations par le port des Cayes) (*Carte n° 4, chap. 1*).

La création d'une indigoterie commence évidemment par la préparation du terrain (défrichement, nettoyage ...), puis vient le temps des semis. On peut semer à tout moment de l'année pourvu qu'il y ait suffisamment de pluie, mais de préférence entre septembre et mars. Le terrain est divisé en carreaux de 5 à 6 m de côté, à l'intérieur desquels on creuse des fosses d'une dizaine de cm de profondeur espacées d'une trentaine. On y étale ensuite les graines à raison de onze à treize pour le père Labat et sept à huit selon Monnereau, on recouvre

386. Père Labat, *Nouveau voyage*, op. cit., t. I, p. 252-310 ; E. Monnereau, *Le parfait indigotier ou description de l'indigo...*, Marseille, 1765, p. 15-84 ; G. Debien, « Une indigoterie à Saint-Domingue à la fin du XVIIIe siècle », *RH Colonies*, t. XXXIII, 1940-46, p. 1-49 ; F. Girod, *Fortune coloniale*, op. cit. ; T. Yvon, « La production d'indigo en Guadeloupe du XVIIe au XIXe siècle » ; *Bull. Sté d'hist. Gpe*, n° 145, 2006, p. 48-57 ; R. C. Nash, « South Carolina indigo, European textiles and the British Atlantic economy in the eighteenth century », *Economic History Review*, vol. 63, 2010, p. 362-392. Nous déplorons de n'avoir pu accéder à la thèse de M. Martin sur l'indigo en France au XVIIIe siècle, mise sous embargo par l'auteur au moment de notre rédaction.

387. D'où le surnom d' « herbe bleue » qui est souvent donnée à la plante une fois récoltée, bien qu'il ne s'agisse pas à proprement parler d'une herbe.

et on arrose si la pluie n'est pas suffisante. Au bout de quatre à cinq jours, les semis commencent à lever. Pendant toute la période de croissance, il faut continuellement arracher à la main les mauvaises herbes pour éviter qu'elles n'étouffent la plante. La première récolte se fait juste avant la floraison, six à huit semaines après la plantation pour l'indigo franc, trois à quatre mois pour le bâtard ; la plante mesure alors une cinquantaine de cm. La coupe s'effectue à la faucille. Puis les coupes se succèdent toutes les six semaines au fur et à mesure des repousses pendant deux ans. Après quoi, la plante est arrachée et remplacée par de nouveaux semis. Les herbes sont liées en bottes et portées à l'indigoterie.

Bien que les contemporains emploient parfois à leur sujet le terme de « manufacture », les indigoteries sont très éloignées des sucreries, tant par leur équipement que par leur valorisation. L'estimation la plus haute par la commission de l'indemnité, pour Hecquet-Duval, se situe à 444.000 F, un chiffre que dépassent largement les trois quarts environ des sucreries. La production de l'indigo n'exige ni de grands bâtiments ni des installations compliquées, la seule contrainte étant la proximité d'une rivière pour l'arrosage de la plante, et surtout pour les opérations de fabrication.

Celle-ci s'effectue dans une série de trois cuves de maçonnerie montées en escalier, de façon à ce que le fond de chacune soit plus haut d'environ un mètre que celle située sous elle (*Planche 3*). Une indigoterie possède normalement plusieurs séries de cuves, et jusqu'à une dizaine pour les grandes habitations, de façon à décaler entre elles les différentes phases de la fabrication et pouvoir ainsi produire en continu[388]. La première cuve (*le « bassin »*) est un réservoir d'eau claire contenant le volume nécessaire à un cycle complet de transformation des matières. Dans la seconde (*la « trempoire »*), on place l'herbe en couches régulières jusqu'au trois quarts de la hauteur ; elle est couverte d'eau. L'eau entre fermentation, dégageant une odeur si nauséabonde que cette cuve est appelée également la « *pourriture* ». La fermentation dure de dix à quinze heures, et parfois davantage selon la température et la qualité des herbes. Tout l'art de l'indigoterie consiste à bien apprécier le moment où la macération est optimale ;

388. C'est le cas sur l'habitation Hecquet-Duval, qui dispose de quatre moulins fonctionnant 24 heures par jour en continu ; au plus fort de la récolte, les opérations se poursuivent sans interruption pendant plusieurs semaines, comme du 18 mars au 11 juin 1770. En 1777, le gérant fait installer quatre nouvelles séries de cuves, et achète parallèlement de nouveaux esclaves pour les servir ; l'atelier passe de 142 esclaves en 1773, 175 en 1776 et 181 en 1778 ; F. Giròd, op. cit., p. 68 et 102.

trop courte, une partie de la matière colorante reste fixée à l'herbe, trop longue, le bleu s'en va avec l'eau. Quand elle est considérée comme achevée, l'eau est transférée par une bonde dans la troisième cuve, afin de séparer la matière colorante de l'eau dans laquelle elle est en suspension. Pour cela, l'eau doit être remuée violemment sans arrêt pendant deux ou trois heures ; c'est le battage, raison pour laquelle cette cuve est dénommée la « *batterie* ». Pendant longtemps, on utilise pour cela des esclaves frappant l'eau à coups de bâtons, puis, au milieu du XVIIIe siècle, apparaissent de petits moulins à palettes, mis en mouvement par l'eau d'un ruisseau voisin, ou un mulet ou des esclaves tournant une manivelle. Quand l'opération est terminée, le liquide passe dans le « reposoir », l'indigo se décante et se dépose au fond de la cuve comme une espèce de bouillie bleue, tandis que l'eau est évacuée par les bondes situées sur les côtés de la cuve. La bouillie est placée dans des petits sacs de toile pour l'égouttage. Quand celui-ci est achevé, elle est étalée dans des caisses de bois pour séchage, puis elle s'épaissit et devient comme de l'argile. L'indigo est alors coupé en petits cubes et placé dans des caisses en vue de l'expédition.

Planche n° 3
UNE INDIGOTERIE

Source : Du Tertre

Les cuves A : le bassin ; B : La trempoire ; C : La batterie ; D : Le reposoir

Il est difficile de connaître exactement l'importance de la production des indigoteries. Les contemporains l'évaluent en « caisses », sans que l'on sache à quel poids cela correspond. D'après Moreau de Saint-Méry, les plus grosses dans les quartiers les plus favorables, comme Mirabelais, peuvent produire jusqu'à 60 à 70 « Qx » par an, et les plus petites 200 à 300 lb seulement ; les quelques chiffres par paroisse qu'il permet de calculer se situent entre 8 et 29 « Qx » par indigoterie. Pas de chiffre pour Hecquet-Duval.

2. *Le marché*

Originaire de l'Inde, l'indigo est utilisé dans le bassin méditerranéen dès le Moyen-Age, mais pas en Europe où la plante normalement employée pour teindre en bleu est le pastel, ou guède. Acclimaté dans les régions tropicales des Amériques, il commence à se développer aux Antilles françaises dans les dernières décennies du XVIIe siècle, comme principal moyen de soutenir la colonisation à un moment où celle-ci ne peut guère compter sur d'autres productions.

Aux Iles-du-Vent, la disparition du tabac après 1670, puis la grande crise sucrière des années 1680 et 1690 laissent la place à la culture de l'herbe bleue et à l'installation d'indigoteries. Le nombre de celles-ci évolue en raison inverse de celui des sucreries, particulièrement en Guadeloupe, très durement frappée par la crise[389]. Le sommet de ce cycle est atteint en 1696-98, puis avec la reprise sucrière des années 1700 et le retour à la paix après 1713, la canne retrouve sa place et l'indigo recule rapidement[390] ; les dernières indigoteries disparaissent en 1719 à la Martinique et au début des années 1730 dans l'archipel guadeloupéen. Aux Iles-du-Vent, l'indigo n'a finalement été qu'une culture de remplacement en attendant le retour du sucre ; il est éliminé par la concurrence de Saint-Domingue.

Dans la Grande Ile, l'indigo débute également comme culture de remplacement du tabac à partir de 1680, mais surtout comme moyen d'occuper l'espace pour une mise en valeur coloniale qui commence à peine, ainsi que dans l'attente de la canne et du sucre. G. Debien a dé-

389. A la Martinique, 192 sucreries et 7 indigoteries en 1688, 165 et 20 en 1696, 186 et 1 en 1702 ; sur le « continent » guadeloupéen, 89 sucreries et 12 indigoteries en 1683, 62 et 66 en 1698, 81 et 3 en 1701 ; à Marie-Galante, 13 sucreries et 34 indigoteries en 1683, aucune sucrerie et 48 indigoteries en 1696.

390. Sauf à Marie-Galante qui, après avoir été ravagée trois fois par les Anglais en 1689, 1691 et 1701, est évacuée entre 1702 et 1713. Au retour des colons, c'est l'indigo qui permet la reprise de l'activité ; il connait alors une brève phase de croissance qui porte le nombre d'indigoterie à un maximum de 86 en 1719, puis c'est la chute.

crit ainsi ce moment particulier de l'histoire économique de Saint-Domingue : « De 1690 à 1720, l'indigo fut sans doute la principale production de Saint-Domingue ... Tous les terrains plats, trop secs pour la canne, toutes les pentes assez douces étaient mis en « herbe bleue », qu'ils y fussent tout à fait propres, ou médiocrement, ou fort peu. L'indigo demandait moins de main-d'œuvre, moins de bêtes, moins d'outillage général que la canne. Partant, moins de capitaux. Trente ans durant, il fera la fortune des colons moyens... Cette culture restait fort spéculative, ... mais elle avait pour elle de pouvoir se développer sur place, sans grands apports de fonds métropolitains »[391] ; on compte déjà 1.182 indigoteries en 1713.

L'histoire de l'indigo domingois au XVIIIe siècle se décline en trois phases[392].

Le premier tiers du siècle est un moment de formidable croissance, en conséquence de la très forte demande de colorants de l'industrie textile européenne. Le nombre d'indigoteries et les exportations triplent[393]. Vers 1740, l'indigo domingois est à son apogée ; il a éliminé la concurrence du pastel et réduit les importations depuis le Levant à la portion congrue[394], et il détient un quasi-monopole sur le marché européen, auquel il fournit 93 % de ses approvisionnements atlantiques.

La décennie 1740 et jusqu'au début des années 1760 sont marquées par un net ralentissement. Comme toutes les autres productions domingoises, l'indigo souffre de l'impact des deux guerres de Succession d'Autriche (1744-48) et de Sept Ans (1756-63) sur le commerce maritime. Il est d'autre part confronté à la concurrence croissante du Guatemala, le principal producteur sur le continent, et à celle, naissante, de la Caroline ; en 1764-67, la part de Saint-Domingue dans les importations européennes est tombée à 62 %. Le ralentissement de l'indigo est lié également à celui de l'industrie textile européenne, survenu au même moment. Il est enfin repoussé par le « rouleau compresseur » sucrier[395] ; la canne remplace l'indigo dans les plaines

391. G. Debien, *Indigoterie à Saint-Domingue*, art. cit., p. 15-16. Voir également Ch. Frostin, *Autonomisme colon*, op. cit., vol. I, p. 132-147.

392. Bonne description de la conjoncture sur le marché européen dans R. C. Nash, *South Carolina indigo*, art. cit., tableau p. 365 et p. 368-370.

393. On passe de 1.182 indigoteries en 1713 à un maximum historique de 3.445 en 1739, et d'une moyenne annuelle de 4.000 « Qx » en 1724-28 à 147.000 en 1739-43.

394. R. Paris, *Commerce de Marseille*, t. V (*Levant*), op. cit., p. 562-563.

395. De 132 sucreries en 1713 à 508 en 1732 et 599 en 1754.

pour le rejeter vers de nouvelles zones de culture moins favorables dans les mornes de l'arrière-pays[396].

Le record des exportations se situe en 1764-65 avec une moyenne de 21.000 « Qx »[397], chiffre un peu artificiel traduisant une vaste opération de déstockage au retour de la paix. En réalité, l'indigo domingois entre alors dans une phase de long déclin jusqu'à la Révolution. Il se heurte à une double concurrence. A l'extérieur, celle de la Caroline, qui a profité des guerres pour prendre des parts du marché[398] ; à l'intérieur, celle du café, qui le repousse vers des zones toujours plus éloignées et de moins en moins favorables ; les exportations diminuent jusqu'à 13.000 « Qx » au début des années 1770. Après une brève reprise pendant la guerre d'Indépendance des Etats-Unis, mais qui n'est qu'un feu de paille, vient la chute finale ; les exportations reculent continument, passant de 15.000 « Qx » en 1784 à 7.500 cinq ans plus tard. Les planteurs domingois sont également victimes de l'usure des terres, exploitées trop intensément depuis plus d'un demi siècle, y compris dans les zones les plus favorables, comme Mirabelais[399]. C'est la débandade ; des habitations jusqu'alors très bien organisées, productives et situées dans des quartiers spécialisés dans l'indigo l'abandonnent pour se reconvertir au café et au coton[400].

Ce qui précède explique le rôle marginal que joue l'indigo dans le commerce extérieur de Saint-Domingue (à peine 1 % de es exportations en valeur) et, plus largement, dans le commerce colonial de la France (5 % des importations et 4 % des réexportations), à la veille de la Révolution[401]. La Grande Ile n'est plus en mesure de répondre à la demande de l'industrie textile métropolitaine, surtout à un moment où la technique de l'impression sur tissus (« indiennage ») se développe rapidement dans l'industrie des cotonnades. Après avoir fait la

396. G. Debien, *Une indigoterie à Saint-Domingue*, art. cit., p. 15-16.
397. Chiffres de P. Pluchon jusqu'en 1789, légèrement différents de ceux de Nash jusqu'en 1775.
398. La part de la Caroline dans les importations d'indigo atlantique de l'Europe passe de 2 % en 1739-43 à 6 % en 1753-55 et 25 % en 1772-75 ; pas de chiffres postérieurs, mais nul doute qu'elle continue d'augmenter. Dans le même temps, Saint-Domingue recule de 93 à 72 et 55 % respectivement. L'indigo domingois perd même des marchés traditionnels sur lesquels il était très solidement implanté, comme ceux du Levant.
399. MSM, II, 910.
400. Telle l'habitation Bodkin, à l'Aquin, étudiée par G. Debien, *Une indigoterie à Saint-Domingue*, art. cit., p. 36-43.
401. Chiffres de 1788 ; AN, F12-1835, balance du commerce. Voir *supra*, tableau n° 21.

fortune de Saint-Domingue au début de l'ère coloniale, l'indigo n'est plus qu'une activité résiduelle à la fin de celle-ci.

• Le coton[402]

1. La culture

Le cotonnier est indigène dans la Caraïbe. L'espèce habituellement cultivée est le *gossypium barbadense*, connu également sous le nom de *sea island*. C'est un arbuste vivace pouvant atteindre jusqu'à quatre mètres de hauteur, qui donne des fibres longues et fines ; ce coton « longue soie » est très recherché au XVIIIe siècle, parce qu'il est plus facile à travailler et donne des tissus de qualité supérieure.

Il est cultivé soit seul, dans les zones les plus sèches, soit parallèlement à la canne. « Les habitants-sucriers entouraient parfois les carrés de canne de deux rangées de cotonniers ; ceux-ci pouvaient occuper les anciens champs de canne après des dévastations ou lorsque le cours de fibres était élevé ; inversement, la canne refoulait les cotonniers en période de prospérité des sucres et tafias ... Les deux domaines étaient par essence complémentaire » (G. Lasserre). A Saint-Domingue, la principale zone de production se situe dans la plaine de l'Artibonite ; en 1788, 48 % des exportations cotonnières de la colonie passent par Saint-Marc et 22 % par Port-au-Prince. Il existe également des plantations relativement importante dans la partie du Sud, autour des Cayes et de Jacmel (11 et 10 % des exportations respectivement (*Voir carte n*° 4) ; la partie du Nord ne produit pratiquement pas de coton. En Guadeloupe, le coton se concentre dans les parties les plus sèches de l'Archipel : côte méridionale et orientale de la Grande-Terre, de Gosier à Moule (43 % des superficies en 1790), Marie-Galante (25 %) et les petites dépendances (les Saintes et la Désirade, 7 %) (*Carte n*°7). A la Martinique enfin, les plantations se situent essentiellement dans les quartiers du sud (Marin, Vauclin, Sainte-Anne).

La plantation se fait à l'entrée de la saison des pluies. Les opérations débutent en juillet par le défrichement, si nécessaire, puis le sarclage du terrain. Les graines sont trempées pendant quelques heures dans l'eau, puis elles sont plantées en quinconces à une distance variant de un à 2.50 m, selon les espèces et la nature du terrain. Les plantes sortent de terre huit à dix jours après les semis ; elles sont ré-

---

402. Père Labat, *Nouveau voyage*, op. cit., t. II, p. 388-416 ; G. Debien, « Les projets d'un ancien planteur cotonnier de Saint-Domingue (1814) », *RH Colonies*, t. XLI, 1954, p. 83-102 ; C. Schnakenbourg, « Recherche sur l'histoire du coton en Guadeloupe (XVIIe-XIXe siècle) », *Bull. Sté d'hist. Gpe*, n° 152, 2009, p. 79-118.

gulièrement entretenues par sarclage, pour éliminer les mauvaises herbes, éclaircissage, en enlevant les tiges les moins bien venues et les plus faibles, et écimage, afin d'arrêter la croissance à hauteur d'homme et faire refluer la sève dans les branches latérales, qui donnent habituellement les plus grosses gousses.

Le cotonnier commence à fleurir huit à neuf mois après les semis ; la fleur est jaune clair, avec des taches pourpres sur les pétales. On pince alors le bout des tiges pour reporter toute la sève sur les gousses en formation. Celles-ci sont cueillies au moment où elles parviennent à maturation et s'entrouvrent, laissant apparaître le coton ; si on tarde, il jaunit et devient invendable. La récolte se fait dans de grands sacs que l'on emmagasine jusqu'au moment de l'égrenage ; elle a lieu pendant la saison sèche, pour empêcher la fermentation par humidité, et dure environ trois mois. Une fois qu'elle est terminée, on coupe tous les arbres à 20 cm du sol, puis on brûle les tiges et on répand les cendres, mélangées avec du fumier, entre les lignes de cotonniers. Un même arbre donne normalement trois à quatre récoltes avant d'être arraché.

Après la cueillette, le coton est étendu sur une aire pour le laisser bien sécher, puis il est égrené afin de séparer la fibre des graines. L'égrenage est effectué avec une machine assez rudimentaire, appelée « moulin à coton » bien qu'elle n'ait rien à moudre à proprement parler. C'est un châssis de bois carré de quatre montants d'environ 1,30 m de haut, sur lequel sont fixés deux rouleaux cannelés de quelques cm de diamètre (les « fuseaux » ou « quenouilles ») en bois dur tournant en sens inverses et reliés par des cordes à deux pédales actionnées avec les pieds. L'égreneur est assis devant le châssis et, tout en pédalant, fait glisser le coton sur une planche entre deux rouleaux ; l'écartement entre eux est réglé de telle façon que les fibres sont pincées et poussées d'un côté vers un sac ouvert situé en dessous, pendant que les graines tombent à terre de l'autre côté. Dans les années 1780, pour profiter de l'élévation des cours, on installe de grandes roues hydrauliques capables de faire fonctionner six à dix moulins à coton en même temps[403]. Enfin, le coton est « emballé » dans de grands sacs de toile très serrés (les « balles ») pesant entre 150 et 160 kg. La marchandise est alors prête à être expédiée.

---

403. Mémoire de 1789 du Dr Cassan, publié par G. Debien, « Les cultures à Sainte-Lucie à la fin du XVIIIe siècle », *Annales des Antilles*, n° 13, 1966, p. 72

2. Le marché

Bien que cultivé depuis les tous premiers temps coloniaux, le coton ne s'affirme pas comme culture d'exportation avant la fin du XVIIe siècle. Jusqu'alors la consommation européenne de coton est extrêmement faible et prend très majoritairement la forme de filés importés du Levant[404] ; sur un marché aussi étroit, il n'y a pas de place pour le coton brut des Iles. Mais à partir de 1694, le filage du coton brut débute à Rouen, puis se répand très vite dans les campagnes de l'arrière-pays, où les négociants de la ville le délocalisent selon le système classique de la proto-industrie textile basée sur le travail à domicile des familles paysannes ; très vite, ils y adjoignent le tissage, délocalisé à son tour, et la Normandie devient alors la première région cotonnière de France[405]. Dans cette conjoncture porteuse, la matière première antillaise est particulièrement bienvenue. Avec la paix de Ryswick (1697), le commerce de France reprend aux Antilles, et, avec lui, les exportations de coton. Au cours du XVIIIe siècle, l'utilisation des cotonnades, sans être encore une consommation de masse, se répand progressivement en Europe. L'expansion du secteur est continue jusqu'à la Révolution, portée par des cours eux-mêmes en hausse pratiquement ininterrompus[406] (*Voir tableaux n° 26*). Les centres cotonniers se multiplient dans tout le pays, d'abord sous la forme proto-industrielle du filage et du tissage à domicile dans les campagnes, puis, à partir de la décennie 1740, à travers la création de grandes manufactures concentrées (à Darnétal, Saint-Sever, Rouen, Sens, Amiens, Mulhouse ...), dans lesquelles seront introduites, à l'extrême fin de l'Ancien Régime les premières expériences de mécanisation par importation des nouvelles technologies anglaises.

---

404. R. Paris, *Commerce de Marseille*, t. V (*Levant*), op. cit., p. 540-541.
405. Sur tout ce qui concerne la conjoncture cotonnière française au XVIIIe siècle, voir S. Chassagne, *Le coton et ses patrons*, op. cit., p. 25-177.
406. Le cours du coton en laine à Nantes passe en moyenne de 14 sols par lb en 1730-34 (n. d. avant) à 25 en 1750-54 et 48 en 1786-88. Il bondit évidemment en temps de guerre.

Tableau n° 26
LE COTON ANTILLAIS AU XVIIIe SIECLE

Les cultures

	Guadeloupe		Martinique	Sainte-Lucie	Saint-Domingue
	BT + GT	MG			
1719	972		37		
1736	3.326	211	1.378		636
1753	4.962	3.081	1.070		7.826
1773	4.611	2.428	709	520	
1774					9.345
1780					17.755
1784	4.520	1.626	1.168	1.301 (a)	
1788	6.943	2.297			79.200
1789			2.090	7.510	

Unités : hectares

Chiffres en nombre de pieds jusqu'en 1780, convertis sur la base de 1 ha = 1.500 pieds. En carrés ou carreaux ensuite, convertis sur la base de 1 c. = 1,3 ha en Martinique, Sainte-Lucie et Saint-Domingue et un pour un en Guadeloupe.

(a) 1785

Importations de coton brut en France

	Marseille (a) Coton du Levant	Rouen-Le Havre Toutes provenances	France. Coton des Antilles	
			Total	dont St-Domingue
1700-02	4.316			
1717-24	18.944			
1728-35		3.620 (b)		
1736-40	30.789	16.780		
1750-54	52.550	13.625	29.086 (d)	13.936
1765-68		23.937	46.099 (e)	29.873 (f)
1773-77		22.567	35.780 (c)	28.442
1784-86			68.094 (c)	48.158
1787-89	95.979	37.232 (c)	95.606 (c)	66.988

Moyennes annuelles en « Quintaux » de 48,9 kg.

Sources

(a) R. Paris

(b) Toutes périodes sauf 1787-89 : P. Dardel

(c) Balance du commerce

(d) Addition des exportations des Iles-du-Vent et du seul chiffre disponible pour Saint-Domingue, 13.936 « Qx » en 1753, donné par Hilliard d'Auberteuil

(e) J. Tarrade

(f) P. Pluchon jusqu'en 1787-89.

Il résulte de tout ce qui précède de considérables besoins en coton brut. Le coton antillais est le grand bénéficiaire de cette demande sans cesse accrue de matière première. Parti de pratiquement rien au début du siècle, il fournit la moitié du marché français à la veille de la Révolution. Deux grands moments de croissance ponctuent cette évolution.

La première moitié du siècle est essentiellement guadeloupéenne. L'Archipel tire avantage de sa dotation en facteurs naturels en Grande-Terre et à Marie-Galante, tandis que la Martinique est handicapée de ce point de vue, et qu'à Saint-Domingue, la petite colonisation passe par le café et l'indigo plus rentables. Mais ce coton antillais ne joue encore qu'un rôle secondaire dans l'approvisionnement des manufactures métropolitaines, d'autant plus que l'essentiel de la production de la Guadeloupe part en interlope en raison du manque de liaisons avec la France. C'est donc toujours le fournisseur traditionnel du Levant qui domine le marché à Rouen, premier port cotonnier du Ponant, 52 % des importations en 1728-35 proviennent du Levant, contre 41 % seulement des Iles[407] ; à Marseille, il faut attendre 1761 pour qu'arrive le premier coton antillais[408].

Au milieu du siècle, pour répondre à la demande des manufacturiers, le pouvoir royal modifie complètement sa politique commerciale sur le coton, de façon à favoriser la production et les importations de celui des Antilles. En 1749, celui-ci est exempté de tous droits d'importation à son entrée en France, alors que le coton du Levant continue d'être taxé à 20 % *ad valorem*, sauf à Marseille. Et surtout, dix ans plus tard, on lève l'interdiction qui frappait jusqu'alors l'impression des tissus de coton dans le royaume, afin de protéger le monopole d'importation des « indiennes » de la Compagnie des Indes[409]. Or, il s'agit d'une industrie novatrice et bénéficiant d'une très forte demande, qui connaît un développement particulièrement rapide jusqu'à la Révolution.

A partir du traité de Paris, la multiplication des grandes manufactures, le développement de l'indiennage en métropole et l'augmentation continue de la consommation européenne, provoquent une vive accélération de la croissance des cotons antillais. Dans les années 1760, la plaine de l'Artibonite se couvre de cotonniers[410], et

407. P. Dardel, *Navires et marchandises*, op. cit., p. 214.

408. G. Rambert, *Commerce de Marseille*, t. VI (*Colonies*), op. cit., p. 400.

409. Au XVIIIe siècle, l'expression d' « indiennes » (et ses dérivés : « indiennage », « indienneurs ») désigne des toiles de coton imprimées. Importées initialement de l'Inde (d'où leur nom), où elles étaient produites par des millions d'artisans, leur fabrication s'implante progressivement en Europe. En France, l'impression sur toiles « selon les procédés indiens » est en principe interdite en 1686, afin de réserver le marché à la Compagnie des Indes, mais la ville de Marseille bénéficie d'une exemption, et il semble en outre qu'une activité plus ou moins clandestine se soit toujours poursuivie à Rouen ; l'interdiction est levée partiellement en 1752, puis totalement en 1759.

410. MSM, II, 817-818 ; G. Debien, *Projets d'un ancien planteur*, art. cit. p. 97-98.

Saint-Domingue, jusqu'alors légèrement à la traîne[411], devient alors le premier producteur des Antilles françaises[412]. A l'extrême fin de l'Ancien Régime, une véritable « folie du coton » s'empare du marché ; les premiers effets de la révolution industrielle et de la mécanisation du textile se font sentir en France et s'accélèrent en Angleterre, une pénurie générale de coton brut règne en Europe. Les cours bondissent et la spéculation apparaît, encore aggravée par des achats massifs effectués par des négociants britanniques sur le marché français, en conséquence du traité de libre-échange de 1786[413]. On assiste alors à une extraordinaire multiplication des plantations. A Saint-Domingue, leur superficie est multipliée par plus de quatre en moins de dix ans. Aux Iles-du-Vent, l'extension des cotonneries demeure dans des limites raisonnables en Guadeloupe et Martinique, mais à Sainte-Lucie, les « spéculations extravagantes » du commerce[414], en même temps que la liberté d'exportation à l'étranger accordée à l'île en 1786, provoquent une véritable explosion ; les superficies sont multipliées par près de six en cinq ans. Mais ce n'est pas qu'une pure spéculation sur les prix, les volumes suivent ; de 1784 à 1790, les importations françaises depuis les Antilles passent de 24 à 45.000 tonnes métriques, celles de l'Angleterre depuis les *West Indies* de 50 à 142.000. La bulle explose en 1788, en conséquence notamment de la crise générale qui frappe alors toute l'économie du royaume, et en particulier le textile, mais, compte tenu des plantations déjà réalisées, la situation ne revient pas à la normale avant 1791. Entre-temps, la colonie de Saint-Domingue a été engloutie dans l'insurrection nègre.

Cette folle croissance des années 1780, explique la place importante qu'occupe le coton dans les importations coloniales de la France à la fin de l'Ancien Régime (10,2 % en valeur en 1788), en n'oubliant pas, toutefois, que les Antilles ne fournissent que la moitié du marché, l'autre moitié provient toujours du Levant. A la différence de toutes les autres « denrées », dominées par le duo Bordeaux-Nantes, c'est Le Havre qui est le premier port importateur, avec 37,4 % (*Tableau 21*) parce que la région de Rouen et la vallée de la Seine jusqu'à Troyes forment le premier ensemble de centres cotonniers de royaume[415] ; mais sur le total des importations toutes origines con-

411. Jusqu'à la guerre de Sept Ans, la culture du coton y est encore moins étendue que dans l'archipel guadeloupéen ; en 1753, 11,7 M pieds contre 12,0.

412. 80 % des superficies et 70 % des exportations en 1788-89.

413. J. Tarrade, *Commerce colonial*, op. cit., t. II, p. 689-696.

414. Mémoire du Dr Cassan, cité *supra*, note 98.

415. Cartes dans Braudel-Labrousse, t. II, p. 240.

fondues, c'est Marseille qui domine grâce à ses connections levantines. Autre spécificité du commerce du coton : il est la « denrée » coloniale dont les réexportations sont les plus faibles : 22 % seulement des importations de 1788 repartent à l'étranger, principalement en Angleterre, contre jamais moins de la moitié pour toutes les autres. C'est bien la preuve de la pénurie relative de matière première qui frappe alors l'industrie française des cotonnades.

• Le cacao[416]

1. Culture et préparation

Le cacaoyer est un arbre dont l'habitat est le même que celui du caféier : altitude moyenne, pluies abondantes mais sans excès, zones ombragées. Il peut atteindre huit à dix mètres à l'état naturel, mais on l'étête pour rendre la récolte plus facile et obtenir de meilleurs rendements. Il est semé en pépinière, puis repiqué à trois à quatre mètres de distance. La première taille se fait vers cinq ou six ans, puis on la renouvelle tous les deux à trois ans. La première récolte est effectuée à cinq ans, le rendement maximum se situe entre quinze et trente ans ; une plantation peut durer jusqu'à cinquante ans.

Le cacao est extrait de la cabosse, un fruit en forme de ballon de rugby de 15 à 20 cm et de couleur jaune ou rouge, selon les espèces, contenant une trentaine de graines de 2 cm, appelées « fèves ». La récolte peut se faire toute l'année, mais principalement en novembre et décembre. Les cabosses sont fendues immédiatement après avoir été enlevées du tronc, les coques sont mises au pied de l'arbre où elles vont se décomposer pour former un engrais, tandis que la pulpe et le graines sont portées à l'habitation.

La préparation de la « denrée » exportable se déroule en deux temps. Elle commence par la *fermentation*. Dans une case *ad hoc* (« case à fermenter » ou « à suer ») sont installées six cuves de bois à fond en lattes pour l'écoulement des liquides ; on emploie également des tonneaux percés dans le fond. La pulpe et les fèves sont versées et transvasées successivement dans les six cuves ; on laisse fermenter deux à trois jours dans chaque cuve, jusqu'à la sixième où la pulpe se détache complètement des fèves. La fermentation dure dix à douze jours, après quoi vient le séchage. Les fèves sont étalées au soleil sur une aire sèche, ou sur un plancher à claire-voie monté en tiroir ; elles

416. Père Labat, *Nouveau voyage*, op. cit., t. VI, p. 1-96 ; G. Clarence-Smith, *Cocoa and chocolate, 1765-1914*, London, NY, 2000, 319 p. ; N. Harwich, *Histoire du chocolat*, Paris, 2008, 318 p.

sont remuées fréquemment pour accélérer l'opération. Celle-ci est achevée au bout de trois jours ; les fèves ont alors leur couleur rouge-brun (« chocolat ») définitive. Elles sont mises en balles d'une centaine de kg pour être expédiées.

2. *De la brève fulgurance martiniquaise à la médiocrité d'une culture réellement secondaire*

Originaire de l'Amazonie, le cacao est découvert et exporté vers l'Europe par les Espagnols dès le début du XVIe siècle. Il aurait été introduit à la Martinique en 1660, mais sa culture ne démarre réellement qu'une vingtaine d'années plus tard. Ses débuts sont difficiles, en raison de son goût acre et de son prix élevé, qui rebutent les consommateurs. Il faut attendre la fin du XVIIe siècle pour que, mélangé avec du sucre, son utilisation s'impose, en boisson et en confiserie, autrement que comme un produit pharmaceutique. La très forte réduction des droits de douane sur les « denrées » coloniales, en 1717, lance définitivement sa consommation en France, mais uniquement comme produit de luxe.

L'histoire du cacao aux Antilles commence à la Martinique, par une fulgurance suivie d'un désastre. La culture y connaît immédiatement un très grand succès puisque 3,9 millions de pieds y sont cultivés dès 1719 tout autour de la Montagne Pelée, qui offre à cet égard des conditions optimales. A la Martinique, à la différence des autres îles, ce n'est pas l'indigo qui a remplacé le tabac, mais le cacao. Mais après ces brillants débuts, la suite devient proprement stupéfiante ; dans un lettre de 1728 à Versailles, les administrateurs informent le ministre que, l'année précédente, près de 17,5 millions de pieds existaient dans l'île, mais que, depuis, 6,1 M ont été détruits par un terrible tremblement de terre survenu le 7 novembre 1727, de sorte qu'il n'en reste plus que 8,3 millions encore debout[417]. Convertis sur la base de 1.500 p./ha proposée par G. Lasserre, et retenue par nous, les cacaoyers auraient donc couvert 12.000 ha en 1727, et si l'on retient les chiffres du père Labat, 7.500 ha[418]. La question se pose néanmoins de savoir comment ont pu être atteintes de telles superficies sur un territoire aussi peu étendu, qui feraient alors de la Martinique, selon G.

---

417. ANOM, C8A39, fol. 52 ; lettre suivie, aux fol. 58-72 par un extrait nominatif des pertes, habitant par habitant.

418. *Nouveau voyage*, op. cit., t. VI, p. 20 et 23 : la « bonne dimension » pour une cacaoyère est de « 200 pas en carré », soit 2,25 ha ; un tel terrain peut contenir 5.625 pieds, soit 2.500 par ha.

Clarence-Smith[419], le second producteur américain (et mondial) de cacao ; il aurait fallu planter chaque année 1.700.000 pieds supplémentaires (?).

Cette catastrophe sonne le glas de la culture à grande échelle du cacao aux Antilles françaises. Il ne se remettra jamais du désastre, en raison de son manque de compétitivité : à l'intérieur face au café qui occupe tout l'espace disponible dans leur habitat commun ; à l'extérieur sur un marché totalement dominé par les colonies circum-caraïbes de l'Espagne, et en particulier par le Venezuela, qui fournissent plus de 80 % de la consommation européenne au début des années 1790. A la Martinique, la production s'effondre (36.000 pieds = 24 ha en 1733), remplacée immédiatement par celle de café ; la reprise est très lente et ne s'affirme définitivement que dans les dernières années de l'Ancien Régime (1.200 ha en 1788). A Saint-Domingue, où sa culture est attestée dès 1702[420], son développement est arrêté brutalement par la « destruction » des arbres au milieu des années 1730[421] ; elle ne retrouve la croissance qu'après la guerre de Sept Ans[422] mais demeure encore très limitée à la fin de l'Ancien Régime, ne concernant pratiquement que la partie du Sud[423]. Enfin, le cacao est à peu près totalement inexistant en Guadeloupe et à Sainte-Lucie.

La faiblesse de la production se répercute évidemment sur le niveau des exportations. Le cacao ne contribue en 1788 que pour moins de 1 %, en volume comme en valeur, aux importations de « denrées » coloniales en métropole et à leurs réexportations. Malgré son histoire cacaoyère agitée, la Martinique est le premier fournisseur, avec 54 % des importations ; c'est le seul cas où le marché français n'est pas dominé par Saint-Domingue, et c'est également le seul avec le coton où Bordeaux n'occupe pas la première place ; ici, elle est occupée par Marseille, grâce à ses positions traditionnelles dans le bassin méditerranéen (50 % des importations et 74 % des réexportations). Au total, de quelque côté qu'on prenne son histoire, le cacao est le cendrillon de l'économie antillaise d'Ancien Régime.

---

419. Correspondance échangée en 1998 dans le cadre de la préparation de son ouvrage *Cocoa and chocolate*, précité.
420. MSM, III, 1197.
421. *Ibid*, III, 1371 et 1377 ; l'auteur, qui ne nous dit pas en quoi consiste cette destruction (cyclone, parasites ?) donne comme dates 1735 et 1736.
422. 113 ha en 1753, 505 en 1774, 1784 en 1788.
423. En 1789, on ne compte que 54 cacaoteries, cultivant 1784 ha de cacaoyers, dans toute la colonie, dont 40 dans la partie du Sud (Jérémie, Dalmarie) ; mais beaucoup d'habitations recensées comme caféteries produisent également du cacao.

TROISIÈME PARTIE

LA FORCE DE TRAVAIL SERVILE

Le titre de cette partie décrit exactement son objet. Il s'agit ici des esclaves comme facteurs de la production, et non pas de l'esclavage en tant que système : leur nombre, l'organisation de leur travail, leurs conditions de vie, l'entretien de leur force de travail, les résultats de leur emploi ... Les phénomènes de résistance ne nous concernent que dans la mesure où ils impactent la productivité. Les autres aspects de l'esclavage (musique, culture, religion, créolisation, genre, vie familiale, affranchissements ...) sont hors de notre propos.

CHAPITRE 7

LES ESCLAVES SUR LES HABITATIONS

1. L'ESCLAVAGE, FONDEMENT PRODUCTIF DE L'ECONOMIE DE PLANTATION

Jusqu'en 1848, l'esclavage constitue, avec l'habitation, l'autre fondement de l'économie de plantation aux Antilles, celui sur lequel repose la mise en œuvre de la production. « Tout le travail se fait en ce pays par des Nègres », écrit en 1696 l'intendant de la Martinique ; « les plus riches d'entre les habitants sont ceux qui ont le plus de Nègres, car plus ils en ont et plus ils font de sucre, et ce n'est qu'à faire beaucoup de sucre qu'on devient riche en ce pays-ci »[424]. Dans une économie *manu*facturière, très peu mécanisée, comme celle des Antilles jusqu'au milieu du XIXe siècle, c'est évidemment du nombre des hommes au travail que dépend avant tout le volume de la production et le niveau des revenus ; « en augmentant le revenu (des habitations) par les Nègres, on augmente les Nègres par le revenu », note Moreau de Saint-Méry[425] pour décrire l'espèce de dialectique qui relie souffrance des uns et prospérité des autres dans l'économie antillaise de son temps.

Le *graphique 7*, établi à partir des données du « Tableau Baron » sur les 95 sucreries de la Plaine du Nord, illustre bien ce lien direct existant entre main-d'œuvre et production[426]. Les moyennes sont de 2.376 « Qx » et 162 esclaves par habitation. La répartition des données par quartiles montre clairement la double césure autour de ces deux

424. ANOM, C8A9, fol. 279-280, « Mémoire de l'estat présent de l'isle de la Martinique.

425. *Description*, III, 1275.

426. L'allure particulière que donne à ce graphique l'alignement vertical de certains niveaux de production est la conséquence de l'insuffisance des informations dont disposait l'auteur du plan et du tableau, qui a donc dû, pour certaines habitations, procéder à des estimations à gros traits tous les 500 « Qx ».

chiffres : 49 des 55 habitations produisant moins que la moyenne (89 %) ont moins de 162 esclaves ; inversement, sur les 40 habitations produisant plus que la moyenne, 77 % possèdent plus de 162 esclaves. Les deux plus grandes, Duplaa et Lefebvre, situées à Quartier Morin, produisent respectivement 5.000 « Qx » avec 467 esclaves et 6.000 « Qx » avec 365 esclaves.

Graphique n° 7
RAPPORT ENTRE NOMBRE D'ESCLAVES ET PRODUCTION DANS LA PLAINE DU NORD DE SAINT-DOMINGUE

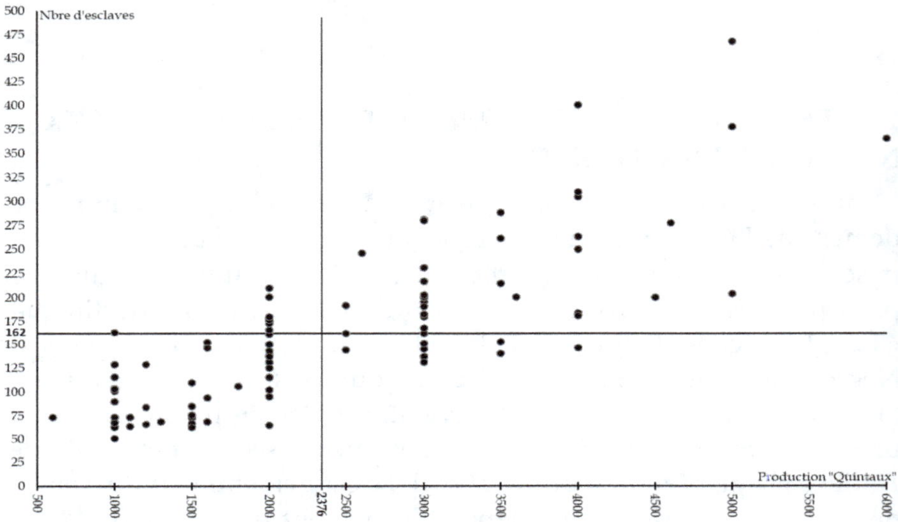

• Les effectifs

A la veille de la Révolution, on compte approximativement 690.000 esclaves dans l'ensemble des Antilles françaises, soit 88,8 % de la population totale. La répartition entre les différentes îles apparaît sur le *tableau n°* 27. Avec plus de 500.000 esclaves et gens de couleurs libres, la population noire de Saint-Domingue est la plus nombreuse de la Caraïbe (195.000 esclaves à la Jamaïque) et la seconde plus importante des Amériques après les Etats-Unis.

Tableau n° 27
POPULATION DES ANTILLES A LA VEILLE DE LA REVOLUTION

	Année	Population totale	Esclaves	%
Saint-Domingue (1)	1789	532.000	480.000	90,2
Guadeloupe (2)	1790	107.300	90.200	84,0
Martinique (2)	1789	97.000	81.100	83,6
Sainte-Lucie (2)	1789	22.300	18.500	82,9
Tabago (2)	1790	15.100	14.200	94,0
Saint-Martin (2)	1786	3.100	2.600	83,8

(1) Chiffres approximatifs. Le nombre officiel d'esclaves déclarés pour le paiement de la capitation est de 434.400 ; mais l'intendant Proisy estime le nombre réel à 480.000, en raison de la fraude aux déclarations.

(2) Le nombre des esclaves des différentes Iles-du-vent est celui des recensements ; pour la même raison qu'à Saint-Domingue, il est donc sous-évalué, mais nous n'avons aucun moyen de le redresser.

C'est évidemment sur les sucreries que les esclaves sont les plus nombreux, même s'il arrive parfois que certaines grandes caféteries de Saint-Domingue en possèdent davantage que des sucreries de dimensions restreintes[427].

Nous sommes mal renseignés sur le volume de main-d'œuvre dont disposent les habitations de la Grande Ile en général, et les sucreries en particulier. *L'Etat des liquidations* de l'indemnité aux anciens colons ne contient aucune indication sur ce point et les recensements de Saint-Domingue ne comportent pas, à la différence de ceux des Iles-du-Vent, de rubriques sur le nombre d'esclaves « attachés » aux différentes cultures. Nous disposons néanmoins de données partielles.

En premier lieu, celles que nous apporte le « Tableau Baron » sur 93 des 95 sucreries de la plaine du Nord. Le nombre de leurs esclaves varie de 91 à 467, pour un total de 17.881. Elles vont de 21 de moins de 100 esclaves à 6 de plus de 300. En moyenne, 162 par habitation à Limonade, 189 à Quartier Marin et 131 à Petite-Anse ; moyenne générale pour les trois quartiers = 162.

Ces chiffres sont confirmés par les résultats obtenus par David Geggus à partir de son échantillon de cent sucreries : la moyenne domingoise se situe à 181 en 1770-79, 188 en 1780-89 et 202 en 1790-92. Par grandes régions, 182 esclaves par sucrerie dans la partie du Nord, 177 dans celle de l'Ouest et 113 dans celle du Sud, ce qui reflète bien les différences de niveaux de mise en valeur entre elles (*chap. 1*).

Une troisième source est constituée par les « papiers de plantations » conservés en France, et dont nous présentons quelques cas

427. Voir *supra*, tableau 23. Pour les habitations en cultures « secondaires », voir les développements qui leur sont spécialement consacrés chap. 6.

dans le *tableau 14* du chapitre 3. Ici, les chiffres sont nettement décalés vers le haut ; sur les 25 sucreries référencées, aucune n'a moins de 100 esclaves, deux seulement entre 100 et 200 (8 %, contre 52 % dans la plaine du Nord), et douze plus de 300 (48 % contre 6 % dans la plaine du Nord). Moyenne = 340, contre moins de 200 en chiffres ronds dans le « Tableau Baron » et l' « Echantillon Geggus ». La différence n'est pas surprenante. Les « papiers de plantations » conservés en France concernent principalement des grandes ou très grandes habitations, capables de soutenir le train de vie élevé de leurs propriétaires absentéistes. Au-delà de 500 « têtes », c'est véritablement de « troupeau » ou de « cheptel humain » dont on peut parler ; on compte six planteurs au-delà de ce chiffre, dont les deux plus importants, Galliffet et Laborde, détiennent chacun plus de 1.400 esclaves sur, respectivement, cinq et trois habitations. Ce sont les habitations possédant le plus grand nombre d'esclaves de toute la Caraïbe. A la Jamaïque, la *medium sized sugar plantation* n'en a que 200 en 1773[428], et Worthy Park, la plus grosse de l'île, 330 sur la moyenne des années 1783 à 1791[429].

*

* *

Pour ce qui concerne les Iles-du-Vent, nous n'avons pratiquement aucune information pour la Martinique, à l'exception du Fonds Saint-Jacques, la plus grosse habitation de l'île, qui compte 500 esclaves en 1773. A partir des recensements, Ch. Louis-Joseph estime à 94 le nombre moyen d'esclaves par sucrerie[430], mais ce chiffre paraît cependant un peu faible, en particulier quand on le compare à la moyenne guadeloupéenne.

Nous sommes en effet bien renseignés sur le nombre d'esclaves employés sur les différents types d'habitations de la Guadeloupe grâce aux inventaires conservés dans les minutes des notaires entre 1771 et 1791. Elles sont évidemment plus petites que celles de Saint-Domingue. Pour ce qui concerne plus particulièrement les sucreries, le nombre moyen d'esclaves sur 68 occurrences se monte à 124 par habitation. Dans l'ensemble, elles ne disposent que d'un volume limité de main-d'œuvre. Elles ne sont que 23 (= 34 %) au-dessus de la

---

428. R. Sheridan, *Sugar and slavery*, op. cit., p. 231.
429. M. Craton & J. Walvin, *A Jamaïcan plantation. The history of Worthy Park, 1670-1970*, Londres, NY, 1970, p. 130.
430. *L'esclave, le maître et le marchand*, op. cit., p. 108.

moyenne, alors que, inversement, 31 (= 45 %) possèdent moins de cent esclaves, dont sept moins de cinquante, et trois seulement avec plus de 300, avec un maximum de 381 pour le marquisat de Houëlbourg (*Tableau 15*) ; mais le plus gros propriétaire d'esclaves de la Guadeloupe est la veuve Marie-Jeanne Van Schalkwyk-Classe, descendante des Hollandais du Brésil arrivés en 1654, qui, au moment de son décès (1783), en a 1.381 répartis entre cinq sucreries à Saint-François et à Moule[431].

• Créoles et Africains

Nous sommes renseignés sur les origines des esclaves par les travaux de Gabriel Debien[432] et Jacques Houdaille[433] sur Saint-Domingue, et de Nicole Vanony-Frisch pour la Guadeloupe[434]. Leurs résultats sont le fruit du dépouillement et du collationnement de centaines de listes, et permettent des conclusions sûres parce que reposant sur de grands nombres. Rien d'équivalent pour la Martinique, mais on peut y étendre la plupart de celles dégagées pour la Guadeloupe (*Tableau 28*).

Dans les deux îles, les Créoles sont majoritaires, mais beaucoup plus largement en Guadeloupe, et la proportion de Sang-mêlés y est cinq fois plus élevée. Ces deux caractéristiques s'expliquent tout d'abord par le fait que la colonisation, et donc l'esclavage, démarre un demi-siècle plus tôt aux Iles-du-Vent qu'à Saint-Domingue, donc la créolisation y est plus ancienne et plus avancée. La différence entre les deux situations est en second lieu la conséquence d'une croissance économique beaucoup plus rapide dans la Grande Ile au cours de la seconde moitié du XVIIIe siècle, dont il est résulté de forts besoins en main-d'œuvre qui ne pouvaient être satisfaits que par la traite négrière ; d'où la proportion très élevée d'Africains. En Guadeloupe, au contraire, où la croissance est plus lente et le déficit démographique moins important (*Chap. 9*), la demande de "Nègres nouveaux" est moins forte, et la part des Créoles passe de 61 à 79 % entre 1776 et

431. Inventaire dans ADG, 2E2-17, minutes Dupuch, 1783 n°23.

432. G. Debien, *Les esclaves aux Antilles françaises (XVIIe - XVIIIe siècles)*, Basse-Terre, Fort-de-France, 1975, p. 39-68

433. J. Houdaille, « Les esclaves dans la zone d'occupation anglaise de Saint-Domingue en 1796 », *Population*, 1971, t. 2, p. 152-157. Il s'agit ici de la partie de la colonie occupée par l'armée britannique de 1795 à 1798, dans laquelle l'esclavage a été rétabli après l'abolition de 1794.

434. N. Vanony-Frisch, « Les esclaves de la Guadeloupe à la fin de l'Ancien Régime, d'après les sources notariales (1770-1789) », *Bull. Sté d'Hist. Gpe*, n° 63-64, 1985, 165 p.

1789. Enfin, la population blanche est proportionnellement deux fois plus importante dans les Petites Antilles qu'à Saint-Domingue[435], et les métissages y sont donc plus répandus, ce qui explique la proportion très sensiblement plus élevée de Sang-mêlés en Guadeloupe.

Tableau n° 28
LES ORIGINES DES ESCLAVES ANTILLAIS A LA FIN DU XVIIIe SIECLE

	GUADELOUPE 1771-92		ST-DOMINGUE 1757-91		ST-DOMINGUE 1796-97	
	Nombre	%	Nombre	%	Nombre	%
Nègres créoles	3.885	55,6	2.041	58,0	7.445	52,8
Sang-mêlés	1.264	18,1	68	1,9	391	2,8
TOTAL CREOLES	5.149	73,7	2.109	59,9	7.836	55,6
AFRICAINS	1.836	26,3	1.406	40,1	6.268	44,4
TOTAL ORIGINES CONNUES (1)	6.985	100	3.515	100	14.104	100

(1) Ont été retirés de l'échantillon, les « Nègres » tout court, dont on ne sait s'ils sont Créoles ou Africains, ainsi que les origines inconnues.

Il existe également des différences sectorielles et géographiques. A Saint-Domingue, les zones sucrières des plaines du Nord et de l'Ouest, plus anciennement colonisées, sont majoritairement créoles ; mais sur les caféteries établies après 1763 dans les mornes de l'intérieur, se trouvent essentiellement des Africains[436]. Inversement, en Guadeloupe, les Créoles en général et les Sang-mêlés en particulier sont proportionnellement plus nombreux sur les habitations en cultures "secondaires" (café, coton)[437] ; de même, les habitations de la Grande-Terre, principales bénéficiaires des introductions massives d'Africains pendant l'occupation anglaise de 1759-63, sont beaucoup plus noires que celles de la région de Basse-Terre, qui a déjà un siècle et demi d'intenses métissages derrière elle.

Il ne paraît pas nécessaire de s'appesantir ici sur les origines africaines des esclaves. Bien qu'elles soient fréquemment mentionnées dans les inventaires, leur connaissance n'apporte rien aux planteurs en termes gestionnaires. Les ouvrages contemporains sur le « gou-

---

435. En 1788-90, 14.000 Blancs en Guadeloupe et 10.600 à la Martinique, soit 13 et 10,9 % respectivement. A Saint-Domingue, 28.000, soit 6,1 % du chiffre officiel de la population (455.000 h) et probablement beaucoup moins (5,6 %) par rapport à la population réelle (environ 500.000, compte tenu des fraudes aux déclarations des esclaves pour la capitation).

436. Sur l'ensemble des années 1766-92, les Créoles représentent 56 % des esclaves sur les sucreries mais 36 % seulement sur les caféières ; calcul sur 59 et 66 habitations respectivement dans l'Echantillon Geggus.

437. De 1771 à 1789, 50 % de Créoles noirs et sang-mêlés sur les sucreries et 56 % sur les caféières ; N. Vanony-Frisch, *Esclaves de la Guadeloupe*, art. cit., p. 80.

vernement des esclaves » consacrent de longs développements sur la façon de composer les « ateliers » (mélanger les ethnies ou au contraire faire des groupes homogènes), mais les planteurs n'ont guère le choix ; ils prennent ce que leur apportent les négriers. Tous ces développements sur les « races » africaines, ainsi que sur leurs qualités et défauts supposés[438], reflètent surtout les préjugés et les ignorances de leurs auteurs.

Par contre, la différenciation entre Créoles et Africains joue un rôle essentiel dans l'organisation et le fonctionnement de l'habitation, et la politique des planteurs en ce domaine est de bien la marquer, en particulier dans les premiers temps qui suivent l'arrivée des « Nègres nouveaux » afin de mieux les contrôler et les « adapter » à leur nouvelle vie. Le moyen le plus immédiat est la pratique de l'étampage des Africains, qui consiste à leur appliquer au fer rouge sur l'épaule ou le pectoral la marque du maître (initiales, logo ...), qu'ils garderont toute leur vie, comme on le fait avec des veaux dans un enclos. De même confie-t-on préférentiellement aux Créoles des responsabilités particulières dans le processus de production, même s'il est vrai que les conditions mêmes de l'arrivée des Africains aux Antilles expliquent très largement ce choix. A Saint-Domingue, sur les 150 listes d'ateliers de 1796 à 1798 examinées par J. Houdaille dans les quartiers occupés par les Anglais, 80 % des commandeurs sont des Créoles ; en Guadeloupe dans les deux dernières décennies de l'Ancien Régime, 76 % des esclaves qualifiés sont nés dans la colonie (Nègres + mulâtres)[439]. On rencontre, certes, parfois des Africains, arrivés probablement enfants dans la colonie, à qui sont confiées de hautes responsabilités[440], mais, globalement, l'immense majorité d'entre eux sont de simples « Nègres de houe », cantonnés dans des gestes élémentaires et répétitifs (planter, sarcler, couper) et/ou des travaux de force épuisants (défricher, porter des matériaux, rouler des barriques ...). On n'est évidemment pas surpris que les planteurs préfèrent de très loin employer des Créoles ; outre que leur « élevage » depuis la naissance est moins coûteux que d'acheter des « Nègres de Guinée », leur productivité est largement supérieure. « Je ne crois pas trop m'avancer »,

---

438. Voir notamment MSM, I, 45-58.

439. N. Vanony-Frisch, *Esclaves de la Guadeloupe*, art. cit., tableau n° 18. Pourcentage calculé par rapport aux seules origines connues (« Nègres » tout court et origines n. d. exclues).

440. Ainsi sur l'habitation Cadush-Barré, à Quartier-Morin, le « maître sucrier en chef », responsable des « mouliniers » et de l'activité du moulin, est un Sénégalais de 50 ans ; F. Thésée et G. Debien, *Barré de Saint-Vincent*, art. cit., p. 96.

écrit le planteur guadeloupéen Poyen de Sainte-Marie, « en disant qu'on préfère un Nègre né sur l'habitation qu'on exploite à trois Africains qui arrivent de leur pays »[441], et qui, outre le traumatisme de la déportation, se trouvent brutalement confrontés à des conditions de vie et de travail sans aucun rapport avec celles qu'ils connaissent antérieurement. Il ne faut toutefois pas exagérer les effets de la différence entre Créoles et Africains pour ce qui concerne leurs rapports de travail avec le planteur. Pour un statut donné et une tâche donnée, tous sont traités de la même façon ; dans les champs, « Nègres de houe » créoles et africains subissent tous la même violence et le même excès de travail.

2. L'ORGANISATION DU TRAVAIL SUR LES HABITATIONS-SUCRERIES : LES FONCTIONS DE DIRECTION ET D'ENCADREMENT

L'organigramme des habitations coloniales esclavagistes est celui de toute entreprise reposant sur le principe de hiérarchie : le détenteur du pouvoir, l'encadrement, les exécutants. La stratification est à la fois fonctionnelle et raciale.

• Le planteur

C'est le propriétaire de l'habitation, qui, normalement, en dirige lui-même directement l'exploitation et sur laquelle il réside.

A l'exception d'une poignée de « grands mulâtres » domingois, fils naturels et héritiers de planteurs qui les ont amenés ou envoyés en France, tous les habitants-sucriers sont des Blancs. Avec les membres de la haute administration locale et les grandes maisons de négoce des principaux ports en relation avec la métropole, ils forment l'élite de la société blanche locale. En tout, peut-être un millier de personnes à Saint-Domingue, 400 à 500 dans chacune des Iles-du-Vent, dans tous les cas moins de 5 % de la population blanche totale[442]. Ce sont les « Grands-Blancs » sucriers. Par leurs origines nobles ou prétendues telles, les dimensions de leurs domaines et de leurs troupeaux d'esclaves, et leur influence sur les institutions locales (conseils supérieurs, chambres d'agriculture, assemblées coloniales aux Iles-du-

---

441. J. B. Poyen de Sainte-Marie, *De l'exploitation des sucreries ou conseils d'un vieux planteur aux jeunes agriculteurs des colonies*, Basse-Terre, 1792, p. 20.
442. 27.723 personnes à Saint-Domingue, 13.460 en Guadeloupe, 10.603 à la Martinique, en 1788-89.

Vent), qu'ils dominent très largement et utilisent au mieux de leurs intérêts, ils forment une véritable caste[443]. Leur prestige et l'envie qu'ils suscitent chez les planteurs en cultures « secondaires », dont ils se tiennent soigneusement à l'écart, sont tels que, nous dit Jean-Baptiste Leblond, voyageur de passage à la Martinique en 1767, « pour jouir de cette vaine considération, des habitants aisés transforment leurs plantations en sucreries et se ruinent par les dettes que cette métamorphose les forces de contracter »[444].

La vie du planteur résidant n'a évidemment rien à voir avec l'aimable *farniente* colonial que l'on fantasme alors fréquemment en France. La gestion d'une habitation exige de son propriétaire beaucoup de temps et de fatigue. Nous devons au planteur guadeloupéen Poyen de Sainte-Marie une description de la journée ordinaire de travail d'un habitant-sucrier, tirée de son expérience personnelle sur le marquisat de Sainte-Marie, à Capesterre[445]. C'est un planteur moderniste qui se cite souvent avec une certaine complaisance comme un planteur modèle et un « bon maître », conduisant son exploitation de la façon la plus rationnelle et la plus productive possible, évitant de « fouler » ses esclaves. Ce qu'il nous présente ici est la gestion idéale d'une sucrerie idéale par un planteur idéal, mais qui, sur de nombreux points, recoupe néanmoins la réalité, comme nous aurons l'occasion de le vérifier par la suite.

Le travail du planteur s'organise chronologiquement en trois temps qui se définissent par leur degré d'urgence.

Le très court terme, jusqu'à l'heure près[446], est celui de la surveillance des esclaves et du contrôle de leur travail. Poyen n'est pas partisan de « rester constamment derrière ses esclaves », mais il n'en est jamais très éloigné. « Un planteur doit vérifier fréquemment ses divers ateliers, observe ce qui se passe, … inspecter l'ouvrage », afin de pouvoir intervenir immédiatement si nécessaire.

L'horizon quotidien est celui du suivi de la production et de ses facteurs. Le plus important est de vérifier l'état des plantations, « qu'il ne doit pas négliger un seul jour », car une pièce de canne peut-être dévastée en 24 heures par les rats, les fourmis et de mul-

443. Ch. Frostin, *Autonomisme colon*, op. cit., t. II, chap. XI et XII.
444. J. B. Leblond, *Voyage aux Antilles et à l'Amérique méridionale, commencé en 1767 et fini en 1802*, Paris, 1813, p. 74.
445. J. B. Poyen de Sainte-Marie, *De l'exploitation des sucreries*, op. cit. ; c'est une grosse habitation de plus de 600 carrés et près de 300 esclaves, la seconde de la Guadeloupe après le marquisat de Houëlbourg.
446. « Le planteur doit s'assurer de l'ouvrage (de) son atelier pendant l'heure, la demie ou le quart d'heure qu'il aura inspecté ».

tiples autres parasites. A la manufacture, le planteur doit s'assurer que le plan de coupe et le rythme d'approvisionnement du moulin sont bien respectés, et suivre les opérations de fabrication à la sucrerie, à laquelle « il doit donner tous les moments qu'il pourra dérober à ses autres travaux, y entrer toutes les fois qu'il passera aux environs » et y rester le plus longtemps possible. Au coucher du soleil, il doit suivre la « distribution des herbes » par les esclaves à leur retour des champs et vérifier l'état de ses parcs à bestiaux, l'état de son cheptel et le travail de ceux qui y sont affectés. Enfin, « en revenant chez lui, le planteur doit visiter ses bâtiments, inspecter les travaux qu'on y fait, voir ses ouvriers et son hôpital, … et mettre ses écritures à jour ».

C'est donc une journée fort longue, passée en grande partie à cheval à tourner sur son habitation, que décrit Poyen. Elle commence « de grand matin », souvent avant le lever des esclaves et s'achève fort tard dans la soirée après avoir fait le bilan de la journée avec les sous-ordres et donné ses ordres pour le lendemain.

Le troisième niveau temporel de l'activité du planteur s'élève audessus de l'immédiateté quotidienne pour se situer dans la perspective plus large de la campagne sucrière. Le planteur doit se rendre périodiquement au port d'où il expédie sa production pour y rencontrer les commissionnaires auxquels il confie ses sucres, y prendre livraison des approvisionnements qu'il aura commandés et choisir de nouveaux esclaves parmi ceux récemment débarqués des négriers. L'intercampagne est le moment de la planification : quelles terres nouvelles en « bois-debouts » faire défricher, quelles pièces de canne mettre en jachère, lesquelles remettre en culture, lesquelles laisser en rejetons, fixer le plan de coupe, quelles terres de l'habitation mettre en manioc …[447]. La planification des travaux et des jours présentée par Poyen pour son habitation est extrêmement précise et détaillée[448] ;

447. « Avant de commencer la récolte, le planteur doit avoir calculé ses travaux pour toute l'année ; il en dressera donc un tableau où seront portés les champs de cannes à récolter, leur toisé, l'estimation de leur produit, et l'époque où ils doivent être récoltés ; une autre colonne désignera les champs à planter en cannes, leur toisé et les époques où ils le feront ; une troisième colonne pour le manioc à planter, une pour celui à récolter, une autre pour les mouvements de la purgerie, une autre pour ceux de la rhumerie. Ce tableau sera posé dans la salle commune de la maison principale, afin que ses sous-ordres puissent le lire ou se le faire expliquer ».

448. Aux p. 170-181 de son livre. Une présentation résumée dans un tableau très commode, dans J. P. Sainton, *Temps des matrices*, op. cit., p. 169 ; voir *infra* tableau 29, chap. 8.

on retrouve peu ou prou le même type d'organisation sur la plupart des sucreries.

• Les cadres blancs[449]

Leur nombre est extrêmement restreint, en tout cas très éloigné du ratio de un Blanc pour vingt esclaves porté par les ordonnances. En dehors du planteur lui-même ou d'un gérant qui dirige l'exploitation en son absence, ils ne sont guère plus de trois ou quatre sur les plus grandes habitations[450]. D'après Hilliard d'Auberteuil, il y aurait, en 1776, 650 économes et 50 raffineurs sur les 650 sucreries de Saint-Domingue ; aux Iles-du-Vent, les derniers recensements de l'Ancien Régime font état de 371 économes et 76 raffineurs pour 367 sucreries en Guadeloupe et 238 et 54 respectivement pour 324 sucreries à la Martinique. Ce qui signifie *a contrario* que, sur la plupart des habitations de petites et moyennes dimensions, il n'y a aucun Blanc en dehors du planteur et de sa famille. A l'autre extrémité, la sucrerie la mieux pourvue en main-d'œuvre blanche, la grande habitation Santo, au Cul-de-Sac, emploie trois économes, un apprenti, un « gardien des eaux », un commis aux comptes et aux écritures, un chirurgien et épisodiquement un vétérinaire ; c'est un nombre « au moins trois fois supérieur à celui des sucreries de taille moyenne » (P. Pluchon).

Le personnel blanc d'encadrement sur les habitations-sucreries se répartit entre deux catégories très fortement contrastées.

1. Procureurs et gérants/géreurs

Normalement, le planteur réside sur son habitation et en assure lui-même la direction. Mais il se produit de plus en plus, au fil du siècle, que n'habitant pas sur place, et parfois même pas dans la colonie, il en confie la gestion à un tiers. C'est ce que l'on appelle les planteurs « absentéistes ». Mais ce qualificatif général recouvre en réalité deux situations différentes.

---

449. G. Debien, *Les esclaves*, op. cit., p. 105-117 ; F. Yalé, *Habitations Galliffet*, op.cit., p. 183-215 ; B. Foubert, *Habitation Laborde*, op. cit., t. II, p. 380-417 ; Pluchon-Hartman, *Habitation Santo Domingo*, art. cit., p. 230-236.

450. Chez Laborde, un économe, aidé parfois d'un sous-économe, et un raffineur sur chaque habitation, plus un médecin pour tout le domaine. A Saint-Michel, un économe-commis et un raffineur. Chez Galliffet, pour les trois habitations, deux sous-gérants, un commis aux écritures, un raffineur, deux chirurgiens, deux économes. En Guadeloupe, chez Poyen de Sainte-Marie, un secrétaire, un économe, un raffineur, un laboureur ; sur l'autre moitié du marquisat, Bouscaren n'a qu'un économe raffineur.

La première est celle où le planteur est présent dans la colonie, mais non sur son domaine. Les nécessités de ses affaires, notamment pour ses relations avec les négociants, ou la recherche d'une vie moins austère pour sa famille, le conduisent à résider dans le port ou le bourg voisin ; ou bien, il est propriétaire de plusieurs habitations et choisit de n'en gérer lui-même qu'une seule. Dans tous ces cas, il va prendre un adjoint, qualifié de « gérant » à Saint-Domingue et « géreur » aux Iles-du-Vent, chargé de la gestion quotidienne sur le terrain mais essentiellement pour exécuter les ordres du propriétaire, qui effectue de fréquentes visites de contrôle. Un tel propriétaire n'est généralement pas qualifié d'absentéiste.

A la veille de la Révolution, l'expression concerne en effet spécifiquement les plantations absentéistes *stricto sensu*, c'est-à-dire celles dont le propriétaire réside en France. Soit qu'il y soit retourné fortune faite (Galliffet, Galbaud du Fort, Préaux de l'Etang en Guadeloupe) ; soit qu'il l'ait reçue en héritage (Cottineau, Saint-Michel, Santo, Rochechouart à la Martinique) ou par suite d'un « mariage créole » avec une riche héritière domingoise (La Ferronay), soit qu'il l'ait achetée comme un placement financier dans un pays où il ne mettra jamais les pieds (Boutin, Laborde, Beauharnais), soit enfin qu'il s'agisse d'un négociant métropolitain en relation avec les Antilles qui décide d'intégrer vers l'amont (Foäche, Delahaye-Debouis, Gradis). Le phénomène est très important à Saint-Domingue où, selon Hilliard d'Auberteuil, on compterait 200 propriétaires absents de la colonie sur 650 sucreries (= 30 %) en 1776, et le phénomène semble s'accélérer dans les dernières années de l'Ancien Régime. Il est, par contre, marginal aux Iles-du-Vent. En Guadeloupe, 9 % seulement des propriétaires de sucreries dont nous connaissons le domicile entre 1777 et 1792 résident hors de la colonie (6/64, cinq en France, un à la Martinique) ; pas d'information sur la Martinique, mais il est probable que l'absentéisme se situe sensiblement au même faible niveau[451].

A Saint-Domingue, pour diriger l'exploitation de son habitation, le planteur absentéiste institue un « régisseur » ou « procureur », ainsi nommé parce qu'il reçoit une procuration générale lui attribuant tous pouvoirs de gestion. C'est à lui que reviennent les grandes décisions, achat d'esclaves, défrichements et extension des cultures, gros travaux sur l'habitation ; il commercialise la production, ventes sur place

451. Les deux derniers recensements de l'Ancien Régime font état de 64 « régisseurs » à la Martinique en 1788 et 98 en Guadeloupe en 1790, soit 19 et 26 % respectivement du nombre de sucreries. Il s'agit en réalité de géreurs tels qu'ils ont été définis *supra* pour les Iles-du-Vent.

et expéditions vers la métropole, suit l'évolution de recettes et dépenses et en rend compte au propriétaire. Jusqu'à la guerre de Sept Ans, quand l'absentéisme est encore peu développé, la procuration est généralement confiée à un planteur voisin, mais à la fin de l'Ancien Régime, avec la multiplication des propriétaires absents, la fonction tend à se professionnaliser. Le procureur est le plus souvent un négociant avec lequel le propriétaire était déjà en relations avant de partir, ou un cadre moyen de l'habitation bénéficiant d'une promotion interne en raison de son expérience, ou venant d'une autre habitation et désireux d'accéder à de plus hautes responsabilités ; dans ces deux derniers cas, il s'agit presque toujours de métropolitains installés depuis de longues années à Saint-Domingue et connaissant parfaitement la sucrerie. Il arrive parfois que le procureur soit membre de la parentèle, comme à Santo jusqu'en 1781 ou sur l'habitation Dolle-Raby aux Vazes, mais le cas est relativement peu fréquent, sans doute parce qu'il doit avoir fait ailleurs ses preuves comme planteur.

Le régisseur ne réside généralement pas sur l'habitation, mais dans le port ou le bourg voisin. Dans ce cas, il doit normalement effectuer de fréquentes visites d'inspection, mais ce n'est pas toujours le cas, et, surtout s'il a une autre activité à côté, la surveillance est parfois un peu lâche. Pour la gestion quotidienne, la direction des opérations de culture et de fabrication et la « conduite » des esclaves, il s'en remet à un gérant (Saint-Domingue) ou géreur (Iles-du-Vent). C'est normalement le procureur qui le nomme, mais il arrive aussi que le propriétaire absentéiste le choisisse lui-même sur recommandation ou d'après son expérience avant son départ. Sur les plus grands domaines composés de plusieurs habitations, chacune d'elles a son propre gérant (Galliffet, Laborde), sous l'autorité d'un même régisseur. A la fin de l'Ancien Régime apparaît une tendance nouvelle, celle de réunir les deux fonctions en nommant des procureurs-gérants « pour éviter de subir les voleries de deux intermédiaires coloniaux » (P. Pluchon) ; autre avantage : éviter les conflits entre les deux hommes.

« Volerie », le terme décrit assez heureusement les relations compliquées et déséquilibrées entre les procureurs et leurs commettants. Pour ceux-ci, les Antilles sont loin ; il faut en moyenne 45 jours à une lettre pour franchir l'Atlantique, trois mois pour un aller-retour de correspondance. Autant dire que, même s'il est, à la demande du propriétaire, supervisé de loin en loin par un négociant ou un habitant voisin, le régisseur dispose d'une liberté totale de décision, et il en profite largement. En pratique, le planteur doit s'en remettre entièrement à lui pour ses résultats et ses revenus. Nous verrons (*chap. 10*) que ceux-ci sont fortement impactés par ce système ; c'est l'une des causes de la crise de la fin de l'Ancien Régime.

2. *Les économes et autres personnels subalternes*

Ce sont des jeunes gens venus aux Iles pour fuir la misère ou trouver outre-mer un emploi, dans l'espoir de faire fortune. Quelques-uns progressent socialement sur l'habitation et parviennent, beaucoup d'années plus tard, à une position de commandement ; ainsi, chez Fleuriau, Jean-Baptiste Arnaudeau, qui entre sur l'habitation en 1775 comme économe, gravit tous les échelons et finit, à partir de 1787, comme gérant. Mais, dans la plupart des cas, le rêve s'évanouit vite ; ceux qui ne décèdent pas rapidement d'une maladie inconnue d'eux, fuient l'habitation et ses contraintes pour mener ailleurs, souvent dans les grands ports, une vie misérable de Petit-Blanc déclassé qui survit dans la rue et dans la misère. La mobilité est extrêmement forte sur tous ces postes, et le taux de rotation sur un même emploi très élevé, non seulement parce que les intéressés changent fréquemment d'habitation à la recherche d'une meilleure situation, mais aussi parce qu'ils sont renvoyés dès qu'ils cessent de filer doux ; la chose est d'autant plus facile que la demande pour ces places est forte, particulièrement après 1783, quand l'immigration blanche à Saint-Domingue bondit. Sur les habitations Galliffet, une trentaine au moins d'économes et autres petits salariés blancs se succèdent entre 1780 et 1791 alors qu'il n'y a pas plus d'une dizaine d'emplois permanents de cette nature sur le domaine[452].

Ce petit personnel blanc est recruté directement par les gérants, et le propriétaire ignore généralement leur existence. On engage prioritairement les membres de la parentèle, ou sur recommandation d'amis, de négociants avec qui on est en relation ou de planteurs voisins « qui ont à caser des cousins ou des parents pauvres de France », mais souvent, on prend « ceux que l'on trouve sur place, jeunes gens fraichement débarqués et sans expérience coloniale, ou sans connaissance de la conduite des esclaves » (G. Debien).

De toutes les fonctions subalternes remplies par des salariés blancs sur les habitations, la plus importante est celle d' « économe ». On en compte au moins un par sucrerie, mais les plus grosses en emploient souvent deux ou trois, et inversement il arrive aussi qu'il n'y en ait

452. F. B. Yalé, *Habitations Galliffet*, op. cit., p. 206-214.

aucun. D'après Hilliard d'Auberteuil, on dénombrerait 650 économes sur les 650 sucreries de Saint-Domingue en 1776 ; aux Iles-du-Vent, 238 pour 324 sucreries à la Martinique en 1788 et 371 pour 367 sucreries en Guadeloupe en 1790.

Le rôle essentiel de l'économe est de « conduire les esclaves », ce qu'il fait ordinairement à grands cris, car il lui est interdit d'ordonner des châtiments corporels, « privilège » réservé au gérant. Il doit être constamment sur leur dos, veiller au volume et à la qualité du travail de chacun d'eux, être partout en même temps, au four et au moulin, à la coupe et à la fabrication, dans les plantations et à l'embarcadère[453], et tout ceci en étant exposé au mépris du planteur ou du gérant qui ne voient en lui que du « bas personnel » (G. Debien) et à la haine des esclaves face auxquels il est en première ligne. Tous les contemporains soulignent la dureté de leurs conditions d'existence, les journées interminables, la précarité physique (maladie, mortalité précoce) et salariale (1.000 à 2.000 L par an), sans oublier un isolement presque total au milieu d'une population dont, au début au moins, ils ne comprennent même pas la langue, sans autres distractions que celles qu'ils peuvent s'octroyer, plus ou moins par la contrainte, au détriment des femmes esclaves de l'habitation[454]. Il n'est pas exagéré d'employer à leur propos l'expression de « prolétaires blancs », dont certains n'hésiteront pas, lors du soulèvement de 1791, à se joindre aux esclaves insurgés pour piller et incendier les habitations[455].

A la fin de l'Ancien Régime, la plupart des économes sont également « raffineurs », c'est-à-dire qu'ils dirigent spécialement les opérations de fabrication et sont en dernière instance responsables de la qualité des sucres produits ; et ceci en accomplissant par ailleurs toutes les différentes tâches qui leur sont imposées dans les planta-

453. « Il doit être debout jour et nuit au moment de la roulaison. Faire chaque matin le tour de l'habitation ... afin de connaître les travaux et la manière de les disposer le plus avantageusement. Souvent on est obligé de veiller la nuit à la fabrication du sucre et à la conduite des Nègres qui y travaillent. Pour mener une vie si laborieuse, il faut être d'un tempérament robuste et n'aimer point le repos » ; Hilliard d'Auberteuil, *Considérations*, op. cit., t. I, p. 165. Voir également le témoignage d'un ancien économe de l'habitation Fleuriau, Joinville Gauban, reproduit dans J. Cauna, *Au temps des Isles à sucre*, op. cit., p. 82-83.

454. Sur tout ceci, voir la description donnée par le colonel Malenfant, nommé à Saint-Domingue en 1790, reproduite par G. Debien, *Les esclaves*, op. cit., p. 116, ainsi que la correspondance familiale publiée par ce dernier, « A Saint-Domingue avec deux jeunes économes de plantation (1774-1788) », *Revue de la Société d'Histoire et de Géographie d'Haïti*, vol. XVI, juillet 1945, p. 1-80.

455. « Un monde hostile : les cadres des plantations », n'hésite pas à écrire à leur propos Pierre Pluchon.

tions et hors de la sucrerie en général. Alors que toutes les sucreries avaient un raffineur *ad hoc*, ne faisant que cela, au temps du père Labat ; elles ne sont plus qu'une minorité dans ce cas, et seulement les plus grandes d'entre elles, près d'un siècle plus tard : 50 sur 650 à Saint-Domingue en 1776, 54 sur 324 à la Martinique et 76 sur 367 en Guadeloupe en 1788 et 1790 respectivement. Ajoutons que, de plus en plus, les planteurs forment des esclaves pour exercer cette fonction, ce qui leur permet de réaliser une petite économie (3.000 à 4.000 L par an) sur les salaires.

Les sucreries offrent également divers autres emplois à des Petits-Blancs plus ou moins fraîchement débarqués. Hilliard d'Auberteuil cite le chiffre de 300 « écrivains, sous-économes et cabrouetiers » sur celles de Saint-Domingue en 1776 (pas d'information pour les Iles-du-Vent). Un nouveau métier apparait dans les quinze années précédant la Révolution, celui de « laboureur », venu apprendre aux esclaves comment manier la charrue. Enfin, en cas de besoin, les planteurs peuvent toujours faire appel à des entreprises extérieures pour des travaux particuliers que leurs esclaves ne maitrisent pas : charpentiers, « moulinier », etc

3. L'ORGANISATION DU TRAVAIL SUR LES HABITATIONS-SUCRERIES : LES FONCTIONS D'EXECUTION

Les esclaves sont répartis en « ateliers » ; les différentes tâches auxquelles ils sont affectés dessinent de subtiles hiérarchies[456].

• L' « atelier », base de l'organisation du travail sur les habitations

Le terme d' « atelier » désigne un groupe plus ou moins important d'esclaves, considéré dans sa globalité et comme un ensemble unique sous la conduite d'un « commandeur » dans le cadre d'une habitation. L'atelier « tout court » renvoie à l'ensemble des esclaves de cette habitation (« l'atelier est plus ou moins facile, ou difficile, à conduire », peut-on lire dans la correspondance des planteurs). Il peut s'agir aussi d'un groupe particulier d'esclaves jouant un rôle spécifique dans le fonctionnement de l'habitation (« grand atelier », « petit

456. Outre les grands classiques (Debien) et autres monographies d'habitations (Galliffet, Laborde, Santo), on verra en particulier N. Bonnet, « L'organisation du travail servile sur la sucrerie domingoise au XVIIIe siècle », dans Ph. Hrodej, *L'esclave et les plantations*, op. cit., p. 125-159.

atelier », « atelier du moulin »), ou spécialement consacrés à une activité donnée, notamment sur les habitations engagées dans deux productions d'exportation, et qui ont fréquemment deux ateliers séparés (« atelier du sucre », « atelier du café »). Enfin, l'expression « les ateliers », en général et au pluriel, plus rare, semble s'appliquer aux esclaves de la colonie dans leur ensemble, comme une sorte d'être collectif ; au lendemain du 22 août 1791, les correspondances domingoises font souvent référence au soulèvement « des ateliers ». Ajoutons que le terme ne disparaît pas avec l'esclavage ; on l'emploiera dans les champs de canne, et avec la même signification, jusqu'à la fin de la coupe manuelle aux Antilles.

Les ateliers se composent normalement de tous les esclaves âgés de 14 à 60 ans. Ces deux seuils déterminent le moment où ils sont considérés comme « adultes » ou « travaillants » dans les recensements (esclaves « en âge de travailler ») et pour la capitation payée par les maîtres (« esclaves payant droits »). Sur les deux échantillons retenus, par Nicole Frisch (9.974 unités) et Jacques Houdaille (16.267), cette tranche d'âge représente respectivement 57 % des esclaves de la Guadeloupe de 1771 à 1789 et 62 % de ceux de Saint-Domingue en 1796-97 ; ces proportions concernent l'ensemble de la population servile quelle que soit la nature et la production des habitations sur lesquelles elle travaille. Si l'on s'attache plus particulièrement aux sucreries, les 14-60 ans forment 62 % du total pour les 57 renseignées de la Guadeloupe entre 1777 et 1792, 78 % pour les 59 domingoises de « l'Echantillon Geggus » (1745-1792) et 59 % pour 93 renseignées de la plaine du Nord du « Tableau Baron » (décennie 1780). Un pourcentage très élevé signifie que l'habitation est dans une phase de croissance rapide, et qu'il faut dont acheter sans cesse de nouveaux Africains, qui ont généralement été capturés et déportés à l'âge adulte[457].

En réalité, la proportion des esclaves au travail est assez largement supérieure à ce qu'indiquent les chiffres qui précèdent. Car l'interdiction de faire travailler les moins de 14 ans et les plus de 60 n'est pas respectée. Sur toutes les habitations pour lesquelles nous sommes renseignés les enfants commencent à travailler dès l'âge de dix ans, et parfois même moins encore[458] ; on leur donne des tâches

---

457. Comme chez Laborde, où cette proportion est de 81 % sur l'ensemble des deux périodes 1777-84 et 1789-90, pendant que la production double.

458. Sur une liste de 1780 des esclaves de l'habitation Préaux de l'Etang à Sainte-Anne (Guadeloupe), figure une rubrique « Négrillons qui ne sont à lâcher à nul travail » ; le plus âgé n'a que huit ans, à l'exception d'un mulâtre de quatorze ; AD Pa-

légères : gardiennage, tri d'herbes ou de fruits, et autres menus travaux. A l'autre extrémité de la vie, les planteurs n'hésitent pas à faire travailler « de vieux esclaves que la caducité accable sous le poids des années, ... tous suivant ce qu'ils peuvent et même par force », écrit impitoyablement un planteur en Guyane[459]. Les esclaves sont exploités jusqu'à leur dernier souffle ; dans les listes établies par les planteurs ou les géreurs, il n'est pas rare que des hommes ou des femmes très âgé(e)s ayant largement dépassé les 70 ans soient porté(e)s comme « encore capables de service » [460]. Sur l'habitation Saint-Michel, à Quartier Morin, où les esclaves sont très soigneusement répartis en huit rubriques distinctes selon l'âge, le sexe et la spécialité, aucune n'est prévue pour les « surâgés » ; et il en va de même sur le « Tableau Baron » qui ne comporte que deux colonnes sur le nombre d'esclaves des habitations listées : « travaillants » et enfants. Si, pour les deux échantillons précités de Nicole Frisch et Jacques Houdaille, on rajoute à ceux « en âge de travailler » les deux tranches d'âge de 10 à 14 et 60 à 70, la proportion d'esclaves susceptibles d'être mis au travail passe de 57 à 72 % de l'ensemble de la population servile en Guadeloupe et de 62 à 75 % à Saint-Domingue, et l'on peut raisonnablement supposer qu'une augmentation proportionnelle comparable se produit sur les sucreries également. Retenons en définitive que ce que l'on peut appeler la population active sur les habitations représente entre les deux tiers et les trois quarts de esclaves qui y (sur)vivent.

Pour être tout à fait complet, il faudrait déduire des chiffres qui précédent les Nègres marrons et les infirmes. Mais, au moins pour ce qui concerne la Guadeloupe, ces deux catégories sont très peu représentées dans les inventaires, quelques unités isolées (huit au grand maximum) et le plus souvent aucun cas. Les prendre en compte ne changerait en rien nos conclusions. On a proposé également de déduire de la population active tous les esclaves qui ne sont pas affectés à la production *stricto sensu*, dans les plantations et à la fabrication.

---

ris, DQ 10-1417, dossier 1531. Pire même chez Galliffet des enfants de six ans et demi sont affectés à l'entretien des haies ; F. Yalé, op. cit., p. 300.

459. Goupy des Marets, géreur d'une habitation à Remise (1687) ; D. Guyvarc'h et G. Debien, « Instructions des colons des Antilles à leurs gérants (1687-an III) », *Anuario de estudios americanos* (Séville), t. XXIX, 1972, p. 531-556.

460. Sur l'habitation Préaux de l'Etang, précitée, l'état des esclaves en 1780 porte « deux vieux Nègres pour raccommoder les formes » (servant à la fabrication du sucre terré) ; l'un d'eux à 83 ans (!), âge du second n. d. Dans cette même liste, il est également fait état de plusieurs « gardiennes » de plus de 60 ans et même de 70 (maximum 74).

Ceci nous paraît irrecevable ; domestiques, ouvriers spécialisés, cochers... aussi contribuent à l'activité de l'habitation et à ses résultats, et tous également peuvent prendre des coups de fouet.

• Les commandeurs

Ils se situent au sommet de la hiérarchie implicite des esclaves sur les habitations. Ce sont presque toujours des hommes, mais Poyen de Sainte-Marie recommande de prendre une femme pour diriger le « petit atelier » et, dans son échantillon de sucreries domingoises, David Geggus a relevé deux femmes « conductrices d'atelier ». En général, il s'agit d'esclaves expérimentés, dont on peut supposer qu'ils ont été choisis pour leur « docilité » mais également pour leur sens de l'autorité et leur capacité à se faire obéir ; par contre, ce ne sont pas nécessairement les plus âgés : sur l'habitation Préaux de l'Etang, à Sainte-Anne, se trouve un second commandeur de 26 ans, et l'âge médian des commandeurs de la Guadeloupe est de 38 ans, mais c'est déjà un âge relativement avancé dans un contexte esclavagiste. Enfin, ils sont très majoritairement créoles : 87 % dans l' « Echantillon Geggus », 91 % dans celui de Nicole Frisch[461].

Les commandeurs sont, nous dit Poyen de Sainte-Marie, « l'âme de l'habitation ». Placés sous les ordres de l'économe, ils sont chargés de faire exécuter les ordres du planteur et de diriger les travaux sur le terrain ; ils doivent être constamment derrière les esclaves à surveiller la qualité et l'ardeur de leur travail et à faire régner « le bon ordre » sur l'habitation. Selon l'importance de celle-ci, il peut y avoir plusieurs commandeurs chargés chacun d'un domaine particulier de l'activité : grand atelier, petit atelier, moulin, sucrerie, culture autre que la canne le cas échéant ; il est fréquent qu'ils soient assistés d'un second commandeur plus jeune, probablement destiné à prendre la relève.

Les commandeurs sont munis d'un fouet à long manche qu'ils font continuellement claquer en l'air derrière les esclaves, mais sans pouvoir néanmoins leur infliger un châtiment de leur propre chef. Pour marquer leur prééminence et renforcer leur autorité, les planteurs leur accordent souvent divers avantages, logement plus confortable, meilleurs vêtements, ration alimentaire plus abondante, parfois grati-

461. Proportion calculée sur ceux dont l'origine est connue : 22 Créoles noirs, 8 sang-mêlés et 3 Nègres de Guinée (« Nègres » tout court et inconnue exclus).

fication en argent, voire même un(e) autre esclave pour les servir[462] ; ils peuvent également « oublier » de sanctionner les abus dont ils se rendent souvent coupables à l'égard des autres esclaves, notamment des femmes. Mais tout cela à condition qu'ils conduisent « bien » l'atelier, c'est-à-dire dans le sens et pour les résultats souhaités par le planteur ; dans le cas contraire, celui-ci « peut s'en prendre hardiment à eux » et « les châtier ou réprimander », mais il doit toutefois le faire « à l'écart », en évitant « de les humilier devant l'atelier » (Poyen de Sainte-Marie). Le châtiment et l'humiliation suprêmes sont évidemment de le destituer et de le renvoyer couper de la canne.

• Les détenteurs d'une qualification

Ils représentent généralement entre 15 et 30 % du total. « Qualification » est d'ailleurs un grand mot : peut-on vraiment considérer comme qualifié ou spécialisé, une vieille femme « gardienne des Négrillons », un homme surâgé qui ouvre et ferme une barrière, ou un enfant de onze ans qui surveille des bœufs ? On considère habituellement comme tels tous ceux pour lesquels les inventaires indiquent qu'ils remplissent une fonction particulière. En réalité, plutôt qu'à proprement parler de « qualifiés », il s'agirait ici de tous les esclaves « hors-jardin » ; tous les autres, pour lesquels aucune indication n'est donnée sont considérés *a contrario* comme des « Nègres de houe ». Les spécialités que l'on peut vraiment considérer comme telles, parce qu'elles exigent une véritable qualification, ne doivent probablement pas occuper plus de 10 % des esclaves sur les sucreries.

1. Les « spécialistes »

Ces « spécialités » ou supposées telles sont extrêmement nombreuses et variées[463], chaque planteur ayant ses propres préférences en la matière ; elles peuvent toutefois être regroupées en quatre ensembles à peu près homogènes.

Les domestiques. Les habitants-sucriers disposent d'une abondante domesticité, dépassant fréquemment la dizaine et pouvant représenter jusqu'à 10 % du nombre total de leurs esclaves ; c'est cette nombreuse domesticité qui donne souvent au voyageur débarquant aux

462. Sur l'habitation Saint-Michel, une femme est chargée d' « entretenir la place du commandeur ».
463. N. Vanony-Frisch en dénombre « plus de 80 différentes » dans les inventaires des notaires de la Guadeloupe ; sur les trois habitations Laborde, on compte 34 types de travaux hors-jardin.

Iles cette impression de richesse et d'opulence dans lesquelles sont supposés vivre les planteurs. Ces domestiques sont très majoritairement des femmes ; un habitant « moyen » dispose généralement de deux ou trois servantes, un(e) cuisinier(e) aidé(e) d'un marmiton, une blanchisseuse, une couturière, un tailleur, souvent un cocher, parfois un valet. On peut comptabiliser également les « hospitalières » (accoucheuses, infirmières, garde-malades) dans ce groupe. Les servantes sont le plus souvent très jeunes, entre 17 et 25 ans, sans doute pour servir le maître non seulement à table mais également au lit ; ensuite, elles sont renvoyées impitoyablement au « jardin ». Dans les autres métiers, elles sont de tous âges, particulièrement chez les hospitalières qui dépassent généralement la quarantaine. Enfin, ces domestiques sont très majoritairement Créoles, à plus de 75 % chez les hommes et 90 % chez les femmes en Guadeloupe et près de 90 % pour les deux sexes réunis à Saint-Domingue. Les sang-mêlés sont nombreux ici, plus que dans tout autre groupe de métiers de l'habitation, représentant 60 % de tous les domestiques en Guadeloupe et 45 % à Saint-Domingue ; si, comme on peut le penser, beaucoup d'entre eux sont des enfants naturels du maître et autres Blancs de l'habitation, il n'est pas surprenant qu'ils aient été affectés à des travaux moins durs que ceux du « jardin » et de la sucrerie.

Les ouvriers détenteurs d'un savoir-faire « pointu » appliqué à des activités périphériques mais indispensables de la production, constituent une sorte d' « aristocratie » de l'habitation, comme le montre leur valorisation plus élevée que celles des autres esclaves ; en Guadeloupe, jamais moins de 2.500 LC (valeur médiane pour les hommes créoles noirs = 2.180 L), entre 3.000 et 4.000 le plus souvent, et même 6.600 pour un charpentier qui est en même temps valet et charron. Ce sont à peu près toujours les mêmes spécialités que l'on retrouve d'une habitation à l'autre : maçons, charpentiers et autres métiers du bois (scieurs de long, équarisseurs, menuisiers ...), forgerons et maréchaux-ferrants, tonneliers, parfois potiers, tous flanqués d'au moins un aide ou apprenti en formation. Ce sont toujours des hommes, majoritairement des Créoles noirs, avec une bonne proportion (jusqu'à 30 % de sangs-mêlés).

Les métiers qualifiés du sucre sont tous ceux consacrés à la fabrication : mouliniers chargés de « donner à manger » au moulin ; chauffeurs, pour alimenter les fourneaux des chaudières ; cuiseurs qui remuent, filtrent et transvasent les jus dans les chaudières ; vinaigriers à la distillerie. En général, ces métiers demandent peu de qualification. La seule spécialité « pointue » que l'on puisse véritablement considérer comme telle est celle de « raffineur », chargé de suivre l'évolution des cuites et de déterminer le moment où le sirop devient sucre liquide. Le maître-raffineur (un ou deux par habitation) est le commandeur de l'atelier de la sucrerie. Son rôle est essentiel pour la qualité du sucre produit par l'habitation. Au temps du père Labat, la fonction était assurée par des Blancs, et tel est encore le cas sur une cinquantaine de sucreries de Saint-Domingue et les plus grandes de la Guadeloupe (*supra*), mais dans l'ensemble les planteurs ont pris l'habitude de former à cela des esclaves. Evidemment, il n'est pas surprenant que ces raffineurs soient hautement valorisés dans les inventaires, pouvant atteindre jusqu'à 4.000 et 5.000 LC. Notons enfin que, à l'exception de quelques femmes au moulin, tous ces métiers sont exercés exclusivement par des hommes, et que ceux-ci sont en légère majorité des Créoles noirs.

Les véritables *spécialités agricoles* sont peu nombreuses, l'essentiel du travail dans les champs étant fait par les Nègres de jardin. Outre les commandeurs et leurs adjoints, cette catégorie comprend les conducteurs de charrue, les cabrouetiers et leurs aides, parfois un tailleur de haies chargé de les entretenir. Ce sont toujours des hommes, à égalité entre Créoles noirs et Africains.

Enfin, les très nombreux gardiens ou gardeurs des deux sexes ne constituent évidemment pas une catégorie spécialisée, même s'ils sont mentionnés spécifiquement dans les inventaires. Ce sont plutôt des tranches d'âges d'esclaves en début (10-14 ans) ou en fin (plus de 60 ans) de vie active. Ils surveillent les champs de canne (parfois en même temps « preneurs de rats »), les pièces de vivres, les bestiaux (et assurent leur entretien), les volailles et les enfants de moins de dix ans. Ils sont de toutes origines.

2. *Les hiérarchies internes*

Au-delà des particularités propres à chacune des différentes spécialités et de ceux qui les exercent, la catégorie générale des esclaves spécialisés se définit par trois caractéristiques.

1) Elle est extrêmement hiérarchisée professionnellement, le principe fondamental étant la plus ou moins grande proximité du maître. Les servantes de la grand case sont « supérieures » aux blanchisseuses ou aux hospitalières, qui le sont elles-mêmes par rapport aux Nègresses de jardin ; les ouvriers vraiment spécialisés sont « au-dessus » des conducteurs de cabrouets, qui le sont eux-mêmes par rapport aux Nègres de houe. Les changements d'affectation ne peuvent se faire que dans le sens ascendant ; prendre comme servante

une jeune gardienne d'enfants est une promotion, inversement renvoyer un maçon ou un cuisinier dans les cannes est une terrible punition. Le planteur décide souverainement, en fonction de son expérience, de ses attentes personnelles ou sur recommandation de l'économe, du commandeur ou d'autres esclaves situés dans son environnement immédiat ; le simple « Nègre de jardin » qui travaille dans un coin de l'habitation de la façon la plus ralentie possible n'a pratiquement aucune chance.

2) La hiérarchie professionnelle se double d'une hiérarchie des origines. Les Créoles de toutes natures, qui sont considérés comme « supérieurs » aux Africains, sont, d'une part, dominants parmi les esclaves qualifiés, et d'autre part, proportionnellement plus nombreux parmi ces derniers que dans la population générale des sucreries[464]. Naturellement, le lien est loin d'être absolu. On rencontre dans les inventaires beaucoup de Créoles affectés au « jardin » (entre le tiers et la moitié) et même quelques sang-mêlés, et inversement des Africains détenant des postes à responsabilité, tels que commandeur, raffineur ou ouvrier spécialisé, mais il s'agit probablement d'hommes déportés très jeunes, largement créolisés et qu'on a eu le temps de distinguer dans la masse et de former. Le Nègre de Guinée récemment débarqué, qui ne comprend ni où il est, ni ce qu'il y fait, ne peut, par définition, être mis que dans les champs de canne.

3) On entrevoit que, dans la dernière décennie de l'Ancien Régime, le recrutement de ce groupe tend à évoluer dans le sens d'une fermeture et de constitution d'une sorte d' « élite », composée de tous ceux et toutes celles qui sont à la grand 'case ou qui gravitent autour d'elle, à proximité du pouvoir de décision dans la distribution des tâches. Ceux-là seuls ont la possibilité, pour eux-mêmes ou leurs parents proches, d'être affectés à un travail moins monotone et moins épuisant que celui du « jardin », leur laissant une plus grande latitude de mouvement et leur assurant une situation matérielle moins misérable. Le recrutement des servantes et des ouvriers spécialisés paraît souvent héréditaire, avec peut-être un certain degré d'endogamie ; c'est sans doute pour les planteurs le moyen de s'assurer des fidélités dont certaines s'avéreront précieuses et salvatrices lors du grand soulève-

464. Sur les sucreries de Saint-Domingue (« Echantillon Geggus »), les Créoles représentent 56 % du nombre total d'esclaves, mais 64 % des qualifiés. Sur celles de la Guadeloupe (N. Vanony-Frisch), 71 et 75 % respectivement pour les origines connues (« Nègres » tout court et inconnue exclus).

ment de Saint-Domingue en 1791. Mais ce n'est là qu'une impression ponctuelle qui devrait être étayée par des études plus larges[465].

• Les « Nègres de houe »

Ou « de jardin », ou « de place », ou « attachés à la manufacture ». Ce sont les « damnés de la terre ». Ils font tous les travaux non spécialisés de culture et de fabrication. C'est la catégorie la plus nombreuse, représentant généralement entre 45 %et 60 % du total des esclaves de l'habitation[466]. Ce sont très majoritairement des femmes (autour des deux tiers), et, dans des proportions comparables, des Africains ; peu de sang-mêlés parmi les Créoles.

Les Nègres de place sont répartis entre différents ateliers, placés sous l'autorité d'un ou deux commandeurs, dont la composition et l'affectation varie selon le moment de la campagne et la nature des travaux à effectuer prioritairement. En cas de nécessité, on peut les renforcer en leur adjoignant des effectifs additionnels pris parmi les apprentis ou jeunes adultes hors-jardin[467]. On distingue traditionnel-

465. Impression appuyée sur un examen approfondi des listes d'esclaves de l'habitation Préaux de l'Etang, effectué par Nicole Frisch, qui a fait également le même genre de constatation à partir des inventaires notariés ; Gabriel Debien, consulté sur ce point, nous avait assuré être parvenu pour sa part aux mêmes conclusions à partir des « papiers de plantations » de Saint-Domingue.
Voici ce que nous livre le dossier Préaux de l'Etang. En 1780, cinq femmes étaient « attachées à la cases des Blancs » ; neuf ans plus tard, une seule (Julie) l'est encore, deux ont été affranchies, une troisième est morte, la dernière, surâgée, ne travaille plus. A leur place, sont arrivés Madeleine qui était encore « au jardin » en 1780, Agnès une mulâtresse de 17 ans (filles du planteur ?) et Pierre, maçon en 1780. L'élévation sociale des enfants de ces servantes est remarquable. Des trois enfants de Julie, son premier fils, Bernard dit Piquiou, était « gardeur de bestiaux » au moment de son adolescence, fonction dans l'ensemble peu fatigante, et devient ensuite apprenti maçon au lieu d'aller « au jardin » ; l'autre fils de Julie, Frédéric, est également apprenti maçon, et sa fille, Agnès, servante comme elle. Le frère de Julie, Paul, est maitre-mâcon en 1780, domestique à la « grand case » en 1786, et de nouveau maitremaçon en 1789. De même les deux enfants de Madeleine, Ismaël et Bazile, ont également obtenu des postes d'ouvriers spécialisés (respectivement apprenti charpentier et charron), et Ismaël est même entré ultérieurement dans la domesticité.
466. *A Saint-Domingue* : chez Laborde, 52 % en 1781 sur la première habitation, 53 en 1780 sur la seconde, 57 en 1790 sur la troisième ; sur Cadush-Barré, 69 % en 1789 ; chez Mauger 43 % en 1774 ; à Saint-Michel, 52 % en 1790 ; chez Galbaud du Fort, au moins 50 % en 1768 ; chez Galliffet, habitation Grand-Place, 50 % en 1775, 58 en 1791 ; hab. Gossette, 62 et 70 % ; hab. Desplante, 65 % en 1791. *En Guadeloupe* : 45 % chez Préaux de l'Etang en 1780 ; 60 % sur la moyenne des années 1763-1793 à Bisdary.
467. Mais non parmi les adultes d'un certain âge, ouvriers et autres esclaves spécialisés, encore moins parmi les domestiques, ce qui serait ressenti par eux comme un déclassement, même temporaire et une humiliation ; le résultat serait pire que le mal.

lement le « grand » et le « petit » atelier. Le *grand atelier* comprend les hommes et les femmes les plus robustes, soit les deux tiers environ des esclaves en âge et en état de travailler. Sous les ordres du premier commandeur, ils retournent la terre, cultivent les cannes, les entretiennent et les récoltent, les déchargent au moulin, remplissent et transvasent les jus en cuite entre les chaudières de la sucrerie, versent le sucre liquide dans les barriques et les formes, surveillent les étuvées de sucre terré, chargent les sucres fabriqués pour leur expédition. Ce sont eux qui font aussi les gros travaux de l'intercampagne, comme l'entretien des chemins et des canaux de l'habitation, et, plus particulièrement pour les hommes, les gros défrichements, l'abattage des arbres, l'extraction des pierres ou le portage des matériaux lourds. Le *petit atelier* regroupe le tiers restant. Sa composition varie fréquemment, parce que ceux qui en font partie ne sont là que de façon transitoire, soit avant de rejoindre le grand atelier (enfants de 10-11 à 14-16 ans, femmes proches de l'accouchement ou venant d'accoucher et allaitant leur enfant, « Nègres nouveaux » récemment déportés ...), soit au contraire, après l'avoir quitté complètement détruits. Souvent placés sous les ordres d'un commandeur femme, on ne leur donne en principe que des travaux moins durs physiquement : cultiver des vivres, fumer les pieds de canne, effectuer, avec ceux du grand atelier, les sarclages pendant la saison des pluies, ramasser les « pailles » de canne pendant et après la coupe, « faire des herbes », pour les animaux ... Ce sont là des tâches complémentaires mais indispensables pour le bon fonctionnement de l'habitation dans son « cœur de métier » : produire du sucre.

CHAPITRE 8

LA « GESTION DES RESSOURCES HUMAINES »

C'est par pure dérision/provocation que nous employons cette expression de « GRH », qui fleure bon les multinationales de notre XXIe siècle. Dans une économie esclavagiste, il n'y a pas de ressources *humaines,* mais seulement des « animaux à deux pattes », selon le fort propos de Schœlcher. Il n'y pas non plus de gestion : on se contente de tirer sur la ressource jusqu'à ce qu'elle soit épuisée ; « il vaut mieux que ces sortes d'esclaves *crèvent* en travaillant », écrit impitoyablement un planteur de Cayenne à propos d'esclaves écrasés par une vie de souffrance, « que de rester dans leurs cases sans travailler et manger les vivres que de bons esclaves mangeraient ; il vaut mieux s'en défaire que de les garder inutiles »[468].

1. LA VIOLENCE ET LA PEUR

• Une société de la peur

« Une colonie à esclaves est une ville menacée d'assaut. On y marche sur des barils de poudre ». Cette réflexion prémonitoire d'un colon de Saint-Domingue, à huit ans du grand soulèvement de 1791, traduit bien l'angoisse fondamentale qui étreint en permanence les Blancs des Antilles, une angoisse sourde, impalpable, pas toujours évidente[469], que nourrit leur isolement à quelques-uns au milieu de

---

468. Guivarc'h-Debien, *Instructions,* art. cit., p. 352 ; le mot souligné l'est par nous.

469. V. Schoelcher, *Des colonies françaises. Abolition immédiate de l'esclavage* (1842), rééd. Sté d'hist. Gpe et Mque, 1976, p. 17-20, note qu'il existe une grande familiarité entre maîtres et esclaves, plus grande même que celle que l'on peut observer en France « entre nous et nos domestiques » ; il observe également que les planteurs vivent « en parfaite sécurité sur les habitations. Isolés en haut de leur mornes, au milieu des forêts, ils dorment fort tranquillement dans leurs maisons à jour, de niveau avec les cases à Nègres ».

centaines d'esclaves porteurs de coutelas, et qui fait de la société esclavagiste une société de la peur. Celle-ci s'alimente principalement à deux types d'actes de résistance de la part des esclaves.

En premier lieu, la peur de la révolte. Jusqu'en 1791, il est vrai, le nombre de véritables soulèvements semble extrêmement restreint[470], mais on connaît aussi quelques « complots » et « conspirations » très réels qui auraient pu déboucher sur une révolte s'ils n'avaient été découverts à temps. Le recensement exhaustif reste à faire. Nous en connaissons un certain nombre pour les Iles-du-Vent[471]. A Saint-Domingue, les affaires de cette nature semblent se multiplier dans les dernières années précédant la grande insurrection libératrice[472]. Le plus souvent, toutefois, il s'agit seulement de craintes diffuses ou de rumeurs auto-entretenues circulant amplifiées d'habitation en habitation dans un milieu de planteurs réceptif aux pires bruits ; elles sont généralement déclenchées par un évènement sans gravité mais que la peur transforme vite en prélude d'une révolte[473].

Le poison constitue, en second lieu, le pire de tous les motifs d'angoisse ressentie par les planteurs[474]. C'est la hantise des Blancs,

---

470. C'est-à-dire impliquant un nombre important d'esclaves, éventuellement de plusieurs habitations, et réprimé dans le sang. Le recensement ne semble pas en avoir été fait ; au hasard des lectures, nous avons relevé ceux de 1656 en Guadeloupe, 1678 à la Martinique, 1679 (Padrejean) à Saint-Domingue, 1780 à Sainte-Lucie. La plus grave des révoltes survenues dans toute la Caraïbe avant 1791 est celle de Tacky à la Jamaïque, en 1760, qui, écrit T. Burnard, *Plantation machine*, op. cit., p. 122, « *threatened the very survival of white rule on the island* ».

471. En Guadeloupe, le plus grave de tous les « complots » connus est celui de 1736, qui implique les esclaves de douze habitations du nord de la Basse-Terre. Nouveaux mouvements de portée plus limitée en 1738, 1743, et en 1751 à Marie-Galante. En 1771, découverte d'une "conspiration" en Grande-Terre. A la Martinique, des complots et tentatives de révolte sont signalés en 1688, 1699, 1704 ; en 1710, "conspiration" en vue de brûler le bourg de Saint-Pierre ; en 1728, nouveaux bruits de révolte. A la Noël 1748, découverte en dernière minute d'un complot en vue d'un soulèvement général. En 1768, un économe d'habitation est tué par des Nègres marrons. En 1773, des attroupements suspects sont signalés autour de Saint-Pierre.

472. J. Fouchard, *Les marrons de la liberté*, Paris, 1972, p. 521-524. La menace est si réelle que les Blancs commencent à s'armer. Dans les comptes de dépenses de l'habitation Harouard-Saint-Michel pour 1789, on trouve l'achat de 500 L d'armes « dans la crainte d'une insurrection de la part des Nègres ».

473. Un attroupement « suspect » d'esclaves ou le mouvement temporaire d' « humeur » d'un atelier (refus collectif de travail, fuite hors de l'habitation) face à une décision du planteur aggravant brutalement les conditions de travail et/ou d'existence sur l'habitation (suppression du « Samedi-Nègre », institution de « veillées » supplémentaires pour accélérer la récolte …).

474. L'ouvrage fondamental qui épuise définitivement le sujet est celui de C. Oudin-Bastide, *L'effroi et la terreur. Esclavage, poison et sorcellerie aux Antilles*, Paris, 2013, 328

auxquels la peur fait perdre toute lucidité. La moindre mort non immédiatement expliquée d'un esclave, d'un bœuf ou *a fortiori* d'un membre de la famille du planteur, déclenche immédiatement des fantasmes d'empoisonnement et peut conduire à des comportements abominables ; on observe d'ailleurs que les affaires d'atrocités parvenues devant la justice sont souvent liées à des soupçons d'empoisonnement[475]. Périodiquement, de "grandes peurs" éclatent aux Antilles, conduisant les autorités à mettre en œuvre des moyens exceptionnels de répression ; ainsi dans les années 1740 dans toutes les îles françaises ou au début du XIXe siècle à la Martinique (250 condamnations à mort en moins de vingt ans). Mais il n'y a pas que des fantasmes. Le plus célèbre de tous les "complots" d'empoisonneurs, celui de François Macandal, qui terrorisa la partie du Nord de Saint-Domingue pendant deux ans (1756-1758), aurait fait des centaines de victimes[476].

Il résulte de ce qui précède que, pour les planteurs, « contenir les Nègres », les frapper de terreur pour qu'ils n'osent pas bouger[477], constitue le socle de leurs relations avec leurs esclaves et le principe de base de la gestion de leurs « ressources humaines ». La société coloniale ne peut surmonter sa propre peur qu'en infligeant à l'objet de sa peur une peur plus grande encore. Schœlcher fait état de son « épouvante » quand il voit comment des maîtres « distingués entre tous par leur bienveillance » envers leurs esclaves peuvent, en certaines circonstances, se transformer en véritables bêtes sauvages, ca-

---

p. Sur un aspect particulier, Y. Debbasch, « Opinion et droit. Le crime d'empoisonnement aux Iles pendant la période esclavagiste », *Revue fse d'Hist. d'O-M*, t. L, 1963, p. 137-188.

475. En particulier, la célèbre affaire Lejeune, un habitant-caféier de Plaisance (partie du Nord), l'un des rares planteurs poursuivi en 1788 pour cruauté envers ses esclaves ; il se « justifiait » en disant que son père avait perdu par le poison 400 esclaves en 25 ans, dont une fois 52 en six mois, et lui 47 en deux ans ; des détails dans A. Gisler, *L'esclavage*, op. cit., p. 117-121.

476. Une analyse très détaillée et nouvelle par son contenu et ses conclusions de J. Garrigus, *Plantation machine*, op. cit., p. 103-122 ; il montre en particulier que la majorité des victimes dans cette affaire ont probablement été empoisonnées par des farines avariées importées de Nouvelle-Angleterre en contrebande par l'intermédiaire du port espagnol de Monte Christi, voisin de Fort Dauphin ; mais telle était la panique que toutes lui ont été attribuées.

477. « Il faut un peu de terreur pour contenir l'esclave », répond Lejeune à ses accusateurs (note 8, *supra*) ; « l'état malheureux du Nègre le force naturellement à nous détester, ce n'est que par la force et la violence qu'on l'asservit ». Pratiquement au même moment, le gouverneur de la Guadeloupe qualifie les esclaves de « classe ennemie ».

pables de pires atrocités[478] : esclaves martyrisés, mutilés, frappés à mort, brûlés à petit feu (au sens littéral), soumis à des objections indescriptibles ...

« *Oui monsieur, dit le Nègre* à Candide, *c'est l'usage ... Quand nous travaillons aux sucreries et que la meule nous attrape le doigt, on nous coupe la main ; quand nous voulons nous enfuir, on nous coupe la jambe ... C'est à ce prix que vous mangez du sucre en Europe* » (Voltaire).

• Le fouet, instrument de gestion de la main-d'œuvre

Bien sûr, de tels excès ne sont pas le fait de tous les planteurs. Dans l'image idéalisée qu'il se fait de lui-même, le « bon maître » ne « foule » pas ses esclaves, se montre sévère mais juste avec eux, manie la carotte et le bâton[479], punit toujours à bon escient et jamais sous le coup de la colère. Mais en réalité, la violence est permanente sur les habitations. Il est remarquable, à cet égard, que la plupart des auteurs du XVIIIe siècle traitant du « gouvernement des esclaves », aussi bien que les instructions données par les colons absentéistes à leurs gérants, consacrent des développements à la discipline, aux châtiments, à la façon, aux circonstances et au moment de « donner le fouet » aux esclaves « fautifs »[480]. Chez tous, une même préoccupation domine : faire preuve de « fermeté », ne rien laisser passer, punir immédiatement tout manquement à l' « ordre », ne pas se laisser « déborder » ; à la limite les habitants n'hésitent pas à préférer la discipline, la nécessité de « contenir les Nègres », à la simple équité[481]. Au moindre

---

478. *Abolition immédiate*, op. cit., p. 33-42.

479. Ainsi Poyen de Sainte-Marie, propriétaire de l'habitation éponyme, à Capestere, qui répond parfaitement à cette vision du planteur idéal : il a acheté deux pompes contre l'incendie, qui ont « sauvé » la sucrerie ; « j'ai nommé chez moi huit pompiers que j'ai exercés à servir les pompes ; en cas d'incendie, celui qui arrive le premier avec la pompe » reçoit une gratification, « mais le dernier reçoit 25 coups de fouet » ; *De l'exploitation des sucreries*, op. cit., p. 35.

480. Outre Poyen de Sainte-Marie cité à la note précédente et Guyvarc'h-Debien, *Instructions*, art. cit., voir notamment Marquis de Casaux, *Essai sur l'art de cultiver la canne et d'en extraire le sucre*, Paris, 1781, 512 p. Voir également les « Observations » très intéressantes et très complètes du marquis de Ségur, habitant-sucrier en Grande-Terre, sur la gestion des sucreries et de leurs esclaves, dans ANOM, F4-12, n° 1, 5 mars 1777 ; ainsi que les instructions sur la « discipline générale » laissées par St. Foäche aux gérants de son habitation de Jean-Rabel, dans G. Debien, *Plantations et esclaves*, op. cit.

481. Ainsi cette observation de Pays du Vau, magistrat à Angers, au gérant de sa sucrerie de Saint-Domingue, en 1785 : « Le défaut de vivres exténue un atelier et le besoin, joint à l'inclination qu'ont les Nègres pour le vol, les porte à voler chez les voisins. Quand ils sont surpris, ils sont lardés de coups ou subissent un châtiment rigou-

« manquement », le « fautif » peut prendre des dizaines de coups de fouet, parfois jusqu'à la mort. On imagine jusqu'où peuvent aller certains planteurs quand on sait que les ordonnances « humanitaires » de 1785 et 1786 interdisent de dépasser les cinquante coups (!) ; et sur l'habitation Poyen de Sainte-Marie, « bon maître » qui dispense des « soins paternels » à ses esclaves, le « tarif » normalement appliqué à ceux qui auront « mérité » un châtiment est de 25 coups, complété éventuellement par plusieurs mois de fers aux pieds (la « chaîne ») (*Tableau 29*).

Jusqu'à l'Abolition, le fouet demeure « l'âme de l'habitation » (Schœlcher). En 1840, alors que le régime de Juillet se préoccupe d' « humaniser » l'esclavage, la grande enquête conduite par les procureurs du roi[482], nous apprend que le fouet et autres châtiments corporels sont toujours appliqués dans 399 habitations de la Martinique sur 497 visitées et 577 sur 815 en Guadeloupe, soit 80 et 70 % respectivement ; et en avril 1848, alors que la nouvelle de la Révolution de Février est déjà parvenue aux Antilles et qu'on est certain que l'esclavage va être aboli à très brève échéance, il se trouve encore des maîtres assez imprudents ou irresponsables pour faire fouetter leurs esclaves[483]. Au fouet viennent fréquemment s'ajouter les fers au pied, l'immobilisation à la barre, les coups de cravache, et surtout le cachot, véritable tombeau dans lequel les esclaves peuvent être enfermés pendant des semaines et des mois (jusqu'à 22 mois dans l'affaire Douillard-Mahaudière, en Guadeloupe en 1838 ; acquittement). N'oublions pas non plus le stress permanent que font peser les cadres blancs de l'habitation, insultes, rudoiement, humiliations. Et enfin, le désespoir de tout un peuple condamné à vivre enchaîné, dont on peut avoir une idée en pensant à ces femmes qui avortent volontairement ou tuent leur enfant à la naissance pour leur éviter de connaître à leur tour l'esclavage.

---

reux, juste pour le bon ordre mais injuste parce qu'on n'a pas pu le prévenir » ; G. Debien, *Les esclaves*, op. cit., p. 216.

482. Ministère de la Marine et des Colonies, *Exposé général des résultats du patronage des esclaves dans les colonies françaises*, Paris, 1844, p. 379 et 403.

483. ANOM, Fonds ministériel, série géographique Guadeloupe, carton 7, dossier 72, deux lettres du gouverneur Layrle au ministre, 28 avril 1848.

Tableau n° 29
LA « JUSTICE DOMESTIQUE » DU MAITRE D'APRES POYEN DE SAINTE-MARIE

Faute	**Punition**
Un gardeur n'est pas à son poste	10 coups de fouet
Un esclave pénètre dans les bâtiments et vole le jour	25 coups de fouet couché
Un esclave pénètre dans les bâtiments et vole la nuit	25 coups de fouet couché et 6 mois de chaîne
Deux esclaves se battent sans se blesser	25 coups de fouet couché
Deux esclaves se battent, un est blessé	L'autre est mis en chaîne le temps de la guérison de son adversaire et travaille dans le jardin de ce dernier les jours de fêtes et dimanche. Chacun recevant 25 coups de fouet couché au moment de la guérison
Désobéissance à un sous-ordre	25 coups de fouet couché
Un esclave frappe un sous-ordre	25 coups de fouet couché et 1 an de chaîne
Premier marronnage	Légère correction
Deuxième marronnage	6 mois de chaîne
Troisième marronnage	1 an de chaîne
Vol sur une habitation voisine	6 mois de chaîne
Un esclave vole un autre esclave	6 mois de chaîne et doit travailler au profit du nègre volé la moitié des dimanches et jours de fête à hauteur du tort occasionné
Un esclave frappe un blanc	Livraison à la justice

Source : tableau établi par F. Régent

2. LA SOUFFRANCE ET LA FAIM

Il n'est pas un seul planteur traitant du « gouvernement des esclaves » au XVIIIe siècle qui n'insiste sur la nécessité de les bien traiter, de ne pas les accabler de travail, de les nourrir correctement, de les soigner quand ils sont malades ... « Comme ce sont les Nègres qui forment notre fortune », écrit lucidement le marquis de Ségur, « il vaut mieux les mener un peu plus doucement que trop vite ».

Ce sont autant de vœux pieux. En réalité, la situation des esclaves sur les plantations américaines en général et antillaises en particulier constitue ce qui a pu se faire de pire dans l'histoire en matière de traitement non génocidaire infligé à des êtres humains. Ce n'est pas sans raison qu'Aimé Césaire a pu comparer les plantations de l'Amérique esclavagiste aux camps de concentrations nazis[484]. Les articles du Code Noir censés les protéger contre les excès des maîtres ne sont pas appliqués, et ne le seront jamais. Un siècle après son élaboration, la

484. Introduction à V. Schœlcher, *Esclavage et colonisation. Textes choisis*, Paris, 1948, p. 17-18.

publication, en 1785 et 1786, de deux ordonnances qui se contentent simplement de rappeler ses principales dispositions déclenche la fureur des colons. Et dans les années 1840, la Monarchie de Juillet se demande toujours comment le faire appliquer par des planteurs qui s'y refusent absolument.

Pour le propriétaire d'une habitation, en effet, l'esclave est d'abord un investissement qui doit être rentabilisé. L'esclave doit "rendre" à son propriétaire ce qu'a coûté son achat et/ou son entretien jusqu'au moment de sa mise au travail, et pour cela tous les moyens sont bons. Il est surmené, il a faim et il est malade.

• Le surmenage

Les esclaves sont soumis à un travail excessif, en durée et en pénibilité ; « qu'on dise tout ce que l'on voudra des travaux des forges, des verreries et autres », écrit le père Labat, « il est constant qu'il n'y en a point de plus rude que celui d'une sucrerie, puisque les premiers n'ont tout au plus que douze heures de travail, au lieu que ceux qui travaillent à une sucrerie en ont dix-huit par jour ». L'une des règles de base des planteurs dans la conduite des esclaves est de ne jamais les laisser inoccupés. A plus ou moins une heure près, toutes les habitations fonctionnent sur le même modèle : lever au claquement du fouet, ou à la cloche sur les grandes sucreries, une demie heure environ avant le jour, vers 5 heures ; arrivée au travail à 6 heures ; première tranche de travail (le ventre vide !) jusqu'à 8 heures ; pause déjeuner ; seconde tranche de travail jusqu'à midi ; déjeuner, repos pendant deux heures ; reprise à 13 ou 14 h jusqu'à la tombée du jour à 18 heures ; puis encore une à deux heures à faire de « menus travaux », comme « faire des pailles » pour la sucrerie, préparer les instruments pour le lendemain, charger des barriques, faire des rangements divers... Retour à la case vers 19-20 heures ; au total, quatorze à quinze heures, dont onze à douze de travail effectif. On est nettement en deçà de la charge imposée à ses esclaves par le père Labat, mais il est probable que les dix-huit heures quotidiennes dont il fait état ne concernent que la période la plus chargée de l'année, pendant la « roulaison ».

C'est en effet le moment de la campagne où la pénibilité du travail est à son maximum, tant en durée qu'en intensité. A la coupe, les feuilles de canne sont coupantes, le coutelas est de plus en plus lourd à mesure qu'avancent les heures, les attacheuses sont pliées en deux toute la journée, et un nuage de poussière de canne et de terre mélangées dessèche les gosiers. Le travail est encore plus dur à la sucrerie, dans une chaleur et une humidité insupportables, à manipuler de lourdes louches de cuivre pour transvaser les jus d'une chaudière à l'autre. Pire encore, lorsque les travaux pressent, ou que la pluie menace, où qu'il y a beaucoup de cannes à manipuler, le planteur peut ordonner une « veillée », c'est-à-dire la fabrication en continu, jour et nuit. Les esclaves affectés au moulin et à la manufacture sont divisés en deux « quarts » qui se succèdent à minuit et quatre heures du matin dans l'intervalle de leurs travaux des journées précédente et suivante (entre 36 et 40 heures en continu) ; il se produit souvent alors des accidents atroces : les esclaves, écrasés de fatigue, sont happés et broyés entre les « rolles » du moulin ou tombent dans les chaudières à sucre bouillantes. Bien qu'unanimement condamnée dans les instructions que les planteurs donnent à leurs gérants, la pratique est généralisée sur toutes les sucreries. Une première tentative réglementaire pour l'interdire, par les ordonnances de 1785 et 1786, provoque un tel tollé chez les planteurs qu'elle ne reçoit aucune application. Les veillées se poursuivront jusqu'à l'Abolition. Enfin, la manipulation des barriques, qui pèsent 1.000 à 1.200 lb aux Iles-du-Vent (500 à 600 kg) et jusqu'à 1.600 et 1.700 à Saint-Domingue (800 à 900 kg), est une terrible épreuve de force qui mobilise un grand nombre d'esclaves au moment de l'expédition des sucres ; il arrive parfois que certains soient écrasés…

Dans l'intercampagne, au cours du second semestre de l'année, le travail sur les sucreries est moins dur que pendant la roulaison, mais pas beaucoup moins intense. Outre la préparation de la campagne suivante (labours, plantations, sarclages), il y a toujours mille et une choses à faire : réparation des bâtiments, constructions nouvelles, entretien des canaux et des chemins, défrichements … (*Tableau 30*). Et jamais assez de main-d'œuvre pour tout cela.

Le travail est d'autant plus pénible que les temps de récupération sont insuffisants. Quand s'achève enfin une journée épuisante, viennent encore les travaux du « jardin vivrier de la case » pour les hommes, la préparation du repas pour les femmes, et un minimum de sociabilité (les enfants, les voisins), qui retardent d'autant le moment du repos ; sans oublier que le maître peut, à sa guise, les retenir pour des heures supplémentaires, éventuellement même toute la nuit. On imagine aisément dans quel état d'épuisement se trouvent les esclaves de la semaine de « quart » pour les veillées, qui ne dorment que quatre heures par nuit pendant sept nuits consécutives. En principe, les samedi et dimanche sont chômés, mais en période de gros coups de feu, les planteurs n'hésitent pas à exiger le travail du samedi, le matin ou toute la journée, voire même le dimanche matin, avant de reprendre la roulaison à 17 heures.

Tableau n° 30
CALENDRIER ANNUEL DES TRAVAUX SUR LE MARQUISAT DE SAINTE-MARIE

	Janvier	Février	Mars	Avril	Mai	Juin	Juillet	Août	Septembre	Octobre	Novembre	Décembre
Travaux agricoles de la canne	Derniers préparatifs Début de la coupe	Coupe de la canne. Préparation terre pour plantation.	Coupe de la canne. Préparation terre pour plantation.	Coupe de la canne. Plantation premiers carrés canne. Travail de la canne rejeton.	Coupe de la canne. Plantation carrés canne. Travail de la canne rejeton.	Coupe de la canne. Plantation carrés canne. Fumage et sarclage.	Coupe de la canne. Plantation carrés canne. Fumage et sarclage.	Fumage et sarclage.		Préparation de la terre et labours	Préparation de la terre et labours	Préparation de la terre et labours
Travaux agricoles autres	Plantation de manioc. Récolte	Plantation de manioc. Récolte	Plantation de manioc. Récolte	Récolte de manioc	Récolte de manioc	Récolte de manioc	Récolte de manioc	Fumage et sarclage	Plantation de manioc.	Plantation de manioc. Récolte de manioc	Sarclage. Plantation de manioc.	Sarclage. Plantation de manioc. Récolte de manioc
Manufactures des sucres	Préparatifs purgerie. Début de fabrication sucres	Cuisson des sirops mise à l'étuve	Cuisson des sirops mise à l'étuve	Cuisson des sirops mise à l'étuve	Cuisson des sirops mise à l'étuve	Cuisson des sirops mise à l'étuve	Cuisson des sirops mise à l'étuve					
Autres travaux	Préparatifs de récolte barriques et futailles nettoyage des parcs préparation engrais						Curages Travaux de réparation et consolidation divers Préparation hivernage	Charroi des fumiers	Travaux divers		Coupe des bois. Charroi des fumiers et des bois	Nettoyage das canaux et chemins

Source : tableau reconstitué par J. P. Sainton, d'après Poyen de Sainte-Marie.

*

* *

Sur les habitations en cultures « secondaires », le travail se caractérise tout d'abord par le fait qu'il est relativement peu impacté par l'alternance des saisons. Sur les caféières, l'époque du ramassage et des travaux qui l'accompagnent (séchage, triage ...) s'étend de mars à décembre, tandis que les sarclages, l'entretien des arbres et les nouvelles plantations occupent le reste de l'année, mais sans qu'aucun de ces deux moments exigent, à la différence des campagnes sucrières, beaucoup plus de main-d'œuvre que l'autre. Sur les indigoteries, c'est plus simple encore : les opérations de culture et de fabrication se déroulent en continu tout au long de l'année. En second lieu, le travail dans les cultures « secondaires » est nettement moins dur physiquement que sur les sucreries, encore que la manipulation de boucauds de café de 800 à 1.000 lb, ne soit pas moins dangereuse que celle des barriques de sucre. Mais il n'est pas moins pénible. Le caféier est souvent une culture de pente, ce qui rend les opérations d'entretien des arbres et de récolte extrêmement difficiles et fatigantes. Sur les indigoteries, la mise en terre des graines par les esclaves est, de l'aveu même de Barré de Saint-Venant, ancien planteur indigotier à Saint-Domingue, une « besogne extrêmement désagréable, ennuyeuse et très fatigante », parce qu'il faut rester courbé « de quinze à dix-huit pouces » (60 à 80 cm) au-dessus du sol pendant deux heures « et quelques fois davantage » pour ensemencer une pièce. Autre opération très fatigante : le « battage » destiné séparer la fécule colorante de l'eau jusqu'à ce qu'elle soit coagulée ; l'opération est effectuée par des esclaves plantés dans la cuve *ad hoc* et frappant violemment l'eau avec des bâtons pendant deux à trois heures sans pouvoir s'arrêter[485].

Que ce soit sur les caféières ou les indigoteries, la journée de travail semble aussi longue que celles des sucreries en dehors de la roulaison (onze à douze heures de travail effectif), mais elle est organisée différemment ; la pause de la mi-journée est plus courte, mais les esclaves retournent plus tôt dans leurs cases. Il ne semble pas y avoir ici de « veillées » avec travail de nuit, mais, au plus fort de la récolte, le planteur peut éventuellement retenir les esclaves deux heures de plus pour le décorticage des cerises de café.

---

485. G. Debien, *Une indigoterie*, art. cit., p. 20 et 25.

• **La faim**

Souvent utilisé par les historiens anglo-saxons de la Caraïbe, le terme de *starvation*, dont il n'existe pas réellement d'équivalent en langue française, est celui qui décrit le mieux la situation alimentaire des esclaves sur les habitations : on n'y meurt pas de faim, mais on y souffre constamment de la faim. Naturellement, le niveau de privation varie selon les lieux et les circonstances. Les esclaves des habitations des ordres religieux ont la réputation d'être mieux nourris, ce que confirmerait une mortalité moindre, de même que ceux de la partie du Nord de Saint-Domingue, dont les cultures vivrières bénéficient de précipitations plus abondantes. Inversement, les lendemains de grandes catastrophes naturelles, cyclones particulièrement ravageurs, sécheresses prolongées, tremblement de terre de 1770 dans la partie de l'Ouest de Saint-Domingue, sont généralement des moments de disette épouvantable, pouvant, dans les cas extrêmes, entrainer des décès par manque total de nourriture. Dans une telle situation, il peut se produire que certains planteurs soient obligés d'acheter de la nourriture, ne serait-ce que pour éviter des départs en marronage[486], mais, globalement, la grande majorité d'entre eux se désintéressent totalement du problème[487]. En temps « normal », les esclaves sont peu et mal nourris.

En premier lieu, les quantités de nourriture dont ils disposent sont tout à fait insuffisantes pour soutenir les durées et les rythmes de travail qui leur sont imposés. L'article 22 du Code Noir fait obligation aux maîtres de fournir chaque semaine à leurs esclaves de dix ans et plus deux pots et demi de farine de manioc (environ 2,5 kg) ou deux cassaves de 2,5 lb (1,2 kg) ainsi que deux livres de bœuf salé (1 kg) ou trois de poisson (1,5 kg) ; soit 350, 170, 140 et 210 gr. par jour respecti-

486. Lettres du gérant des habitations Laborde à son propriétaire, citées par B. Foubert, op. cit., t. II, p. 513 et 561. *Mai 1779* : « Le sec nous a mis dans l'indigence de vivres. J'ai les plus vives inquiétudes sur la subsistance d'une partie de vos Nègres. Plusieurs ont été en marronnage » ; *juin 1782* : « Le sec est horrible. Les Nègres ne peuvent pas planter de vivres en ce moment, il va falloir venir à leur secours ; *septembre 1786* : « La disette est générale. Elle occasionne la perte de beaucoup de Nègres » ; *juillet 1790* : « Vos esclaves se ressentent de la disette et les faibles succombent ».

487. ANOM, C8 A 34, fol. 372, intendant de la Martinique, Blondel, 31 août 1725 : « Cette mortalité (des esclaves) paraît être causée … par le grand travail que les habitants leur font faire sans les nourrir ; quelques-uns ne leur donnent que le samedi qu'ils emploient … à gagner leur vie pour toute la semaine, d'autres ne leur donnent que la moitié, et moins encore de ce qui est réglé par les ordonnances, et d'autres ne leur donnent ni cette moitié ni le samedi. Il y en a … qui leur donnent ce qu'ils doivent, mais ceux-là sont rares ».

vement. Pour les enfants, la moitié. Convertie en calories, la ration adulte se situe entre 1.700 et 2000 par jour, selon qu'elle consiste en farine ou en cassave, en bœuf ou en poisson, en morue salée ou séchée. La FAO estime la ration calorique nécessaire pour entretenir un être humain en bon état alimentaire à 1.800 pour une femme et 2.000 pour un homme peu actifs, et 2.400 à 2.800 et 3.000 à 3.500 respectivement en cas d'activité intense. La ration réglementaire portée par le Code Noir est donc déjà inférieure aux besoins physiologiques. Mais même ce *minimum minimorum* n'est pas respecté. Ainsi pour la morue[488]. En l'absence d'états détaillés d'importations, nous ne pouvons pas apprécier dans quelle proportion à Saint-Domingue, mais pour ce qui concerne les Iles-du-Vent[489], chaque esclave reçoit une moyenne théorique de 49 gr. par jour[490], à peine le quart de ce qui est prévu. Notons en outre qu'une partie de ces importations sont destinées à l'alimentation des Petits-Blancs et Gens de couleur libres qui font également une grande consommation de morue ; que reste-t-il alors pour les esclaves ? Quant au bœuf salé, l'habitude d'en donner aux esclaves a déjà pratiquement cessé dès la fin du XVIIe siècle, sauf en faveur de ceux que les planteurs désirent soutenir plus particulièrement : travailleurs de force pendant la roulaison, malades, femmes après accouchement. Outre le peu de morue qu'ils reçoivent, les besoins en protéines sont en partie couverts par ce que les esclaves parviennent à se procurer comme ils peuvent : petit élevage de case (volailles, cochons), crabes, restes des maîtres (pour ceux qui servent à la grand case) ..., voire même rats, dont le père Labat nous dit qu'ils sont « friands ». Il est clair que les planteurs veulent dépenser le moins possible pour la nourriture de leurs esclaves[491].

---

488. Outre ce qui en est dit dans tous les travaux généraux sur l'esclavage, on verra l'approche nouvelle et plus large de M. Alamkan, « La tropicalisation de la consommation de morue. L'exemple de la Guadeloupe », *Cahier des Anneaux de la Mémoire*, n° 18, 2018, p. 121-140.

489. Prises ensemble, pour éviter les risques de doubles emplois liés au cabotage entre Martinique et Guadeloupe.

490. A la veille de la Révolution, la Martinique importe 40.000 « quintaux » de 48,9 kg de morue en provenance de France, Saint-Pierre et Miquelon et les Etats-Unis. La Guadeloupe, 25.000 « Qx », non compris ce qui provient de la Martinique (déjà comptabilisé avec celle-ci). Total des importations : 65.000 « Qx » = 3.200 tonnes, à partager entre 170.000 esclaves, soit 18 kg par esclave et par an et 49 gr. par jour.

491. Nous ne connaissons la part de la nourriture des esclaves dans le total des dépenses d'exploitation que pour de rares habitations de Saint-Domingue : Labarre, exercice 1777-78 = 7,2 % ; Galliffet, moyenne sur six ans entre 1773 et 1782 = 3 à 3,5 % ; Laborde, fin années 1780 = entre 1,5 et 2,5 % ; Saint-Michel, moyenne 1784-90 = 6,8 % ; Lévêque, en 1774-75, 1,9 %. Par contre, elle est beaucoup plus élevée sur les

Ceux-ci ne peuvent donc se nourrir qu'avec ce qu'ils produisent eux-mêmes, essentiellement des denrées agricoles. Sur toutes les habitations, le planteur concède à ses esclaves de petits lopins de terre, les « jardins à Nègres », et un jour par semaine, généralement le samedi, pour y cultiver des vivres, mais qu'ils n'hésitent pas à supprimer en cas de besoin de « forces » au moment de la roulaison. Ils se situent pratiquement toujours sur les terres les plus ingrates de l'habitation, dans des fonds humides, ou des zones trop sèches, ou sur des mornes en pente raide, ou encore sur des terrains qui viennent d'être défrichés et sont d'abord mis en vivres avant de passer à la canne. Comme ces « jardins » ne suffisent généralement pas, les planteurs soucieux de nourrir correctement leurs esclaves établissent et dirigent des plantations de manioc, et parfois d'autres productions vivrières (patates, bananes), auxquelles une partie des esclaves sont affectés pendant leur temps de travail ; outre leur fonction de complément des quantités, elles sont également destinées à la nourriture des « Nègres nouveaux » pendant les premiers mois de leur arrivée sur l'habitation. Les terres habituellement consacrées à la canne ne sont normalement pas cultivées en vivres, sauf quand il s'agit de pièces laissées en jachère dans le cadre d'un assolement canne-manioc, qui commence à se développer après 1763 et semble donner de bons résultats.

La superficie des cultures vivrières varie en fonction de celle de l'habitation et du nombre de ses esclaves. Elle représente en moyenne 20 % de la superficie totale cultivée sur les 95 sucreries de la plaine du Nord de Saint-Domingue, avec une « fourchette » de 11 à 29 % ; sur les terres nobles de la Guadeloupe en 1773, la moyenne est de 22 %, avec un maximum de 34 % chez Poyen de Sainte-Marie. Il est difficile d'apprécier exactement dans quelle mesure ces cultures contribuent à la nourriture des esclaves. L'administration multiplie les ordonnances pendant tout le XVIIIe siècle[492], mais leur seule énumération indique à quel point elles sont inobservées, et les chiffres des recensements sont peu fiables. On peut évaluer la superficie de vivres disponibles par esclave. Poyen de Sainte-Marie, qui se considère manifestement comme le meilleur des maîtres de la Guadeloupe, donne un ratio de

---

trois habitations connues de la Guadeloupe (Pigeon, 1775-83 ; Gélas, 1786-88 ; Préaux de l'Etang, 1790), où elle se situe entre 30 et 40 %, mais il faut déduire la moitié au moins pour la nourriture des Blancs, qu'il n'est pas toujours possible de singulariser dans l'analyse des comptes.

492. Pour la seule Guadeloupe, treize textes entre 1703 et 1776 ; suite inconnue.

0,07 ha par esclave, mais pour le manioc seulement[493] ; en 1773, ce même ratio pour l'ensemble des terres nobles de la Guadeloupe est de 0,09 pour le manioc seul et 0,14 pour manioc + patates. A Saint-Domingue, la superficie moyenne de vivres par esclave sur les 95 habitations de la plaine du Nord est de 0,12 carreaux, soit 0,15 ha. Les « jardins à Nègres » ne sont, ou ne semblent, pas compris dans ces chiffres, les documents étant le plus souvent muets à leur sujet, mais l'exemple de la sucrerie Foäche à Saint-Domingue montre bien que les multiplier est un moyen de diminuer les coûts en renvoyant sur les esclaves le soin de se nourrir eux-mêmes[494].

On doit, en outre se rappeler ici que la superficie moyenne de 0,10 ha par esclave qui vient d'être dégagée représente approximativement un carré de 32 m de côté. Il est extrêmement douteux qu'une superficie aussi restreinte soit suffisante pour nourrir une personne ayant à subir un régime aussi dur physiquement, ainsi que sa famille. Même avec le produit du « jardin », même avec les « distributions » du maître, même avec le secours du jus sucré de la canne que mâchonnent les esclaves pendant la roulaison, on est, sur l'immense majorité des habitations, en dessous du minimum physiologique, ce qui retentit directement sur leur état sanitaire.

• La maladie et le délabrement[495]

Compte tenu de ce qui précède, il n'est pas surprenant que les esclaves soient dans un état sanitaire et physique lamentable ; le travail servile est « destructeur », avoue Barré de Saint-Venant[496]. C'est un peuple de malades et de ruines, qui le sont même d'autant plus que les corps affaiblis par les privations offrent peu de résistance aux agressions microbiennes. Poyen de Sainte-Marie, qui se vante de parfaitement traiter et nourrir ses esclaves, avoue 10 % d'entre eux hors

---

493. *De l'exploitation des sucreries*, op. cit., p. 93-96 : 20 carrés de manioc pour 280 esclaves.

494. Son habitation s'étend sur 900 carreaux (= 1.170 ha). En 1779, il cultive 117 ha de vivres pour 126 de canne ; en 1787, 39 et 240 respectivement, soit un ratio, pour les 880 esclaves du domaine de 0,04 par esclaves. Mais entre ces deux dates, environ 40 carreaux (52 ha) ont été distribués aux esclaves pour y établir des « jardins » ; avec ces derniers on passe à 0,10.

495. Outre le classique, G. Debien, *Les esclaves*, op. cit., p. 297-318, et la présentation statistique de N. Vanony-Frisch, *Esclaves de la Guadeloupe*, art. cit., p. 117-130, la question a été largement renouvelée par F. Yalé, *Habitations Galliffet*, op. cit., p. 267-281, et K. Bourdier, « Les conditions sanitaires sur les habitations sucrières de Saint-Domingue à la fin du XVIIIe siècle », *Dix-huitième siècle*, n° 43, 2011, p. 349-368.

496. *Des colonies modernes sous la zone torride*, op. cit., p. 347.

d'état de travailler, une proportion qu'il porte à 30 % chez les planteurs qui maltraitent les leurs. D'une façon générale, sur toutes les habitations, 10 à 15 % des esclaves adultes, et parfois même jusqu'à 25 et 30 %, sont en permanence incapables de travailler[497]. La différence tient évidemment au traitement plus ou moins dur dont ils font l'objet, aux conditions climatiques locales, plus ou moins humides, plus ou moins fraîches, et probablement aussi au moment de la campagne, la période de la roulaison étant marquée par une recrudescence des maladies chez des gens épuisés. On peut d'ailleurs penser que la réalité est très supérieure à ce qu'indiquent les sources, car les esclaves qui se déclarent malades sont par définition soupçonnés de paresse et contraints de continuer à travailler jusqu'à l'extrême limite de leurs forces.

Il n'est une pathologie dont les esclaves ne soient atteints. Ils sont tout d'abord frappés par toutes les maladies qui « traînent » de façon endémique aux Antilles, vénériennes, pulmonaires, infectieuses, et autres diverses « fièvres », qui atteignent toutes les classes de la population, mais les esclaves plus encore que les autres[498]. La variole constitue ici le principal fléau, en raison des épidémies meurtrières, probablement importées d'Afrique sur les navires négriers, qui éclatent périodiquement, comme en 1699 et 1751 à la Martinique, en 1731, 1758, 1764, 1772, 1782-83, 1785, 1786 à Saint-Domingue. A partir des années 1770, les planteurs commencent à pratiquer l'inoculation sur leurs esclaves, mais de façon encore minoritaire ; elle atténue sensiblement l'impact de la maladie, mais sans évidemment, la faire disparaître. Ajoutons, enfin que pratiquement tous sont couverts de gale et autres diverses maladies de peau.

497. Peu d'information sur les habitations prises individuellement. Chez Laborde, la seule pour laquelle nous soyons bien renseignés, le nombre d'esclaves « à l'hôpital » représente 28 % de l'effectif total au travail sur la première habitation en mars 1781, 26 % sur la seconde habitation en juin 1780, et 18 % sur la troisième de mars à novembre 1790 ; B. Foubert, op. cit., t. II, p. 521-522. L'auteur n'explique pas ces écarts d'une habitation à l'autre

498. On peut avoir une idée de la surmortalité qui les frappe en comparant, toutes choses égales par ailleurs, les taux de mortalité des différents groupes raciaux lors de la terrible épidémie de choléra qui ravage la Guadeloupe en 1865-66 (11.868 décès pour 150.416 h = 7,9 %). Il est de 9,5 % chez les Créoles noirs, qui vivent encore dans les conditions matérielles et sanitaires très proches de celles d'avant 1848 ; 5,9 % chez les immigrants indiens et africains, confinés par les planteurs sur les habitations, et 4,8 % chez les Blancs créoles ; D. Taffin, « Un passager clandestin ? Le choléra en Guadeloupe (1865-1866) », *Bull. Sté d'hist. Gpe*, n° 83-89, 1990, p. 3-45. On peut raisonnablement présumer que l'écart était encore plus grand à l'époque de l'esclavage.

Il existe également un certain nombre de maladies qui, sans leur être à proprement parler spécifiques (les Blancs aussi peuvent être atteints), sont néanmoins directement liées à leurs conditions abominables d'existence. Ainsi les affections intestinales, souvent causées par la nourriture avariée que consomment des gens si affamés qu'ils peuvent avaler n'importe quoi, ou, sur des habitations sans accès à l'eau courante, le fait de devoir se contenter de celle d'une mare stagnante où boivent aussi les animaux. De même, les esclaves, qui se déplacent continuellement pieds nus, sont-ils particulièrement exposés au tétanos et à une multitude de maladies de peau (ulcères, tiques, « crabes », dartres...). Enfin, il y a toutes les maladies nerveuses que les planteurs qualifient volontiers de « folie » et qui traduisent en réalité un effondrement psychique total : épilepsie, « frénésie », « imbécilité », « débilité » ...

Surtout, les esclaves sont dans un état de délabrement physique inimaginable. Jean-Baptiste Leblond, quand il arrive à la Martinique, en 1767, décrit ainsi les premiers esclaves qu'il voit : « Une contenance triste, un corps décharné et flétri de nombreux coups de fouet »[499], tandis que Poyen de Sainte-Marie dénonce ces planteurs qui nourrissent si peu leurs esclaves que ceux-ci sont de véritables « squelettes ambulants ». « Les travaux au moulin, au charroi, mais aussi les gros travaux occasionnent de nombreux accidents : chutes, efforts violents, écrasements, maladresses diverses provoquent des « reins cassés », des « épaules déboitées », des « estropiés » des membres, des « incommodés » d'un bras ou d'une jambe, des « genoux disloqués » (N. Vanony-Frisch) ; 3,3 % des esclaves de la Guadeloupe répertoriés, dans les inventaires d'habitations sont amputés, estropiés ou affectés d'une hernie, et entre 6 et 12 % de ceux d'un groupe de quatre habitations étudiées par Natacha Bonnet sont comptabilisés comme invalides ou infirmes[500]. Encore, ces pourcentages n'intègrent-ils évidemment pas les accidents mortels, sur lesquels nous n'avons pas d'informations chiffrées ; au hasard des sources, on croise des « cuiseurs » tombés dans les chaudières bouillantes de la sucrerie, des charretiers écrasés par des barriques trop lourdes ou mal arrimées, et surtout, le pire de tous, des femmes « donnant à manger » au moulin broyées entre les rolles[501].

499. J. B. Leblond, *Voyage aux Antilles*, op. cit., p. 37

500. N. Bonnet, *Organisation du travail servile*, art. cit., p. 132.

501. On doit au père Labat, *Nouveau voyage*, op. cit., p. 205-206, une description atroce de cet accident. Les tambours, qui tournent en sens inverse, « mordent » si facilement ce qui leur est proche que pendant la nuit, quand ces femmes, « accablées du travail

L'examen des ossements retrouvés en 1995 et 1996 dans un ancien cimetière d'esclaves, à Moule, révèle que la réalité est encore pire que tout ce qu'ont pu décrire les historiens[502]. Les gens enterrés là « ont pour la plupart moins de trente ans mais ont les ossements de soixante. Ils sont sans doute morts de surexploitation ; ils ont tous les marqueurs du stress physique, notamment des problèmes articulaires ». On a notamment diagnostiqué « sur des sujets de vingt ans des arthroses vertébrales qui n'apparaissent normalement qu'à cinquante ; l'examen des insertions musculaires et les anomalies repérées signent un stress physique exceptionnel ». En estimant à 10.000 le nombre de coups de coutelas qu'un coupeur de canne donne dans une journée[503], on peut imaginer le degré de souffrance d'un homme qui doit les donner dans ces conditions. Les chercheurs ont également observé de multiples cas de tuberculose osseuse, preuve de l'absence presque totale d'hygiène dans laquelle vivait cette population, qui laissent à penser que 100 % des esclaves en étaient atteints ; ainsi qu'une édentation presque générale, y compris chez de jeunes adultes et même des enfants, causée par le sucre des cannes mâchonnées par les esclaves pour tromper leur faim. Au-delà de 55 ans, les survivants sont considérés comme « valétudinaires », c'est-à-dire qu'ils sont en si mauvais état qu'on ne peut plus leur confier que des tâches statiques (gardiennage, surveillance ...).

Bien sûr, manuels de planteurs et instructions laissées par les colons absentéistes aux gérants de leurs habitations insistent sur la nécessité de maintenir les esclaves en bonne santé et leur apporter tous les soins nécessaires[504]. Mais la pratique laisse beaucoup à désirer, d'autant que les planteurs ne consacrent guère plus d'argent à les

---

de la journée et du sommeil, s'endorment en poussant les cannes » sur l'établi vers les rolles, « elles se trouvent prises et écrasées avant qu'on puisse les secourir » ; « il n'y a que la tête qui ne passe pas, elle se sépare du col et tombe du côté que le corps a commencé d'entrer ». En pareilles occasions, « le plus court remède couper promptement le bras » d'un coup de coutelas, qui doit être toujours à portée de la main. Il est probable que, même vivante, la victime meurt plus tard du tétanos.

502. *Le Monde*, 16 août 2006 et 13 novembre 2010, deux articles de B. Hopquin, citant les recherches de Th. Romon, archéologue à l'INRAP, et Olivier Dutour, paléopathologue à l'Université de la Méditerranée.

503. Estimation moyenne pour la Martinique en 1951 ; A. Bicheron, « La production sucrière et rhumière aux Antilles », *JORF, Avis et rapports du Conseil économique*, 1953, n° 12, p. 379-421.

504. D. Guyvarch' et G. Debien, *Instructions des colons des Antilles*, art. cit. ; pour un exemple précis, voir celles laissées par Foäche pour la sucrerie de Jean-Rabel, dans G. Debien, *Plantations et esclaves à Saint-Domingue*, op. cit. , p. 126-127.

soigner qu'à les nourrir[505]. Les grandes habitations ont un abonnement auprès d'un « chirurgien » qui fait des visites régulières et les interventions d'urgence, mais ses compétences sont si limitées, les actes qu'il pratique, (purge, saignée, vomissement) et les remèdes dont il dispose (charpie pour les blessés, onguents et breuvages divers, et surtout beaucoup de tafia) si peu efficaces, que les esclaves, et même beaucoup de Blancs, préfèrent encore recourir à des guérisseurs africains, leurs décoctions de plantes et autres bains de feuilles, qui, au moins, soignent les symptômes. Quant à ce que les inventaires appellent « hôpitaux » d'habitation, même correctement bâtis et équipés, même soigneusement entretenus (ce qui est loin d'être toujours le cas), ce ne sont en réalité que des mouroirs dans lesquels malades incurables et vieillards détruits achèvent une vie de souffrance.

*

* *

En définitive, ce n'est certainement pas par hasard que le langage populaire a inventé l'expression « Travailler comme un Nègre ». Dans les années 1780, le coût croissant de la traite négrière conduit Versailles à mettre en œuvre une politique d' « amélioration » des conditions de vie et de travail sur les habitations. C'est notamment dans ce but que sont rendues les ordonnances des 3 décembre 1784 et 23 décembre 1785 pour Saint-Domingue, et 15 octobre 1786 pour les Iles-du-Vent, qui visent surtout à réprimer les comportements les plus abominables pour « économiser » les esclaves : ne pas les écraser de travail, adopter constamment ce qu'on leur demande à ce qu'ils sont en mesure de faire, les nourrir suffisamment, les soigner, favoriser la natalité ... Mais cette tentative soulève la fureur des colons et ne donne pratiquement aucun résultat[506]. Jusqu'à la Révolution, seule une poignée de grands planteurs parmi les plus lucides essaient réellement d' « adoucir » le sort des leurs esclaves[507], et ils ne seront guère

505. Sur la sucrerie Lévêque, exercice 1774-75 : 2.209 L = 3,8 % des dépenses d'exploitation (contre 1,9 % pour la nourriture) ; sur La Barre, exercice 1777-78 : 1.316 L = 1,2 % (contre 7,2 %) ; à Saint-Michel, moyenne 1784-90 : 5.937 = 9,5 % (contre 6,8 %). Sur les habitations de la Guadeloupe, 6,2 % à la Ramée sur 1775-83, 5,7 % à Gélas en 1786-88, rien à Préaux de l'Etang en 1790.

506. G. Debien, *Les esclaves*, p. 471-495.

507. C'est notamment le cas sur les habitations Galliffet ; F. Yalé, op. cit., p. 282-300 ; on demeure toutefois sceptique sur le fait que cette amélioration ait été « considérable », selon le titre du paragraphe consacré à la question. A la veille de la Révolution, les esclaves de ces habitations ont la réputation d'être si bien traités (« Un état

plus nombreux après 1830, alors que l'arrêt de la traite négrière devrait pourtant les inciter à le faire. Jusqu'à l'Abolition, finalement, ce que nous venons de décrire constitue le mode habituel et « normal » de « gestion des ressources humaines » sur les habitations esclavagistes.

---

que bien des hommes libres pourraient envier ») que, rapporte Moreau de Saint-Méry (I, 278), une « expression populaire » affirme : « Heureux comme un Nègre à Galliffet ». Ce sont pourtant ces mêmes « heureux » Nègres qui, lors du soulèvement général d'août 1791, égorgeront tout le personnel blanc de l'habitation et se répandront ensuite dans la plaine du Nord en portant comme étendard le corps d'un enfant blanc empalé sur une pique ; J. Fouchard, *Marrons de la liberté*, op. cit., p. 161-162.

QUATRIÈME PARTIE

LA CRISE

A la veille de la Révolution, l'économie de plantation est à son apogée aux Antilles françaises. Jamais depuis le début de la colonisation autant d'esclaves n'ont été employés sur les habitations, les cultures aussi étendues, les volumes produits et exportés aussi élevés. C'est le sommet de la prospérité, « l'âge d'or », selon la vision traditionnelle de la question par l'historiographie coloniale française jusqu'aux années 1960. On doit à Jean Tarrade d'avoir, le premier, remis cette interprétation en cause, et plus récemment Philippe Girard a montré à quel point cette « prospérité » était plus apparente que réelle. Les records établis par les chiffres bruts masquent « un état de crise latent » tenant à des phénomènes structurels ; les conditions de la croissance sont de plus en plus difficiles à réunir et à maintenir, et le système économique colonial ne progresse plus désormais qu'au prix de contradictions de plus en plus difficiles à surmonter.

CHAPITRE 9

LES CONTRADICTIONS STRUCTURELLES DU SYSTÈME

Le mode de production esclavagiste est non seulement barbare mais aussi surcoûteux et désavantageux. Il est, certes, à l'origine de résultats flamboyants en termes de volumes des productions coloniales tout au long des trois siècles de son existence, mais ces résultats ont été obtenus au prix d'un véritable « forçage », comme on dit que des poulets sont forcés en batterie ou des légumes dans une serre, sauf qu'ici ce sont des hommes. Dans son fonctionnement même, ce système est autodestructeur, car le recours au travail servile le confronte structurellement à trois facteurs de blocage, concernant, l'un le renouvellement de la force de travail, l'autre la structure des coûts et le dernier l'évolution de la productivité du travail.

1. L'IMPOSSIBLE RENOUVELLEMENT ENDOGENE DE LA FORCE DE TRAVAIL

« Il n'est point des Nègres comme des Blancs », écrivent les administrateurs de la Martinique en 1741, comme s'il s'agissait d'une sorte de déterminisme racial, « leurs enfants ne sont point capables de remplacer les morts » [508]. En réalité, les planteurs sont les premiers à savoir que le « revenu » repose sur la « consommation des hommes »[509]. La force de travail ne peut être maintenue sur les habi-

508. ANOM, C8A 53, fol. 254.

509. A preuve cette lettre de 1785 du géreur de la plantation Galliffet : « Les travaux des sucreries sont très pénibles. Il n'y aurait que le moyen de supprimer les veillées mais comment faire beaucoup de sucre en ne travaillant que 16 heures ? Il faut du revenu ... On n'en fait beaucoup que par la consommation des animaux et des hommes » ; citée par F. Yalé, *Habitations Gaillffet*, op. cit., p. 302.

tations que par le recours à la traite négrière. Or, celle-ci est un facteur supplémentaire de surmortalité, avec tous les surcoûts qui en résultent. Le cercle vicieux s'auto-entretient et la contradiction s'aggrave à mesure que l'activité s'accroît.

• Un régime démographique déficitaire

Le mouvement naturel de la population des ateliers est structurellement déficitaire[510]. Sauf en de rares années sur de rares habitations, le nombre des décès est toujours supérieur à celui des naissances. Dans les tableaux qui suivent, nous avons réuni le petit nombre d'informations parvenues à notre connaissance pour les deux dernières décennies de l'Ancien Régime. Pour Saint-Domingue, elles reposent sur les listes et états d'esclaves reçus en France par les propriétaires absentéistes et conservés dans les « papiers de plantations » ; les chiffres des recensements ne peuvent être utilisés en raison de leur manque de crédibilité[511]. Nous reproduisons par contre ceux des Iles-du-Vent, qui paraissent beaucoup plus fiables ; pour la Guadeloupe, nous disposons en outre de quelques inventaires notariés « en forme de récolement », qui comparent un par un tous les biens mobiliers (y compris les esclaves) et immobiliers entrant dans le patrimoine de l'habitation à deux moments successifs de sa gestion, de façon à faire ressortir pour les esclaves tous ceux qui sont apparus (naissances et achats) et disparus (décès, ventes et départs en marronage) dans l'intervalle[512].

---

510. Outre le chap. XVI de la grande œuvre de G. Debien, *Les esclaves*, op. cit., p. 342-367, on verra la remarquable étude du même auteur, « Destinées d'esclaves à la Martinique », *Bull. IFAN*, série B, t. XXII, 1960, n° 1-2, p. 1-91, ainsi que les articles précités de N. Vanony-Frisch et J. Houdaille et l'intéressante monographie de A. Gautier, « Les esclaves de l'habitation Bisdary (1763-1817) », *Bull. Sté d'hist. Gpe*, n° 60, 1984, p. 13-50. Pour une comparaison avec les îles anglaises, l'article de J. R. Ward, « The profitability of sugar planting in the British West Indies, 1650-1834 », *Economic History Review*, vol. XXI, 1978, p. 197-213, puis son principal ouvrage, *British West Indian slavery, 1750-1834*, Oxford, 1988, 303 p. épuisent définitivement la question.

511. Le nombre de naissances et de décès n'est connu que pour 1787 et 1788. Pour nous en tenir aux seuls décès, leur nombre annuel moyen est de 6.209, soit un taux de mortalité de 16,2 ‰ (!!). Il est probable qu'une part très importante des chiffres collectés dans les quartiers n'ont pas été transmis à l'intendance de Port-au-Prince.

512. Généralement, le début et la fin d'un bail, ou lors d'un changement de gérant, ou d'une succession compliquée qui traîne en longueur et nécessite plusieurs inventaires successifs avant le partage. Par contre, on ne peut rien déduire de la comparaison entre deux inventaires ordinaires d'une même habitation à deux dates différentes, car ils se contentent d'énumérer les biens existant sans référence du second au premier, et ne permettent donc pas de connaître le nombre de naissances et de décès dans l'intervalle.

• Les esclaves tués au travail

La mortalité est écrasante. Une estimation de 1777 donne un taux annuel moyen de 50 ‰ à Saint-Domingue[513], ce que semble confirmer la moyenne arithmétique des taux apparents (57,5 ‰) sur les habitations prises individuellement (*Tableau 31*) ; on est même au-delà sur cinq des neuf habitations références. Elle est beaucoup plus basse en Guadeloupe et Martinique qu'on l'apprécie à travers les chiffres des recensements (*Tableau 32*) ou par la moyenne des taux apparents (29,2 ‰) sur les habitations (*Tableau 33*) ; en gros, la mortalité est de l'ordre des 30 ‰ sur les deux îles dans les années 1780. Encore faut-il noter qu'il ne s'agit ici que de taux apparents c'est-à-dire basés sur des chiffres de décès ayant fait l'objet d'un enregistrement sur les habitations. Si l'on tient compte du fait que probablement beaucoup de décès n'ont pas été enregistrés (« Nègres nouveaux » tout juste débarqués et pas encore mis au travail, enfants à la naissance, vieillards abandonnées dans un coin de l'habitation ...), on doit sans doute arriver à Saint-Domingue à des niveaux qui sont ceux de régions en guerre (90, 100 ‰ ?). Par comparaison, le taux moyen en France, évalué par une grande enquête de l'INED, se situe de façon stable autour des 40 ‰ pendant toute la seconde moitié du XVIIIe siècle[514].

Tableau n° 31
NATALITE ET MORTALITE SUR QUELQUES HABITATIONS DE SAINT-DOMINGUE

	Période	Nbre d'années connues	Nbre d'esclaves			Nbre connu de		M annuelle		Tx apparent moyen ‰		
			début	fin	m	N	D	N	D	Nté	Mté	Déficit naturel
Harouard(a)	1784-90	7	339	376	357	50	89	7,1	12,7	12,2	35,5	15,6
Fevret de St Mesmin	1774-90	16	75	89	82	16	49	1,0	3,0	16,3	36,5	24,3
Les Sources	1767-73	6	167	151	159	16	69	2,6	11,5	17,3	43,4	27,1
Boutin	1755-63	8	305	273	289	40	75	5,0	9,4	17,5	32,5	15,2
Laborde 1	1768-91	23	225	575	400	161	564	7,0	24,5	40,7	61,2	43,7
Laborde 2	1774-91	13	148	413	280	149	395	11,4	30,4	32,1	108,5	67,8
Laborde3	1773-91	18	147	153	325	188	371	10,4	20,6		63,4	31,3
Dolle (Les Vazes)	1787-91	-	*(239 en 1785)*			25	53	--	--	--	--	--
Maré	1785-90	-	*(Au moins 200)*			57	79	--	--	--	--	--
Galbaud du Fort	1765-86	16	180	176	188	-	188	1 à 3	9,9	--	52,6	--
Maulévrier	1786-90	4	116	137	126	20 à 22	42 à 43	5,2	10,6	41,2	84,4	43,2

(a) Saint-Michel + annexe Pointe d'Icaque

A l'exception de Maulévrier (caféterie), toutes ces habitations sont des sucreries. Pour leur localisation et les références des sources, voir *supra*, tableaux n° 14 et 23

Nota : les résultats ont été arrondis à la décimale la plus proche

513. Ch. Louis-Joseph, *L'esclave, le maitre et le marchand*, op. cit., p. 53.
514. J. Dupâquier (dir.), *Histoire de la population française*, Paris, 1788, t. II, p. 234-235.

Tableau n° 32
LE MOUVEMENT DEMOGRAPHIQUE NATUREL AUX ILES-DU-VENT A LA FIN DE L'ANCIEN REGIME

	Années connues	Population servile	Nombre de		Taux ‰ de		
			N	D	Nté	Mté	Déficit naturel
Martinique	1785 à 89	73.639	1.878	2.113	25,5	28,7	3,2
Guadeloupe	1785, 87, 88, 90	86.262	2.492	2.658	28,8	30,8	2,0
Sainte-Lucie	1787 à 89	17.451	418	814	23,9	46,6	22,7
Tobago	1786 à 88,90	12.550	331	611	26,2	48,5	22,4

Moyennes annuelles

Source : ANOM, série G1, recensements

Ce ne sont que des moyennes. Il existe des écarts considérables selon les moments et les habitations. Les contemporains s'accordent généralement sur le fait que la mortalité est globalement moins élevée sur les habitations en cultures secondaires que sur les sucreries, ce que semble montrer la moyenne arithmétique des taux apparents en Guadeloupe[515], mais un habitant-caféier particulièrement brutal et exigeant peut parfaitement réaliser des « performances » effarantes[516]. Naturellement les moments de disette ou de difficultés alimentaires font bondir la mortalité[517].

Avant tout, le nombre de décès sur une habitation dépend du traitement plus ou moins violent infligé aux esclaves. Sur un atelier de cent esclaves, un maître qui les traîte bien, les nourrit correctement et ne les surcharge pas de travail, écrit Poyen de Sainte-Marie, n'en perd « que » cinq par an, pendant que celui qui les maltraite peut aller jusqu'à huit[518] ; c'est évidemment de lui dont il parle, et pourtant ce « bon maitre » qu'il cite en exemple atteint tout de même une mortalité de 50 ‰ chaque année. D'une façon générale, même en l'absence de toute autre information sur la gestion de l'atelier, la connaissance du taux de mortalité sur une période de plusieurs années constitue un bon indice de la façon dont sont traités les esclaves, et ce sans même qu'il soit nécessaire d'invoquer des violences particulières. On « pousse » les esclaves jusqu'à dépasser les limites de la « machine humaine ». On le voit bien, par exemple, sur la caféière Maulévrier,

515. *Tableau n° 33* : 33,3 ‰ sur les sucreries (y compris Saint-Robert-Mont d'Or), 20,0 ‰ sur les caféières. La taille extrêmement réduite de nos échantillons limite évidemment la portée des conclusions que nous pouvons tirer de ces travaux.

516. Comme Maulévrier, cité *infra*.

517. Les effets de la guerre d'Indépendance américaine sur le ravitaillement font bondir les taux à 100 ‰ en 1775 chez Laborde et 121 ‰ sur l'habitation Févret de Saint-Mesmin en 1776.

518. *Exploitation des sucreries*, op. cit., p. 37.

où l'arrivée d'un nouveau propriétaire désireux de profiter au maximum du « boom » du café fait bondir la mortalité à 84 ‰ ; ou encore chez Galliffet, dans la conjoncture porteuse de la fin de l'Ancien Régime, où l'on assiste à un doublement du taux en six ans, jusqu'à dépasser les 60 ‰ en 1790. Quant aux niveaux monstrueux atteints chez Laborde sur près d'un quart de siècle (*tableau 31),* ils sont révélateurs du coût humain extraordinaire que celui-ci a fait supporter à ses esclaves pour la « réussite » de sa politique de développement à marche forcée d'une des plus grandes sucreries de Saint-Domingue en une génération seulement[519].

Tableau n° 33
NATALITE ET MORTALITE SUR QUELQUES HABITATIONS DE LA GUADELOUPE

	Quartier	Prod.	Période	Nbre d' années	Nbre d'esclaves			Nbre connu		m annuelle		Tx apparent moyen ‰		
					début	fin	m	N	D	N	D	Nté	Mté	mvmt naturel
Vaneybergue-Roulle	Goyave	Sucre	1759-76	17	83	93	88	37	33	2,2	1,9	24,6	22,0	+ 2,6
Grande-Anse	3 Riv.	S	1780-92	12	141	146	143	26	43	2,1	3,6	15,1	25,0	- 9,9
Montagne St-Robert	Baillif	S	1782-87	5	62	54	58	4	6	0,6	1,2	11,3	20,7	- 9,4
Marq. de Brinon	Cap.	S	1776-83	7	202	209	205	45	34	6,9	4,8	31,2	23,4	+ 7,8
Bisdary	B. Terre	S	1768-77	9	199	199	199	52	58	5,7	6,4	28,6	32,3	- 3,7
de Vipart	3 Riv.	S	1765-79	14	149	142	145	49	46	3,5	3,3	24,1	22,6	+ 1,5
Grande-Anse	Deshaies	S	1784-91	7	67	70	68	12	22	1,7	3,1	25,2	46,2	- 21,0
L'Espérance	Ste-Rose	S	1783-91	8	34	23	28	2	13	0,2	1,6	8,9	57,8	- 48,9
St-robert-Mont d'Or	Baillif	S + C	1784-87	3	227	207	214	12	22	4,0	10,6	18,6	49,8	- 31,2
Desmeures	3 Riv.	Café	1771-75	4	70	74	72	8	2	2,0	0,5	27,7	6,9	+ 20,8
Mercier	3 Riv.	C	1782-87	5	33	38	35	8	2	1,6	0,4	45,7	11,4	+ 34,3
Poirié	Bouillante	C	1777-80	3	134	138	136	17	13	5,6	4,3	41,6	31,6	+ 10,0
Billery	Vx-Habts	C	1778-81	3	48	40	44	2	4	0,6	1,3	15,0	30,3	- 15,3

Source : ADG, 2E/2 et 3, minutes notariales

Il n'est donc pas excessif de conclure que les esclaves sont littéralement *tués* au travail. Les pyramides des âges (*infra*) font clairement apparaître le véritable effondrement qui frappe la tranche des 15-19 ans créoles, particulièrement chez les hommes, au moment où ils sont mis au travaux les plus durs, tendance qui se poursuit ensuite chez les 20-24, au moins en Guadeloupe[520] ; « la classe des 30-34 ans est trois fois moins nombreuse que la classe 10-14 ans, la tranche 15-19

519. D'après Moreau de Saint-Méry, I, 140, il faut quatre générations pour créer une habitation où se mêlent « l'agréable à l'utile » : « La première défriche ; la seconde commence les grands travaux, comme les levées qui doivent garantir du ravage des eaux et les fosses qui doivent les égoutter ; la troisième ordonne les plantations et entreprend les édifices ; la quatrième (réalise) le plan d'une utile et grande manufacture ». Il est clair que Laborde a brûlé les étapes, mais en s'appuyant sur une montagne de cadavres (1.330 morts en 23 ans).
520. Nous ne sommes pas renseignés sur ce point pour Saint-Domingue, J. Houdaille établissant sa pyramide par tranches de dix ans à partir de 20-29).

ans accuse une diminution de 30 % par rapport à la précédente » (N. Vanony-Frisch). L'espérance de vie active du Nègre de houe est extrêmement courte ; dans les années 1830, on l'estime à une quinzaine d'années, mais à Saint-Domingue, à la veille de la Révolution, soldats et origines inconnues non compris. En raison de l'imprécision des âges des adultes dans les inventaires, l'auteur porte les groupes par tranches de cinq ans jusqu'à 20 ans et de dix ans au-delà c'est de huit à dix ans seulement dont il s'agit. Et effectivement, on voit bien la chute très rapide des cohortes, créoles et africaines, au-delà des cinquante ans, quand les corps détruits des « machines humaines » ne sont plus en état de fonctionner. Après 70 ans, c'est véritablement de survivants dont on peut parler (1,3 % des H et 1,0 des F à Saint-Domingue, 1,4 et 2,0 % respectivement en Guadeloupe). On croise parfois dans les sources quelques rares octogénaires, et Moreau de Saint-Méry (I, 230) cite même divers exemples de décès survenus entre 90 et 110 ans (!), mais il s'agit uniquement de Blancs et de Gens de couleur libres ; il est très douteux qu'aucun esclave n'ait jamais pu atteindre un âge pareil.

Planche n° 4
PYRAMIDE DES AGES DE LA POPULATION SERVILE

Guadeloupe, 1770-1789

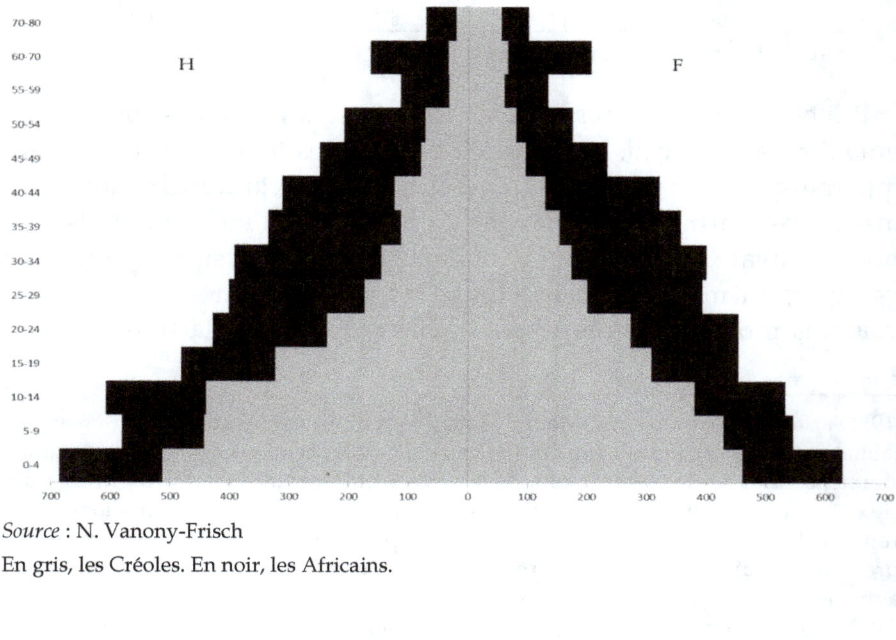

Source : N. Vanony-Frisch

En gris, les Créoles. En noir, les Africains.

Ouest de Saint-Domingue, 1796

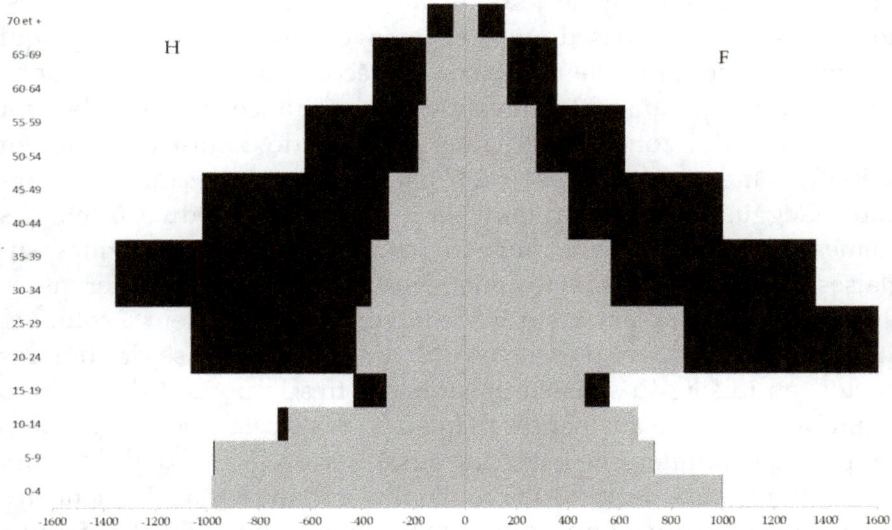

Source : J. Houdaille

• Le déficit des naissances

Face à cette mortalité écrasante, la natalité ne suit pas. La moyenne arithmétique des taux apparents sur les habitations de Saint-Domingue est de 24,9 ‰, mais elle est inférieure à ce niveau sur plus de la moitié de l'échantillon (*tableau n° 31*) ; elle n'est pas fort sensiblement plus élevée aux Iles-du-Vent d'après les recensements, et la moyenne arithmétique des taux apparents est même inférieure en Guadeloupe (24,4 ‰) ; retenons un niveau modal de l'ordre des 25 ‰. Rappelons qu'en métropole à la même époque, le taux moyen de natalité est de 36‰.

On ne manquera pas d'invoquer tout d'abord les conditions désastreuses dans lesquelles se déroulent les grossesses[521] ; plus grande est

521. Dans les dernières années de l'Ancien Régime, tout un courant que l'on pourrait qualifier de « nataliste » se fait jour dans l'administration et chez les planteurs les plus lucides, qui, tel Galliffet ou Poyen de Sainte-Marie, réalisent que les enfants d'aujourd'hui sont les esclaves de demain. Manuels sur le « gouvernement des esclaves » et instructions laissées aux gérants recommandent d' « économiser » les femmes enceintes dans le dernier mois, mieux les nourrir, les affecter à des travaux moins durs. Les deux ordonnances de 1785 (Saint-Domingue) et 1786 (Iles-du-Vent), à volonté réformatrice de la gestion des habitations, interdisent d'assujettir les femmes enceintes au travail de nuit. Mais dans les faits, celles-ci sont le plus souvent forcées de travailler pratiquement jusqu'à l'accouchement. Ces mêmes ordonnances dispensent les mères d'au moins six, sept, huit ... enfants d'un, deux, trois ... jours de

la violence infligée aux femmes, et plus faible est le nombre d'enfants auxquels elles donnent le jour. Il faut ajouter les fausses couches, nombreuses à n'en pas douter, et les avortements volontaires, qui constituent une forme de résistance. La fécondité est donc très basse. L'indice correspondant[522], qui est de 700 en France en 1775, n'atteint que 431 dans la zone d'occupation anglaise de Saint-Domingue en 1796-97, et moins encore sur les 207 habitations composant l' « Echantillon Geggus » (352 pour toute la seconde moitié du siècle). Les mêmes niveaux se retrouvent sur les habitations des Antilles anglaises (210 à 450) à la même époque[523]. On doit toutefois noter que le chiffre réel des naissances sur les habitations est supérieur à celui déduit des états et listes d'esclaves qui constituent la base de tous ces calculs, en raison du sous-enregistrement très important des enfants de moins de quatre ans par les planteurs ; mais cela « ne suffit cependant pas à expliquer une fécondité aussi basse » (J. Houdaille). Enfin, les effets négatifs de cette faible natalité sur le renouvellement des ateliers sont encore aggravés par une mortalité infantile et enfantine extrêmement élevée, conséquence des mauvaises conditions d'hygiène et de l'insuffisance du temps laissé aux femmes pour s'occuper de leurs enfants. L'imprécision et les lacunes des documents sur la situation des enfants avant l'âge du travail empêchent d'apprécier exactement l'ampleur du phénomène ; chez Laborde, l'une des rares habitations pour laquelle nous disposons de chiffres précis, 40 % des enfants nés entre 1775 et 1784 décèdent avant d'avoir atteint dix ans[524]. Avant même d'avoir commencé à travailler l'esclave est déjà un survivant.

Naturellement, le régime démographique des populations serviles n'est figé ni dans le temps, ni dans l'espace. Le mouvement naturel est, certes, structurellement déficitaire dans toutes les îles, mais on observe sur le *tableau* 32 que Guadeloupe et Martinique sont très proches de l'équilibre, alors qu'un véritable gouffre sépare la natalité d'une mortalité deux fois plus élevée à Saint-Domingue. Les rares

---

travail au « jardin ». Dans l'inventaire de l'habitation Valras à Sainte-Anne, en 1788, figure une « Scholastique ..., mulâtresse, âgée de trente-cinq ans, servante, mère de onze enfants vivants, (qui) doit être exempte de tout travail pénible » ; ADG, 2E2/21, minutes Dupuch, 1788 n° 10. Un tel cas semble exceptionnel ; nous n'avons rien rencontré de comparable dans les monographies d'habitations de Saint-Domingue, où un nombre de sept à huit enfants pour une même mère est extrêmement rare.

522. Rapport de l'effectif des enfants de 0 à 4 ans au nombre de femmes de 15 à 44 ans (x 1.000).

523. J. R. Ward, *BWI slavery*, op. cit., p. 138-139.

524. B. Foubert, op. cit., t. II, p. 485.

années sur quelques habitations domingoises où le nombre de naissance est supérieur à celui des décès constituent autant d'exceptions. On pourrait être tenté de croire qu'il s'agit là des effets d'une nouvelle politique de gestion de leur main-d'œuvre par les planteurs, consistant à moins surcharger leurs esclaves afin d'économiser le capital qu'ils représentent[525], mais cela semble extrêmement douteux[526].

Dans le temps, l'explication essentielle de cette différence doit être recherchée dans l'histoire de la mise en valeur de chacune des îles. « La Martinique et la Guadeloupe (sont) des colonies anciennement exploitées, négligées par la traite négrière, comportant de ce fait un plus grand nombre de Noirs créoles mieux acclimatées, (avec) davantage de maîtres présents et par conséquent plus soucieux de ménager leur capital humain » (J. Tarrade) ; la croissance y est, d'autre part, très faible après la guerre de Sept Ans, et il n'est donc pas nécessaire de « solliciter » excessivement les esclaves. C'est exactement l'inverse à Saint-Domingue. Il y a encore d'énormes défrichements à faire, le plus épuisant de tous les travaux agricoles en milieu tropical, l'espace cultivable paraît infini, la production explose alors qu'elle stagne aux Iles-du-Vent, et, pour atteindre des objectifs de production sans cesse et exagérément plus élevés, on « importe » et on « pousse » toujours plus d'Africains fragilisés par la déportation et tués au travail ; enfin, un nombre croissant d'habitations sont dirigées par des gérants peu soucieux de ménager le capital humain de propriétaires absentéistes, ou exploitées par des gens venus à Saint-Domingue dans l'illusion de la fortune et qui sont peu regardants sur le choix des moyens tel Maulévrier sur sa caféière de l'Arcahaye. Mais ce qui précède ne concerne pas que Saint-Domingue dans la seconde moitié du siècle. Ce traitement violemment meurtrier des esclaves est celui de toute période de mise en valeur accélérée dans toutes les colonies, comme entre 1713 et 1740 à la Martinique[527], ou pendant l'administration britannique de 1759-63 et son extraordinaire croissance en Guadeloupe[528]. Le déficit

525. Comme semble le croire F. Yalé, *Plantations Galliffet*, op. cit., p. 267-300 (« Une amélioration considérable des conditions de vie des esclaves »). Cette affirmation nous paraît extrêmement discutable ; voir note 40 du chap. 8.

526. C'est en tout cas l'opinion de G. Debien, *Les esclaves*, op. cit., p. 471-495, qui manifeste à ce sujet les plus grand scepticisme.

527. La mortalité serait de l'ordre des 70 à 80 ‰ en 1713 et 1728 selon les administrateurs de l'île eux-mêmes ; Ch. Louis-Joseph, *L'esclave, le maître et le marchand*, op. cit., p. 53. Rappelons que c'est l'époque de la plus forte croissance de l'économie martiniquaise sur l'ensemble du XVIIIe siècle.

528. Entre 1759 et 1763, 20.800 Africains sont débarqués dans l'Archipel guadeloupéen, mais quand les Anglais évacuent après la paix, le nombre d'esclaves adultes

naturel de la population servile dans les deux îles est alors probablement aussi fort qu'à Saint-Domingue, avant de diminuer à la fin de l'Ancien Régime parce qu'il n'a plus, désormais, de raison d'être. L'exemple de Sainte-Lucie et Tobago (*tableau 32*), où se retrouvent une partie des caractéristiques domingoises, est, *a contrario*, éclairant à cet égard : colonies de création récente, où la mise en valeur débute à peine (donc à défricher), et dont les esclaves sont « souvent dus à des « queues de cargaison » de mauvaise qualité provenant du trafic interlope », leur déficit naturel y est sept à dix fois plus élevé qu'en Martinique et en Guadeloupe[529].

• Le recours incontournable et pervers à la traite négrière

Il faut donc continuellement « importer » des Africains aux âges les plus productifs de la vie pour, au minimum, maintenir les effectifs comme il apparaît sur les pyramides des âges (*supra*). A Saint-Domingue, le nombre d'Africains est supérieur à celui des Créoles à tous les âges à partir de la tranche des 20-29 ans chez les hommes[530]. ; en Guadeloupe, à partir des 25-29 pour les hommes et 20-24 pour les femmes. Mais évidemment, la structure par âges dans les deux îles n'est pas comparable. A Saint-Domingue, où la croissance forcenée de la fin de l'Ancien Régime ne repose presque uniquement que sur l'introduction continue de nouveaux captifs, la pyramide des âges présente la forme classique « en toupie » de toutes les populations migrantes, même si, ici, cette migration est une déportation. En Guadeloupe, au contraire, où la croissance est plus lente et le déficit démographique naturel beaucoup moins grand, l'introduction de « Nègres nouveaux » est moins importante et n'intervient qu'à titre de complément de la main-d'œuvre créole ; la structure par âges de la population totale est donc beaucoup plus équilibrée (*Supra*).

Malgré les apparences, le recours à la traite négrière ne constitue pas une solution pérenne aux problèmes de main-d'œuvre des plan-

---

(nombre total n. d.) n'a augmenté que de 8.200 ; entretemps, les exportations de sucre sont passées de 40.000 « quintaux » environ avant la guerre de Sept Ans à 319.000, avec un maximum de 412.000 en 1761. La comparaison de toutes ces données laisse à deviner le coût humain terrifiant de la croissance accélérée qui caractérise cette période.

529. Nous nous inspirons ici des développements de J. Tarrade, *Commerce colonial*, t. I, p. 54. La moindre mortalité en Guadeloupe et Martinique par rapport à Saint-Domingue s'explique sans doute aussi en partie par le fait que les esclaves y sont mieux (ou moins mal) nourris ; voir note 24 du chap. 8.

530. Pour les femmes, ce serait 30-39, mais la répartition des âges par tranches de dix ans après 20 ans empêche de retenir ce résultat.

teurs, en raison de l'énorme surmortalité qui frappe les « Nègres nouveaux » : un tiers d'entre eux décèdent dans la première année et plus de la moitié dans les deux premières : le choc de la capture, le traumatisme du voyage de l'enfer, la brutalité de la découverte d'un monde inconnu, la violence destructrice de l'habitation... Tous les manuels de planteurs recommandent d' « habituer » les Africains déportés et de ne les mettre que progressivement au travail, mais, en pratique, les besoins en main-d'œuvre des habitations sont tels qu'ils sont presque immédiatement affectés aux travaux les plus durs. On estime, dans les années 1830, qu'il faut sept à huit ans pour « amortir » le coût de « l'élevage » ou de l'achat d'un esclave[531]. Il s'en suit que les planteurs, poussés par la logique du « revenu » et ne pouvant raisonner qu'à court terme, à l'horizon de la campagne en cours, entrent dans une sorte de cercle vicieux qui fait que plus on achète d'Africains, plus il en meurt avant qu'ils soient « rentabilisés », et plus il faut en acheter encore davantage, pour accroître la production. Ainsi sur les trois habitations Laborde, 1.500 Africains tout juste déportés, et 700 esclaves déjà dans la colonie ont été achetés entre 1768 et 1791, et pourtant, malgré 498 naissances, leur nombre total n'augmente que de 1.200 seulement. Chez Harouard (Saint-Michel + Pointe d'Icaque), il faut 120 achats, outre 50 naissances, pour que l'atelier augmente de 33 unités entre début 1784 et fin 1790 (337 à 370). Chez Févret de Saint-Mesmin, on compte 89 esclaves en 1790 contre 75 en 1774, alors que, outre 16 naissances, 55 ont été achetés. Sur l'habitation Cottineau, « de 1765 à 1778, il est entré plus de 150 nouveaux sur la plantation. Nous savons qu'en 1775 l'atelier comptait 150 têtes et il ne devait être guère plus fort vers 1765. Le nombre des entrées en ces neuf ans représente donc un peu moins que le total moyen de l'atelier. Autrement dit, de 1765 à 1788, l'atelier a été entièrement renouvelé ... Ce chiffre dit combien vite étaient épuisés les esclaves » (G. Debien).

Plus largement, selon Hilliard d'Auberteuil, généralement bien informé sur les chiffres de Saint-Domingue, 800.000 Africains ont été débarqués dans la Grande Ile entre 1680 et 1775[532] ; entretemps, la population servile ne se serait accrue que de 252.000 unités selon les recensements (peut-être 300.000 en réalité). Si l'on poursuit le calcul

531. J. Lechevalier, *Rapport sur les questions coloniales ... à la suite d'un voyage fait aux Antilles et aux Guyanes ...* (en) *1838 et 1839*, Paris, 1843-44, t. II, p. 589-590.
532. *Considérations*, op. cit., t. II, p. 63. Le nombre reconstitué par l'équipe d'Amory University dans sa *Transatlantic slave trade database* n'est que de 428.000, mais les auteurs partent des chiffres officiels, sans tenir compte de l'interlope.

jusqu'à la Révolution, les statistiques officielles de 1775 à 1790 sont de 315.000 et 219.000 respectivement. Pour les Iles-du-Vent, les insuffisances et les fluctuations de la traite française font que l'estimation n'est possible que pour la Martinique à l'époque de sa plus forte croissance, après le traité d'Utrecht ; de 1719 à 1742[533], la population servile augmente de 31.000 unités, alors que 52.000 captifs ont été débarqués. Evidemment, tous ces résultats sont approximatifs en raison de l'incertitude des données, fortement entachées de fraude, sur lesquelles ils reposent, mais ils ne montrent pas moins que le fonctionnement de l'économie de plantation repose sur une véritable hécatombe.

2. UNE PRODUCTIVITE INSUFFISANTE ET EN BAISSE

Le seul moyen de compenser les difficultés du renouvellement de la main-d'œuvre serait d'accroître sa productivité. Mais ici aussi, les planteurs se heurtent à une impossibilité ; la nature même du système esclavagiste, et les contradictions qui en résultent, empêchent tout progrès en ce sens.

• La productivité la plus faible qui soit

On doit au voyageur suisse Girod de Chantrans, de passage à Saint-Domingue en 1785, une description sinistre d'un groupe de cent esclaves au travail dans une pièce de canne. Après les inévitables considérations sur le soleil brûlant et les corps en sueur, vient le dispositif : « leurs membres appesantis par la chaleur, fatigués du poids de leurs pioches et par la résistance d'une terre grasse, durcie au point de faire rompre les outils, faisaient cependant les plus grands efforts pour vaincre tous les obstacles. Un morne silence régnait parmi eux, la douleur était peinte sur toutes les physionomies, mais l'heure du repos n'était pas encore venue. L'œil impitoyable du gérant observait l'atelier, et plusieurs commandeurs armés de longs fouets, dispersés parmi les travailleurs, frappaient rudement de temps à autre ceux même qui, par lassitude, semblaient forcés de se ralentir » [534].

---

533. Années retenues en raison de la disponibilité des recensements, qui font défaut depuis 1709 puis jusqu'à 1751. Après cette date, la traite négrière française abandonne l'île et la comparaison n'a plus de sens.

534. *Voyage d'un Suisse dans différentes colonies d'Amérique* ..., Neuchâtel, 1785, p. 137.

Le travail servile est un travail contraint, imposé, quant à son contenu et à sa durée, hors de tout rapport marchand entre celui qui le fournit et celui qui en bénéficie. Propriétaire de l'esclave, le planteur n'a en théorie d'autre limite à l'exploitation de sa force de travail que sa destruction physique, et il la dépasse d'ailleurs régulièrement comme le montre le solde négatif du mouvement démographique naturel sur les habitations. Il s'en suit que la productivité du travail servile est la plus faible qui soit. « Dans les manufactures qui vont par le moyen d'esclaves », écrit en 1776 Adam Smith, « il faut en général employer plus de travail pour exécuter la même quantité d'ouvrage que dans celles qui vont par le moyen d'hommes libres ... Celui qui ne peut rien acquérir en propre ne peut avoir d'autre intérêt que de manger le plus possible. Tout travail au-delà de ce qui suffit pour acheter sa subsistance ne peut lui être arraché que par la contrainte et non par aucune considération de son intérêt personnel » [535].

Le meilleur moyen disponible ici pour apprécier la productivité du travail servile consiste à calculer la production moyenne par esclave. Dans le *tableau n° 34*, nous présentons les quelques données disponibles pour Saint-Domingue, en nous limitant aux années 1780 pour lesquelles l'information est relativement plus abondante[536].

Les données les plus complètes concernent 93 des 95 habitations de la plaine du Nord, pour lesquelles le « Tableau Baron » indique le nombre d'esclaves, total et « travaillants » ainsi que la production. La productivité moyenne pour l'ensemble de la région est de 1.467 lb par esclave de tous âges. Les chiffres s'étagent entre 616 et 2.319 ; ils sont compris entre 1.000 et 1.500 lb pour 38 habitations et entre 1.501 et 2.000 pour vingt-huit. On est sensiblement dans les mêmes parages pour les autres habitations domingoises portées sur le *tableau 34*, à l'exception de celles de Laborde, dont les niveaux ridiculement bas incitent à penser, soit que les gérants successifs du domaine ont opéré à leur profit des détournements gigantesques, soit qu'il y a dans les documents des erreurs qui n'ont pu être détectées. Naturellement, calculée sur les seuls adultes, la productivité par esclave est sensiblement plus élevée, se situant en moyenne 2.479 lb pour les habitations de la plaine du Nord et 2.263 en moyenne arithmétique pour toutes celles portées sur le *tableau 34*, avec un maximum proche de

535. *Recherches sur la nature et les causes de la richesse des nations* (1776), trad. fse marquis de Garnier, Paris, 1822, t. II, p. 423 et t. III, p. 550.
536. Les années 1778 et 1783 ont été exclues du calcul, même quand elles étaient disponibles, en raison des perturbations apportées à la production et aux expéditions par la guerre d'Indépendance des Etats-Unis.

3.000 chez Févret de Saint-Mermin ; si ce dernier chiffre est exact, on est probablement à l'extrême limite de la résistance humaine.

Ceci dit, il n'y a pas de critère absolu pour mesurer la productivité du travail servile. Elle dépend de la plus ou moins grande dureté des tâches, mais aussi de l'origine des esclaves, les Africains, nous le savons, étant plus fragiles et moins productifs que les Créoles. Le cas d'Harouard, à Saint-Domingue, en 1784-90, en constitue un bon exemple. Sur l'habitation principale, exploitée en sucrerie depuis 1746 au moins sur un terrain parfaitement maitrisé, 73 % des esclaves sont des Créoles, leur mortalité en milieu d'année est de 36 ‰, et la production moyenne par adulte de 2.535 lb de sucre terré ; sur l'annexe Pointe d'Icaque, dont la mise en production débute à peine (en 1785 seulement) sur un terroir encore très largement inculte, 67 % des esclaves sont des Africains, leur mortalité est de 68 ‰ et leur production par adulte de 1.197 lb de sucre brut, soit un équivalent de 800 en terré. D'autre part, il existe manifestement un effet négatif de taille et de rendement décroissant, comme il apparaît sur le *graphique n° 8* : globalement, la production par esclave est en raison inverse de la taille des ateliers. Cette situation est logique ; il est plus facile pour un économe de surveiller et pousser au travail un petit groupe de trente ou quarante esclaves qu'un troupeau de 150 qui ne pensent qu'à en faire le moins possible. D'une certaine façon, ce graphique traduit de façon visuelle la résistance passive des esclaves. En définitive, il semble difficile de proposer un chiffre représentatif de la productivité « normale » d'un esclave sur les sucreries domingoises ; retenons sans certitude celui de 2.000 lb par an, tous âges confondus, comme un niveau modal en situation « normale ».

Tableau n° 34
QUELQUES ELEMENTS D'APPRECIATION DE LA PRODUCTIVITE DU TRAVAIL SERVILE SUR LES SUCRERIES DE SAINT-DOMINGUE

Habitation	Quartier	Production par esclave		Période de calcul
		Nbre	lb	
Harouard-St-Michel (a)	Qr Morin	239	1.530	1784-90
Santo	Cul-de-Sac	513	1.990	1784-89
Fleuriau	Cul-de-Sac	279	1.846	1784-90
Les Sources	Léogane	130	1.924	1744-77
Févret de St-M (La Garenne)	Léogane	82	2.472	1784-90
Laborde (b) 1	Les Cayes	482	797	1784-90
Laborde 3	Les Cayes	398	714	1784-90
Moyenne 32 hab	Qr Morin	185	1.453	vers 1780
Moyenne 29 hab	Pte Anse	131	1.466	vers 1780
Moyenne 32 hab.	Limonade	172	1.427	vers 1780
Avalle	Partie du Nord	200	2.250	vers 1790

(a) Habitation principale seule ; annexe Pointe d'Icaque non comprise

(b) Données incomplètes pour la seconde habitation Laborde

Nous n'avons que peu d'éléments de comparaison avec les autres îles de la Caraïbe. En Guadeloupe, la production moyenne en 1773 sur les six habitations en fief est de 1.006 lb tous âges ensemble et 2.684 pour les adultes seulement. A la Jamaïque, la productivité semble sensiblement inférieure, estimée à 1.071 lb (« mesure de Paris ») sur la moyenne des années 1783-91 pour un groupe de quatre plantations[537]. La relative faiblesse de ces résultats est assez surprenante si l'on considère que les esclaves y sont aussi férocement exploités qu'à Saint-Domingue[538]. Tout ce qui précède confirme que c'est bien dans la Grande Ile que le traitement infligé aux esclaves est le pire de toute la Caraïbe[539].

Graphique n° 8
PRODUCTIVITE PHYSIQUE DU TRAVAIL ESCLAVE SUR LES SUCRERIES DE LA PLAINE DU NORD DE SAINT-DOMINGUE

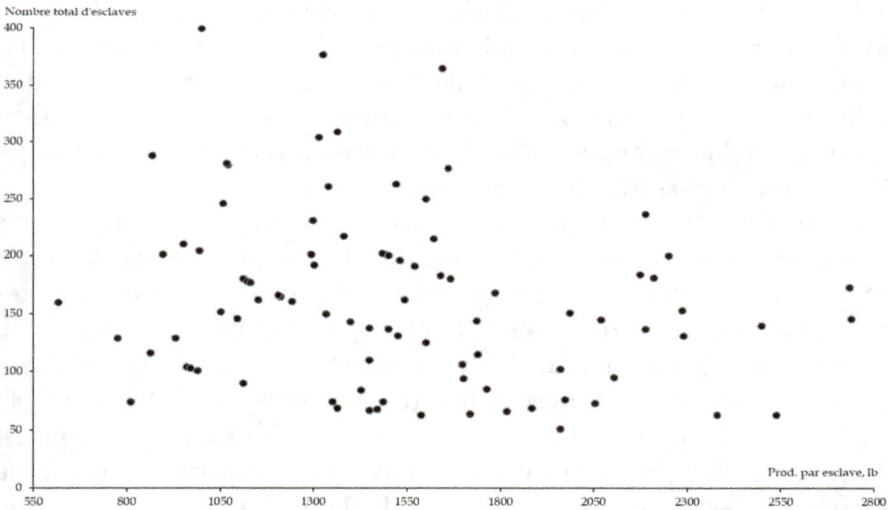

En eux-mêmes, les chiffres qui précèdent n'ont aucune signification faute de disposer d'une échelle de mesure de la souffrance. Les rapporter à la productivité des ouvriers agricoles dans les céréales du Bassin Parisien ou les betteraves en Picardie n'aurait pas de sens, pas plus d'ailleurs qu'à celle des salariés, libres de leurs travaux et de leurs jours, sur les habitations après 1848. Mais ils constituent le maximum de ce qui pouvait être extorqué de la force de travail des

537. J. R. Ward, *BWI slavery*, op. cit., p. 91. Chiffres tous âges, en lb anglaises de 0,453 kg, convertis en lb « mesure de Paris » (0,489 kg).
538. Burnard-Garrigus, *Plantation machine*, op. cit., chap. 2.
539. Voir *supra*, tableau n° 5, chap. 1.

esclaves dans les conditions du moment ; leur productivité est celle de l'instinct de survie.

• Une productivité en baisse

Non seulement, la productivité du travail servile est faible, mais elle tend encore à diminuer au cours du dernier quart de l'Ancien Régime. Le phénomène est particulièrement marqué à Saint-Domingue. Le volume moyen par esclave des exportations vers la métropole, toutes « denrées » confondues[540]. est de 61,4 « Qx » en 1764, 60,2 en 1775 et 51,2 en 1789 ; même si les chiffres sur lesquels repose le calcul sont plus ou moins fiables, et même en retenant d'autres années, la tendance de fond n'est pas douteuses. Il est probable que cette baisse est la conséquence de l'explosion de la traite négrière vers Saint-Domingue après le traité de Paris[541] en liaison avec la « fièvre » du café, vers lequel sont dirigés prioritairement les nouveaux venus[542]. Il y a de plus en plus d'Africains sur les habitations, donc la productivité globale des ateliers diminue, parce que celle des « Nègres nouveaux » est très inférieure à celle des Créoles[543] et leur mortalité très supérieure. Nous retrouvons ici les effets pervers d'un recours croissant à la traite négrière.

Ce que semblent, d'ailleurs, confirmer les estimations dont nous disposons pour cinq habitations de Saint-Domingue (*Graphique n° 9*). En moyenne période, on distingue deux moments de baisse. Le premier, jusqu'au début des années 1780, est très net chez Laborde, où il est probablement dû aux difficultés rencontrées pour diriger et développer trois habitations successives créées en très peu de temps (1768, 1771, 1775) ; Laborde touche ici les limites de son projet d'une croissance excessive basée principalement sur l'acquisition continue d'Africains peu productifs, et on voit d'ailleurs sur le graphique que ses esclaves sont les moins productifs de tous. Il est plus difficile de se prononcer sur Fleuriau et Fevret de Saint-Mesmin, dont les courbes

540. La répartition des esclaves entre les différentes productions étant inconnue, le calcul pour le sucre seul n'est pas possible.

541. Sur l'ensemble de la période 1696-1790, 726.893 captifs ont été débarqués à Saint-Domingue, dont 476.221 après 1763 (= 64 %).

542. *Supra*, chap. 8.

543. « Je ne crois pas trop m'avancer », écrit Poyen de Sainte-Marie, « en disant qu'on préfère un Nègre né sur l'habitation qu'on exploite à trois Africains qui arrivent de leur pays » ; *De l'exploitation des sucreries*, op. cit., p. 20.

erratiques sont affectées par la guerre d'Amérique[544]. Le second grand moment de baisse de la productivité servile se situe dans les dernières années de l'Ancien Régime. Pour profiter de la conjoncture très favorable de la période, ces planteurs, comme probablement tous ceux de Saint-Domingue, ont « poussé » leurs esclaves au-delà de toute raison et de toute considération, en particulier pas celle d'économiser leur « cheptel » servile puisqu'on pouvait toujours le renouveler. Mais c'est le résultat inverse qui a été obtenu. Incapables de suivre le rythme qui leur était imposé, les « ateliers » se sont effondrés physiquement, comme le montre l'évolution de la mortalité sur certaines habitations entre 1784 et 1790[545]. Sans oublier les phénomènes de résistance qui se multiplient et s'aggravent dans les dernières années de l'Ancien Régime. Le système est en train de craquer sous le poids de ses contradictions.

La même tendance à la baisse de la productivité globale se retrouve aux Iles-du-Vent[546]. Le volume moyen exporté par esclave pour toutes productions passe de 37,9 « Qx » en 1765-66 à 39,3 en 1772 et 35,7 en 1788-89[547]. Ici aussi, les esclaves n'ont pu suivre le rythme accéléré qu'on leur imposait, mais à des niveaux inférieurs de pression et sans doute par des traitements moins barbares que dans la Grande Ile.

544. Particulièrement chez Févret : ventes pratiquement nulles en 1779 et 1780, très faibles en 1781, puis énorme effet de rattrapage en 1782. Même évolution en dents de scie chez Fleuriau mais avec des amplitudes beaucoup moins importantes.

545. De 13 à 45 ‰ chez Févret ; 24 à 69 ‰ chez Galliffet ; 8 à 46‰ chez Harouard ; de 54 à 58 ‰ entre 1784 et 1788 chez Fleuriau.

546. Prises ensemble pour éliminer les effets statistiques résultant du passage d'une partie des exportations guadeloupéennes par la Martinique.

547. Calcul impossible pour le sucre seul, les données disponibles n'étant pas comparables.

Graphique n° 9
EVOLUTION DE LA PRODUCTIVITE PHYSIQUE DU TRAVAIL SERVILE SUR CINQ SUCRERIES DE SAINT-DOMINGUE

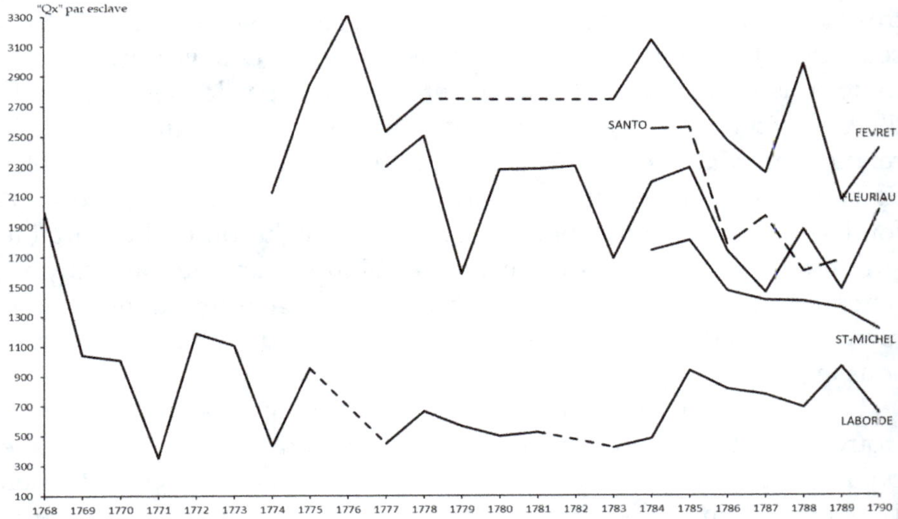

• Des coûts incompressibles[548]

« L'expérience de tous les temps et de toutes les nations », écrit Adam Smith en 1776 en s'appuyant sur les exemples de l'Antiquité, mais aussi de Boston, New York et Philadelphie, « s'accorde pour démontrer que l'ouvrage fait par des esclaves, quoiqu'il paraisse ne coûter que les frais de leur subsistance, est, au bout du compte, le plus cher de tous » [549]. Il cite notamment, comme facteur explicatif, l'obligation pour le planteur de prendre ses esclaves en charge pendant toute leur existence[550], ainsi que, naturellement, leur extrême mauvaise volonté à faire un travail « qui ne peut leur être arraché que par la contrainte ». Ce sont là les composantes visibles du coût spécifique du travail servile, mais il faut y ajouter toutes les charges indirectes, non mesurables, qui tiennent à la nature même de la servitude,

---

548. C. Oudin-Bastide et Ph. Steiner, *Calcul et morale. Coûts de l'esclavage et valeur de l'Emancipation (XVIIIe-XIXe siècles)*, Paris, 2015, 304 p. ; A. Lapidus, « Le profit ou la domination : la figure de l'esclave dans l'économie d'Adam Smith », dans F. Célimène et A. Legris, *L'économie de l'esclavage colonial. Enquête et bilan du XVIIe au XIXe siècle*, Paris, 2002, p. 47-72 ; R. Arena, « Pourquoi et comment faut-il abolir l'esclavage dans les Antilles françaises ? A propos des argumentations de Say, Simondi et Rossi », *ibid*, p. 73-84.
549. *Richesse des nations*, t. I, p. 133-135.
550. « C'est aux dépends du maître que les esclaves s'usent et vieillissent, tandis que les serviteurs libres s'usent et vieillissent à leurs propres dépends ».

exposées par Dupont de Nemours dans son célèbre article de 1771 : perte par le planteur de son capital-esclave avant qu'il commence à être « rentabilisé » (enfant créole nourri et « élevé » depuis sa naissance ou captif africain récemment acheté, qui décèdent la veille de leur mise au travail), nécessité de surveiller et contraindre constamment le rythme du travail (le fouet a un coût !), « danger que font courir les marrons, ... temps inévitablement perdu par les esclaves en milles occasions... »[551]. C'est après la grande secousse de 1791-1804, quand commencera le débat final sur l'esclavage, que l'on prendra conscience de ses surcoûts par rapport au salariat. On doit à Jean-Baptiste Say l'exposé le plus cru et le plus cynique de la pensée libérale sur la question :

C'est une combinaison qui paraît assez ridicule que de faire en Europe des armements de navires dispendieux, d'aller, à mille lieues de distance, acheter des hommes et de les transporter deux mille lieues plus loin ... pour n'y exécuter que le travail d'un manœuvre grossier. Les risques de la traite des Nègres, de même que la honte attachée à cet infâme trafic, veulent être couverts par le gain qu'on y fait : ce qui porte assez haut le prix d'un Nègre rendu aux Antilles. Celui qui l'achète fait donc les frais de l'intérêt de son prix d'achat ; cet intérêt est viager, puisque le capital est perdu à la mort de l'esclave, et il faut l'évaluer à un taux élevé, car les colons ne sauraient emprunter à un taux modéré. Il y a, de plus, bien du déchet à essuyer sur cette triste marchandise. Beaucoup d'esclaves meurent de chagrin, ou d'excès de fatigue, ou par des suicides. On est obligé de les soigner dans leurs maladies et (à moins d'être bourreau) de les nourrir dans leur vieillesse. Tous ces frais représentent le salaire que l'on paie à un ouvrier libre et doivent représenter un salaire élevé. Il paraitra plus dispendieux encore, si l'on considère le peu d'intérêt que l'esclave a de faire beaucoup d'ouvrage et de le faire bien. Il est directement intéressé à cacher tout ce qu'il peut de sa capacité pour le travail ; car, si l'on savait qu'il peut davantage, on augmenterait la tâche qu'on lui impose. Le Nègre ne travaille que sous le fouet du commandeur ; mais, outre que le fouet est un stimulant très imparfait, les coups de fouet eux-mêmes sont une main-d'œuvre qui ne laisse pas d'être coûteuse, car les surveillants sont payés plus chers que les simples ouvriers. »[552]

Or, en l'état technique du mode de production esclavagiste, le coût du travail servile ne peut être comprimé. Il est doublement rigide, dans sa définition et dans sa structure.

---

551. « De l'esclavage des Nègres », *Ephémérides du citoyen*, 1771, t. VI, p. 234-235.
552. *Cours complet d'économie politique pratique* (1828), éd. H. Say, Paris, 1840, p. 250-251.

1. Rigidité de l'organisation du travail

Le planteur n'a pratiquement aucune marge de manœuvre dans l'emploi de sa main-d'œuvre. Il dispose d'un certain volume potentiel de travail, correspondant au minimum nécessaire pour la roulaison, qui ne peut être accru à court terme pour répondre aux fluctuations du marché. S'il « pousse » ses esclaves pendant une campagne pour profiter de la hausse des cours, il y a une grande probabilité que la production diminue l'année suivante en conséquence de l'épuisement et de la surmortalité de l'atelier pour parvenir à ce résultat. Il ne peut pas non plus beaucoup changer l'organisation du travail et l'affectation des tâches sans risquer la désorganisation de la production[553]. En outre, les esclaves opposent à ces changements une résistance larvée, surtout s'ils se traduisent pour certains par un déclassement dans la hiérarchie de l'habitation (un charpentier envoyé couper de la canne, par exemple). Et s'il achète de nouveaux esclaves pour combler les pertes humaines de la campagne précédente, il n'est jamais certain d'amortir le coût de leur acquisition s'ils meurent ou si les cours du sucre diminuent. Le travail servile n'a aucune flexibilité. Il n'obéit pas aux règles du marché, alors que son exploitation s'inscrit dans un système entièrement soumis aux mécanismes du marché. C'est une contradiction supplémentaire du système.

2. Rigidité de la structure des coûts

Dans leur grande majorité, les prix de revient des habitations sont composés de coûts fixes. Quel que soit le niveau de sa production, le planteur devra toujours nourrir, soigner et vêtir ses esclaves, au moins le minimum indispensable pour éviter un marronage massif ou des mouvements divers sur son habitation. Il lui faudra aussi continuer à payer les salaires du personnel blanc et lui fournir sa nourriture[554]. Il ne pourra pas non plus négliger d'entretenir et de réparer le

---

553. « Le peu de Nègres que je peux occuper à la construction d'une étuve ne permet pas d'accélérer aussi promptement que je le voudrais », écrit en 1772 le gérant de la sucrerie Galbaud du Fort à son propriétaire. « Nous n'avons que cinq Nègres charpentiers (qui) font le quart la nuit quand on roule et ne peuvent être poussés au travail comme des ouvriers qui ne font autre chose de plus. Je suis contraint de les détourner fort souvent pour d'autres travaux accidentels ».

554. La proposition de Ch. Louis-Joseph d'exclure les dépenses de consommation des personnels blancs de l'habitation des charges d'exploitation nous parait irrecevable. Ces personnels et les dépenses qu'ils occasionnent participent directement à l'activité. A ce titre, il est donc légitime de les porter parmi les coûts normalement liés à celle-ci et entrant dans le calcul du résultat. Il faut ajouter que la différence est

moulin et les différentes composantes de la manufacture, sous peine de ne pouvoir redémarrer à la campagne suivante. Tout ceci forme les dépenses qu'il est difficile de réduire de façon significative. Sur les quelques habitations sur lesquelles nous disposons de comptes permettant d'apprécier leur niveau, les coûts fixes représentent 70 % des frais de fonctionnement chez Harouard en 1784-90, 80 % chez Lévêque en 1774-75, 63 % chez Laborde en 1785-90, et, en Guadeloupe, 65 % à Pigeon de 1775 à 1783. S'il doit diminuer rapidement ses charges, le planteur ne peut jouer que sur un tiers à un quart environ de leur total : approvisionnements de fabrication (tonnellerie, outillage, fournitures diverses) et fret depuis le port d'importation, droits du Domaine sur les importations et exportations, éventuellement location d'esclaves à un membre de la famille ou un voisin. L'ajustement se fait alors en « poussant » les esclaves, solution de très court terme qui ne peut excéder une campagne. Et s'il n'achète pas de nouveaux esclaves pour rétablir l'équilibre, c'est la chute à très brève échéance.

3. UNE PRODUCTIVITE QUI NE PEUT ETRE ACCRUE

Aussi basse soit-elle, la productivité du travail servile est destinée à le rester en raison, d'une part de la véritable guerre d'usure que mènent les esclaves contre leur servitude, et d'autre part de la stagnation des techniques de production.

• La guerre d'usure des esclaves

« L'esclave entre dans un véritable état de guerre avec son maître », écrit Dupont de Nemours, mais c'est une guerre d'usure dont il s'agit. Ici, rien de très spectaculaire, et encore moins de flamboyant, mais qui pèse en permanence sur la gestion et alourdit imperceptiblement les coûts. Ce sont le marronage et la résistance passive.

---

rarement faite, ou difficile à faire, dans les comptes d'habitations qui nous sont parvenus.

1. Le marronage[555]

La fuite des esclaves hors des habitations impacte directement la gestion, car elle perturbe l'organisation du travail et empêche la réalisation des objectifs de production. C'est la forme la plus efficace de résistance. Les autres formes (« complots », poison, menaces de révoltes, réelles ou supposées) entretiennent, certes un sentiment diffus de peur chez les planteurs et peuvent éventuellement les conduire à des dépenses exceptionnelles (achat d'armes, par exemple), mais ne modifient guère les paramètres et les résultats de l'activité à l'échelle d'une campagne.

Les historiens distinguent traditionnellement deux formes de marronage, le « petit » et le « grand », mais cette distinction semble contestable[556] et constitue peut-être plus une commodité classificatoire qu'une réalité opérationnelle ; elle concerne d'ailleurs davantage Saint-Domingue que les Iles-du-Vent, où on la cherche vainement dans les sources. Un "grand" marron était peut-être initialement un "petit" qui, parti d'abord pour quelques jours et ayant pris goût à sa nouvelle situation, décide de ne plus revenir. Inversement, un fugitif qualifié de "petit marron" peut très bien être parti initialement sans esprit de retour, mais, repris au bout de quelques jours ou quelques semaines, il jugera plus prudent d'invoquer la faim ou la crainte d'un châtiment plutôt que de se déclarer rebelle indomptable.

On peut néanmoins appliquer le qualificatif de « grands » aux marrons dont la fuite est définitive. Dans les inventaires d'habitations, certains, estimés « pour mémoire », sont absents depuis plusieurs années ; le record en Guadeloupe est détenu par Gabriel, âgé de 85 ans et marron depuis vingt-trois ! [557]. Il s'agit surtout d'hommes, majoritairement créoles. Ils sont constitués en « bandes »

---

555. La littérature sur le sujet est gigantesque. Nous nous limitons à l'essentiel tel qu'on peut le trouver dans deux grands classiques, J. Fouchard, *Marrons de la liberté*, op. cit., *passim*, et G. Debien, *Les esclaves*, op. cit., p. 411-469. On verra également l'article fondamental, mais contesté sur quelques points, de Y. Debbasch, « Le marronage. Essai sur la désertion de l'esclave antillais », *Année sociologique*, 1961, p. 1-112, et 1962, p. 118-195. Sur un cas particulier, L. R. Abénon, « La révolte avortée et la répression du marronage à la Guadeloupe », *Bull. Sté d'hist. Gpe*, n° 55, 1983, p. 52-73. D'autres références sur des points particuliers seront présentées dans la suite de ces développements.

556. Elle est d'ailleurs contestée par Jean Fouchard.

557. N. Frisch, *Esclaves de la Guadeloupe*, op. cit., p. 134. Probablement est-il mort depuis, mais tant qu'il n'a pas été ramené ou considéré comme décédé, le marron demeure propriété de son dernier maître ou ses successeurs, et doit figurer dans la liste des esclaves de l'habitation.

de plusieurs dizaines, parfois centaines de membres, installées de façon relativement stable et pérenne dans des massifs montagneux, comme les Hauts de Capesterre et de Sainte-Rose à la Guadeloupe, ou dans ceux de la Pelée et des pitons du Carbet en Martinique ; ou encore dans des régions de mornes peu ou pas occupés par la colonisation[558], tels les Grands-Fonds de la Grande-Terre. Une mention particulière doit être faite du maquis transfrontalier du Bahoruco (côté espagnol) ou de la Béate ou du Maniel (côté français), à Saint-Domingue, dont les « exploits » durent 85 ans dans une vaste zone montagneuse s'étendant des Cayes de Jacmel jusqu'au fond du Cul-de-Sac. La frontière leur permet de se mettre à l'abri, même après la traité des limites de 1777 ; plusieurs expéditions conjointes franco-espagnoles ne permettant pas de les réduire, et il faut finalement que les autorités des deux colonies négocient avec eux pour que cessent leurs incursions (1785).

En général, ces « grands marrons » ne sont pas agressifs et n'attaquent pas les habitations ; quand ils le font, il s'agit davantage de descentes destinées à se procurer des vivres et des femmes, mais sans, ou très rarement, incendier les bâtiments ou tuer les Blancs. On constate, d'ailleurs, que l'extension de la colonisation et le développement des cultures d'exportation a pour conséquence de repousser les marrons plus haut et plus loin vers l'intérieur, mais ils ne demeurent pas moins « insupportables » pour les habitations établies à leur proximité. Ces bandes n'ont jamais représenté le moindre danger pour le système esclavagiste[559], sauf exceptionnellement dans quelques très petites îles où l'insuffisance de forces répressives a failli leur permettre de jeter les Blancs à la mer[560] ; elles ne constituent pas moins une source d'inquiétude pour les planteurs et les autorités coloniales[561]. Périodiquement sont organisées des "chasses aux mar-

558. MSM, II, 662, note que dès qu'une habitation est abandonnée et laissée inculte, « des Nègres fugitifs » viennent s'y installer.

559. Les marrons « ne sont point assez forts pour faire craindre une invasion dans la colonie » ; Hilliard d'Auberteuil, *Considérations*, op. cit., t. I, p. 140, note.

560. C'est le cas à la Grenade en 1726 et dans l'île danoise de Saint-John en 1734 ; dans les deux cas, il y a très peu de troupes réglées et les colons ne sont pas assez nombreux pour former des milices. Il en est probablement de même pour la révolte de 1780 à Sainte-Lucie, où les Anglais n'avaient laissé que de faibles effectifs pendant qu'ils occupaient l'île.

561. Il est difficile de savoir jusqu'à quel point ces inquiétudes étaient fondées. Le plus souvent, le nombre de marrons et leur agressivité étaient très exagérés par les planteurs. MSM, II, 1134-1135, rapporte que l'accord de 1785 avec les marrons du Bahoruco concerne 130 fugitifs seulement, mais, ajoute-t-il, « la peur en avait compté jusqu'à 1.800 ». En Guadeloupe, après l'échec de la tentative de soulèvement de 1736,

rons" ; ceux qui sont attrapés sont mis à mort, et souvent de façon atroce, mais ces expéditions ne sont jamais parvenues à éradiquer le phénomène. Dans certains cas, l'administration est même conduite à négocier avec eux et leur promettre l'impunité pour avoir la paix ; ainsi à la Martinique en 1665 avec la bande de Fabulé, à la Jamaïque avec les marrons des *Blue Mountains* en 1739, ou à Saint-Domingue à la veille de la Révolution avec ceux du Maniel.

Tout autre est le marronage qualifié de « petit ». C'est une absence de courte durée et à petit rayon. Il concerne toutes les origines, tous les âges et les deux sexes. C'est un départ le plus souvent individuel de quelques jours ou quelques semaines ; le marron demeure à proximité de l'habitation et vit de chapardage et/ou de l'aide de ses camarades de l'atelier quitté. Il peut aussi aller en ville travailler comme ouvrier libre ou s'embaucher sur une autre habitation, dont le propriétaire a besoin de main-d'œuvre et ne pose pas de questions. Cette forme de marronage touche toutes les habitations et n'inquiète généralement pas les planteurs et les autorités coloniales, qui l'assimilent plus ou moins à du vagabondage. Le retour sur l'habitation s'effectue le plus souvent un jour de fête religieuse, éventuellement après intercession de ceux qui étaient restés, afin d'éviter ou de limiter un châtiment.

2. *L'impact du marronage sur la gestion*

Statistiquement, le marronage semble ne concerner qu'un très petit nombre d'esclaves. Les derniers recensements de l'Ancien Régime à donner l'information ne comptabilisent que 1.527 marrons en Guadeloupe en 1783 et 282 à la Martinique en 1784, soit, respectivement, 2,9 et 0.6 % de la population servile. Pas de chiffres globaux pour Saint-Domingue, mais Hilliard d'Auberteuil fait état d'une estimation de 700 à 800 fugitifs pour toute la colonie en 1776, une proportion (0,2 %) encore plus faible qu'aux Iles-du-Vent. Les sources provenant des habitations viennent confirmer cette impression première, au moins pour ce qui concerne la Guadeloupe. Sur les 213 inventaires dépouillés par Nicole Frisch, 41 seulement signalent des marrons[562], rarement plus de trois ; les maxima se situent sur la partie Duquéruy du fief

---

certaines estimations parlent de 600 à 900 insurgés qui se seraient répandus en Grande-Terre, mais leur nombre réel ne semble pas avoir dépassé les 200. En général, d'ailleurs, les attaques des Nègres marrons ne sont le fait que de petits groupes d'hommes.

562. *Esclaves de la Guadeloupe*, op. cit., p. 18 et 135.

d'Arnouville, avec 9 absents sur 228 esclaves[563], et l'habitation Grande-Anse, à Deshaies, où ils sont 13 sur 95[564], soit 3,9 % et 11,5 % respectivement ; dans ce dernier cas, il s'agit probablement d'un départ collectif consécutif à un problème que nous ignorons. Nous sommes très mal renseignés pour ce qui concerne Saint-Domingue. Toutes les grandes monographies de plantations consacrent des développements plus ou moins approfondis au marronage, mais pratiquement aucune ne contient de données sérielles exploitables ; on sait seulement que tant de marrons sont dénombrés telle année sur telle habitation, mais sans suivi possible. Seul le domaine Laborde fait exception à cet égard. Bernard Foubert publie un tableau très complet des départs entre 1768 et 1791[565]. Pas une seule année sans quelques fuites, le plus souvent entre dix et vingt, avec une très forte accélération dans les deux dernières (63 en 1790, 52 en 1791), mais au bout du compte, une proportion extrêmement faible ; sur un effectif moyen de 883 esclaves sur l'ensemble de la période, le nombre annuel de départs est de 10,35 (8,8 « petits » marrons et 1,57 « grands »), soit à peine 1,2 %.

Il est donc clair que les chiffres qui précèdent sont très éloignés de recouvrir la totalité du phénomène. En réalité, le marronage est un goutte à goutte[566]. Les planteurs ne déclarent les fugitifs qu'après un certain temps d'absence, et c'est alors le critère de la durée qui fait la distinction entre « grands » et « petits » marrons. Dans l'immense majorité des cas, il ne s'agit pas à proprement parler de marronage mais d'un simple vagabondage, concernant des gens revenus ou repris quelques jours ou quelques semaines après être partis, et qui n'ont donc pas encore été signalés. Seuls apparaissent ceux qui ont occasionnés des frais après avoir été arrêtés par la maréchaussée (détention à la geôle, reconduite sur l'habitation). Dans les comptes de l'habitation Harouard-Saint-Michel, le nombre de « Nègres attrapés hors de l'habitation pour lesquels des frais ont été engagés » se monte à 6,55 par an entre 1784 et 1790, soit 2,7 % de l'effectif total de

563. ADG, 2E2-19, minutes Dupuch, 1786, n° 31.

564. ADG, 2E3-84, minutes Mollenthiel, 1787, n° 19.

565. *Habitations Laborde*, op. cit., t. II, p. 534.

566. Comme le montrent les avis de départs et de reprises publiés dans la *Gazette de Saint-Domingue* entre octobre 1790 et le 19 août 1791. Pratiquement dans chaque numéro (deux par semaine) coule un petit filet de noms (entre un et dix) rassemblant finalement 501 occurrences. Même si on est à un moment où l'esclavage est en train de se décomposer, cette continuité est révélatrice du caractère structurel du phénomène ; J. Fouchard et G. Debien, « Le petit marronage à Saint-Domingue autour du Cap (1790-91) », *Cahiers des Amériques Latines*, 1969, p. 31-67.

l'atelier ; nous ne savons rien de ce groupe particulier de marrons, mais on peut imaginer que, entre ces arrestations, beaucoup d'autres sont partis et revenus sans être pris ou inquiétés.

Malgré la faiblesse des chiffres, le marronage « n'est pas un phénomène secondaire » note Bernard Foubert, à en juger par l'importance que les planteurs lui accordent dans leurs écrits ; c'est même « la faute la plus *nuisible* au propriétaire que le Nègre puisse commettre », écrit Foäche dans ses instructions au gérant de son domaine.[567]. L'emploi de cet adjectif n'est pas neutre : le marronage pèse sur la gestion et les résultats des habitations. La seule constatation d'une fuite est déjà un facteur de désorganisation du travail. Poyen de Sainte-Marie lui-même, qui se flatte de sa gestion parfaitement ordonnée et rationnelle de l'activité de ses esclaves, doit pourtant « expédier sur le champ » un commandeur et « quelques Nègres alertes » pour rattraper avant qu'il disparaisse un esclave qui, n'étant ni au « jardin » ni à l'hôpital, est soupçonné d'être parti en marronage[568] ; pendant ce temps, ces « Nègres alertes » ne travaillent pas. Le marronage diminue la valeur d'estimation des habitations, puisque les esclaves représentent un capital, comptabilisé comme tel dans les inventaires[569]. Enfin, il occasionne des manques à gagner par les pertes de production dont il est la cause. On peut les calculer très précisément dans le cas de l'habitation Harouard-Saint-Michel, pour laquelle nous disposons d'une comptabilité complète année par année très rationnellement ordonnée pour les neuf exercices 1784 à 1790[570]. En année moyenne, elle possède 145 esclaves « travaillant », marrons non compris, qui ont produit 1.755 L de recettes chacun ; pour les 6,5 absents chaque année le manque à gagner est donc de 11.407 L, soit 4,5 % du chiffre d'affaires. Ce n'est sans doute pas grand-chose et l'équilibre financier de l'exploitation n'est évidemment pas menacé pour autant, mais cette somme est pratiquement égale à l'ensemble des dépenses engagées chaque exercice pour l'entretien des esclaves

---

567. G. Debien, *Plantations et esclaves*, op. cit., p. 118 ; c'est nous qui soulignons.
568. *De l'exploitation des sucreries*, op. cit., p. 33
569. Ceci ne concerne que les « grands » marrons, partis depuis longtemps et dont on n'espère plus qu'ils reviendront, qui sont portés « pour mémoire » par les notaires. Mais ceux qui sont présents le jour de l'inventaire peuvent très bien faire de temps à autre des allers-retours en « petit » marronage, sans que l'on puisse savoir si cela impacte ou non leur valeur d'estimation ; il en va de même pour ceux, peu nombreux, qualifiés de « marroneurs ».
570. ANOM, C9C 7.

(11.740 L)[571]. Quand on sait que, avec environ 250 carreaux et 239 esclaves, cette habitation était « plus grande qu'une sucrerie moyenne mais loin d'avoir une taille exceptionnelle » (D. Geggus), on peut considérer ce qui précède comme probablement représentatif du coût monétaire habituel du marronage pour les planteurs de Saint-Domingue.

3. La résistance passive

C'est le moins dangereux de tous les comportements de résistance pour les esclaves, mais pas pour autant le moins efficace. C'est une action quotidienne, par une répétition tenace et inlassable, d'actes et d'attitudes de très faible portée individuelle, mais dont l'ensemble manifeste un comportement collectif de refus du traitement qui leur est imposé. La résistance passive constitue en quelque sorte le bruit de fond de l'exploitation du travail servile. Les esclaves tardent à venir sur les plantations, traînent les pieds, travaillent au ralenti, se cachent dans les cannes, s'absentent à tout propos, cherchent toutes sortes de prétextes pour ne rien faire ... Les correspondances des planteurs sont pleines de récriminations contre ces « coquins de Nègres », qu'il faut toujours surveiller, ne jamais laisser seuls, continuellement menacer pour en obtenir quelque comportement productif. Naturellement, cette attitude est mise sur le compte de la paresse « naturelle » du Nègre, sans voir qu'il s'agit en réalité de résistance. L'un des tous premiers à stigmatiser l'esclavage pour des raisons économiques, le physiocrate Dupont de Nemours, explique en 1771 que « l'esclave est paresseux parce que la paresse est son unique jouissance et le seul moyen de reprendre à son maître une partie de sa personne que son maître (lui) a volée en gros » [572]. Il est également dissimulateur ; « il est directement intéressé à cacher tout ce qu'il peut de sa capacité de travail », écrit Jean-Baptiste Say en 1828, « car si l'on savait qu'il peut donner davantage, on augmenterait la tâche qu'on lui impose ». La fainéantise et la fourberie comme armes !

Le planteur dispose de peu de moyens pour contraindre à un travail efficace « un Nègre paresseux » qui « ne connaît de bien que le repos »[573]. Il peut exercer sur lui une surveillance particulièrement

---

571. Ce qui, au passage, confirme ce que nous avions noté précédemment chap. 8, à quel point les esclaves étaient mal entretenus et pratiquement abandonnés à eux-mêmes sur les habitations.
572. « De l'esclavage des Nègres », art. cit., p. 238.
573. Instructions de St. Foäche à son gérant ; G. Debien, *Plantations et esclaves*, op. cit., p. 117-118.

stricte, le soumettre à un contrôle constant de sa présence et de son travail, ou faire preuve de sévérité s'il « se (fait) un jeu de manquer à ses devoirs »[574], mais il est impuissant face à la volonté inébranlable d'un rebelle indomptable[575]., ou à un atelier bien décidé à ne faire juste que le strict minimum nécessaire pour éviter le fouet. De toutes façons, note Jean-Baptiste Say, « le fouet lui-même est un stimulant très imparfait » ; l'utiliser donnera peut-être à celui qui y recourt l'illusion de son pouvoir, mais, une fois retombés ses effets immédiats, il ne fera pas travailler les esclaves plus vite.

En soi, la résistance passive impacte peu la gestion des habitations. Elle ne diminue sans doute que très faiblement la productivité du travail des esclaves, probablement beaucoup moins que la maladie et les accidents, mais, à la longue, elle finit quand même par faire sentir ses effets. « Sur cinquante esclaves rangés sous la houe », écrit Poyen de Sainte-Marie, « on peut permettre à l'un d'eux d'aller dans les halliers pour certains besoins et ne point en laisser sortir d'autres que celui-ci n'ait repris son rang ; cette précaution empêche les rangs de vaciller, en leur conservant un front égal »[576].. Certes ! Mais les halliers sont toujours trop loin, les besoins trop souvent urgents, le temps nécessaire toujours trop long, et après une autorisation, une autre, et une autre, et encore une autre … A la fin de la journée, combien de temps perdu pour le planteur ? Et demain, et après-demain, et le jour suivant … ?

574. *Ibid*, id°., et J. B. Poyen de Sainte-Marie, *De l'exploitation des sucreries*, op. cit., p. 32-33.

575. Telle Zabeth, Négresse créole, dont le gérant de l'habitation Galbaud du Fort dit qu'elle le « désespère ». « Dès la plus tendre jeunesse elle a été voleuse et marrone. Pareilles qualités n'ont fait que croître avec l'âge ». Envoyée « depuis longtemps » à la chaîne, elle est libérée sans le demander. Le lendemain, « elle défonce le coffre d'une autre Négresse ». Menacée d'être remise à la chaîne, elle fait « de belles promesses » et recommence sur une habitation voisine. « N'étant pas en état d'être châtiée », elle est pourvue de vêtements neufs et envoyée sur « une petite place » avec « quelques Nègres infirmes comme libres ». Mise à la chaîne au moulin, elle engage volontairement sa main entre les rolles un mois plus tard et perd trois doigts. Envoyée à l'hôpital, elle soulève une palissade et repart en marronage. Reprise, elle est mise à la barre ; libérée par pitié, elle repart encore. « Elle est abandonnée dès cet instant comme libre ». Mais comme elle est sur le point de mourir, le gérant décide « de la faire enchaîner au moulin où il convient qu'elle périsse plutôt que dans un hôpital ». Ceci servira d'exemple ; G. Debien, *Galbaud du Fort*, op. cit., p. 98-99.

576. Poyen de Sainte-Marie, op. cit., p. 33.

• La stagnation des techniques

A partir des années 1770, quelques planteurs commencent à réaliser que le système de production sucrière dit « du père Labat », est en train d'atteindre ses limites, tant pour ce qui concerne la culture que la fabrication. Quelques pionniers multiplient les recherches empiriques de « procédés » et de « systèmes » pour accroître la production et la productivité de leurs habitations[577], mais, sauf pour quelques améliorations partielles, tout ceci ne débouche sur rien d'essentiel en raison de la double nature, manufacturière et esclavagiste, du mode de production en usage. Le recours à la grande dimension n'est pas non plus une solution, car il se heurte à la loi des rendements décroissants (*Graphique 7, supra*) ; la productivité des très grands ateliers domingois sur lesquels nous sommes renseignés se situent tout au plus dans un honnête moyen[578]. La grande insurrection de 1791 balaiera toute ces velléités ; il faudra attendre les années 1840 pour qu'on prenne définitivement conscience que ce système ne peut être réformé[579].

1. La baisse des rendements agricoles

« L'usure du sol » est un thème récurrent chez les planteurs à la fin de l'Ancien Régime. Après un siècle d'exploitation intensive des terres à canne, où les mêmes pièces sont en culture pendant les deux tiers au moins du cycle complet de rotation[580], les rendements commencent à donner des signes inquiétants de baisse[581]. Il est difficile de savoir dans quelle mesure exactement. La Barbade constitue

577. Belin de Villeneuve, Avalle, Dutrône-Lacouture à Saint-Domingue, Poyen de Sainte-Marie en Guadeloupe, le marquis de Caseaux à la Grenade.

578. Sur les trois Galliffet ensemble, 1.540 lb par esclave pour 714 esclaves (« Tableau Baron ») ; chez Foäche, 1.757 ; chez Laborde (3 habitations), 822 et 1.391 en 1789-90. Rappel : production moyenne par esclave sur les 95 sucreries du « Tableau Baron » = 1.467 lb ; moyenne arithmétique de celles de *tableau n° 33* = 1.633 lb.

579. P. Daubrée, *La question coloniale sous le rapport industriel*, Paris, 1841, 91 p.

580. Plantation en novembre de l'année X, récolte « en grandes Cannes » en février X + 2, puis en premiers rejetons en février X + 3, puis en seconds en février X + 4, puis en troisième en février X + 5 ; mise en jachère pendant vingt mois ; replantée en novembre X + 6. En six ans, quatre et demi sont exploités. Voir les tableaux des coupes de Santo (Pluchon-Hartmann, art. cit., p. 180) et Laborde (B. Foubert, op. cit., t. I, p. 271-277).

581. G. Debien, *Galbaud du Fort*, op. cit., p. 71 ; *Comptes, profits et travaux*, art. cit., 2e partie, p. 9-10 ; Debien-Pluchon, *Habitation Févret de Saint-Mesmin*, art. cit., p. 159 ; Poyen de Sainte-Marie, *Exploitation des sucreries*, op. cit., p. 71 ; P. Watts, *West Indies*, op.cit., p. 395-397.

l'exemple même d'un terroir ruiné par la surexploitation au début de la colonisation et qui met ensuite des décennies à s'en remettre[582]. *A contrario*, voici les « Iles cédées » à l'Angleterre par le traité de Paris, jusqu'alors peu cultivées (Grenade jusqu'en 1762), voire même pas du tout (Dominique, Saint-Vincent), où la terre est neuve et dont la mise en valeur ne débute pas avant la fin de la décennie 1760 ; vingt ans plus tard, leur rentabilité financière moyenne atteint 15,5 %. L'évolution est plus lente aux Antilles françaises, où il y a plus d'espace ; les effets de la baisse des rendements agricoles ne se font sentir qu'imperceptiblement, et c'est seulement dans les derniers temps de l'Ancien Régime que l'on commence à prendre conscience de la gravité de la situation. A l'époque du père Labat, dans les années 1690, les cannes plantées dans les terrains les plus favorables pouvaient être laissées en terre pendant vingt à trente ans sans qu'il soit besoin de les replanter, « leurs rejetons étant aussi bons au bout de ce temps-là que la première fois qu'on les a coupés » [583]. Un siècle plus tard, on est loin d'une telle performance. Sur les habitations Laborde, le rendement moyen par coupe chute spectaculairement entre la première et la deuxième puis de nouveau après celle-ci. Sur 42 pièces récoltées entre 1785 et 1791, on obtient 519 formes de 40 lb pour les cannes plantées, 378 pour les premiers rejetons et 200 à 260 pour les troisièmes, quatrièmes et cinquièmes. Sur Santo, on ne dépasse pas les quatre coupes (3e rejetons). Mais même si leur rendement est moindre, on a intérêt à conserver les rejetons, en raison du coût moins élevé de leur culture ; d'après Poyen de Sainte-Marie, un carré donne un tiers de sucre de moins qu'en cannes plantées, mais il n'exige que 40 % du fumier et un tiers des « journées de Nègres » nécessaires, outre qu'il n'y a que « treize mois d'attente et de risques » contre seize.

Il n'est pas possible de comparer directement les rendements à l'époque du père Labat et à la fin de l'Ancien Régime, mais, avec une moyenne de 3.380 lb de sucre par carreau pour l'ensemble des pièces, ceux de Laborde sont singulièrement faibles[584]. Certes, les terres du domaine sont considérées comme relativement peu fertiles, mais les autres habitations de la plaine des Cayes, qui ne le sont pourtant pas

582. R. B. Sheridan, *Sugar and Slavery*, op. cit., p. 124-147. Les exportations de l'ile, qui étaient déjà de 139.000 cwt dès 1655, passent à 238.000 en 1700 ; elles diminuent ensuite lentement jusqu'aux environs de 140.000 dans la première moitié du siècle.
583. *Nouveau voyage*, op. cit., t. III, p. 137.
584. Ce qui, par contrecoup, explique que la productivité des esclaves du domaine le soit également ; voir *supra*, tableau n° 34.

beaucoup plus, rendent tout de même entre 8.000 et 15.000 lb[585]. Nous ne pouvons nous expliquer cette différente, mais ce n'est pas le seul cas connu d'habitation peu productive ; à Cottineau, le rendement est encore plus bas, de l'ordre des 1.000 à 1.300 lb par carreau. A l'autre extrémité se trouvent certaines sucreries de la plaine de l'Arcahaye, « la plus étonnante de la colonie pour son rapport en sucre, car il n'est pas sans exemple qu'un carreau de terre y ait produit (20.000 lb) de sucre brut », et 10 à 15.000 « assez communément »[586]. Le maximum individuel est de 16.500 sur l'habitation Maré ; ailleurs les rendements sont beaucoup plus limités : 3.100 chez Galbaud du Fort, 5.000 chez Galliffet, à peu près le même niveau à Santo, 7.800 chez Fleuriau[587] ... On peut situer le rendement domingois moyen autour des 5.000 à 8.000 lb par carreau, résultat auquel parvient Avalle sur sa sucrerie modèle[588]. Soit 3.300 à 5.300 par ha. En raison du peu d'informations dont nous disposons à ce sujet sur les habitations de la Guadeloupe[589], nous ne savons pas si l'on peut y étendre cette conclusion.

La recherche de moyens pour élever les rendements agricoles constitue l'une des grandes préoccupations des planteurs modernistes à la fin de l'Ancien Régime. L'amélioration passe tout d'abord par le rétablissement ou le maintien de la fertilité des sols, par la fumure et la modification de l'assolement. Au lieu de laisser les bestiaux errer sur la jachère, Poyen de Sainte-Marie établit des parcs pour recueillir le fumier, qu'il mélange avec du varech, de la « vidange » de vinaigrerie, des pailles de canne et éventuellement de la chaux vive, pour obtenir un excellent engrais ; il se targue d'obtenir ainsi jusqu'à 5.000 charretées par an, plus qu'il ne lui en faut pour toute la campagne. La systématisation de la culture du manioc, dont les besoins sont complémentaires de ceux de la canne, et son introduction dans l'assolement permettent également d'accroître la productivité des pièces de canne[590]. A la place de la rotation classique

585. MSM, III, 1297.

586. *Ibid*, II, 926.

587. Chiffres réunis par N. Bonnet, *Organisation du travail servile*, art. cit., p. 143-144, et Pluchon-Hartmann, *Habitation Santo*, p. 216-218.

588. ANOM, F3-163, fol. 177-196 ; entre 7.800 et 8.500 selon la superficie et l'âge des pièces.

589. Les inventaires précisent généralement le nom des pièces et leur production estimée, mais il manque le plus souvent leur superficie et l'âge des cannes.

590. « Une terre plantée en canne pendant plusieurs années », écrit avec un certain optimisme le conseil supérieur de la Guadeloupe en 1764, « et cultivée ensuite en magnoc, ... remise ensuite en cannes a toujours donné environ un tiers de bénéfice

(cannes plantées, puis premiers rejetons, puis seconds, puis troisièmes, puis jachère, puis retour à la canne), Poyen de Sainte-Marie ne récolte une même pièce de cannes que deux fois (cannes plantées et rejetons), puis en manioc, puis la laisse en jachère un an, puis la laboure et la fume avant de la replanter pour la campagne suivante. Par une organisation très « stricte », et sans doute plus épuisante, du travail de ses esclaves, il assure produire sur son marquisat 8.000 formes de sucre sur 60 carrés de terre abondamment fumées, là où son prédécesseur n'en obtenait que 6.000 sur 150 carrés sans fumure[591].

Poyen, planteur novateur, est un chaud partisan de l'emploi de la charrue pour creuser les fosses destinées à recevoir les plants de canne au moment de la plantation, mais il est bien isolé. Pourtant, elle permet une économie considérable de main-d'œuvre. D'après Barré de Saint-Venant, ancien planteur ruiné de Saint-Domingue, « il faut creuser avec les bras des hommes treize milles trous par carreau ..., ce qui exige 130 journées par carreau » d'un travail « tellement pénible que l'on peut dire qu'il était destructeur » ; une charrue « peut faire cette opération dans trois jours avec deux hommes et trois ou quatre chevaux »[592]. Introduits aux Antilles dans les années 1760, l'innovation ne parvient pas à s'imposer. On lui reproche d'user les sols, de donner du sucre de mauvaise qualité, et d'engendrer des coûts plus élevés, car il faut faire venir un laboureur spécialisé pour apprendre aux esclaves à s'en servir ; or, ceux-ci sont réticents, et les planteurs eux-mêmes, par un réflexe de routine très répandu dans le milieu, n'en voient pas l'intérêt[593]. L'emploi de la charrue demeure extrêmement minoritaire à Saint-Domingue, et Moreau de Saint-Méry signale même plusieurs cas d'abandon après une première expérience[594] ; en Guadeloupe, nous n'en avons rencontré aucun exemple en dehors de Poyen de Sainte-Marie.

Un autre domaine de recherche d'élévation des rendements agricoles concerne les variétés de canne. Dans les années 1780, on com-

---

sur la récolte ; les cannes ont été plus tôt en maturité, et le sucre qui en est provenu ... a été plus beau » ; ANOM, F3-126, fol. 14.

591. Sur tout ce qui précède, *De l'exploitation des sucreries*, op. cit., p. 93-110.

592. *Des colonies modernes*, op. cit., p. 346-347.

593. Sur ce qui précède, Pluchon-Hartmann, *Habitation Santo*, art. cit., p. 181-184 ; Ch. Louis-Joseph, *L'esclave, le maître et le marchand*, op. cit., t. I, p. 99-102 ; F. Yalé, *Plantations Galliffet*, op. cit., p. 313-316. La charrue n'est adoptée ni chez Galliffet, ni à Santo, ni chez Galbaud du Fort. Chez Laborde, par contre, la première charrue est achetée en 1774, et l'expérience se révèle suffisamment satisfaisante pour en acquérir deux autres ; B. Foubert, op. cit., t. I, p. 256-260.

594. *Description*, t. III, p. 1223 et 1271.

mence à réaliser que celle, dite « créole », cultivée dans toute la Caraïbe depuis le début de la colonisation, est en train de dégénérer, et qu'il est urgent de la remplacer par une espèce plus productive. Deux expériences sont faites, d'abord avec la canne violette, dite « de Batavia » ou de « Malabar », qui échouent[595], puis avec la canne blanche « d'Otaïti » ou « de Bourbon », qui est ramenée en 1768 d'Océanie par Bougainville à la Réunion, alors île Bourbon, et de là passe aux Antilles, où elle arrive dans les années 1787 à 1790. Par rapport à la canne créole, elle donne de meilleurs rendements, murît plus vite et brûle mieux dans les fourneaux de la sucrerie. Elle connaît immédiatement le succès, mais son expansion est ralentie par les évènements de la période révolutionnaire et les guerres sur mer ; elle se généralise dans toutes les îles après 1815[596].

Enfin, quelques planteurs particulièrement audacieux proposent de bouleverser complètement l'organisation de la campagne en remplaçant le système « de la grande culture », en usage sur toutes les plantations des Amériques, par celui dit « de la petite culture », qui consiste à planter les cannes en juin pour qu'elles bénéficient du maximum de pluies pendant leur croissance. On peut donc les couper au bout d'un an, et les replanter immédiatement, sans laisser de rejetons[597]. Ce système présente l'avantage d'accélérer le rythme des récoltes (une par an au lieu de deux tous les quatre ans sur une même pièce de canne), donc d'élever la productivité par carré planté, mais, quoi qu'en dise le marquis de Caseaux, qui en est un chaud partisan[598], il accélère l'usure des pièces et exige une main-d'œuvre beaucoup plus importante, car en juin et en juillet, il faut mener de front la récolte et les plantations. On retrouve ici le problème de la rigidité du travail servile et des « déséconomies » qui en découlent ; la petite culture est incompatible avec l'esclavage. Quel que soit le moyen retenu, le planteur ne peut pas élever sa productivité agricole suffisamnent pour compenser les effets du déficit démographique de son atelier.

---

595. Elle ne donne qu'un sucre de médiocre qualité, qui conserve en outre une teinte violette.

596. J. H. Galloway, *Sugar cane industry*, op. cit., p. 96 ; nombreux mémoires sur les nouvelles espèces de canne dans ANOM, F3 - 161 et 162, collection Moreau de Saint-Méry.

597. Rappelons que le système de la grande culture, les cannes sont plantées en novembre, mais leur croissance est retardée par la saison sèche à partir de janvier, et on ne peut donc les récolter que seize mois plus tard.

598. Il lui consacre l'essentiel de son *Essai sur l'art de cultiver la canne*, précité, p. 14-271, pour essayer de démontrer sa supériorité sur la grande culture.

2. *La stagnation technique de la fabrication*

Il ne le peut pas non plus dans la fabrication, en raison de la quasi-stagnation technologique qui affecte le système « du père Labat ». Bien sûr, les améliorations ne sont pas absentes tout au long du XVIIIe siècle, mais elles se font toutes dans ce cadre-là ; les véritables innovations sont rares. Deux noms émergent ici, dont les recherches empiriques marquent le stade ultime de ce que l'on peut réaliser avec des techniques non mécanisées dans un rapport esclavagiste de production : le planteur Belin de Villeneuve, propriétaire de la sucrerie dont la production est la plus élevée de Saint-Domingue, qui multiplie les expérience et les « procédés » pour rendre son habitation mieux organisée , plus rationnelle et plus productive[599], et le docteur Dutrône-Lacouture, médecin et chimiste installé au Cap, où il fait partie de l'élite intellectuelle, qui « inaugure l'approche scientifique de la fabrication du sucre » (Ch. Louis-Joseph)[600]. Naturellement, ils ne sont pas les seuls à s'intéresser à la question ; dans les dernières années de la monarchie, un intense bouillonnement d'idées agite le milieu des planteurs[601].

Et tout d'abord, améliorer l'extraction. Une véritable innovation est la mise au point, vers 1770, de la « doubleuse », un mécanisme simple qui réintroduit automatiquement, pour repression entre le grand rolle et celui de gauche, les cannes qui avaient été introduites par une esclave sur la droite ; on économise ainsi le travail d'une ou deux « servantes du moulin » et on réduit les risques d'accident[602]. Pourtant, cette nouveauté n'a que relativement peu de succès, les planteurs se demandant à quoi elle peut bien servir puisqu'ils ont les esclaves. Belin de Villeneuve lui-même ne semble pas l'avoir adoptée sur son habitation. Mais surtout, la principale préoccupation est d'améliorer la productivité du moulin pour économiser sur l'achat

599. MSM en dresse un portrait dithyrambique dans sa *Description*, t. II, p. 628-629. Il a tiré de ses nombreux entretiens avec lui et séjours sur son habitation un long mémoire « Observations, notes, détails et préceptes donnés par Mr Belin » (1786), conservés dans ANOM, F3-163, fol. 1-36. En 1788, Belin rédige un court mémoire présentant de manière simplifiée toutes ses expériences et « procédés » ; *ibid*, fol. 154-161.

600. Membre associé de la Société royale des sciences du Cap Français, il publie en 1790 son *Précis sur la canne et sur les moyens d'en extraire le sel essentiel*. Soumis au jugement de l'Académie des Sciences, l'ouvrage fait l'objet d'une appréciation favorable d'une commission de cinq membres présidée par Berthollet ; ANOM, f3-163, fol. 163-165

601. Comme le montrent de nombreux mémoires conservés dans ANOM, F3-162 et 163, et DFC, Mémoires XXXI/128.

602. Descriptions dans J. H. Galloway, *Sugar cane industry*, op. cit., p. 105.

des mulets. On assiste à une véritable floraison de propositions plus ou moins réalistes sur de nouveaux mécanismes propres à réduire l'énergie nécessaire à leur mise en œuvre ; à en croire leurs auteurs, ces mécanismes seraient si simples et si ingénieux que leurs moulins pourraient presque tourner tout seuls. On parle aussi de « machines à feu »[603]. Tout ceci, évidemment, sans résultat. Plus pratique ou plus modeste, Belin de Villeneuve cherche d'abord à améliorer l'existant en réduisant les frottements des pivots et des engrenages[604]. Puis, en 1769, il a l'idée d'accroître d'un tiers le diamètre des rolles latéraux, tout en allongeant et renforçant l'arbre du moulin, ce qui diminue d'autant l'énergie nécessaire à sa mise en mouvement et accroît le rendement en jus.

Dutrône-Lacouture ne s'intéresse pas au moulin. Par contre, il rejoint Belin dans une longue critique de l'organisation de la sucrerie, ainsi que sur la nécessité de modifier sensiblement plusieurs points du processus de fabrication[605]. Et tout d'abord rationaliser la distribution des bâtiments, de façon à simplifier le parcours des matières travaillées et des esclaves qui les suivent au long des opérations[606]. Il faut revoir entièrement l'installation, extrêmement défectueuse, du fourneau et des chaudières. Le glacis des chaudières est très mal conçu. Elles sont installées le long du mur du fourneau, directement audessus du foyer, ce qui dégrade rapidement la maçonnerie dans laquelle elles sont scellées, et surtout ralentit le travail des esclaves qui y sont affectés pour l'écumage et les transvasements entre elles, puisqu'ils ne peuvent y accéder que d'un seul côté. Les deux hommes proposent, et Belin le réalise effectivement, d'installer les chaudières au milieu de la sucrerie pour pouvoir y accéder des deux côtés. D'autre part, l'existence d'un foyer unique pour toutes les chaudières entraîne une considérable déperdition de chaleur et empêche tout réglage approprié de la température en fonction de la nature de la chaudière et du moment de la fabrication. Comme les chaudières sont scellées dans la maçonnerie, le passage du jus de l'une à l'autre, par transvasement à l'aide de grandes louches de cuivre, est extrêmement long. Mais pendant que la chaudière est ainsi vidée lentement, la

---

603. Il est question d'en installer une sur une habitation de Léogane (G. Debien, *Sucrerie Galbaud du Fort*, op. cit., p. 75), ainsi que dans la plaine de l'Artibonite (MSM, II, 830).

604. ANOM, F3-162, fol. 7.

605. Pour la description détaillée du processus de fabrication « du père Labat », voir *supra*, chap. 4.

606. Ce n'est pas très clair dans ce que rapporte MSM sur ce point, mais il s'agit sans doute de substituer un parcours linéaire à de multiples allers-retours.

température de chauffe demeure constante ; il en résulte que la masse liquide restante se concentre davantage, puis caramélise, particulièrement dans les deux dernières chaudières, et va alors colorer la masse cuite en brun foncé. A la limite, il peut même se produire que ce caramel brûle. Le même genre de risque se rencontre également lorsqu'on remplit une chaudière. Ajoutons enfin que les chaudières, soumises aux à-coups de température donnés par un foyer incontrôlable et incontrôlé, cassent très facilement et très souvent ; quand cela se produit, le changement de chaudière interrompt la fabrication pour trois ou quatre jours au moins[607].

Dutrône-Lacouture propose donc d'abandonner le système de chauffe du « train jamaïcain » à foyer unique, pour le remplacer par celui dit « à la brésilienne »[608], avec un foyer séparé par chaudière, ce qui permet de régler la température en fonction du moment de la fabrication et de substituer aux chaudières en fer des chaudières en cuivre moins cassantes. On pourrait également remplacer les transvasements par « cuillères » par un système de canalisation reliant les chaudières entre elles, afin d'accélérer le passage du jus de l'une à l'autre et réduire les risques de brûlage ou de caramélisation. Dutrône a une approche plus scientifique de la fabrication, par l'emploi systématique du thermomètre et de l'aréomètre pour mesurer la concentration des jus. Belin fait plutôt confiance aux procédés empiriques pour apprécier la quantité de « lessive » à jeter dans les chaudières ou savoir si le point de cuite est atteint. Il ne va pas aussi loin que Dutrône-Lacouture pour la réorganisation de sa fabrication, probablement pour des raisons de coût. Il conserve un seul foyer pour toutes les chaudières, mais en modifiant les fourneaux de façon à évacuer plus facilement les cendres sans arrêter le feu. La plus efficiente de toutes les transformations effectuées sur son habitation consiste en la mise au point d'un nouvel équipage, dans lequel toutes les chaudières ont le même diamètre pour faciliter l'évaporation ; en même temps, la cinquième, dans laquelle le sirop commence à cristalliser, est remplacée par deux « batteries » de moindres dimensions pour hâter le processus.

---

607. Arrêter le feu, attendre que la maçonnerie refroidisse, la défaire autour de la chaudière cassée, la démonter, en remonter une nouvelle, refaire la maçonnerie, attendre que le mortier ait définitivement pris et puisse résister au feu, remettre le foyer en activité.

608. L'expression n'est pas de lui mais de MSM, III, 1329, qui cite comme extraordinaire le cas d'une habitation « autrefois » installée de cette façon.

Tous ces « procédés », petits changements ou grandes modifications pourraient améliorer le système « du père Labat » et élever la productivité des habitations les ayant adoptés dans des proportions non négligeables. Dutrône-Lacouture, qui a dirigé une sucrerie de 95 esclaves pendant un an, se targue d'avoir, en suivant sa « méthode », dégagé 123.000 L de recettes, alors que celles-ci se limitaient à 68.000 lors des campagnes précédentes (+ 81 % !) ; encore faudrait-il, pour juger de ce résultat connaître le montant des surcoûts engendrés par ces modifications. S'agissant de Belin, Moreau de Saint-Méry, dans son enthousiasme, lui attribue une production de 172 formes par 24 heures, sans que l'on sache s'il s'agit d'une moyenne ou d'un résultat exceptionnel ; par comparaison Avalle et Poyen de Sainte-Marie, sur leurs habitations modèles, ont obtenu respectivement 58 et 70 formes par jour sur l'ensemble d'une campagne. Quelles que soient les réserves que l'on puisse formuler sur ces chiffres, il reste qu'ils traduisent la réussite de la politique mise en œuvre par les deux hommes.

Mais ils semblent bien isolés, et leur exemple n'a manifestement pas été suivi par les autres planteurs. Présentant les travaux de Belin, Moreau de Saint-Méry écrit qu'il « est le premier, *pour ne pas dire le seul*, qui se soit occupé avec succès de perfectionner l'art du sucre »[609]. De toute façon, balayés quelques années plus tard par la grande insurrection de 1791, ils n'auront guère eu le temps d'exercer une influence significative sur l'industrie sucrière domingoise. Quant à celle des Petites Antilles, après un quart de siècle de soubresauts divers qui n'étaient guère favorables à l'adoption du progrès technique, le système du « père Labat » s'endort sur ses marchés protégés obtenus sous la Restauration. Quand les planteurs s'éveillent après 1835, sous la double menace de l'Abolition et du sucre de betterave, il est désormais qualifié de « traditionnel » et ne peut plus être réformé[610]. « Il y a environ deux siècles qu'on fait du sucre dans les colonies, et qu'on le fait de la même manière », s'exclame, en 1841, l'ingénieur Paul Daubrée, « père » de l'idée des usines centrales[611]. Il aurait pu tout aussi bien renvoyer aux Portugais de Madère, aux Arabes de la Sicile, et même pourquoi pas aux textes sanskrits du premier millénaire av. JC en Inde…

609. *Description*, II, 628 ; les mots soulignés le sont par nous.
610. Sur tout ceci, Ch. Schnakenbourg, *La crise*, op. cit., p. 36-45 et 144-58.
611. P. Daubrée, *Question coloniale*, op. cit., p. 17.

CHAPITRE 10

DE LA CRISE LARVÉE À LA CRISE OUVERTE

A partir du traité de Paris, l'économie de plantation entre dans une période de difficultés croissantes, qui se transforment en crise ouverte dans les dernières années de l'Ancien Régime. Le système continue, certes, de fonctionner, mais il est en train de se gripper parce que sa base entrepreneuriale, l'habitation, connaît de multiples difficultés qui impactent l'ensemble du modèle colonial. La rentabilité est faible, l'endettement augmente, entraînant à son tour les planteurs dans des problèmes croissants de financement. Le conflit entre planteurs et négociants est au cœur de la crise politique qui frappe Saint-Domingue, alors que le bouillonnement de la masse servile se fait de plus en plus menaçant.

1. DES REVENUS ELEVES MAIS UNE RENTABILITE MEDIOCRE ET EN BAISSE

On s'est parfois interrogé sur la rentabilité de Saint-Domingue à la fin de l'Ancien Régime[612]. Les comptes des habitations conduisent à nuancer la réponse. On gagne beaucoup d'argent en montants bruts dans leur exploitation jusqu'en 1791, mais il est vrai aussi que leur rentabilité financière est faible et qu'elle tend à diminuer.

• Le problème des sources

Il est difficile d'apprécier exactement le revenu qu'assuraient les habitations antillaises à leurs propriétaires. Les rares comptes qui nous sont parvenus ne sont en aucune façon des comptabilités au

612. Ph. Girard, *Saint-Domingue était-t-elle une colonie sucrière rentable ?*, communication ACH précitée, 2015.

sens moderne du terme. Ils sont hétérogènes, chaque planteur ou gérant adoptant son propre mode de présentation et de classement des écritures, ce qui rend difficiles les comparaisons. Le plus souvent, ils consistent en un simple journal dans lequel recettes et dépenses sont enregistrées dans l'ordre chronologique. D'où le mélange des genres et la confusion : dans la colonne des dépenses, on pourra trouver successivement l'achat d'un boucaud de morue (dépense d'exploitation), celui d'un esclave (dépense d'équipement) et le remboursement d'une dette (charge financière) ; à cela s'ajoutent des opérations ou des groupes d'opérations dont la nature ou le détail n'est pas précisé, des erreurs de calcul, des omissions ... Un gros problème est celui de la nature des résultats dont font état les contemporains et les historiens à partir des comptes dont le détail n'est pas toujours explicité : on ne sait souvent pas s'ils sont d'exploitation *stricto sensu* ou nets, incluant l'ensemble des recettes et dépenses, et notamment l'achat d'esclaves et la commission du gérant sur les habitations absentéistes. Autre difficulté : sur quelle base apprécier la rentabilité financière, alors que la valeur du patrimoine est incertaine ou approximative ? Enfin, la fiabilité de ces comptes est souvent douteuse, particulièrement quand ils sont rendus par le procureur-gérant d'une habitation dont le propriétaire réside en France, ce qui est le cas de tous ceux qui nous sont parvenus de Saint-Domingue.

Utiliser ces comptes suppose donc d'abord un travail préalable de recomposition et de classement selon des critères de logique comptable. Dans le *tableau 35*, nous présentons les comptes de 1784 à 1790 du domaine (habitation Saint-Michel et son annexe Pointe d'Icaque) que le négociant rochelais Harouard possédait à Quartier Morin[613]. Ils serviront de modèle et de base à nos développements sur la question ; chemin faisant, nous serons amené à faire référence, pour comparaisons, à d'autres comptes déjà étudiés par les chercheurs[614].

---

613. ANOM, C9C 7, registre de 93 folios, reproduisant en un seul document continu toutes les opérations de l'habitation de septembre 1783 à fin 1792 ; calligraphié, il a manifestement été rédigé après le désastre, sans doute pour être produit par les Harouard devant la commission de l'indemnité de 1826. Il est précédé en outre par un grand tableau récapitulant sur quatre colonnes, l'activité annuelle de l'habitation de 1763 à 1783 : « fabrication, frais de régie (dépense, commission, total), recette, net produit envoyé en France ». Ce document a été exploité partiellement par D. Geggus, dans son article précité *Une famille de la Rochelle*... Il mériterait une étude approfondie.

614. L'étude la plus complète est la plus détaillée des comptes d'une habitation est celle de Fleuriau, par J. Cauna. « Les comptes de la sucrerie Fleuriau analyse de la rentabilité d'une plantation de Saint-Domingue du XVIIIe siècle », dans P. Butel

Tableau n° 35
COMPTES DU DOMAINE HAROUARD, 1784-90

Recettes	Montants en LC	%
Sucres terrés expédiés en France	174.796	52,2
Sucre bruts et terrés vendus sur place	110.396	33,0 (a)
Autres sucres (2)	10.455	3,1 (b)
Sirops	31.525	9,4
CHIFFRE D'AFFAIRES	*327.172*	--
Bail d'une guildiverie	6.214	1,9
Divers	1.413	0,4
RECETTE TOTALE	**334.799**	100
DEPENSES D'EXPLOITATION	*- 126.190*	
BENEFICE D'EXPLOITATION	**208.609**	
COMMISSION DU GERANT	33.348	
BENEFICE NET	**175.261**	
AUX PROPRIETAIRES	174.792	
(Ajustement comptable)	(469)	

Moyennes annuelles

Notes

(a) Vendus en barriques

(b) Terrés vendus en formes et sucres de sirop.

Dépenses	Montants LC	%
1. FRAIS DE FONCTIONNEMENT	*63.188*	*50,1*
Entretien des esclaves	15.094	11,9
(Nourriture)	(4.274)	
(Habillement)	(4.548)	
(Santé)	(5.937)	
(Autres)	(334)	
Entretien des bestiaux	448	0,4
Salaires et nourriture du personnel blanc	13.911	11,0
Entretien et réparations	11.588	9,3
Autres frais fixes	3.450	2,7
(Impôts locaux)	(1.319)	
(Frais généraux et divers)	(2.131)	
(TOTAL FRAIS FIXES)	*(44.491)*	*(35,2)*
Frais variables	18.697	14,8
Approvisionnements et outillage de fabrication	(10.750)	
Fret des approvisionnements depuis Le Cap	(461)	
Droit d'octroi sur les sucres exportés directement	(7.486)	
2. INVESTISSEMENTS	*63.002*	*49,9*
Achats d'esclaves	26.156	20,7
Achat de bestiaux	9.636	7,6
Travaux neufs	8.725	6,9

(dir.), *Commerce et plantation*, op. cit., p. 143-147. Dans une moindre mesure Laborde ; B. Foubert, op. cit., t. II, p. 643-649. Des informations sur Févret de Saint-Mesmin (Debien-Pluchon), Les Vases et Lévêque (Debien), Galliffet (Yalé), Santo (Pluchon). A la Martinique, Rochechouart (Louis-Joseph). En Guadeloupe, Pigeon, La Ramée, Gélas, Préaux de l'Etang (Schnakenbourg). Tous ces documents datent des deux dernières décennies de l'Ancien Régime.

(Moulin et sucrerie)	(3.302)	
(Travaux hydrauliques)	(2.181)	
(Autres)	(3.242)	
Frais d'établissement Pointe d'Icaque	18.485	14,7
DEPENSES D'EXPLOITATION	**126.190**	**100**

Moyennes annuelles

Les sols et deniers ont été négligés, de même que les décimales dans le calcul des moyennes.

Les recettes[615]

Ce ne sont quasiment toutes que des recettes d'exploitation provenant des réalisations des sucres et sirops[616]. Sur les habitations dont les propriétaires résident dans la colonie, la quasi-totalité de la production est vendue sur place à des négociants installés dans le port d'expédition voisin. Par contre, sur celles appartenant à des planteurs absentéistes, les comptes distinguent toujours les sucres vendus sur place, à des négociants locaux ou aux représentants de grandes maisons de commerce métropolitaines, et ceux expédiés directement en France à l'ordre du propriétaire qui assure ensuite personnellement l'écoulement. Les ventes dans la colonie sont destinées à couvrir les charges d'exploitation ; il n'y a pas d'exemple de transfert monétaire de France pour l'activité courante par un propriétaire non résident. La proportion considérée comme normale est du tiers, ce qui se vérifie sur la plupart des quelques habitations pour lesquelles nous sommes informés[617], mais elle dépend surtout de la façon dont est conduite l'exploitation et de l'honnêteté du gérant[618]. Les sirops également sont vendus dans la colonie pour payer les dépenses sur place. Chez Harouard, ils représentent près de 10 % des recettes to-

615. Il ne s'agit bien sûr ici que des recettes monétaires portées dans les comptes de gestion. La proposition de Ch. Louis-Joseph, op. cit., t. I, p. 238-239, d'ajouter à celles-ci un certain montant théorique pour l'autoconsommation (les vivres produits par les esclaves) nous parait irrecevable, car elle aboutit à majorer arbitrairement et artificiellement les recettes et les bénéfices.

616. Dans certains comptes apparaissent parfois des recettes extraordinaires provenant de la vente ou de la location d'éléments d'actif non directement sucriers ; souvent des mulets, ici la location d'une guildeverie à deux planteurs voisins. Ils ne représentent qu'une très faible part des recettes totales (1 à 2 %).

617. Laborde 38 % ; Févret de Saint-Mesmin 34 % ; Santo 32 % ; Préaux de l'Etang 38 % ; Dolle-Raby 41 % ; Harouard 42 % en admettant que les « autres sucres » du *tableau 34* aient été vendus sur place ; mais 25 % seulement chez Galliffet.

618. Chez Labarre, 56 %, mais il y a eu des investissements importants dans l'année (19 esclaves, de nombreux animaux, une batterie de chaudières neuves ...). Le record des dépenses sur place est établi à Santo, 67 % de 1782 à 1786 ; il semble y avoir eu de gros investissements, d'importantes dettes à solder, et sans doute aussi beaucoup de détournements « trop importants et trop précipités » par le gérant.

tales, une proportion qui semble se situer à un niveau normal à Saint-Domingue[619].

Les dépenses

Elles se répartissent entre frais de fonctionnement et investissements.

Les premiers regroupent toutes les dépenses effectuées pour l'exploitation courante et concourant directement à l'obtention de la production : dépenses d'entretien des esclaves et des bestiaux, nourriture et salaires du personnel blanc, entretien et réparations aux bâtiments, approvisionnements et outillage, impôts, frais généraux et divers ; la commission du gérant sur les habitations absentéistes n'est pas comprise. La part des dépenses de fonctionnement dans le coût total dépend *a contrario* de l'importance des investissements engagés sur l'habitation. Elles en constituent approximativement autour de la moitié à Saint-Domingue[620] mais elle tombe à 39 % chez Laborde[621], où de gros achats d'esclaves sont effectués entre 1785 et 1790 ; leur proportion est par contre beaucoup plus élevée en Guadeloupe, où les investissements sont plus réduits[622]. On fait ici une double constatation, qui montre à quel point l'esclavage pèse sur les coûts. 1) L'extrême faiblesse des dépenses consacrées aux esclaves, et la conséquence qui en résulte pour le régime démographique des ateliers. La comparaison entre Saint-Domingue et la Guadeloupe fait apparaître qu'elles évoluent en sens inverse de la mortalité ; plus elles sont faibles et plus celle-ci est forte, et plus il faut acheter de nouveaux esclaves pour combler les pertes, pour une dépense finale probablement supérieure à ce qu'aurait coûté un meilleur traitement[623]. 2) La part très élevée des coûts fixes, qui limite considérablement les choix de gestion des planteurs, ne leur permet pas toujours d'adopter les

619. Voir *supra*, chap. 4.
620. 50 % chez Harouard, 46 % chez Lévêque, 47 % chez La Barre ; calcul impossible pour Fleuriau.
621. Hors commission de régie ; B. Foubert, op. cit., t. II, p. 661.
622. 77 % à Pigeon, 70 % à Gélas, 90 % à la Ramée, 85 % chez Préaux de l'Etang ; calcul sur le total dépenses d'exploitation + investissements.
623. A Saint-Domingue (mortalité très élevée), 12 % chez Harouard et Fleuriau, 13 % chez Lévêque, 10 % chez Labarre ; calcul impossible pour Laborde. Pour les habitations de la Guadeloupe, la présentation des comptes, qui mélangent toutes les dépenses alimentaires, ne permet pas de distinguer exactement la part des esclaves dans le coût total ; à partir des reconstitutions possibles, on peut l'estimer entre 15 et 25 %. C'est en partie cela aussi qui explique une mortalité beaucoup basse. Voir *supra*, chap. 9.

décisions les plus efficientes et les moins onéreuses, et encourage la routine[624].

Les investissements comprennent les achats d'esclaves et de bestiaux, les travaux neufs et, dans le cas d'Harouard, l'amortissement des frais de mise en production de Pointe d'Icaque[625]. La principale dépense ici est constituée par l'achat d'esclaves[626]. Il est impossible de distinguer l'amortissement de l'investissement net. Page, dans sa comptabilité théorique d'une habitation modèle, prévoit une dépense annuelle de 3 % de la valeur totale des esclaves, des bâtiments et du cheptel pour « la mortalité des Nègres, des animaux et la dégradation des bâtiments »[627], mais ce n'est pas ainsi que procèdent les planteurs de Saint-Domingue ; les achats d'esclaves sont irréguliers et discontinus, en fonction de la mortalité des années précédentes et de la politique de production[628]. En outre, ce taux d'amortissement théorique ne peut pas s'appliquer aux habitations de la Guadeloupe, où les achats sont beaucoup plus rares et les effectifs plus stables[629]. En fait, il n'y a pas lieu de prévoir d'amortissement dans les écritures comptables, ni les provisions correspondantes, parce que ces achats sont amortis immédiatement sur les recettes d'exploitation de la campagne.

Il en va de même pour ce qui concerne les travaux neufs, d'autant plus que les intitulés des dépenses ne sont pas toujours explicites. La distinction entre construction nouvelle et entretien est parfois impos-

---

624. *Supra*, chap. 9.

625. Annexe de l'habitation principale Saint-Michel et très peu cultivée jusqu'aux années 1770, Pointe d'Icaque est établie en sucrerie en brut au début de la décennie suivante. Sa production débute en 1785, elle représente 32 % du total de celle de domaine Harouard en 1790.

626. Chez Laborde, 73 % du total des investissements en 1785-90 ; chez Harouard, 58 % hors frais d'établissements à Pointe d'Icaque ; n. d. pour Fleuriau.

627. P. F. page, *Traité d'économie politique et de commerce des colonies*, Paris, an IX, p. 21-23 et 26-29.

628. Chez Harouard, 17 à fin de 1783 et année 1784, pour l'établissement de Pointe d'Icaque ; aucun en 1785, mais le nombre total des esclaves du domaine tombe de 354 à 349 ; 25 achats sur les trois exercices 1786 à 1788, avec un nombre total qui stagne entre 353 et 355 ; forte poussée des achats en 1789 et 90 (41 en deux ans) pour essayer de profiter de la hausse des cours en accroissant la production (mais en vain, celle-ci aurait plutôt tendance à diminuer). Même politique chez Laborde, qui procède à 1786 achats entre 1782 et 1791, pour doubler approximativement la production par rapport à l'avant-guerre d'Amérique ; mais entre-temps le nombre total d'esclaves des deux habitations concernées n'a augmenté que de 384 ; B. Foubert, op. cit., t. I, p. 427 et 431.

629. C'est à tort que nous l'avons repris dans notre thèse, *Sucreries de la Guadeloupe*, op. cit., p. 142-144, ce qui rend caducs les résultats que nous en avions déduits.

sible à faire. Se pose d'autre part le problème de l'auto-équipement et des travaux effectués par les esclaves spécialisés, qui ne font l'objet d'aucune évaluation monétaire ; les chiffres enregistrés dans les comptes sont ceux des factures de travaux effectués par des fournisseurs extérieurs à l'habitation. La réalité économique et matérielle de la maintenance et du renouvellement des équipements est donc supérieure à l'apparence comptable mais ce serait un exercice vain que de modifier artificiellement les données des comptes pour approcher la réalité[630].

En conséquence de ce qui précède, toutes les dépenses d'investissement, brut ou net, sont intégrées ici dans le compte d'exploitation. Cette pratique n'est évidemment pas très orthodoxe comptablement, mais c'est la seule retenue par les contemporains et qui constitue la base de leur appréciation de la profitabilité des habitations.

Le résultat d'exploitation est donc le solde entre le total des recettes et celui des dépenses telles que nous venons de les présenter. Pour les habitations gérées, directement par leur propriétaire dans la colonie, ce résultat est un bénéfice net, formant le revenu dégagé par son activité. Par contre, pour celles appartenant à des planteurs absentéistes dont la gestion a été confiée à un procureur, il faut encore déduire la commission « de régie » attribuée au gérant, indépendamment de son salaire fixe, en rémunération de ses services, qui se monte à 10 % du chiffre d'affaires. Reste alors le bénéfice net porté au crédit du propriétaire en métropole, qui est normalement égal, sous réserve d'ajustement comptable, à la valeur des sucres qui lui sont expédiés, estimés sur la base des prix FOB du port d'embarquement.

• De l'éclat des chiffres bruts à la médiocrité des taux

1. Des bénéfices élevés en valeurs absolues

Sur la plupart des habitations dont nous possédons les comptes, le résultat d'exploitation est, sur le moyen terme, toujours positif en temps de paix, comme il apparaît sur le *tableau 36.* Les rares cas de pertes connus sont soit l'effet d'un problème d'écriture comptable[631],

630. Comme le fait notamment Ch. Louis-Joseph.

631. Ainsi pour la sucrerie Dolle & Raby en 1786. Le compte d'exploitation intègre dans les charges les frais d'expédition des sucres entre Saint-Marc et Bordeaux, alors qu'il ne doit comprendre que ceux engagés localement ; il intègre également le règlement de dettes, qui ne sont évidemment pas des charges d'exploitation ; P. Léon, op. cit., p. 123. Nous avons rectifié dans le tableau 36. De même, les chiffres repro-

soit la conséquence d'un accident[632], ou concernent une habitation exceptionnellement mal gérée par des gérants incapables et/ou malhonnêtes[633], ou encore qui a eu le malheur de tomber dans les griffes d'un négociant créancier qui « se paie sur la bête »[634]. Sur plus long période, à l'échelle de la seconde moitié du siècle, on n'observe pas une tendance bien nette à la hausse ou à la baisse en valeurs absolues mais avec de violentes fluctuations à court terme (*Graphique 10*). En temps de guerre, le bénéfice chute catastrophiquement[635], et peut même se transformer en pertes si le propriétaire en France ne reçoit aucune expédition à son ordre[636]. Enfin, le résultat peut être impacté par les catastrophes naturelles. La pire de toutes au XVIIIe siècle, le tremblement de terre de 1770, détruit Port-au-Prince et 200 sucreries du Cul-de-Sac[637] et fait reculer de 17 % les exportations de sucre blanc, spécialisation principale de la région ; Fleuriau, située juste au-dessus de l'épicentre est sévèrement touchée[638]. L'effet des cyclones sur les comptes varie selon que les habitations se sont ou non trouvées sur la trajectoire des vents. Ainsi pour celui de 1788, qui ravage plus particulièrement la Plaine du Nord : chez Galliffet, les recettes de 1789 diminuent de 58 %, les dépenses augmentent de 45 %, et le bénéfice net tombe de 280.000 à 38.000 LT, mais dans le même temps, il augmente de 14 % chez Harouard, pourtant situé dans la paroisse voisine.

---

duits pour les habitations Galliffet par F. Yalé, op. cit., p. 461, ne sont en aucun cas des « résultats d'exploitation » ; comment un domaine avec plus de 1.000 esclaves aurait-il pu ne produire que 50 à 90.000 L de recettes par an ? Ils ne sont d'ailleurs pas cohérents avec ceux des p. 439 et 490 utilisés dans le tableau 36.

632. Habitations Laborde. En 1787, 315.000 lb de sucre disparaissent dans un naufrage ; la première habitation fait 71.000 LT de pertes, et le bénéfice net de la troisième tombe de 130.000 à 28.000 L ; B. Foubert, op. cit., t. II, p. 657-659.

633. Cas de l'habitation Bréda, sur le Haut-du-Cap, célèbre pour être le lieu de naissance de Toussaint Louverture, qui réalise 17.000 L de pertes cumulées entre 1774 et 1785 et 53.000 de 1787 à 1789 ; J. L. Donnadieu et Ph. Girard, « Nouveaux documents sur la vie de Toussaint Louverture », *Bull. Sté d'hist. Gpe*, n° 166-167, 2013, p. 124-126. Ou encore Mazet, gérant de l'habitation Lévêque en 1774, sur le cas duquel nous allons revenir.

634. Cas de l'habitation d'Héricourt ; nous reviendrons sur ce point *infra*, paragraphe 3.

635. Entre 1777 et 1779 ; - 95 % chez Harouard, - 82 % chez Fleuriau.

636. Cas de Laborde et Févret en 1779 et 1780.

637. MSM, II, 1064 ; Ch. Frostin, « Les colons de Saint-Domingue et la métropole », *Revue Historique*, t. CCXXXVII, 1967, p. 381-414.

638. Production n. d., mais le chiffre d'affaires diminue de 40 % ; les dépenses chûtent de 33 %, puis sont multipliées par 5 l'année suivante pour les besoin de la reconstruction.

Tableau n° 36
PROFITABILITE DE QUELQUES HABITATIONS-SUCRERIES A LA FIN DE L'ANCIEN REGIME

Nom de l'habitation ou du propriétaire	Colonie	Période de calcul	Bénéfice net moyen x 1.000	« Capital » x 1.000	Rentabilité financière %
Galliffet	St-D (N)	1784-90	502 (LT)	6.687	7,5
Harouard	St-D (N)	1784-90	175 (LC)	2.969	5,9
Foäche	St-D (O)	1788-91	180 (LT)	4.400	4,1
Boutin	St-D (O)	1785-89	59 (LT)	1.000	5,9
Fleuriau	St-D (O)	1785-91	84 (LT)	1.676	5,0
Léveque	St-D (O)	1774-75	58 (LT)	643	9,0
La Barre	St-D (O)	1777-78	5 (LT)	432	1,1
Févret de St-Mesmin	St-D (O)	1774-90	21 (LT)	410	5,1
Dolle & Raby	St-D (O)	1786-87	123 (LT)	1.621	7,6
Laborde 1 + 3	St-D (S)	1785-88	202 (LT)	3.428	6,2
Pigeon	Gpe	1775-83	26 (LC)	417	6,3
La Ramée	Gpe	1782-85	22 (LC)	710	3,2
Préaux de l'Etang	Gpe	1790	43 (LC)	844	5,1
Rochechouart	Mque	1775	19 (LC)	457	4,2

Sources

Saint-Domingue : voir tableau n° 14, chap. 3

Rochechouart : Ch. Louis-Joseph, *L'esclave, le maître et le marchand*, op. cit., t. I, p. 122

Guadeloupe : d'après Ch. Schnakenbourg, *Sucreries*, op. cit.. Les chiffres du bénéfice net réunissent dépenses d'exploitation + investissements de la p. 154. Ceux du résultat « net » de la p. 143 sont erronés (voir *supra*, note 18 de ce chapitre).

Graphique n° 10
EVOLUTION DU RESULTAT D'EXPLOITATION DE TROIS SUCRERIES DE SAINT-DOMINGUE

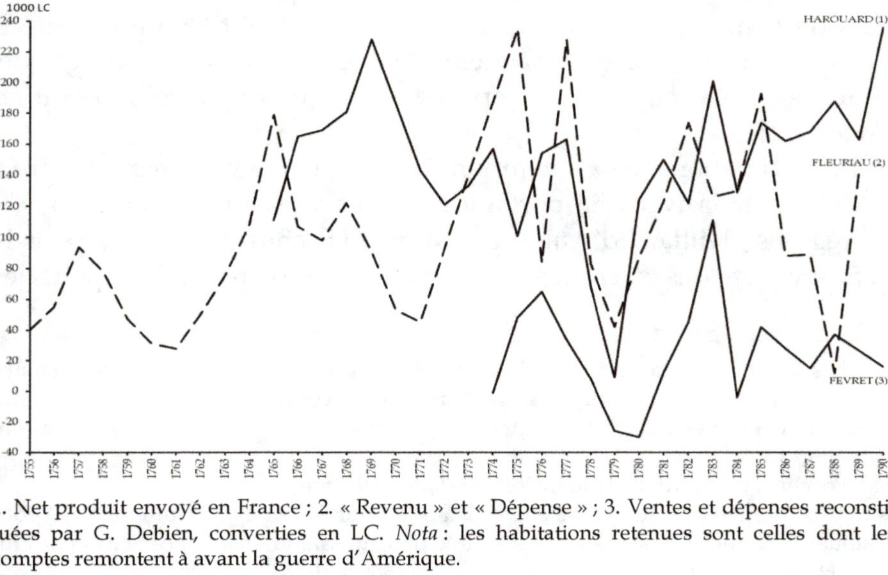

1. Net produit envoyé en France ; 2. « Revenu » et « Dépense » ; 3. Ventes et dépenses reconstituées par G. Debien, converties en LC. *Nota* : les habitations retenues sont celles dont les comptes remontent à avant la guerre d'Amérique.

Ces résultats représentent des revenus extrêmement élevés. A la veille de la Révolution, on est considéré comme riche en France à partir de 10 à 15.000 L par an. Ici ce serait plutôt un minimum[639], et on peut même dépasser les 100.000 sur les plus grandes habitations, dont les propriétaires sont souvent aussi des négociants[640]. Le revenu réel des planteurs est même encore plus élevé qu'il apparaît ici, dans la mesure où une part importante des dépenses personnelles et familiales (frais de bouche notamment) est imputée sur les charges d'exploitation ; sans oublier, naturellement, la nombreuse domesticité qui impressionne si fort les visiteurs de passage. De tels revenus, et le train de vie qui les accompagne, correspondent tout à fait à l'image du « nabab colonial » vivant fastueusement de la sueur et du sang de ses esclaves, qui a longtemps résumé la vision du « planteur des Isles » dans la représentation collective métropolitaine. L'expression, couramment utilisée à la fin de l'Ancien Régime, de « riche comme un Américain » ne renvoie pas aux citoyens des jeunes Etats-Unis mais aux colons domingois.

2. *La faiblesse des taux de profit*

Malgré les revenus monétaires élevés qu'elles procurent à ceux qui les exploitent, les habitations-sucreries ne dégagent cependant qu'une faible rentabilité. Pour l'apprécier, on rapporte très classiquement le montant du bénéfice à celui du capital engagé, en posant le principe qu'il est égal à la valeur totale des actifs telle que portée dans les contrats de vente, inventaires notariés, ou, pour Saint-Domingue, décisions de la commission de l'indemnité de 1826. C'est le montant que, faute de mieux, nous avons repris dans la quatrième colonne du *tableau 36*.

Les estimations des contemporains se situent généralement entre 8 et 15 %[641], mais avec d'importantes différences selon les habitations et les régions ; Hilliard d'Auberteuil donne les chiffres de 12 % pour le tiers environ des sucreries de la plaine du Nord et 8 % pour les

---

639. Les 5.000 L de l'habitation La Barre sont l'effet des malversations et de la comptabilité truquée du gérant auquel sa gestion avait été confiée. Quand son propriétaire reviendra à Saint-Domingue pour prendre les choses en main, la situation financière s'améliorera rapidement.

640. Foäche, Harouard, Fleuriau, Dolle et Raby, Laborde.

641. 10 % pour Barré de Saint-Venant, 7 à 8 % pour Valentin de Cullion, 10 % pour Malouet, 8 % pour Chastenet-Destère, 10 % pour Rossignol des Cahos ; cités par Pluchon-Hartmann, *Habitation Santo*, art. cit., p. 227-228 ; 10 à 15 % selon Girod de Chantrans, *Voyage d'un Suisse*, op. cit., p. 275.

autres, et la rentabilité serait plus élevée dans la partie de l'Ouest mais sans nous dire de combien[642]. C'est une excellente rentabilité, largement supérieure au taux d'intérêt pour des placements sans risque en métropole (5-6 %), sauf qu'ici il y a des risques (guerres, cyclones, esclaves) qui justifient cette différence aux yeux des planteurs. Certains même estiment que ce n'est pas suffisant : « Qui voudrait s'expatrier et risquer des fonds immenses pour n'être pas assuré d'un revenu de 15 % », s'exclame l'un d'eux en 1781 ; « comment paierait-on les sommes empruntées, qui pourrait jamais en rembourser le capital ? »[643].

Mais dans la réalité des résultats effectifs obtenus sur le terrain, on est apparemment très loin de telles performances. Les quelques cas connus d'habitations dont les comptes permettent de calculer la rentabilité financière font apparaître des chiffres très inférieurs aux estimations contemporaines (*Tableau n° 36*), avec une fourchette médiane de l'ordre des 5 à 6 %. Ces niveaux sont comparables à ceux réalisés en moyenne sur les plantations de Barbade et de la Jamaïque à la même époque[644]

3. *Une rentabilité en baisse*

Non seulement la rentabilité de l'investissement sucrier est faible, mais elle tend en outre à diminuer lentement au cours du XVIIIe siècle. L'ampleur du phénomène est difficile à apprécier en raison de l'insuffisance des sources. Les comptes d'habitation les plus anciennement connus, et encore très partiellement, ne remontent qu'à 1755 (Fleuriau) et 1764 (Harouard) ; les autres se limitent aux quinze (et même aux dix pour la plupart d'entre eux) dernières années de l'Ancien Régime.

Au tournant des XVIIe - XVIIIe siècles, le père Labat estime que « les terres des Isles ... rendent au moins 15 % et peuvent aller jusqu'à vingt-cinq »[645]. L'auteur, qui a dirigé le Fond Saint-Jacques pendant onze ans (1694-1705), sait de quoi il parle, mais il est vrai que cette pé-

642. *Considérations*, op. cit., t. I, p. 179, note.
643. Rossignol des Cahos, cité par Pluchon-Hartman, art. précité.
644. Respectivement 5,3 et 6,4 % en 1783-91 ; J. R. Ward, « The profitability of sugar planting in the British West Indies, 1650-1834 », *Economic History Review*, vol. XXXI, 1978, p. 197-213.
645. *Nouveau voyage*, op. cit., t. III, p. 398-399.

riode est de haute conjoncture sucrière[646], avec des prix très élevés, donc marquée par des profits exceptionnels. On note toutefois que la partie la plus basse de sa fourchette est encore supérieure à la plus élevée de la plupart de celles retenues par les auteurs abordant le sujet dans les années 1780, et même très supérieure aux taux effectifs de rentabilité dégagés pour la même époque à partir des comptes d'habitations (*Tableau 36*). En première approximation, le rendement financier de l'investissement sucrier antillais aurait donc diminué de moitié au moins sur l'ensemble du XVIIIe siècle. Nous manquons malheureusement de données intermédiaires, mais on observe une évolution comparable dans la seconde moitié de celui-ci dans les colonies anglaises, même si elle est de moindre ampleur[647].

Jusqu'à un certain point, cette évolution est en partie un effet de calcul, en raison de la valorisation croissante des habitations, qui, à moindre augmentation des profits, exerce mécaniquement une pression à la baisse sur la rentabilité, comme le montre l'exemple de Fleuriau[648]. Mais la tendance générale n'en est pas remise en cause pour autant. Pour l'apprécier, compte tenu de la nature et de la continuité des chiffres disponibles, nous utiliserons ici l'autre grand ratio de profitabilité des entreprises, le taux de marge, qui rapporte le bénéfice au chiffre d'affaires. Les résultats apparaissent sur le *graphique 11*. Globalement, sur l'ensemble du demi-siècle, la tendance est clairement, au-delà des fluctuations courtes, à la baisse de longue durée. Exploiter une habitation-sucrerie aux Antilles est de moins en moins rentable.

---

646. Début de la production de sucre terré aux Antilles (*chap. 4*), crise de la sucrerie brésilienne (*chap. 5*) et brève période de paix (1697-1701) entre les deux guerres de la Ligue d'Augsbourg et de Succession d'Espagne.

647. Pour l'ensemble des *West Indies*, 10,1 % en 1749-55, 8,5 % en 1783-91, mais avec de très fortes différences selon les îles et les moments ; J. R. Ward, *Profitability*, art. cit., p. 207.

648. En 1777, elle réalise 228.000 LC de profit, pour un capital estimé à 700.000 L, soit 22,5 %, pratiquement les records du père Labat. En 1791, avec un résultat comparable (221.000 L), elle ne donne plus que 9,4 %, le capital étant passé entre-temps à 2.339.000 L ; J. Cauna, *Comptes*, art. cit., p. 151 et 167.

Graphique n° 11
EVOLUTION DU TAUX DE MARGE SUR TROIS HABITATIONS DE SAINT-DOMINGUE

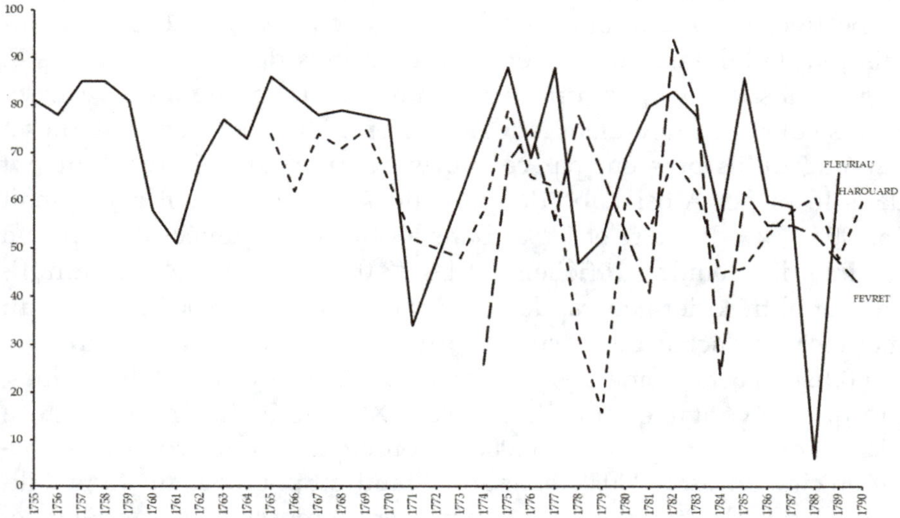

• Illusions et réalité chez les planteurs absentéistes

Ce qui précède amène à s'interroger sur les raisons qui ont conduit tant de gens à se précipiter après le traité de Paris pour acquérir des habitations, alors que n'importe quel placement dans les industries novatrices métropolitaines leur aurait rapporté infiniment plus d'argent[649]. Le débat sur la rentabilité de l'investissement colonial fait rage dans la seconde moitié du siècle[650].

1. Le coût de l'absentéisme

Pour une grande part, ce débat trouve sa source dans les douces illusions que les planteurs vivant en France se font sur leurs biens coloniaux. En premier lieu sur leur valorisation et ce qu'ils pourraient en tirer s'ils les vendaient. Voici par exemple le comte de la Barre, qui, dans une lettre à son épouse, estime son habitation de l'Arcahaye à 1.000.000 L ; note de Gabriel Debien : « il s'exagérait la valeur de sa sucrerie. Dans l'état où elle se trouvait ..., elle aurait difficilement at-

649. Voir les développements de S. Chassagne sur les débuts de la mécanisation dans le textile dans les années 1780 ; *Le coton et ses patrons*, op. cit., p. 193-259.
650. B. Foubert, op. cit., t. II, p. 644, 648-650 et 664-665.

teint 800.000 livres »[651]. Ou encore les deux habitations de l'ancien intendant de Saint-Domingue, Bongars, une sucrerie dans la partie du Nord et une caféière près de Port-au-Prince, que les héritiers estiment respectivement à 2 millions et 800.000 LC en 1787 ; en 1829, la commission de l'indemnité leur en accordera près de trois fois moins[652]. Non moins décevantes sont les espérances sur ce que les investissements coloniaux devraient leur rapporter. Même des gens habitués à l'argent, qu'ils brassent par centaines de milliers de livres, tombent dans le piège. Ainsi Laborde, banquier et négociant : il s'imaginait 15.000 « Qx » de sucre et 11 % ; dans les dernières années de l'Ancien Régime, il atteindra difficilement les 13.000 et 6 à 8 %[653]. Boutin, financier et trésorier général de la Marine, s'attend à 75.000 L par an au moment de l'achat de sa sucrerie du Cul-de-Sac ; il n'en retire que 59.000 sur la moyenne des années 1785-89. Baudard de Saint-James, presque un véritable capitaliste au sens XIXe siècle du terme, achète la plantation Castéra pour 1.900.000 L, somme dont il prévoit de se libérer en cinq ans, soit 200.000 par an ; il faudrait pour cela une rentabilité moyenne de 20 %, niveau évidemment impossible à envisager sérieusement.

C'est en effet que le coût de l'absentéisme est élevé. Le comte de la Barre, venu à Saint-Domingue en 1786 pour essayer de remettre sur pied la sucrerie de son épouse, fort malmenée par ses gérants successifs depuis plus de dix ans, décrit ainsi « d'un œil froid comme quoi (il) envisage les biens de Saint-Domingue ... Les fortunes de pays-ci sont bien exagérées ... Elles ne sont réelles que pour ceux qui les gèrent, les propriétaires en France n'en touchent pas la moitié ... Ajoute les droits et les frais du commerce, et la moitié des fortunes et des biens est en matière périssable tous les jours et qu'il faut renouveler, sans quoi point de revenu » [654]. Cette lettre pointe clairement les deux grandes causes de déception pour les planteurs non-résidents.

La principale réside dans l'obligation de confier la gestion à un fondé de pouvoir, disposant d'une liberté totale et pratiquement impossible à surveiller de loin. Il coûte cher. Outre un salaire fixe, compris le plus souvent entre 7 et 10.000 LC, mais qui peut éventuelle-

---

651. G. Debien, *Un colon sur sa plantation*, Dakar, 1959, p. 54, note sous lettre du 14 février 1787.
652. G. Debien, *Histoire de deux plantations*, art. cit.
653. De Foubert, op. cit., t. II, p. 664.
654. G. Debien, *Un colon*, op. cit., p. 102-103.

ment aller bien au-delà[655], il perçoit toujours une « commission de régie » égale à 10 % du montant total des recettes. On mesure tout de suite le poids de cette charge sur le résultat. Sur les première et troisième habitations Laborde, le revenu net de 1785 à 1788 serait accru de 26 % et la rentabilité atteindrait 7,8 % au lieu de 6,2 si le propriétaire avait géré lui-même son domaine[656]. Chez Harouard, la commission du gérant diminue de 15 % le bénéfice net et fait tomber la rentabilité de 7,0 à 5,9 % (*Tableau n° 36*).

Ce n'est encore là que la partie visible du phénomène. Il faut également tenir compte des fréquentes incompétence et malhonnêteté du gérant : manipulations comptables[657], détournement d'esclaves, utilisés à son compte, et de productions, vendues à son profit, frais de table excessifs, surestimation des dépenses difficilement contrôlables (matériel), entretien et renouvellement insuffisants des esclaves, des bestiaux, du matériel, des plantations[658]. Evidemment, tous les procureurs et gérants ne sont pas incompétents et malhonnêtes ; les monographies d'habitions montrent au contraire qu'ils sont nombreux à donner satisfaction à leurs commettants et à leur demeurer fidèles pendant de longues années[659]. Mais c'est le système en lui-même qui est vicieux, en faisant reposer la part variable de la rémunération du gérant sur le chiffre d'affaires et non sur le bénéfice ; « un procureur gérant qui veut se faire une réputation et ne participe pas aux pertes du mobilier (les esclaves) mais à la recette », écrit La Barre à son épouse, « force la machine. A la fin de l'année, on regarde le total des revenus. On passe légèrement sur celui des pertes que l'on ne remplace pas ; tout du coup, une habitation tombe, il faut plusieurs an-

---

655. Comme les deux derniers gérants des habitations Galliffet, Joseph Masson de 1764 à 1774 et Nicolas Odelucq de 1775 à 1791, qui débutent à 14.000 L et atteignent 20.000 en fin de carrière ; F. Yalé, op. cit., p. 190-195.

656. B. Foubert, op. cit., t. II, p. 664 ; calculs reposant sur l'hypothèse que la commission du gérant = 48.151 L (10 % du revenu d'exploitation) ce qui augmente d'autant le bénéfice.

657. En 1777, le procureur de l'habitation La Barre « arrange son compte » de façon à faire apparaitre une perte de 5.000 L ; G. Debien reprend le document et le traite selon les règles comptables normales pour aboutir finalement à un bénéfice de 5.400 L ; *Comptes, profits, esclaves*, art. cit., p. 27-30.

658. Voir les lettres de La Barre à son épouse des 24 juillet, 6 août, 5 et 30 septembre, 20 octobre 1786, dans G. Debien, *Un colon*, op. cit., p. 22, 23, 24, 33.

659. Parizon chez Galbaud du Fort de 1767 à 1788 ; Corbier père et fils chez la Ferronay de 1774 à 1783 ; les frères Lavignolle chez Laborde ; Masson et Odelucq (tué lors de l'insurrection de 1791) chez Galliffet ; ou encore Delisle chez Cottineau (1758-1771), que G. Debien qualifie de « gérant idéal »

nées pour la relever »[660]. Il s'en suit que les relations sont généralement tendues entre propriétaires absentéistes et gérants sur place, même quand ils sont honnêtes. Les premiers reprochent aux seconds de ne pas leur faire suffisamment de « remises » et se demandent où est passé leur argent[661], tandis que ces derniers ont toujours un bon ou un mauvais prétexte pour expliquer la médiocrité des résultats (trop de pluie, pas assez de pluie, surmortalité surprise d'esclaves ou de bestiaux, difficultés d'approvisionnement ...), et multiplient les « astuces » (G. Debien) pour se justifier[662].

Il est difficile d'apprécier l'impact de ces pratiques frauduleuses sur la rentabilité financière des habitations : un point, deux, trois peut-être[663]. Mais au total, si l'on y ajoute le salaire et la commission de régie du procureur, on peut penser que son absence n'est pas loin de coûter au planteur non résident entre le quart et le tiers du revenu qu'il aurait pu tirer de son habitation s'il était resté sur place.

2. *Du bénéfice d'exploitation au revenu disponible*

Entre le moment où les sucres produits sur l'habitation sont embarqués à son ordre par le gérant, et celui où le propriétaire peut finalement disposer de la recette qu'ils représentent, le bénéfice d'exploitation subit une double ponction qui réduit encore la rentabilité effective de son investissement.

---

660. G. Debien, *Un colon*, op. cit., p. 167.
661. Comme le montre le ton exaspéré de cette lettre de 1787 de Laborde à son gérant : « J'ai vu avec peine que vous n'aviez fait que 700 milliers *(= de lb)* et avec infiniment plus de peine que je ne dois attendre pour l'année prochaine ... que 800 milliers. A quoi sont donc employées toutes les forces que je ne cesse de mettre sur mes biens ? » ; B. Foubert, op. cit., t. II, 648
662. « Il envisage tantôt des résultats mirifiques que seul un accident peut gâcher – et, nécessairement l'accident se produit -, tantôt une issue catastrophique, - fatalité de laquelle rien ne triomphera -. Il ferre l'absent, le tient sans cesse en haleine, l'invitant au rêve, pour le plonger tout après dans l'angoisse. Il fait du mensonge et de l'hypocrisie sa tactique. S'il est révoqué, un autre le remplacera qui utilisera les mêmes armes. Le propriétaire, à qui il ne vient ni l'idée ni le courage de s'embarquer et d'aller lui-même gérer son bien, tempête et se fait plumer » ; Debien-Pluchon, *Habitation Févret de Saint-Mesmin*, art. cit., p. 169.
663. Hilliard d'Auberteuil, *Considérations*, op. cit., t. I, p. 239, est particulièrement virulent à ce sujet. Il y a quelques habitations-sucreries « qui ne rapportent à leurs propriétaires que 8 % de leur capital. On sent bien que, pour peu que les habitations bornées à ce revenu soient endettées, elles ne pourront pas payer », parce qu'elles appartiennent à des planteurs résidant en France qui confient leur gestion à des gens « inexpérimentés dans les habitations, qui n'ont pas le plus petit désir de rétablir celle qui leur est confiée et ne s'occupent qu'à la piller ».

En premier lieu, le change entre la Livre coloniale, dans laquelle sont libellés les comptes de l'habitation par le gérant, et la Livre tournois, qui constitue la monnaie du commerce en France. La première est égale à 13 s 4 d de la seconde, ce qui signifie qu'en traversant l'Atlantique les « denrées » perdent automatiquement un tiers de leur valeur nominale. Pour la famille Harouard, ses habitations, qui donnaient un bénéfice de 174.792 LC à Saint-Domingue, ne lui rapportent plus « que » 117.110 LT à La Rochelle, et ceci avant même que ses sucres touchent terre.

En second lieu, ils sont soumis à leur arrivée à tout un ensemble de frais qui diminuent très sensiblement leur valeur. On doit à Maud Villeret un « camembert » particulièrement explicite de tout ce que doit supporter un chargement de 100 lb de sucre arrivé à Nantes avant de pouvoir être mis sur le marché[664]. Pour un prix total de 10 L 1 s, exprimé 201 sols, c'est le fret qui forme le principal élément avec 83 sols (41 %) ; les pertes pour coulage représentent 6 %, les frais de déchargement à Nantes 5 %, les impôts 7 %, et il faut ajouter une charge particulière à Nantes de 2 sols (1 %) pour le fret depuis Paimboeuf. Total = 121 sols = 60 %. Le prix revenant au planteur installé à Nantes est donc un prix résiduel, ici 80 sols, soit 40 % seulement du prix FOB à l'arrivée. Naturellement, ces frais varient selon les ports[665] et la conjoncture[666]. D'autre part, ceux des planteurs absentéistes qui sont en même temps armateurs et négociants supportent une charge moins lourde, puisqu'ils assurent eux-mêmes une partie des opérations, ce qui est notamment le cas pour Fleuriau, Laborde et Harouard. Au bout du compte, sur les 175.000 LC comptabilisées à Saint-Domingue, ces derniers ne percevront que 87.000 LT, en supposant 25 % de frais ; s'ils ne s'étaient pas chargés eux-mêmes des expéditions sur leurs propres navires, leur revenu serait alors tombé à 58.000 LT (avec 50 % de frais). Pour être tout à fait complet, il faudrait encore déduire 5 % de commission du commissionnaire chargé de la vente, et il faudra attendre trois mois de plus avant que celui-ci crédite le planteur du montant de la transaction. Finalement, si l'on suppose un planteur qui, sur la base de ce qu'il réalisait quand il était à Saint-Domingue, espérait disposer de 50.000 L de revenu en métro-

664. *Goût de l'or blanc*, op. cit., vol. I, p. 63. Pour plus de détails, B. Foubert, *Habitations Laborde*, op. cit., t. II, p. 590-599 ; J. Cauna, *Comptes Fleuriau*, art. cit., p. 157-160.
665. Ils semblent moins élevés à Bordeaux, où ils ne représentent que 40 % environ du prix FOB ; F. Thésée, *Négociants bordelais*, op. cit., p. 76.
666. Leur poids relatif diminue avec l'élévation des cours, et inversement en période de baisse.

pole, il doit se contenter de 15 à 20.000 « seulement » dans le meilleur des cas. C'est un montant élevé dans la France des dernières années de l'Ancien Régime, mais ce n'est pas ce que l'on s'était imaginé pour conserver le même train de vie qu'aux Iles[667]. C'est ce décalage entre les illusions et la réalité qui fonde le débat sur la crise des profits dans le années 1780.

• La divergence croissante des coûts et des prix

Le principal facteur de la baisse de rentabilité de l'investissement sucrier réside dans la divergence croissante entre l'évolution des prix et celles des coûts. Au-delà des fluctuations à court terme causées par la guerre d'Amérique, cette divergence apparait clairement dans le cas de l'habitation Harouard, la seule pour laquelle nous disposons des séries relativement longues ; sur l'ensemble de la période 1765-1789, la tendance générale est à la hausse de 26 % pour la dépense unitaire, pendant que la recette est en quasi-stagnation (- 6 %) (*Graphique n° 12*).

Nous avons précédemment (*chap. 5*) examiné l'évolution du prix du sucre et ses déterminants au cours du XVIIIe siècle. Concentrons-nous maintenant sur les coûts. Nous sommes mal renseignés sur le prix des approvisionnements, produits alimentaires, bois, outillage, qui, en tendance, semblent augmenter légèrement plus vite que le sucre entre le traité de Paris et la Révolution, à l'exception de la morue, composante essentielle du coût d'entretien des esclaves, qui suit un cheminement particulier[668]. Ce n'est manifestement pas là qu'il faut chercher la cause de la baisse du profit sucrier.

---

667. Voir par exemple la diatribe de Rossignol des Cahos, l'un des plus riches de Saint-Domingue, contre Hilliard d'Auberteuil qui estimait jusqu'à 15 % la rentabilité des sucreries de la colonie ; dans Pluchon-Hartman, *Habitation San*to, art. cit., p. 227. En 1752, le grand armateur bordelais Abraham Gradis, qui gagne chaque année des milliers de Livres dans le commerce colonial, ose répondre à une dame noble qui l'interrogeait sur l'éventualité d'un investissement à Saint-Domingue : « Je regarde les fonds de l'Amérique comme très mauvais et ruineux pour les personnes d'Europe ... Quelque petit que puissent me donner mes fonds de France, jamais je ne me déferai pour aller en prendre en Amérique » ; reproduit par P. Butel, *Croissance commerciale bordelaise*, op. cit., t. II, annexes, p. 53.

668. Si l'on en juge par l'évolution des prix d'évaluation du Domaine, qui reflète assez bien celle du marché, le quintal de morue importé en Guadeloupe (n. d. pour Saint-Domingue) passe de 30 L en 1765 à 60 en 1777, conséquence de la pénurie relative dans les approvisionnements par la pêche française (seuls autorisés alors). De 1784 à 1789, il tombe de 50 à 19 L, en raison de la libéralisation de ses importations par l'arrêt du Conseil du 30 août 1784 ; voir chap. 5, *supra*, et Ch. Schnakenbourg, *Sucreries de la Guadeloupe*, op. cit., p. 190-195 et 266.

Graphique n° 12
EVOLUTION DES RECETTE ET DEPENSE UNITAIRES DE L'HABITATION HAROUARD. Montants, livres coloniales par « quintal »

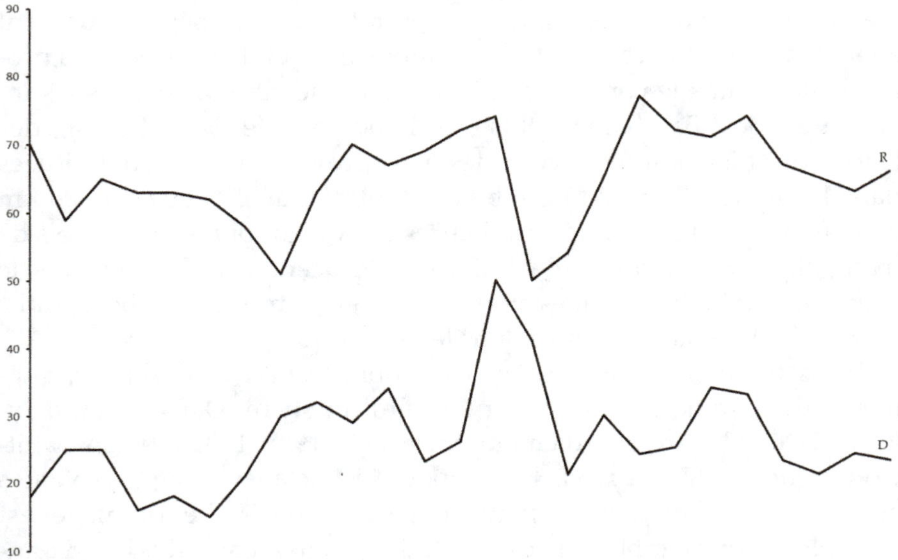

Indices, 1765 = 100

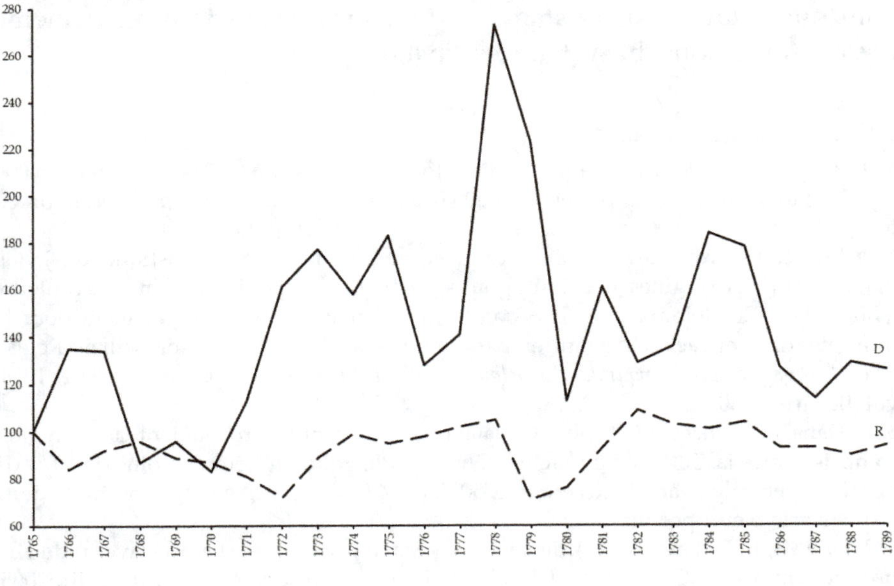

Le facteur déterminant ici réside dans l'ascension pratiquement continue du prix des esclaves, dont l'achat constitue de très loin le principal poste de dépense dans les comptes des habitations ; dans les années 1780, le renouvellement de la force de travail représente en moyenne 20 % du total chez Harouard, 36 % sur la première habitation Laborde, entre 20 et 35 % selon les années (détail n. d.) chez Fleuriau. A mesure que s'exacerbe la demande de main-d'œuvre des plantations et que s'accélèrent les déportations[669], les négriers doivent aller chercher leurs captifs de plus en plus loin et de plus en plus profondément dans le continent africain ; on rencontre ainsi dans les inventaires des Bambaras (plus de 1.000 km de Saint-Louis), des Haoussas (1.200 km de Lagos), des gens provenant de régions situées dans le sud de l'actuelle République centrafricaine (1.600 à 1.800 km de Loango)[670], et même des originaires du Mozambique (4 à 5 mois de navigation). Les « sites » de traite se déplacent vers l'est et vers le sud[671], la durée des voyages augmente, donc la mortalité à bord, donc le coût des captifs débarqués dans les Amériques.

Dans toutes les colonies de plantation, le prix des esclaves augmente donc toujours plus vite que celui du sucre. Dans les *West Indies*, 227 et 43 % respectivement entre 1715-19 et 1785-89[672]. A Saint-Domingue, de 1740 à 1784, + 89 % pour les esclaves ; + 36 % à Nantes et + 55 % à Amsterdam pour le sucre terré[673]. Le décalage est d'ampleur comparable sur les habitations ; chez Laborde, le prix annuel moyen des esclaves augmente de 52 % entre 1769 et 1790, pendant que celui du sucre stagne[674]. Nous sommes ici au cœur même des contradictions du système esclavagiste.

---

669. Pour l'ensemble de la traite négrière, toutes destinations, 18.000 en 1700, 95.000 en 1790 ; total sur toute la période = 4.600.000 ; *Transatlantic slave trade database* précitée.

670. Sur cette provenance, voir l'étude ethnographique et linguistique de J. Cl. Blanche sur les origines des immigrants « congos » expédiés comme travailleurs « libres » en Guadeloupe sous le Second Empire, mais capturés initialement pour la traite négrière et rachetés avant embarquement par le négociant marseillais Régis ; *6.000 « engagés libres » pour la Guadeloupe, 1858-1861*, thèse d'Histoire, Paris I, 1994, vol. II, carte p. 501.

671. Dans les années 1700, plus de la moitié des captifs provenaient de la région comprise entre la Côte de l'Or (actuel Ghana) et le golfe du Bénin ; moins de 10 % de l'Afrique centrale. Dans la décennie 1780, 25 et 48 % respectivement (ensemble de la traite négrière européenne).

672. D. Eltis, F. D. Lewis et D. Richardson, « Slave prices, the African slave trade and productivity in the Caribbean, 1674-1807 », *Economic History Review*, vol. LVIII, 2005, p. 678.

673. Pour les esclaves, toujours le vénérable (1896) Lucien Peytraud, *L'esclavage aux Antilles françaises avant 1789*, rééd FDF, 1973, p. 125, qui reproduit une série provenant de recherches effectuées par Moreau de Saint-Méry ; pour le sucre, Hauser (Nantes) et Posthumus (Amsterdam).

674. Calculs d'après B. Foubert, op. cit., t. II, p. 431.

2. UN ENDETTEMENT EN AUGMENTATION

Il peut sembler paradoxal d'affirmer que les habitations-sucreries s'endettent alors que, globalement, leur exploitation est bénéficiaire, même si elles ne le sont pas assez au goût de leurs propriétaires. Et pourtant le phénomène n'est pas douteux. « On peut discuter sur l'ampleur réelle des dettes coloniales », observe Jean Meyer, grand spécialiste du problème, « mais on ne peut nier la gravité croissante du phénomène »[675]. L'élévation progressive du niveau d'endettement des planteurs et ce sentiment qu'ils éprouvent de se noyer dans leurs dettes constituent l'un des principaux objets du débat politique et économique aux Antilles dans les dernières années de l'Ancien Régime. Deux questions se posent ici : pourquoi et comment ?

• Ampleur du phénomène

1. Saint-Domingue

Nous sommes renseignés sur les habitations des trois paroisses de la plaine du Nord (Petite-Anse, Limonade, Quartier Morin) grâce au tableau annexé à la carte établie au début des années 1780 par l'arpenteur Baron[676]. Pour chacune d'elles, il porte une appréciation sur la situation financière. La crédibilité de la source est grande. Par la nature de ses fonctions et les relations que Baron avait établies pour son travail avec les planteurs, on peut le supposer bien informé, et nous pouvons donc accepter ses jugements comme représentatifs. Nous les résumons dans le *tableau 37.*

Tableau n° 37
L'ENDETTTEMENT DES SUCRERIES DE LA PLAINE DU NORD DE SAINT-DOMINGUE

Appréciations	Nombre d'habitations	%	Production moyenne « Qx »
« Doit beaucoup », « gros » ou « très gros »	21	22,3	1.576
« Doit »	15	15,9	2.046
« Doit peu » ou « doit sa valeur »	6	6,4	2.750
« Liquide »	52	55,3	2.780

Source : « Tableau Baron ».

On est surpris de constater que l'endettement n'est peut-être pas aussi généralisé que les plaintes des négociants et beaucoup de re-

675. J. Meyer, *Armement nantais*, op. cit., p. 252.
676. AN, Marine 6JJ 60, n° 61.

cherches postérieures auraient pu le laisser supposer. Plus de 60 % des habitations listées dans le tableau sont qualifiées de « liquides » ou peuvent être considérées comme telles, avec une dette « peu » élevée ou qui ne dépasse pas la valeur du domaine ; le gros tiers restant est dans une situation difficile ou à la limite de l'insolvabilité. Si l'on rapporte ces proportions aux 790 sucreries de Saint-Domingue en 1788-89, cela pourrait signifier que 500 environ d'entre elles n'ont pas de problème majeur de financement, ce que sembleraient confirmer nos développements du paragraphe précédent sur la profitabilité des habitations, médiocre mais suffisante. L'affirmation de Barré de Saint-Venant, planteur lui-même et porte-parole inconditionnel de sa classe, selon laquelle « à peine peut-on compter 200 habitants riches », soit un quart seulement du nombre total de propriétaires d'habitations-sucreries, qui « jouissent en France de leur revenu » semble excessive[677]. N'oublions pas que la perception du problème de l'endettement par les contemporains est vue à travers le prisme déformant du conflit entre planteurs et négociants, qui ont tous également intérêt à se plaindre que l'autre partie les mène à la ruine[678]. Il faut tenir compte également d'un effet de taille des habitations ; il y a manifestement un seuil de rentabilité, qui semble se situer autour des 2.500 « Qx » et en deçà duquel il est difficile d'éviter les pertes et l'endettement[679]. Enfin, il ne faut pas oublier que la plaine du Nord est la région la plus favorable à la canne et au sucre de tout Saint-Domingue, et il est probable que la situation financière de ses habitations y est meilleure (ou moins mauvaise) qu'ailleurs dans la colonie ; à l'échelle domingoise dans son ensemble la proportion des sucreries endettées doit se situer quelque part entre le tiers du « Tableau Baron » et les trois quarts proclamés par Barré de Saint-Venant, disons autour de la moitié, ce qui, en soi, est déjà le signe de la dégradation du fonctionnement du système.

Le volume de l'endettement des planteurs de Saint-Domingue est difficile à connaître exactement, mais il n'est pas douteux qu'il augmente fortement dans les dernières décennies de l'Ancien Régime. Selon Hilliard d'Auberteuil, qui se réfère à 1775, « on estime » à 90 millions de L le montant total de leurs dettes[680]. Au moment de la Révo-

---

677. Pluchon Hartman, *Habitation Santo*, art. cit., p. 233.

678. Voir sur ce point la charge virulente de St Foäche contre les planteurs dans M. Begouën Demeaux, *Mémorial d'une famille du Havre. Stanislas Foäche, négociant de Saint-Domingue*, 1737-1806, Paris, 1951, p. 119-120.

679. Voir *supra*, note 17 du chap. 4.

680. *Considérations*, op. cit., t. II, p. 286.

lution, la dette totale de la colonie s'élèverait, selon le procureur général du conseil supérieur de Port-au-Prince, à 300 millions de L[681], montant qui est donné également lors du débat parlementaire de 1826 sur l'indemnisation des colons[682]. Il inclut toutes les « créances de Saint-Domingue » telles que désignées par les lois du 19 fructidor an X et 2 décembre 1814, qui ont pour cause « des ventes d'habitations, de maisons, de Nègres, ainsi que des avances faites à la culture antérieurement au 1er janvier 1792 ». En gros, un triplement en quinze ans.

2. Guadeloupe

Comme à Saint-Domingue, l'endettement des planteurs s'accroît considérablement entre le traité de Paris et la Révolution. Dans une précédente recherche, nous avons estimé le montant des dettes des habitants-sucriers à environ 10 millions de LC en 1763, en conséquence de la période anglaise[683]. Pour les années 1780, nous sommes renseignés sur la situation financière de 24 sucreries, dont les inventaires indiquent le montant de leurs créances et de leurs dettes[684]. Elles réunissent un patrimoine total de 20.399.807 L ; l'ensemble de leurs créances représente 733.934 L et celui de leurs dettes 3.604.484 L. Soit un endettement net de 2.870.550, et un ratio de 14 % de leur patrimoine. En moyenne 150.186 L de dettes brutes et 30.580 de créances par sucrerie ; selon les habitations, le ratio varie de 0,7 à 23 %, mais six d'entre elles n'ont aucune créance et seulement des dettes.

Si l'on rapporte les données qui précèdent aux 362 sucreries en activité dans l'archipel guadeloupéen en 1788, l'endettement total de la branche à la fin de l'Ancien Régime serait donc de 43 ML net. Il aurait donc été multiplié par quatre depuis 1765 ; cela paraît beaucoup, surtout quand on compare au rythme d'augmentation de la dette de Saint-Domingue.

Ces mêmes inventaires nous informent également sur la situation de 73 habitations caféières et cotonnières. Elles rassemblent un patrimoine total de 7.263.417 LC, détiennent 955.583 L de créances et supportent 1.379.038 L de dettes ; endettement brut =19 %, net = 5,8 %. Moyenne par habitation = 5.800 L net. Dans l'ensemble, sauf

---

681. Pluchon-Hartman, *Habitation Santo*, art. cit., p. 233.

682. *Archives Parlementaires*, t. XLVI, p. 358, Chambre des députés, séance du 16 mars 1826, intervention Fleuriau de Bellevue. Aucun autre chiffre n'est avancé à l'époque.

683. *Sucreries de la Guadeloupe*, op. cit., p. 148-151.

684. ADG, 2E 2 et 3, minutes notariales, inventaires après décès.

deux créances et trois dettes supérieures à 100.000 L[685], il s'agit de petites sommes, inférieures à 10.000 L pour 74 % d'entre elles. Rapporté à l'ensemble de la branche, l'endettement total se monte à 11 ML pour plus de 2.000 habitations. Ici aussi, il n'y a aucune commune mesure entre « Grands-Blancs » sucriers et « petits habitants », ni entre Saint-Domingue et les Iles-du-Vent.

*

* *

Au total, si nous ajoutons aux 300 millions de la dette domingoise, toutes origines confondues, les 40 M ou à peu près dus par les sucreries + 10 environ par les habitations en cultures « secondaires » de la Guadeloupe, et les 40 millions auxquels une estimation contemporaine porte la dette des habitations martiniquaises[686], nous arrivons à un total de l'ordre des 400 millions de livres dans les dernières années de l'Ancien Régime. Ce n'est évidemment qu'une très grossière approximation. Mais l'énormité de ce montant laisse à deviner l'ampleur du problème et de ses conséquences ; Malouet, membre de la commission de l'indemnité de 1826 et ancien planteur à Saint-Domingue, estimait le montant total des dettes coloniales en 1787 « au produit de deux années chaque année »[687], soit en reprenant le chiffre des importations métropolitaines, 200 x 2 = 400 ML. Endettement = chiffre d'affaires : globalement le secteur des plantations est insolvable.

- **Le poids des dettes immobilières et l'amoindrissement de la capacité d'autofinancement des habitations**

Les inventaires après décès de 29 propriétaires de sucreries de la Guadeloupe nous donnent de précieuses informations sur la structure de leur endettement dans les années 1780. Evidemment, elles sont loin d'être aussi complètes et précises qu'il serait souhaitable, ce qui entache donc d'un certain degré d'approximation les conclusions que l'on peut en tirer. Sur l'origine des dettes, tout d'abord ; pour 26,4 % du total de l'endettement brut, les qualités des créanciers et la nature de leurs créances ne sont pas précisées. Il est simplement indiqué dans l'inventaire que la succession doit X Livres au sieur Y, sans

685. Dettes successorales qui n'ont pas de rapport avec la gestion.
686. Ch. Louis-Joseph, *L'esclave, le maître et le marchand*, op. cit., t. I, p. 246, note 224.
687. F. Beauvois, « Monnayer l'incalculable ? L'indemnité de Saint-Domingue entre approximations et bricolage », *Revue Historique*, n° 655, 2010, p. 609-636, note 66.

dire pourquoi et qui il est. Inutilisable, donc. Les développements qui suivent portant sur 2.656.504 L de dettes brutes dont l'origine et la nature sont connues. L'information est, en second lieu, très insuffisante pour ce qui concerne la durée de ces dettes ; les échéances sont indiquées ou peuvent être devinées dans 86 % des cas, mais très rarement le point de départ. Finalement, nous ne connaissons la durée exacte que pour 16 % des dettes. Pour les autres, on peut l'apprécier à travers diverses informations données dans l'inventaire, et en particulier sur les créanciers, à partir desquelles on peut déduire si elles sont à court, moyen ou long terme. Nous synthétisons ces résultats dans le *tableau 38*. Bien que nous n'ayons aucune information comparable pour les autres îles, nous étendrons l'essentiel de nos conclusions à la Martinique ; par contre, l'endettement envers les négociants est probablement plus important proportionnellement à Saint-Domingue.

1. L'impasse des dettes immobilières

Ce sont celles résultant des changements de propriétaires des habitations. Elles représentent 45 % de l'endettement total à Saint-Domingue en 1775[688] et la moitié en Guadeloupe dans les années 1780, et se répartissent en deux grandes catégories d'importances pratiquement égales : achats et partages. Par leur nature même, ce sont des dettes à long terme.

Tableau 38
STRUCTURE DE L'ENDETTEMENT DES HABITATIONS-SUCRERIES DE LA GUADELOUPE

Nature des dettes	Montant LC	%
Immobilières	1.325.959	49,9
Achats d'habitations	642.874	24,2
Partages successoraux	682.721	25,7
Envers les négociants	1.147.609	43,2
Dettes de cargaison	496.766	18,7
Autres	650.843	24,5
Divers (a)	183.800	6,9
TOTAL	2.656.504	100,0

Source : ADG, 2E-2 et 3, inventaires après décès de 24 propriétaires d'habitations

(a) Essentiellement des reliquats d'imposition des années précédentes, dont la principale est la capitation.

Les achats d'habitations ne sont jamais payés comptant. L'acquéreur verse généralement entre 30 et 50 % de la somme portée au contrat et le solde est normalement payé sur les bénéfices

688. Hilliard d'Auberteuil, *Considérations*, op. cit., t. II, p. 280 (40 millions sur 90).

d'exploitation sur plusieurs années[689]. Parfois, le prix est couvert par la prise en charge par l'acheteur de tout ou partie des dettes qui pèsent sur l'habitation[690]. Dans tous les cas, la négociation est serrée[691], non seulement sur le prix mais également sur les échéances et les garanties à donner au vendeur[692]. Le problème est que toutes les sûretés du monde ne garantissent pas contre les accidents de l'exploitation ; certes, les paiements sont suspendus en temps de guerre sur mer, mais même alors les intérêts continuent à courir[693], et l'endettement peut parfois se prolonger indéfiniment. Il faut tenir compte également des capacités souvent insuffisantes de financement des acquéreurs, qui « s'embarquent » dans des opérations manifestement audessus de leurs moyens. Soit, écrit Hilliard d'Auberteuil, une sucrerie de 1.800.000 L, donnant un profit de 12,5 % (ce qui, nous l'avons dit, semble déjà très optimiste) ; s'il finance intégralement son achat ou sa création, « il regagnera sa mise en huit années de paix ». Mais s'il n'a que 500.000 L, « il y emploiera deux millions de plus, à cause des frais de poursuite, des intérêts des capitaux empruntés et de la cherté de tout ce qu'il sera obligé d'acheter à crédit »[694], et il ne refera jamais surface. De son côté, Laborie, ancien planteur de café, estime à 3 à 4.000 L sterling la somme nécessaire pour entreprendre l'établisse-

689. Pour payer les 695.000 LT de l'acquisition de Conflans, Laborde donne 364.000 (52 %) au moment de la conclusion du contrat, puis 126.000 (18 %) l'année suivante, et règle ensuite le solde par annuités dégressives jusqu'en 1793 ; B. Foubert, op. cit., t. I, p. 144. Pour l'habitation Pigeon, à Bouillante, vendue 400.000 LC, 150.000 à la signature (37 %) et le solde en dix termes égaux de 25.000 L ; ADG, 2E2-146, minutes Regnault, 1786 n° 16.

690. Ainsi l'acquisition de l'habitation Castéra par Baudard de Saint-James, pour un montant égal à la moitié de sa valeur ; D. Ozanam, op. cit., p. 138-139. Ou celle d'une sucrerie située à Saint-Rose (Guadeloupe) par le baron de Clugny, gouverneur de l'île, pour une somme de 304.000 LC, représentant la totalité de la dette de la venderesse ; ADG, 2E 2-20, minutes Dupuch, 1787 n° 18.

691. Voir l'exemple des négociations conduites en 1778 par Préaux de l'Etang, qui réside désormais en France, et le comte de Broglie pour la vente de son habitation de la Guadeloupe, dans AN, T 1068, papiers Préaux ; finalement l'affaire ne se fera pas.

692. En 1787, le comte de La Barre, qui envisage de vendre l'habitation familiale, écrit à son épouse : « La difficulté est d'obtenir un gros comptant et des sûretés pour le restant à toucher. Quand je dis sûretés, c'est de n'avoir pas de peine pour rentrer dans son bien et d'en attendre la revente pour être payé, comme il nous arrive avec MM de la Séronnière » (auxquels il avait vendu une portion de terre) ; G. Debien, *Un colon sur sa plantation*, op. cit., p. 49.

693. P. Léon, *Les Dolle et les Raby*, op. cit., p.51.

694. *Considérations*, op. cit., t. I, p. 235.

ment d'une caféière, soit 100 à 140.000 L coloniales[695]. Tous ceux qui projettent d'émigrer aux Iles ne sont pas capables de les réunir.

La seconde catégorie de dettes immobilières est la conséquence de la règle du partage en valeur des habitations édictée par la déclaration du 24 août 1726, dans le but de sauvegarder l'intégrité technique et économique des habitations en empêchant leur démembrement[696]. « S'il est un pays dans le monde où les biens par leur nature soient le moins susceptible de division », écrit le gouverneur de la Martinique en 1772, « c'est sans contredit celui-ci, surtout pour les biens tels que les sucreries. Tout, dans une habitation de ce genre est dépendant l'un de l'autre ... Si l'un de ces objets est séparé de l'autre, rien n'existe plus »[697]. Quand le propriétaire d'une habitation vient à décéder, ses héritiers, après avoir choisi celui qui recueillera le bien et assurera la gestion, font procéder à l'inventaire et à l'estimation de ses biens, puis le partage se fait en valeur en fonction de la quotité des droits de chacun d'eux. Celui auquel revient l'habitation doit ensuite rembourser aux autres le montant de leurs parts, ce qu'il ne peut évidemment faire que sur les bénéfices futurs.

Mais si, par incompétence ou malhonnêteté de celui qui a été choisi ou en raison d'évènements extérieurs (cyclone, guerre), l'habitation ne produit pas suffisamment de revenus et que le nouveau propriétaire soit dans l'impossibilité de remplir ses engagements, les dettes s'accumulent et la situation peut rapidement devenir inextricable. Prenons l'exemple d'une habitation d'un million de L avec une rentabilité normale de 6 %, soit 60.000 L par an. Il y a cinq enfants. Celui auquel revient l'habitation doit donc payer aux quatre autres 80 % de sa valeur, soit 800.000 L. Nous admettrons en outre, ce qui est beaucoup simplifié, que cette habitation n'ait aucune autre dette et que la totalité du bénéfice soit affectée à la liquidation du partage, soit 200.000 pour chacun des cohéritiers. Il faudra normalement treize ans à l'héritier en possession pour se libérer totalement.

Supposons maintenant que l'un des quatre autres décède au bout de huit ans, toutes choses demeurant égales par ailleurs. Le propriétaire de l'habitation devra donc payer à chacun de ses trois cohéritiers survivants, outre leur part initiale, le quart de ce qui revenait encore à leur défunt frère, soit 100.000 + 25.000 = 125.000 L, ou encore 25.000 par an au lieu de 16.000 initialement ; il lui faudra deux années de plus pour se libérer et près de huit s'il demeure à 16.000 L. Et encore

695. P. J. Laborie, *Coffee plantes*, op. cit., p. 14 et 144.
696. *Supra*, chap. 3.
697. ANOM, C8A 71, fol. 24.

nous sommes-nous placé dans une situation optimale : nombre peu élevé d'héritiers (il pourrait y avoir en plus des enfants d'un premier lit, des petits-enfants, des neveux ...), bénéfice constant (pas de cyclone ou de guerre), absence d'autres dettes, valeur de l'habitation inchangée au bout des huit premières années ... Dans le cas contraire, on peut facilement atteindre les vingt ans. En outre, nous n'avons pas tenu compte des intérêts ; or, pour peu que les choses traînent, ceux-ci peuvent rapidement atteindre des niveaux exorbitants[698].

C'est donc un mécanisme pervers et cumulatif[699], dont on commence à se préoccuper au lendemain du traité de Paris, surtout aux Iles-du-Vent, où la colonisation est plus ancienne et la propriété des habitations plus stable[700]. On est maintenant à la troisième génération depuis l'établissement, c'est-à-dire au niveau des cousins. La propriété tend à se disperser malgré la mise en place de stratégies matrimoniales endogamiques destinées à maintenir les patrimoines dans les mêmes groupes familiaux[701]. Faute, nous allons y revenir (*paragraphe 3*), de pouvoir faire saisir les habitations, la solution serait sans doute, comme le propose la chambre d'agriculture de la Martinique, d'établir dans chaque colonie un « registre terrier » dans lequel seraient enregistrées toutes les créances et dettes immobilières et de procéder ensuite par compensation, ce qui permettrait d'effacer la

---

698. On peut mesurer le poids des intérêts dans toutes ces transactions familiales à travers le cas d'un planteur de la Guadeloupe qui avait avancé à son fils 77.500 LC, à 5 % d'intérêt, en plusieurs versements de 1772 et 1773, pour lui permettre d'acquérir une habitation. En 1778, les deux hommes procèdent à un règlement de comptes pour les intérêts qui avaient couru depuis six ans ; ils se montent à 26.744 L, augmentant de plus d'un tiers la somme à rembourser ; ADG, 2E 3-74, minutes Chuche, 1778, n° 104.

699. « Il se produit un phénomène de génération des dettes de la colonie, en sorte que par l'effet ... de l'indivisibilité essentielle des sucreries, la loi du partage égal et l'accroissement de la population (blanche), toutes les manufactures à sucres sont toujours débitrices. Quand même le roi verserait ici assez d'or pour éteindre toutes les dettes, dans trente ans on aurait encore le même problème à résoudre » ; ANOM, C8A 74, vol. 71, délibération de la chambre d'agriculture de la Martinique, 1775.

700. La question est abordée dès 1763 par les administrateurs de la Martinique (ANOM, C8A 65, fol. 85) et le procureur général du conseil supérieur de la Guadeloupe (« Mémoire abrégé sur l'état actuel de la Guadeloupe » publié par nous dans *Bull. Sté d'hist. Gpe*, n° 11-12, 1969, p. 9-63). Elle revient ensuite régulièrement sous la plume des autorités locales : ANOM, C8A 71, fol. 23-25, Vallière, 1772 ; C8A 73, fol. 15-17, Nozières et Täscher, 1774 ; C8A 74, fol. 67-81, chambre d'agriculture de la Martinique, 1775 ; C8A 84, fol. 157, Petit de Viévigne, 1784 ; C8A 87, fol. 82-83, Damas, 1787.

701. Voir sur ce point les recherches approfondies de F. Régent, *Maîtres de la Guadeloupe*, op. cit., p. 226-240.

plupart d'entre elles[702]. Mesure évidement inenvisageable, tant techniquement que politiquement. En attendant, les dettes s'accumulent, se répercutant directement sur la capacité d'autofinancement des habitations.

2. *L'amoindrissement de la capacité d'autofinancement des habitations*

Le phénomène de l'endettement des planteurs est aussi ancien que la colonisation elle-même. Au départ, la création d'une habitation et le démarrage de son activité reposent toujours sur des apports de capitaux extérieurs permettant l'acquisition d'esclaves et la fourniture des divers moyens matériels de production. L'origine de ces financements est extrêmement diversifiée. Le pillage de Carthagène par les flibustiers de Saint-Domingue, en 1697, est directement à l'origine de plusieurs grandes sucreries de Léogane ou de la plaine du Nord, telle Galliffet[703]. Mais le plus souvent, il s'agit d'avances accordées par un négociant à un planteur ; ainsi pour la création, en 1680, de la première sucrerie de Saint-Domingue, par l'association entre Antheaume, négociant à Nantes, et Yvon des Landes, colon à Léogane[704].

Mais une fois cet investissement initial assuré, l'autofinancement prend très vite le relais et devient le mode normal de financement de la croissance des habitations dans la première moitié du XVIIIe siècle. Le phénomène est analysé pour la première fois par Adam Smith dans un passage très connu de sa *Richesse des Nations* :

« *Il est à remarquer que le capital qui a servi à améliorer les colonies à sucre de la France, et en particulier de Saint-Domingue, est provenu presque en totalité de la culture et de l'amélioration successive de ces colonies. Il a été presque en entier le produit du sol et de l'industrie des colons, ou, ce qui revient au même, le prix de ce produit graduellement accumulé par une sage économie et employé à faire naître toujours un nouveau surcroît de ce produit* »[705].

Et effectivement, nous connaissons l'histoire de plusieurs grandes plantations provenant initialement du rassemblement de concessions

---

702. ANOM, C8A 71, fol. 23-25.

703. MSM, I, 277-278 ; F. Yalé, *Plantations Galliffet*, op. cit., p. 43-65.

704. L. Merle et G. Debien, « Au commencement d'une fortune coloniale : un marchand et un colon (1673-1690) », Bull. *de la Sté archéologique et historique de Nantes et de la Loire Inférieure*, 1951, 12 p.

705. *Richesse des Nations*, op. cit., t. III, p. 344 de l'édition Garnier. Il est tristement révélateur de la mentalité européenne du XVIIIe siècle que les esclaves soient tout simplement oubliés, mais plus surprenant chez un auteur qui est tout de même à l'origine de la théorie de la valeur-travail.

obtenues gratuitement, puis défrichées, aménagées, agrandies et perfectionnées lentement sur deux ou trois générations, uniquement à partir du travail accumulé de leurs esclaves et pratiquement sans apport de capitaux extérieurs, par réinvestissement des bénéfices dans l'achat de nouvelles terres, de nouveaux esclaves, dans la construction de bâtiments plus grands et l'adoption de fabrications plus perfectionnées (de l'indigo au sucre brut puis au terré). La célèbre sucrerie Galbaud du Fort, dont Gabriel Debien a retracé minutieusement l'histoire, est l'exemple le plus connu, mais on pourrait tout aussi bien prendre celui de l'habitation qu'Aimé-Benjamin Fleuriau, fils d'un petit négociant de La Rochelle, achète dans la plaine du Cul-de-Sac en 1743 pour 100.000 LC environ, puis atteint les 700.000 en 1755, double son revenu annuel moyen entre cette date et les années 1780, et finit estimée à 2.300.000 L en 1789 par la commission de l'indemnité[706]. Ce processus d'accumulation semble particulièrement fort et rapide dans les années 1740 et 1750, si l'on en croit Hilliard d'Auberteuil : « On a vu des habitants commencer des établissements de sucrerie avec 150.000 L, se liquider avant leur mort malgré dix années de guerre et laisser des habitations en état de produire mille barriques de sucre » ; et il cite le cas de trois frères venus d'Anjou « sans aucune espèce de fortune » et commencer une sucrerie en 1748 ; à la mort du dernier (dont il ne donne pas la date), l'habitation s'étend sur 400 carreaux, possède 600 esclaves et vaut 1.500.000 LT « rendus en France »[707]. Il est très probable que le domaine Harouard, acheté 340.000 LT en 1746 et estimé à 2.900.000 en 1789, après avoir rapporté 2.610.000 L à la famille, uniquement de 1765 à 1789, se situe également dans cette catégorie ; mais aussi Galliffet, La Ferronay ..., et, naturellement, toutes les habitations appartenant à des familles nobles d'ancien établissement (marquisats de la Guadeloupe) ou à des ordres religieux, comme le Fonds Saint-Jacques ou celles du Dominicains à Baillif.

Mais à partir du traité de Paris, vient le temps de l'achat ou de la création *ex nihilo* de grandes habitations à Saint-Domingue par de véritables capitalistes cherchant le rendement financier d'une occasion de placement colonial. Le financement repose pour une grande part sur leurs capitaux propres métropolitains, mais aussi, nous l'avons vu, et de plus en plus sur l'endettement. La réussite n'est pas toujours au rendez-vous. Boutin ne gagne pas un sol dans son aventure do-

706. J. Cauna, *Comptes de la sucrerie Fleuriau*, art. cit.
707. *Considérations*, op. cit., t. I, p. 235 et note.

mingoise, Baudard de Saint-James fait faillite, mais pour d'autres raisons, Dolle et Raby « plongent », Gradis essaie surtout de ne pas y perdre trop d'argent, Laborde engloutit 2,6 Ml dans ses trois habitations des Cayes entre 1768 et 1788 avant qu'elles commencent à lui en rapporter, Foäche investit 4,4 ML dans sa sucrerie géante entre 1776 et 1787 pour n'en retirer même pas 5 %. Encore ceux-là ont-ils des sources de revenus autres que sucriers (négoce, banque, finance) pour pouvoir poursuivre leur entreprise coloniale.

Mais globalement, l'industrie sucrière domingoise ne produit plus assez de profits pour autofinancer sa croissance. La baisse de la rentabilité financière et la montée de l'endettement en sont la cause tout autant que la conséquence. En outre, les exigences en capital de la création d'une sucrerie sont de plus en plus élevées, et l'investissement est donc de plus en plus difficile à amortir. Dans les années 1740, on pouvait, nous dit Hilliard d'Auberteuil, créer une sucrerie avec 150.000 L ; trente ans plus tard, au moment où il écrit, 500.000 ne sont déjà plus suffisantes. Et en 1789, combien ? A tout ce qui précède viennent enfin s'ajouter les effets néfastes de la règle du partage en valeur des habitations, à un moment où, succession des générations aidant, le problème devient crucial pour beaucoup de planteurs ; sur des revenus en baisse, il leur faut consacrer une part croissante pour désintéresser frères, demi-frères, neveux, cousins ..., cohéritiers et fils de cohéritiers, dans une arborescence de créanciers qui « l'assiègent de leurs prétentions à une part égale qu'ils n'obtiennent jamais et périssent tous sur un bien qui s'éteint de lui-même par l'impuissance de satisfaire au vœu de la loi »[708]. Il ne leur reste plus alors qu'une seule solution : s'endetter auprès des négociants.

• Un phénomène structurel et irréversible : les dettes de cargaison

1. Les mécanismes du financement de la production

Jusqu'en 1853, les Antilles ignorent totalement le fait bancaire au sens moderne de terme, c'est-à-dire un ensemble d'institutions financières destinées à collecter l'épargne en vue de fournir des crédits à l'économie. Le financement de la production des habitations est assuré exclusivement par des crédits accordés par les négociants aux planteurs.

708. ANOM, C8A 74, fol. 76, chambre d'agriculture de la Martinique, 1775.

Ces crédits prennent la forme d'avances des divers approvisionnements nécessaires à la fabrication, vivres, toiles, outils, pièces de moulin et de sucrerie, bois, bestiaux, etc, et surtout le plus important de tous , les esclaves. Toutes ces fournitures ne sont jamais payées comptant, mais seulement « à la prochaine récolte ». En effet, les planteurs n'ont pratiquement pas de trésorerie. C'est la conséquence du caractère saisonnier de la production coloniale. Il existe un constant décalage chronologique entre les besoins de financement des habitations, qui s'étalent sur toute l'année, et leurs capacités de remboursement, qui sont concentrées sur quelques mois seulement. Il s'en suit que, quand débute la campagne de fabrication, l'essentiel de la future récole est déjà engagé auprès des négociants qui attendent celle-ci pour être remboursés des crédits qu'ils ont accordés aux planteurs pour l'obtenir. Concrètement, les planteurs sont toujours en retard d'une récolte, financièrement parlant. C'est ce que l'on appelle les « dettes de cargaison » ; elles représentent 18 % de l'endettement total des planteurs de la Guadeloupe (*tableau 38*), sans doute davantage à Saint-Domingue. Ce sont en principe des dettes à court terme (moins d'un an), n'ayant pas vocation à s'étendre au-delà de la fin de la campagne.

Normalement, en effet, le système se boucle lorsque les planteurs ont achevé de remettre leurs récoltes à leurs créanciers. La campagne doit même laisser un bénéfice plus ou moins important qui leur permettra de faire face au moins en partie aux dépenses de l'intercampagne et même, éventuellement, d'engager des investissements. Pour ce qui concerne les négociants, la revente des récoltes en métropole permettra à leur tour de financer l'achat des approvisionnements et des esclaves qu'ils livreront ensuite à crédit aux habitants pour qu'ils démarrent la prochaine récolte. Bien sûr, il peut toujours se produire que, pour une année donnée, un accident climatique (cyclone, sécheresse) ou politique (guerre) empêche les planteurs de se libérer totalement en fin d'exercice, mais normalement ils doivent pouvoir le faire au cours des deux ou trois campagnes suivantes. Et dans ce cas, si l'exploitation est financièrement saine, ils obtiennent sans difficulté les délais de paiement nécessaires.

Ce système fonctionne, semble-t-il, sans graves problèmes en gros jusqu'à la guerre de Sept Ans. Il se produit, naturellement, de fréquents incidents de paiement, mais il n'y a pas encore de problème global d'endettement de l'ensemble du secteur des plantations à l'égard de l'ensemble du secteur commercial, comme le montre la discrétion des sources. L'efficacité globale de ce mode de financement de la production est prouvée par la rapidité de la croissance de l'économie antillaise dans la première moitié du XVIIIe siècle.

2. Un facteur essentiel d'endettement : les « queues » de cargaisons négrières[709]

Dans le cadre du commerce triangulaire, les échanges entre capitaines des navires négriers et habitants se déroulent exactement de la même façon que pour le commerce en droiture : les capitaines remettent leurs captifs aux planteurs en échange de « denrées » coloniales pour composer la cargaison du troisième côté du triangle. Jusque vers 1740, quand le prix des esclaves n'était pas encore trop élevé et le tonnage des navires négriers pas trop important, il pouvait y avoir approximativement compensation entre la valeur des captifs livrés par les capitaines et celle des sucres remis en paiement. Mais à la fin du siècle, le prix des esclaves a augmenté quatre fois plus vite que celui du sucre (*supra*). Il faut aller chercher des captifs de plus en plus loin en Afrique, les navires sont de plus en plus gros[710], le coût des armements de plus en plus élevé[711], le nombre de déportés entassés à bord de plus en plus important[712], et la valeur des « cargaisons » est devenue tellement élevée que, même en étant très exacts dans leurs paiements, les planteurs ne peuvent plus assurer la contrepartie. Les capitaines doivent donc laisser derrière eux des créances considérables, dépassant fréquemment la moitié du montant total des ventes, que les armateurs récupèrent ensuite par des expéditions en droiture. Leur recouvrement est toujours long et donne naissance à des « queues de cargaison » qui traînent souvent pendant des années. Entretemps, de nouvelles dettes ont été contractées. Le phénomène commence à apparaître dans les années 1740, mais il prend une gravité exceptionnelle après le traité de Paris.

709. Sauf indication contraire, tout ce qui suit renvoie au travail définitif de J. Meyer, *Armement nantais*, op. cit., particulièrement p. 204-248.

710. Tonnage moyen des négriers expédiés depuis Nantes = 168 tx en 1749-54, 257 en 1784-92 ; mais les plus gros peuvent atteindre 700 tx ; *ibid*, p. 85-86 et 302.

711. Montant moyen du coût des armements (les « mises-hors ») = 179.000 Livres en 1763-68, 304.000 en 1787-92 ; *ibid*, p. 299-302.

712. La moyenne se situe autour des 300 captifs par navire dans la première moitié du XVIIIe siècle et des 360 dans les années 1780, mais il n'est pas rare de dépasser les 400.

3. La marée montante

A partir des années 1760, et surtout après 1783, la situation financière des planteurs se dégrade rapidement. Le produit des récoltes se révèle insuffisant pour couvrir toutes les avances des négociants. Ceux-ci sont alors obligés de reporter leurs créances et de les consolider à long terme. C'est essentiellement à cela que correspond le poste « Autres dettes envers les négociants » du *tableau n° 38*, et l'on constate qu'il est plus important que celui des dettes de cargaison *stricto sensu*. Dans ces créances longues des négociants figure également le coût de la prise en charge des dépenses en France des planteurs[713], qui ont souvent ramené des Iles leurs goûts de luxe et leur tendance à vivre au-dessus de leurs moyens, en comptant sur les mêmes revenus élevés, alors que ceux-ci sont maintenant hors de leur portée en raison précisément de leur absence à la direction de la plantation[714]. Enfin, certains grands négociants n'hésitent pas à s'engager à long terme dans des investissements non directement productifs mais susceptibles de retours élevés ; ainsi Abraham Gradis accorde, dans les années 1780, un prêt de 676.000 L à Jean Artau, entrepreneur de travaux publics qui procède à de vastes aménagements urbains au Cap et à diverses autres constructions (fontaine à Fort-Dauphin, pont à Limonade, port du Môle Saint-Nicolas)[715]. Les prêts de ce type n'entrent évidemment pas dans les dettes des plantations, mais on n'oubliera pas de les intégrer dans le montant total des « créances de Saint-Domingue » quand viendra le moment de l'indemnisation, en 1826.

On assiste donc à une lente mais inexorable montée des dettes envers le commerce. A Saint-Domingue, elles seraient passées de 50 ML en 1775, selon Hiliard d'Auberteuil, à 150 en 1789, soit la moitié de l'endettement total, et celles envers les seuls Nantais de 10 ML en 1763 à 78 au début de la Révolution[716] ; en Guadeloupe, de 10 ML en 1765 à 17 environ dans les années 1780, représentant ici aussi près de la moitié du total[717]. Evidemment, tous ces chiffres sont approximatifs et sont le reflet d'estimations plus que de données comptables. D'autre part, toutes ces dettes commerciales ne le sont pas nécessairement envers les négociants

---

713. Paiement des pensions, éducation des enfants, règlement de dettes à des tiers, et même, tout simplement, dépenses de la vie quotidienne.

714. Voir paragraphe 1, *supra*.

715. P. Butel, *Croissance commerciale bordelaise*, op. cit., t. II, p. 1021 ; MSM, I, 133, 221, 401-402, 438-439, 545-548, 739 ; tous ces travaux s'accompagnent de la concession à Artau des terrains sur lesquels ils sont entrepris, pour valorisation ultérieure.

716. J. Meyer, *Armement nantais*, op. cit., p. 252, note 1.

717. Voir *tableau 38* : 1.147.000 L de dettes envers les négociants pour 24 habitations, soit 17.300.000 pour les 362 sucreries de 1788.

métropolitains ; une part importante des créances sur les planteurs est détenue par les négociants locaux qui assurent un suivi régulier de l'activité[718], en particulier les fameux commissionnaires de Saint-Pierre, qui contribuent au financement des habitations des Iles-du-Vent en général, et pas seulement de la Martinique[719].

Le phénomène de marée montante est encore plus spectaculaire quand on peut l'apprécier à travers l'évolution annuelle de l'endettement d'habitations prises individuellement (*Tableau 39*). Le cas de ces trois habitations est particulièrement intéressant car ce sont à la fois des sucreries de dimensions petites ou moyennes[720] et qui n'appartiennent pas à des négociants pour combler les pertes. Leurs propriétaires doivent donc se débrouiller seuls et, manifestement, ils n'y arrivent pas. La succession des pertes et des dettes est pratiquement continue, avec un bond remarquable pendant la guerre d'Amérique, qui les met à genoux. La reprise qui suit la fin du conflit leur permet de redresser quelque peu la situation (quoiqu'en restant toujours dans le rouge), mais les causes de fond de l'accroissement de la dette demeurent[721]. Une question se pose : jusqu'à quand leurs créanciers vont-ils continuer à boucher les trous ?

---

718. Ainsi dans le cas de l'habitation Préaux de l'Etang. Les deux négociants métropolitains qui reçoivent les sucres, Boyer frères, de Bordeaux, et Montaudoin, de Nantes, assurent l'entretien de la famille en métropole, mais ne lui expédient que relativement peu d'approvisionnements.
719. *Supra*, chap. 5.
720. *Héricourt* : 143 esclaves en 1787 ; prod. moyenne 1786-89 : 500 « Qx ». F*évret de St-Mesmin*, 1786-90 : 81 escl., 2.050 « Qx ». Préaux de l'Etang, 1790 : 158 escl., 950 « Qx ».
721. En particulier, l'évolution comparée des prix des esclaves et du sucre ; chez Laborde de 1783 à 1790, augmentation de 26 % pour les premiers, baisse de 11 % pour le brut et 10 % pour le terré.

Tableau n° 39
EVOLUTION DE L'ENDETTEMENT DE TROIS HABITATIONS

	Héricourt Perte (a)	Févret de St-Mesmin « Dette » (b)		Solde du compte-courant de Préaux de l'Etang chez :	
				Boyer fr. (Bdx)	Montaudouin (Nantes)
1768	5.449				
1769	4.641				
1773	9.560				
1774		11.280	7-74	+ *87.350*	
1775		1.868	8-75	- 4.791	
1776	598	21.423			
1777	3.661	9.403			
1778		7.269			
1779		17.317	3-79	- 69.092	
1780		37.010	2-80	- 68.952	
1781		25.126			
1782	112.084	7.850	1-82	- 50.583	
1783	103.789	8.982	3-83	- 60.876	
1784		20.554			
1785	73.590	22.107	8-85		- 24.956
			12-85	- 50.211	
1786	67.600	27.882	9-86		- 37.974
1787	75.292	30.665	2-87	- 40.267	
	163.124		9-87		- 38.396
1788		59.476	3-88	- 43.960	
			9-88		- 41.762
1789		69.615	3-89	- 46.249	
			11-89		- 42.987
1790		88.124	3-90	- 36.998	
			11-90		- 44.091
			1-91	- 25.119	
			11-91	- 404	- 58.744

(a) Bien que qualifiée de « Dette » dans l'article de J. L. Donnadieu, cette colonne de chiffres retrace en réalité la différence entre recettes et dépenses.

(b) Il n'est pas précisé s'il s'agit de la dette annuelle ou du total cumulé.

3. L'ENLISEMENT FINANCIER DES NEGOCIANTS

• Le piège des créances irrécouvrables

Une fois retombée l'euphorie de la reprise qui suit le fin de la guerre d'Amérique, il apparaît clairement que les négociants sont en train de se faire piéger, en accumulant sur les planteurs des montants considérables de créances et en accroissement extrêmement rapide. Le cas extrême est ici celui de la maison Romberg & Bapst, de Bordeaux, qui commence ses opérations avec Saint-Domingue en 1786 et y détient déjà 16 millions de L de créances sur les habitants et son commissionnaire correspondant sur place en 1791[722]. Mais pratiquement toutes les maisons de commerce

722. F. Thésée, *Négociants bordelais*, op. cit., p. 218.

sont lourdement engagées dans des créances coloniales. A Bordeaux, les plus grandes, comme Gradis, pour 3 ML, Bonnaffé, Paul Nairac (2,7 M), comme les plus petites (Thouron frères, 1 M) ; à Marseille, les deux maisons de la famille Audibert pour 2,4 ML ; à Nantes, les principales familles négrières[723] ; à La Rochelle, Van Hoogwerff, qui fait son premier armement négrier en 1773 et auquel les planteurs de Saint-Domingue doivent 1,9 ML en 1791[724].

Le plus grave est surtout que les négociants sont pratiquement prisonniers de leurs créances, qui se révèlent irrécouvrables faute de disposer de garanties réelles sur les biens de leurs débiteurs. Ceux-ci sont pratiquement insaisissables, à la fois en raison des carences du droit et de l'obstruction des tribunaux locaux.

Le principe de base est ici celui de l'indivisibilité de l'habitation, dont la traduction juridique est l'article 48 du Code Noir qui déclare les esclaves attachés aux habitations insaisissables indépendamment de celles-ci, « sinon pour ce qui est dû du prix de leur achat ». Même cette dernière disposition est pratiquement impossible à mettre en œuvre, en raison des délais et des frais qu'elle suppose[725], et elle se heurte en outre à l'hostilité générale chez les planteurs[726]. « La certitude que chaque habitant a de l'impossibilité de voir saisir ses Nègres de jardin fait qu'il ne s'occupe pas de payer ses dettes et qu'il ne fait aucun scrupule d'en contracter de nouvelles », écrit le gouverneur de la Martinique en 1772[727].

Il s'en suit que, pour recouvrer les sommes qui leur sont dues, les créanciers ne peuvent pas faire saisir quelques esclaves seulement ; c'est toute l'habitation ou rien. C'est là une épreuve de force qui est au-dessus de leurs capacités. Dès le début de la colonisation, il apparaît que les dispositions de la coutume de Paris sur les saisies immobilières sont totalement inadaptées aux réalités économiques et fon-

723. J. Meyer, *Armement nantais*, op. cit., p. 231-237 ; de 1784 à 1786, Chaurand ne récupère même pas la moitié des crédits qu'il avait consentis.
724. J. M. Deveau, « Les affaires Van Hoogwerff à Saint-Domingue de 1773 à 1791 », dans P. Butel (dir.), *Commerce et plantations dans la Caraïbe*, op. cit., p. 109-181.
725. ANOM, C8A 74, fol. 67-68, chambre d'agriculture de la Martinique, 1775 : Quand leurs débiteurs sont en retard, les capitaines s'adressent à la justice pour obtenir une sentence de contrainte par corps. Quand ils l'ont obtenue, ils s'adressent au gouverneur qui met son ordre d'exécution au bas de la sentence ; cet ordre est adressé au commandant de quartier, et celui-ci la communique à l'habitant, qui doit payer ou aller en prison. Mais cette procédure entraine des frais considérables ; « il n'est pas rare qu'un compte de 50 L de cargaison soit accompagné de 80 L de frais de justice.
726. *Ibid*, fol. 69.
727. ANOM, C8A 71, fol. 24.

cières antillaises, car leur mise en œuvre aboutirait à détruire les habitations[728]. La procédure de saisie réelle est longue, coûteuse et difficile, et les créanciers des habitants se risquent rarement à la mettre en œuvre par crainte de perdre tout leur dû. Pour remédier à cette situation, la déclaration royale du 24 août 1726, tout en laissant subsister la possibilité pour les créanciers des habitants de recourir à la voie de la saisie réelle, donne aux vendeurs d'habitations impayés une action résolutoire de la vente qui, sous le nom du *déguerpissement*, leur permet de reprendre leur bien lorsque l'acheteur ne paie pas dans les termes convenus. Mais cette mesure partielle se révèle insuffisante, d'autant plus que le texte est muet au sujet des créances autres que celles résultant de ventes d'habitations. Cette procédure n'est donc pas accessible aux négociants pour leurs créances d'exploitation ; il ne leur reste que la voie théorique de la saisie réelle. Mais ils se heurtent alors à l'esprit « chicanier » des colons, qui multiplient les instances pour ne pas payer[729], à l'obstruction de la magistrature locale, composée essentiellement de grands planteurs eux-mêmes endettés[730], et enfin de l'empilement et de l'enchevêtrement des dettes, qui font ressembler l'ensemble à un château de cartes dont on ne peut bouger aucun élément sans que tout s'écroule[731].

728. Sur tous les problèmes juridiques dont il est question ici, voir l'article fondamental précité de E. Géraud, « Coutume de Paris outre-mer », *passim*.
729. ANOM, C8A 36, fol. 304-305, intendant Blondel, 17 novembre 1726. Voir également, C8A 71, fol. 25, gouverneur Vallière, 1772, qui montre comment on peut retarder de six mois le paiement d'une dette par des moyens judiciaires ; alors « l'ancienneté de la dette jointe à l'inexécution de l'arrêt établit la sécurité du débiteur », qui ne fait qu'augmenter « en raison de ce que sa dette est plus ancienne ».
730. Ch. Frostin, *Autonomisme colon*, t. II, p. 796. Quand, par hasard ou accident, un négociant obtient enfin une décision de justice contre un de ses débiteurs, il ne parvient pas à la faire exécuter par l'administration locale. En 1787, le gouverneur de la Guadeloupe, Damas, avoue à Versailles que ses prédécesseurs et lui ont toujours éprouvé des difficultés dans l'exécution de leurs ordres pour faire payer les dettes, surtout les anciennes ; ANOM, C8A 77, fol. 82.
731. Comme en témoigne la lettre précitée du gouverneur Damas : « A mon arrivée en Guadeloupe » (1782), « je fus sollicité par un nombre très considérable de créanciers pour contraindre au payement sur des condamnations obtenues en justice. Je donnais des ordres pour chaque jugement, mais les débiteurs vinrent réclamer les mêmes secours et avec les mêmes titres contre leurs débiteurs particuliers, et ceux-ci réclamèrent la même justice. Il me fut impossible de parcourir le cercle de ces créanciers et débiteurs réciproques. Jugeant qu'il n'était pas équitable de contraindre les uns sans les autres, je les renvoyai au cours ordinaire de la justice », sans plus rien faire. En cinq ans, il n'a connu qu'un seul cas d'exécution forcée d'un débiteur.

Dans ces conditions, les négociants sont absolument désarmés. Ils sont « collés »[732]. S'ils cessent leurs avances, les planteurs ne pourront pas poursuivre leur activité et toutes leurs créances seront perdues. Ils n'ont d'autre solution, s'ils veulent en récupérer une partie au moins, que de continuer à accorder de nouvelles avances, dans l'attente ou l'espoir d'un redressement. L'endettement des habitants tend donc à devenir cumulatif ; il peut éventuellement diminuer les bonnes années, mais, compte tenu de la baisse de rentabilité des habitations, il est exclu qu'il puisse être résorbé à échéance prévisible.

• La recherche de solutions dans l'établissement de nouvelles relations avec les planteurs

Les retards de paiement des planteurs se répercutent en cascade tout au long du circuit de financement de la production. Les négociants ne peuvent pas continuer à prêter indéfiniment à fonds pratiquement perdus sans que finisse par se poser le problème de leur propre situation financière. Les plus grands ne sont pas à l'abri ; la moitié environ de la fortune des Gradis est composée de créances coloniales. Les petits sont plus exposés encore ; Van Hoogwerff possède 237.000 L de biens immobiliers dans la région de La Rochelle et 900.000 de créances gelées à Saint-Domingue. Au Havre, la situation de la maison Delahaye-Lebouis est fragilisée par la proportion élevée des impayés sur leurs armements négriers, et qu'ils ne recouvrent que difficilement[733]. Récupérer leurs avances devient alors une priorité. Trois moyens sont mis successivement en œuvre.

1. La fuite en avant

C'est de très loin la voie la plus périlleuse. Pour ne pas couler avec leurs débiteurs, les négociants se lancent dans un surcroît d'activité afin d'éviter la dévalorisation totale de leurs investissements maritimes et de leurs créances coloniales. C'est très clairement la politique des négriers nantais, qui multiplient les expéditions alors qu'elles

---

732. « Le commerce a plus peur que nous », écrit cyniquement La Barre à son épouse le 15 mai 1790 à propos de l'évolution de la situation politique de Saint-Domingue. « En effet, il joue plus gros jeu ; celui qui doit ne peut perdre ».
733. En 1789, il leur reste encore à récupérer 9 % de la valeur des captifs de cinq expéditions entre 1769 et 1777, et 19 % de ceux de trois expéditions entre 1784 et 1788 ; E. Noël, « La fortune antillaise des Delahaye-Lebouis », *Histoire, économie, société*, vol. XVI, 1987, p. 647-679.

sont de moins en moins rentables[734]. Plus dangereuse encore est celle qui consiste à s'endetter soi-même pour refinancer ses avances aux planteurs, alors que ceux-ci sont structurellement en pertes. L'exemple parfait est celui de la maison Romberg & Bapst, de Bordeaux. Créé en 1783, avec un capital relativement élevé de 600.000 L, elle multiplie ses opérations avec Saint-Domingue et dès 1788 elle est déjà au bord de la faillite avec 7,6 ML de créances sur les colons et son commissionnaire correspondant, soit 84 % de son actif, dont la plupart sont déjà bloquées et irrécouvrables. Elle n'est sauvée que par une augmentation de capital de 1,6 ML souscrite essentiellement par des maisons originaires des Pays-Bas autrichiens et pays germaniques, et quelques maisons bordelaises, dont Bonnaffé, mais cela n'apporte qu'un répit provisoire. Elle n'a pas d'autre choix que de poursuivre dans la même voie ; en 1791, elle détient 15,9 ML de créances sur Saint-Domingue, soit 91 % de l'actif, financées presque uniquement par endettement. Avec les troubles révolutionnaires, elle fait faillite en 1793, entrainant avec elle plusieurs maisons de la place, dont Bonnaffé, qui y échappe d'extrême justesse[735].

Une telle histoire se retrouve à des dizaines d'exemplaires dans pratiquement tous les grands ports du royaume. Paul Butel a retracé l'histoire de plusieurs petites maisons bordelaises d'armement créées au lendemain du traité de Versailles dans l'euphorie de la reprise, qui se sont lancées dans une politique analogue de prêts tous azimuts aux planteurs alors qu'elles n'avaient qu'une très faible surface financière et qui font faillite au bout de quelques années, victimes de la lenteur des recouvrements sur leurs débiteurs. Plus de 20 % du nombre total de faillites des négociants faisant le commerce colonial survenues à Bordeaux entre 1715 et 1792 se produisent après 1783, avec un nombre annuel moyen de 12 entre 1769 et 1772 et 26 de 1783 à 1792.

*

* *

Parce que l'expérience du système des avances a montré ses limites et ses dangers, les négociants vont changer de stratégie et s'engager dans la voie de l'intégration vers l'amont, en prenant le

---

734. De 1784 à 1786, 31 armements de 284 tx chacun ; de 1788 à 1791 (apogée de la traite nantaise), 41 et 238 respectivement (donc moins de captifs par navire) ; bénéfices « infimes » sur 11 expéditions de la maison Chaurand en 1782-85, pertes probables mais non chiffrables ensuite ; J. Meyer, *Armement nantais*, op. cit., p. 86 et 235.
735. P. Butel, *Croissance commerciale bordelaise*, op. cit., p. 1023.

contrôle, dans un premier temps de la production, puis des habitations elles-mêmes.

2. *Les « liaisons d'habitations » et la prise de contrôle de la production*

On peut définir la liaison d'habitation comme un contrat par lequel un planteur endetté envers un négociant s'engage à lui livrer tout ou partie de la production de son habitation jusqu'à remboursement de sa dette. On peut en distinguer trois grands types[736], allant progressivement dans le sens d'un contrôle de plus en plus étroit.

La liaison « simple » semble le cas le plus fréquent. Le planteur continue de gérer lui-même son habitation, soutenu par les avances du négociant, mais doit consigner à celui-ci ou à son ordre toute la partie de sa production expédiée en France, le reste servant au paiement des dépenses locales d'exploitation. Ce contrat comporte en outre une affectation hypothécaire sur l'habitation, bien que, dans les faits, elle soit insaisissable[737]. Ce type de liaison ne convient que pour des habitations relativement peu endettées et/ou pour lesquelles existe une chance réelle de remboursement[738].

La situation est beaucoup plus compliquée pour les habitations très endettées mais pour lesquelles existe encore une possibilité de redressement. Le propriétaire continue, certes, de gérer son domaine, mais sous le contrôle étroit du négociant ou de son représentant, qui surveillent la production, les dépenses, les naissances et décès d'esclaves, les ventes sur place, et décident de tout ce qui concerne les achats d'esclaves et les gros travaux ; le contrat contient également une clause d'exclusivité pour le négociant sur les approvisionnements et les expéditions. Ce type de liaison est notamment celui entre Romberg & Bapst et les Dolle-Raby pour l'exploitation de leur sucrerie de l'Arcahaye[739]. C'est le dernier stade avant la prise totale de contrôle sur la production et la perte de fait de sa propriété par le planteur.

736. Sur tout ce qui suit, la référence essentielle est F. Thésée, *Négociants bordelais et colons de Saint-Domingue*, op. cit., p. 54-74.
737. Un exemple dans ADG, E3-84, minutes Molentiel, 1787 n° 51, obligation des héritiers Pinel du Manoir, propriétaires de l'habitation Moulin-à-Eau, à Capesterre, à la maison Moullon, de Nantes, pour 330.000 LC
738. Ce qui est le cas de l'habitation Moulin-à-Eau citée note précédente, qui possède plus de 300 esclaves. En 1790, sa dette est tombée à 146.500 LC ; ADG, 2E3-7, minutes Jaille, 1790 n° 8.
739. F. Thésée, *Négociants bordelais*, op. cit., p. 67-69.

Bien qu'on en connaisse des exemples dès la décennie 1770, c'est surtout après 1783 que se développent les liaisons d'habitations, parallèlement à la rapide montée de l'endettement des planteurs. L'avantage de ce système est principalement de réserver aux négociants la totalité de la récolte de leurs débiteurs, et donc de s'assurer un moyen de faire plus facilement et surtout plus rapidement leurs retours, ce qui diminue d'autant les frais liés aux interminables séjours des navires aux Iles. Mais très vite, les limites apparaissent, notamment sur le plan financier. En effet, même s'ils prennent le contrôle de la gestion des habitations, même s'ils reçoivent la totalité des sucres que celles-ci produisent, les négociants continuent à se heurter au problème structurel du manque de rentabilité et des pertes des habitations, et n'ont d'autre choix que de poursuivre leurs avances, jusqu'à ce qu'ils finissent par se noyer à leur tour dans leurs créances. L'histoire de Romberg & Bapst, l'une des maisons qui ont le plus pratiqué ce système, est révélatrice des dangers auxquels il expose ceux qui y recourent sans discernement.

3. La mainmise du commerce sur les habitations

C'est la conséquence d'une situation tellement désespérée que le planteur est totalement écarté de la gestion. Celle-ci est entièrement prise en charge, financièrement et matériellement, par le négociant, qui affecte les bénéfices, s'il y en a, à l'amortissement de sa créance. En contrepartie, le propriétaire reçoit une rente annuelle, dont le montant est vraisemblablement fonction du revenu prévisible de l'habitation et des perspectives de remboursement qu'il ouvre. Ces pensions semblent assez généreusement calculées et permettent à leurs bénéficiaires de vivre très confortablement en France. Chez Romberg & Bapst, elles varient de 8.000 à 22.000 L ; de leur côté, les quatre héritiers Bongars, dont le père a tout de même laissé 700.000 L de dettes, reçoivent du commissionnaire bordelais 15.000 L chacun par an, représentant en tout 30 % du revenu futur estimé de l'habitation[740]. En général, c'est le premier pas vers l'acquisition complète de l'habitation par ses créanciers ; c'est une forme déguisée de saisie immobilière, puisqu'elle ne peut se faire par les voies légales.

Bien sûr, toutes les habitations possédées et contrôlées par les négociants n'ont pas été obtenues par eux de cette façon. Le mouvement

740. G. Debien, « Histoire de deux plantations … Papiers Bongars », art. cit., p. 312. « Les négociants bordelais prenaient donc en main toute affaire Bongars dans la colonie ».

d'acquisition ou de création par eux de propriétés coloniales débute dans les années 1740[741] et s'amplifie ensuite jusqu'à la guerre d'Amérique[742] indépendamment de l'évolution de l'endettement des planteurs. Il s'agit avant tout de placements.

Mais après 1783, avec l'explosion des dettes et le développement du système des liaisons d'habitations, l'implication des négociants dans la gestion devient plus lourde. Un nombre croissant de planteurs sont obligés de céder leur propriété en compensation. C'est évidemment à Bordeaux que le phénomène est le plus important : 59 habitations de Saint-Domingue appartiennent à des négociants girondins (Gradis 3, Lavaud 5, Acquart, Nairac ...)[743]. Mais la même situation se retrouve dans les autres grands ports métropolitains. Les Marseillais possèdent une dizaine d'habitations à Saint-Domingue, une au moins en Guadeloupe, deux à Sainte-Lucie ; au Havre, le cas de Foäche n'est pas isolé (Delahaye-Lebouis) ; à Rouen, trois habitations de Saint-Domingue appartiennent à des négociants de la place ; à Nantes, les Bouteiller en acquièrent sept, en totalité ou en partie, entre 1764 et 1791, dont quatre après 1783, les Chaurand en possèdent cinq en 1790.

Il semble bien d'ailleurs que l'objectif de ces acquisitions ne soit pas seulement la récupération des créances. La reprise d'une habitation, généralement mal gérée au cours des années précédentes faute d'argent, exige des investissements importants ; il faut la remettre en état, reconstruire tout ou partie des bâtiments, reconstituer les plantations, et surtout acheter des esclaves. *A fortiori* quand il s'agit d'une création ; Foäche dépense plus de 4 ML dans sa sucrerie de Saint-Domingue entre 1775 et 1789. La rentabilité de ces investissement demeure faible (4 % chez Foäche), car les négociants se heurtent dans leur gestion aux mêmes problèmes structurels que les planteurs créoles, tout en immobilisant beaucoup de capitaux[744]. On en vient alors à se demander si cette nouvelle orientation capitalistique des négociants aux Antilles n'est pas aussi (plutôt ?) d'ordre « indus-

---

741. Acquisition de Saint-Michel en 1746 par Harouard, solidement installé à la Rochelle ; de son habitation du Cul-de-Sac par Fleuriau, en 1743, comme un facteur d'ascension sociale.

742. Laborde en 1768, Bouteiller en 1769, Chaurand en 1771, Gradis à la Martinique en 1773 et Saint-Domingue quatre ans plus tard, et naturellement la création de l'énorme sucrerie de Foäche à partir de 1775.

743. P. Butel, *Croissance commerciale bordelaise*, t. II, annexes, carte p. 105.

744. Les habitations de Gradis aux Antilles sont estimées à 1,8 ML, celle des Bouteiller à 5 à 6 M, celles de Chaurand dans les trois millions, et rappelons que Laborde engloutit 2,8 ML dans ses habitations entre 1768 et 1788.

triel ». Ce serait une politique de concentration verticale visant à créer des ensembles intégrés contrôlant tous les stades de la filière sucrière, afin de diminuer les coûts (notamment d'intermédiaires) tout en assurant la sécurité et la rapidité des opérations de constitution et de chargement des cargaisons de retour. L'exemple parfait ici est celui de Paul Nairac, qui possède à la fois des plantations à Saint-Domingue, une raffinerie de sucre à Bordeaux et des navires faisant la navette entre elles, les premières approvisionnant la seconde à prix coûtant ; dans ce cas, les pertes éventuelles sur les propriétés coloniales sont largement compensées par les avantages et les profits réalisés sur les autres segments de cette construction capitaliste.

Il semble donc que, dans les toutes dernières années de l'Ancien Régime, la nature des relations entre négociants et planteurs commence à se modifier dans le sens d'une mainmise progressive mais inexorable du capital métropolitain sur les habitations coloniales. Certes, le mouvement est encore très limité et sera d'ailleurs interrompu par l'insurrection des esclaves, mais il constitue manifestement l'amorce d'un règlement du problème des dettes par l'élimination économique des planteurs. C'est probablement parce que eux aussi prennent également conscience de cette évolution que les Blancs créoles deviennent si agressifs à l'égard du commerce de France après 1783 et que les relations entre les deux groupes se dégradent aussi rapidement, au point de devenir conflictuelles et constituer l'un des principaux motifs de leur affrontement quand les évènements révolutionnaires se déclencheront à Saint-Domingue.

CONCLUSION

Quantitativement, le bilan de ce siècle d'histoire de l'économie de plantation aux Antilles françaises constitue une extraordinaire réussite productive. Des territoires vierges et pratiquement vides d'habitants ont été mis en valeur, d'énormes établissements ont été créés, des montagnes de « denrées » ont été produites. Saint-Domingue est devenue le premier pays sucrier et caféier du monde, faisant de la France une grande puissance commerciale et soutenant fortement la croissance de son économie pendant tout le XVIIIe siècle.

Mais le coût humain de cette réussite est monstrueux. Les montagnes de sucre et de café reposent elles-mêmes sur des montagnes de cadavres. Un million de personnes ont été déportées vers les îles françaises depuis 1690, et, descendance comprise, il en reste à peine plus de la moitié un siècle plus tard.

C'est également un système structurellement contradictoire économiquement, qui ne fonctionne « normalement » que tant que la comparaison entre les profits de la production qu'il engendre sont supérieurs au coût de la destruction des hommes dont il est la cause. Il en est effectivement ainsi au cours des trois décennies de paix qui suivent le traité d'Utrecht ; de 1716 à 1744, le taux annuel moyen de croissance des importations coloniales en valeurs de la France se situe à 5,0 %, un niveau caractéristique d'une économie jeune, encore peu gourmande en capitaux et en hommes, en pleine phase de démarrage.

Un rythme pareil ne pouvait évidemment être soutenu bien longtemps. La guerre de Succession d'Autriche, par les difficultés de communication avec les marchés qu'elle suscite, casse la croissance. La reprise est laborieuse, avec un taux moyen de 3,2 % de 1749 à 1755. Le temps où le système marchait pour ainsi dire « tout seul » est terminé. Il faut davantage de capital et d'esclaves pour créer des habitations et les faire fonctionner, mais il n'y a pas encore de problème majeur susceptible d'entraver son fonctionnement. Comme l'observe

Jean Tarrade, c'est un court moment d'équilibre entre les exigences de la croissance et ses résultats.

La guerre de Sept Ans et ses conséquences rompent ce fragile équilibre. Des goulots d'étranglement commerciaux qui avaient commencé à apparaître dans les années 1750 s'aggravent brutalement à un moment où la demande européenne de « denrées » tropicales explose alors que le commerce de France ne fournit pas suffisamment d'approvisionnements, de débouchés et d'esclaves. C'est dans cette perspective que doit être replacé le débat sur l'Exclusif après le traité de Paris. Mais, coincée entre les revendications des planteurs et les protestations des négociants, la réformette de 1767 échoue. Bien sûr, la croissance reprend (4,9 % par an de 1764 à 1777), mais les planteurs commencent à se heurter à un phénomène « de ciseaux » entre des coûts en augmentation et des prix qui ne suivent pas. Face à une rentabilité déclinante, il faudrait pouvoir élever la productivité, mais ce n'est possible ni pour la productivité technique, le système « du père Labat » étant au maximum de ce qu'il peut donner, ni pour la productivité du travail, bloquée à son plus bas niveau par l'effondrement des corps et la résistance des esprits. « Pousser » les esclaves pour en obtenir un surtravail supplémentaire est contreproductif à la campagne suivante, acheter de plus en plus cher des Africains déportés l'est tout autant deux ou trois années après. Dans tous les cas, les coûts augmentent.

Il s'en suit que le système est complètement bloqué, on peut même dire ossifié. Toute modification des conditions du fonctionnement de l'économie esclavagiste ne peut aboutir qu'à sa destruction. Les planteurs modernistes de la Monarchie de Juillet, qui essaieront de la maintenir en « humanisant » l'esclavage et en améliorant le « père Labat » l'expérimenteront à leurs dépens.

Pour qui connaît la suite des évènements, il semblerait que ce système soit rapidement condamné à disparaitre à brève échéance, emporté par le poids insurmontable de ses contradictions. Ce serait pure téléologie. En crise, certes, mais toujours productif. Le cataclysme domingois ne doit pas faire oublier que cette économie coloniale esclavagiste a fonctionné jusqu'en 1834 dans les *West Indies* et jusqu'en 1848 en Guadeloupe (malgré l'interruption de la première Abolition) et à la Martinique. On sait d'autre part que les dernières années de l'Ancien Régime marquent l'apogée quantitatif de l'économie coloniale. De 1784 à 1790, le taux annuel moyen de croissance en valeurs atteint 9,3 %, et c'est en 1790, alors que les soubresauts révolutionnaires atteignent déjà les rivages antillais, qu'est établi le double record historique des exportations totales de « denrées » et d'introduction du nombre d'esclaves.

Tout ceci n'est pas la marque d'une crise finale menaçant d'engloutir le système. Mais on est clairement en phase de surchauffe et de fuite en avant. L'évolution des marchés européens et l'ouverture, en 1784, des ports des Iles aux navires américains (et à leur contrebande) poussent les planteurs à accroître leur production quoi qu'il en coûte, c'est-à-dire au prix d'une forte aggravation des contradictions structurelles qui minent le système. Cette évolution incontrôlée concerne, il est vrai, surtout Saint-Domingue ; les Iles-du-Vent, en quasi-stagnation, subissent également ces contradictions, mais à un degré beaucoup moindre. Mais c'est sur la Grande Ile que repose la puissance coloniale de la France, et c'est là que se joue son avenir.

Or, cette fabuleuse croissance domingoise est en trompe-l'œil, parce que complètement déséquilibrée. Elle repose uniquement sur le café, dont la qualification de « secondaire » n'est pas sans fondement. C'est une culture fragile, mise en œuvre sur une multitude de petites habitations sans beaucoup de capital, destructrice de son propre sol, et dont les marchés sont soumis à des fluctuations brutales liées en partie à des phénomènes de mode. Le café peut, certes, poursuivre son expansion tant qu'il reste de l'espace disponible pour remplacer les terres usées par de nouvelles plantations, mais à coût croissant dans des zones de moins en moins favorables. Il ne saurait constituer la base pérenne d'une accumulation massive comparable à celle réalisée par l'industrie sucrière.

Or précisément, si l'économie domingoise, considérée globalement à travers les seuls chiffres totaux du commerce, est en pleine expansion, le sucre, lui, est en crise, au point que c'est à son propos que s'est posée la question de savoir si la Grande Ile était une colonie rentable. Elle l'est de moins en moins et pour un nombre de plus en plus restreint de planteurs. Les habitations sont submergées de dettes et passent progressivement sous le contrôle des négociants, alors que la production diminue et que les esclaves, expédiés prioritairement sur les caféières, manquent pour la relancer. En cette extrême fin de l'Ancien Régime, l'industrie sucrière subit de plein fouet toutes les contradictions accumulées depuis un tiers de siècle ; elle ne peut les surmonter qu'en forçant la « *plantation machine* », selon l'expression créée par Burnard et Garrigus, c'est-à-dire, en dernière instance, en dépassant les limites de ce que les esclaves peuvent donner, donc en accentuant leur mortalité et la nécessité d'en employer toujours davantage, à des coûts de plus en plus élevés. Il est clair qu'une telle situation n'aurait pu durer bien longtemps, mais en 1790, elle fonctionne toujours, et il n'est pas évident qu'elle soit alors au bord de l'effondrement. Dans un cas comme celui-ci, où tout un système, un secteur ou une branche est en train d'étouffer sous le poids de ses contradictions, la sortie de crise passe toujours par une dévalorisation massive du capital, par laquelle est rétablie la rentabilité globale. Le vocabulaire souvent utilisé pour qualifier un tel processus (« assainissement », « nettoyage », « élagage ») est révélateur : les créances et les dettes « s'évaporent », les faillites se multiplient, le nombre des acteurs diminue, les survivants se concentrent et les équilibres se rétablissent à un niveau inférieur. Si nous lisons bien la nouvelle stratégie du capital métropolitain dans les toutes dernières années de l'Ancien Régime, c'est ce vers quoi il semble que l'on s'oriente à Saint-Domingue. Et c'est d'ailleurs ce qui se produira en Guadeloupe avec l'épisode de Victor Hugues et le large renouvellement de la classe des planteurs qui s'en suivra.

Il résulte de ce qui précède que, lorsque la nouvelle de la prise de la Bastille parvient à Saint-Domingue, la situation économique est déjà tellement instable et son avenir si incertain que la colonie s'enflamme immédiatement. Certes, l'activité se poursuit encore « normalement » jusqu'au début de 1791, mais, déjà, l'économique s'efface derrière le politique. La crise sociétale qui affecte l'ensemble des composantes de la population et les rapports entre elles vient réduire d'autant les possibilités de maintien de « l'ordre » esclavagiste. Le désir souterrain de liberté de la masse servile, contenu jusqu'alors à force de répression mais si évident qu'on parle à son sujet de « baril de poudre », remonte brutalement à la surface ; « les têtes des Nègres commencent à se dilater (à) la vue de la cocarde » (tricolore) écrit le gérant de la sucrerie Foäche dès octobre 1789. La vieille angoisse des Blancs se transforme en peur ouverte à mesure que se multiplient les incidents sur les habitations ; sur beaucoup d'entre elles, on achète des armes. Les mulâtres, traités jusqu'alors en Hilotes, exigent l'égalité, alors que s'enveniment les conflits au sein de la population d'origine européenne, dont la solidarité raciale constituait jusqu'alors la colonne vertébrale du système colonial ; les différents groupes s'affrontent sur leurs intérêts particuliers : Grands-Blancs contre Petits, Créoles contre métropolitains, négociants contre planteurs, autonomistes contre royalistes … Ils n'oublient qu'une chose, c'est que les Blancs ne représentent que 6 % de la population de Saint-Domingue. Le 22 août 1791, les esclaves en révolte viendront le leur rappeler.

TABLE DES TABLEAUX

TABLE DES GRAPHIQUES

TABLE DES CARTES

TABLE DES PLANCHES

TABLE DES MATIÈRES

Structures éditoriales du groupe L'Harmattan

L'Harmattan Italie
Via degli Artisti, 15
10124 Torino
harmattan.italia@gmail.com

L'Harmattan Hongrie
Kossuth l. u. 14-16.
1053 Budapest
harmattan@harmattan.hu

L'Harmattan Sénégal
10 VDN en face Mermoz
BP 45034 Dakar-Fann
senharmattan@gmail.com

L'Harmattan Cameroun
TSINGA/FECAFOOT
BP 11486 Yaoundé
inkoukam@gmail.com

L'Harmattan Burkina Faso
Achille Somé – tengnule@hotmail.fr

L'Harmattan Guinée
Almamya, rue KA 028 OKB Agency
BP 3470 Conakry
harmattanguinee@yahoo.fr

L'Harmattan RDC
185, avenue Nyangwe
Commune de Lingwala – Kinshasa
matangilamusadila@yahoo.fr

L'Harmattan Congo
67, boulevard Denis-Sassou-N'Guesso
BP 2874 Brazzaville
harmattan.congo@yahoo.fr

L'Harmattan Mali
ACI 2000 - Immeuble Mgr Jean Marie Cisse
Bureau 10
BP 145 Bamako-Mali
mali@harmattan.fr

L'Harmattan Togo
Djidjole – Lomé
Maison Amela
face EPP BATOME
ddamela@aol.com

L'Harmattan Côte d'Ivoire
Résidence Karl – Cité des Arts
Abidjan-Cocody
03 BP 1588 Abidjan
espace_harmattan.ci@hotmail.fr

Nos librairies en France

Librairie internationale
16, rue des Écoles
75005 Paris
librairie.internationale@harmattan.fr
01 40 46 79 11
www.librairieharmattan.com

Librairie des savoirs
21, rue des Écoles
75005 Paris
librairie.sh@harmattan.fr
01 46 34 13 71
www.librairieharmattansh.com

Librairie Le Lucernaire
53, rue Notre-Dame-des-Champs
75006 Paris
librairie@lucernaire.fr
01 42 22 67 13